NCS
National Competency Standards

원가 회계

송동섭 감수
구순서 · 이남재 공저

형설출판사
www.hyungseul.co.kr

머리말

세계화 · 개방화시대를 맞아 기업 간 경쟁이 격심해지면서 기업경영에 있어 원가를 정확하게 계산하고 관리할 필요성이 더욱 절실해졌다. 그러나 그동안 원가 및 관리회계를 가르치면서 학생들이나 기업인들에게서 줄곧 받아온 질문은 "원가회계가 너무 어렵고 복잡하다. 원가회계를 쉽게 설명해 놓은 책 좀 없습니까?" 하는 것이었다. 원가회계의 필요성을 인정해 공부하고자 하였지만 원가회계를 쉽게 풀어쓴 마땅한 서적들이 없어 힘들게 시작한 공부를 결국 중도에 포기하게 된다는 것이다. 그 동안 "원가관리회계", "객관식 원가관리회계", "원가관리회계연습" 등의 책이 내 놓았지만, 대학에서 회계학이나 경영학을 전공하는 학생들에게 원가회계를 좀 더 쉽게 공부할 수 있는 서적에 대해 고민하였다. 이러한 고민을 해결하고자 본서는 혁신 원가회계(황석하 · 구순서, 2006.1.30, 형설출판사)를 인용하여 시대적 흐름에 합당하게 체계적으로 집필하였다.

이에 본서는 대학생들의 욕구를 충족시켜 줄 수 있도록 원가회계를 구체적인 사례를 들어 알기 쉽게 설명하였다. 학생들이 조금이나마 더 쉽게 받아들일 수 있도록 가능한 한 어려운 전문용어를 배제하고 쉬운 용어로 삽화를 곁들어 원가계산 및 기법들을 이해하기 쉽도록 설명하였다. 원가회계는 원가흐름의 체계만 정확히 이해하면 누구나 손쉽게 마스터할 수 있는 과목이기도 하다. 이에 본서는 원가회계의 체계를 정확하게 이해시키는 데 중점을 두어 집필하였다. 또한 독자 스스로 자기의 이해 정도를 확인할 수 있도록 각 장마다 기본적인 문제에서부터 응용문제에 이르기까지 해설을 곁들인 연습문제를 수록하였다. 따라서 독자들은 본서의 순서에 따라 공부해 가노라면 원가회계의 체계가 잡히면서 원가회계를 정복할 수 있으리라 믿는다.

이외에도 본서의 집필과정에서 원가회계의 체계를 쉽게 이해하고 파악할 수 있도록 각 장마다 명쾌하고 논리적인 이론 설명과 더불어 요점정리를 수록하였으며, 각 장의 연습문제마다 풀이와 더불어 상세한 해설을 곁들임으로써 혼자서도 원가회계를 공부할 수 있게 하였다. 하지만, 이러한 저자의 노력에도 불구하고, 부족한 부분이 많으리라 생각한다. 본서를 이용하거나 공부하는 과정에서 잘못된 부분을 지적해 주시면 기꺼이 수정할 것을 약속드리며 많은 질책과 격려를 부탁드리는 바이다.

아울러서 이미 출간된 '관리회계', '원가관리회계', '객관식원가관리회계', '원가관리회계연습' 등의 교재들도 같이 활용한다면 독자 여러분들은 누구나 자신 있게 원가관리회계를 마스터할 수 있으리라고 기대해 본다.

끝으로 본서가 빛을 보게 됨을 하느님께 감사드리며 도와 주셨던 많은 분들께 감사드린다. 먼저 본서의 방향을 제시해 주시고 격려해 주신 많은 분들과 원고의 내용 및 연습문제를 검토해준 학생들에게 감사드린다. 또한 집필부터 탈고까지 물심영면으로 많은 도움을 주신 형설출판사 장지익 회장님과 황승주 상무님께 진심으로 감사드린다.

2018년 1월

구순서 · 이남재 씀

차 례

■ 제7장 종합원가계산

■ 제8장 공손과 감손의 회계처리

■ 제11장 표준원가계산

Plan
Budget

제1장

원가의 중요성

제1절 정확한 원가산출의 중요성

기업의 목적인 이익을 정확하게 산출하기 위해서는 일정기간 동안의 수익과 비용이 정확하게 계산되어야 한다. 이를 위해서 먼저 수익과 비용은 어떻게 구성되어 있으며 어떻게 구하는지를 파악해야 한다.

수익(profits)은 일반적으로 매출액이 주류를 이루고, 이자수입을 비롯한 영업외수익과 특별한 경우에 발생하는 특별이익 등으로 구성되어 있다. 그 중에서 수익의 대부분을 차지하는 매출액은 단위당 판매가격에다 판매수량을 곱하여 계산한다. 그런데 단위당 판매가격은 일반적으로 시장에서 수요와 공급에 의해서 결정되며, 판매수량은 장부상의 기록이나 재고조사를 통하여 구하면 된다. 그러므로 기업에서 일정기간 동안의 수익이 얼마인지를 파악하는 것은 비교적 용이하고 간단한 편이다.

그렇다면 비용은 어떻게 구성되어 있으며 어떻게 구하는지 살펴보기로 하자. 비용(expenses)은 판매된 상품이나 제품의 원가인 매출원가, 판매활동과 관리활동을 위한 판매관리비, 지급이자를 비롯한 영업외비용, 그리고 법인세 등으로 구성되어 있으므로 수익의 구성보다는 복잡하다. 그 중에서도 비용의 약 80% 이상을 차지하고 있는 매출원가는 기초상품(제품)재고액에다 당기상품구입(제품제조)원가를 가산하고 기말상품(제품)재고액을 차감하여 구한다. 그런데 당기제품제조원가를 구하는 과정이 복잡하고 어려워서, 정확한 매출원가나 각종 비용을 산출하는 데 어려움을 겪고 있는 것이 우리 기업의 현실인 것이다.

이와 같이 각종 원가의 산출이 어려워 정확한 제품원가를 계산해 내지 못한다면 비용도 정확하게 산출되지 않을 것이다. 그리고 수익에서 비용을 차감하여 계산되는 이익도 부정확하게 계산된다. 그 결과 중요한 경영의사결정시에 잘못된 의사결정을 내릴 가능성이 높아지게 된다.

1970년대 말 구로공단에 있는 한 작은 중소기업의 기업진단을 한 적이 있다. 그 기업 사장님의 고민은 이런 것이었다. 그동안 2년여에 걸쳐 자사제품에 대한 소비자의 반응이 좋아 제품이 없어서 못 팔 지경이었다. 그런데 이상하게도 은행잔고는 계속 줄어들고 자금압박은 점점 가중되고 있었다. 그래서 혹시라도 내부에 부정이나 비리가 있는 것이 아닐까 하는 것이 이 기업 사장님의 생각이었다. 그래서 3개월여에 걸쳐 집중 정밀진단을 해본 결과 제품의 단위당 원가가 잘못 계산된 것을 발견하였다. 즉 그 회사의 정확한 제품의 단위당 원가는 ₩13,000인데 ₩10,000으로 잘못 계산하였던 것이다.

이와 같이 잘못 계산된 원가를 기초로 제품의 단위당 판매가격을 ₩12,000으로 결정한 결과 제품을 판매할 때마다 단위당 ₩1,000의 손해를 보았던 것이다. 그 결과 제품을 판매하면 할수록 손실은 누적되고 기업의 자금은 점차 감소하게 되면서 자금압박을 받았던 것이다.

아마 독자 여러분은 이것을 말도 안 되는 일이라고 일축해 버릴지도 모른다. 그러나 현실적으로 이와 유사한 일들이 중소기업뿐만 아니라 대기업에서조차도 심심찮게 발생하고 있다.

기업의 정확한 이익을 산출하기 위해서 제품의 원가는 물론이고 상황에 따라 적절한 원가를 정확하게 계산하는 것은 매우 중요하다. 정확한 원가정보만 있다면 기업이 처하는 모든 상황에서 어느 정도는 문제를 해결할 수 있을 것이며, 일반적인 의사결정은 오류없이 진행할 수 있을 것이다. 즉, 기업이 성공적인 경영을 위하여 정확한 원가 계산은 필수불가결한 요소라 할 수 있다.

제2절 원가에 대한 잘못된 선입관

그러면 과연 일반 경영자들이 원가를 그렇게 중요한 요소로 생각하고 있는가 하는 것이다. 실상은 그렇지 못하다. 심지어는 특별한 이유도 없이 원가를 싫어하고 무시하는 경영자도 있다. 원가라는 것이야 경리과나 원가계산부서에서 알고 있으면 되는 것이지 현장의 관리자나 기술자는 그런 것은 알 필요가 없다고 생각하고 있는 실정이다.

그동안 우리 경제가 이 만큼 성장한 것도 결국 우리 나라의 원가 경쟁력때문인데, 원가를 무시한다는 것은 매우 유감스러운 일이 아닐 수 없다. 아무리 우수한 품질의 제품이라도 원가가 너무 높으면 상품화되지 못한다는 평범한 진리를 깨닫지 못하는 경영자가 너무 많다는 사실이다.

그러면 왜 이러한 원가 무시 및 원가 기피현상이 나타나고 있는 것일까?

일단은 원가계산 절차가 복잡하고 원가와 관련된 전문용어가 난해하여 한번 듣는 것만으로는 이해가 잘 되지 않는다는 점이다. 그러나 실제로 그 내용을 보면 생각처럼 어렵고 복잡한 것은 아니고 단순한 가감승제(加減乘除)의 조화에 불과한 것이다. 원가가 단지 숫자로 이루어져 있기 때문에 숫자에 익숙해 있지 않거나 학창시절에 수학을 잘하지 못했던 사람들의 잘못된 선입관이 더 큰 문제인 것이다.

최근 경영자나 현장기술자에게 주목받고 있는 OR(Operations Research)은 원가계산보다 훨씬 더 복잡한 숫자 및 계산식을 이용하여 경영의사결정을 내리는 것이다. 그런데도 불구하고 경영자들이 원가계산보다 더 선호하고 있는 실정이다. 그 이유는 무엇일까?

그것은 지금까지 원가 및 원가계산이 잘못 인식되고 잘못 이용되었기 때문이다. 이와 같이 원가를 기피하는 이유는 다음과 같다.

첫번째 이유는 원가란 경리나 회계담당자들이 손익계산을 하는 데 필요한 것이고, 현장기술자나 관리자는 그런 것을 알 필요가 없다고 생각하였던 것이다. 다시 말하면 원가를 사용하는 주체는 경리나 회계담당자이고 기술자나 관리자는 그들이 원가산출에 필요로 하는 자료를 요구하면 작성해서 제출해 주는 협조자라고 생각하였던 것이다. 즉 원가분야는 경리나 회계담당자들의 전문분야이며 그들의 고유영역이라는 생각이다.

이와 같은 생각은 아주 잘못된 생각이다. 실제로 원가를 산출하는 주체는 현장에서 제조 및 영업활동 등을 담당하고 있는 현장기술자나 관리자 및 근로자들인 것이다. 즉 원재료를 제조공정에 투입한다거나 전기를 사용한다거나 수도물을 사용하는 것 등이 원가이다. 그리고 경리 및 회계담당자는 그들을 위해 원가를 계산하고 분석하여 그들이 원가를 절감하고 잘 관리할 수 있도록 필요한 정보를 제공해 주는 협조자에 불과한 것이다. 이와 같이 원가에 대한 잘못된 인식으로 인하여 많은 경영자들이 원가를 경시하거나 기피하는 현상을 초래한 것이다.

두 번째 이유는 원가 및 원가계산이 잘못 활용되었다는 데 있다. 진정한 원가 및 원가계산은 미래의 투자결정을 위한 의사결정기준으로 사용되든가, 현재 및 미래에 걸쳐 원가절감과 경영통제 및 관리수단으로 활용되어야 한다. 그러나 종래의 원가 및 원가계산은 과거 경영활동의 결과를 기록하여 원가 및 손익을 계산하거나 각종 회계보고서를 작성하기 위한 자료로 이용되는 데 불과하였던 것이다. 따라서 일반 경영자들이 의사결정시에 원가자료를 이용할 일도 거의 없었고 관심을 가질 필요도 없게 됨에 따라 원가를 경시하게 되었던 것이다.

세 번째 이유는 지금까지 우리 기업의 여건상 정확한 원가계산과 손익분석에 의한 경영보다는 접대나 로비에 의존하는 감에 의한 경영이 기업경영에 더 중요한 요소로 작용하였던 것이다. 또한 그동안 각종 원가계산 및 분석기법의 미개발과 사용미숙으로 인하여 원가자료가 부정확한 경우가 많았다. 그 결과 원가자료에 대한 불신이 가중됨으로써 감에 의한 경영을 더욱 부추기게 되었고 경영자들의 원가 무시 및 원가 기피현상을 심화시켰던 것이다.

네 번째 이유는 그동안 우리 기업의 여건상 임금을 비롯한 각종 원가가 전반적으로 낮았기 때문에 특별히 원가에 신경을 쓰지 않고서도 기업경영이 가능하였다. 그 결과 경영자들이 원가를 경시하게 된 것이다.

제3절 원가마인드의 변화

앞에서 살펴본 여러 가지 이유로 인하여 경영자들이 원가를 무시하거나 기피하여 왔던 것이 우리 기업의 실상이었으며, 그렇게 하여도 기업을 경영하는 데 무리가 없었던 것은 그동안 우리 기업을 둘러싼 유리한 제반 환경 덕분이었다.

그러나 이제는 모든 것이 달라졌다. 소위 말하는 거품경제가 사라지면서 기업간, 국가간 경제전쟁이 벌어진 것이다. 과거와 같은 감에 의한 주먹구구식 경영방식으로 경쟁에서 살아 남을 수 있다는 것은 이제는 먼 옛날의 얘기가 되었다. 컴퓨터를 비롯한 첨단 분석도구 및 기법들을 사용하여 정확한 원가 및 각종 회계 · 경영정보를 산출하여 전문적이고 과학적인 경영의사결정을 하지 않으면 안되는 시대가 도래한 것이다. 특히 3고, 즉 고임금, 고금리, 고물가로 인해 제품원가를 비롯한 기업의 각종 원가가 매우 높아진 우리 기업의 경영여건을 극복하기 위해서는, 기술개발을 통한 품질향상 못지 않게 원가관리 및 혁신을 통한 원가인하가 중요하다 할 것이다.

이와 같은 원가관리 및 혁신을 위해서는 무엇보다도 경영자 및 관리자들의 원가마인드가 변화되어야 한다. 즉 이제까지 원가 및 원가계산에 대해 가졌던 원가마인드에 대한 혁신적인 변화 없이는 지금과 같은 경제전쟁시대에서 살아 남을 수 없을 것이다.

기업의 중요한 경영의사결정기준으로서는 물론이고 예산을 수립하고, 업적을 평가하고, 경영계획 및 통제활동을 수행하는 경우에도 경영자는 물론이고 중간간부 및 현장근로자들까지 올바른 원가마인드를 가져야 한다. 그리고 각 사업단위별로 정확한 원가를 파악할 뿐만 아니라, 개별 행동 하나하나를 대상으로 원가를 파악하는 원가마인드의 혁신이 필요하다 할 것이다.

예를 들어 어떤 근로자의 월 평균 임금(보너스 포함)은 ₩1,000,000인데, 그는 하루에 8시간씩 한 달에 25일을 근무한다고 가정해 보자.

그러면 월 근로시간은 200시간이 되므로 ₩1,000,000을 200시간으로 나누면 시간당 평균임금은 ₩5,000이 된다. 이와 같이 근로자가 자신의 시간당 임금을 파악하게 되면 자기가 하는 행동에 대한 원가계산이 가능해질 것이다.

즉 이 근로자가 10개의 부품을 만드는 데 2시간이 걸렸다면, 부품 10개를 만드는 데 발생한 노무비는 2시간에 시간당 임금 ₩5,000을 곱한 ₩10,000이 될 것이다. 그러므로 노무비 ₩10,000을 10개로 나누면 부품 단위당 노무비는 ₩1,000이 된다.

또한 근로자 자신이 근무 중에 잡담하고 커피 마시고 담배 피우는 행동 하나 하나에 대한 원가를 계산해 본다면 자신의 근로의식에 많은 변화를 가져오게 될 것이다. 특히 높은 급여를 받는 경영자일수록 자신들의 일거수 일투족이 바로 원가와 직결된다는 것을 생각하면 비생산적인 활동을 줄일 수 있을 것이다.

그리고 우리나라 기업에서 각종 회의로 인해 빼앗기는 시간을 참석자별로 환산하여 원가를 계산해 보면, 아마도 현재 행해지는 각종 회의가 반 이상 줄어들 것이며, 회의시간도 단축되어 현재보다 더욱 생산적인 회의로 변화될 것이다.

이상에서 알 수 있는 바와 같이 원가계산은 경리나 회계담당자만의 전문분야가 아니라는 사실이다. 기업의 성공적인 경영을 위해서는 기업에 종사하는 모든 경영자, 기술자, 근로자들이 원가계산을 직접 수행하여, 자신이 하고 있는 사업 및 업무단위 그리고 행동단위별로 원가를 산출하여 계획을 수립하고 관리 및 통제활동을 수행하여야 할 것이다. 또한 과거의 업적을 평가하기 위한 원가계산이 아니라, 현재 및 미래의 경영계획 및 통제를 위한 원가계산이 진정한 원가계산이라는 사실을 인식하여야 한다. 그리하여 미래에 대한 정확한 원가예측 및 관리기법의 개발과 활용에 힘쓰는 것이 경영자의 중요한 임무 중의 하나가 되어야 할 것이다.

제4절 원가회계와 원가회계시스템

앞에서 살펴본 바와 같이 과거의 업적을 평가하고 현재 및 미래의 경영계획 및 통제를 위해 체계적인 방법으로 원가계산을 수행하는 회계분야를 원가회계(cost accounting)라고 한다. 즉 원가회계란 대차대조표상의 재고자산가액을 결정하고 손익계산서상의 매출원가를 결정하는 데 필요한 원가자료를 제공하며, 예산설정, 원가통제, 가격결정, 성과평가 등과 같은 관리적 의사결정을 수행하는 데 필요한 원가정보를 제공하는 회계분야이다.

이와 같은 원가회계는 기업의 외부이용자와 내부이용자 모두에게 그들이 필요로 하는 원가정보를 제공하기 위한 회계분야이다. 그런데 원가회계에서 제공하는 원가정보는 주로 기업 내부이용자인 경영자의 경영의사결정을 위해 많이 사용되므로, 현대에 와서는 원가회계와 관리회계를 거의 동의어로 사용하고 있다. 그러나 협의의 개념으로 원가회계라 할 때는 관리회계와 구분하여 제품원가계산만을 의미하는 경우도 있다.

이러한 원가회계를 체계적으로 운영하는 시스템을 원가회계시스템(cost accounting systems)이라고 하는데, 현대에 와서는 그 의미가 확대되어 원가회계뿐만 아니라 관리회계까지 포함하는 개념으로 사용되고 있다. 원가회계시스템이 추구하는 목적을 보면 다음과 같다.

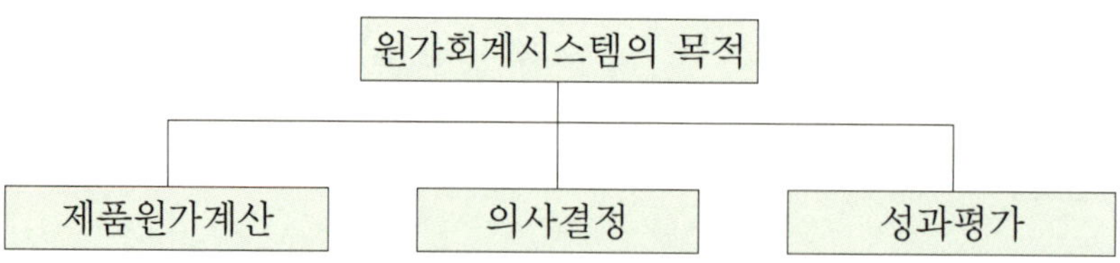

1. 제품원가계산

제조기업이 생산하는 제품(또는 용역)의 원가를 구하기 위해서 그 원가를 구성하는 원가자료를 확인 · 집계 · 분류하여, 특정제품의 단위당 원가를 계산하는 것을 제품원가계산(product costing)이라고 한다. 본서에서 제품원가계산이라 할 때는 제조기업의 제품원가계산만을 의미하는 것으로 한다.

여기서 원가자료의 확인(identification of cost data)이라 하면 기업내에서 발생하는 여러 가지 사상(event)을 제품의 제조와 관련이 있는 것과 관련이 없는 것으로 구분하는 과정을 말한다. 원가자료의 집계(aggregation of cost data)란 원가요소인 재료비, 노무비 및 경비로 원가자료를 구분하는 것을 말한다. 그리고 원가자료의 분류(classification of cost data)란 원가요소별로 집계된 원가를 다시 수익 · 비용의 원칙에 따라 먼저 제품원가(product costs)와 기간원가(period costs)로 구분하며, 제품원가는 다시 특정제품과의 관련성(추적가능성)에 따라 직접비(direct costs)와 간접비(indirect costs)로 구분하는 것을 말한다.

2. 관리적 의사결정에 필요한 정보제공

경영자들이 계획을 수립하고 조직을 통제하는 데 필요한 정보 등을 관리적 의사결정에 필요한 정보라고 한다. 여기서 계획(planning)이란 조직의 목표를 설정하고 그것을 달성하기 위한 수단으로 조직이 이용 가능한 자원을 어떻게 사용할 것인가를 결정하는 과정을 말한다. 그리고 통제(control)란 사전에 계획된 행동으로부터의 이탈을 방지하고, 현재 일어나고 있는 사상(event)을 추적하며, 이에 대한 정보를 해석하여 적절한 행동을 취하고자 하는 경영자의 노력을 말한다.

3. 경영자의 성과평가에 필요한 정보제공

경영자에 대한 성과평가는 실제 발생된 원가와 미리 설정된 표준원가를 비교하거나,

실제로 발생된 이익과 예상이익을 비교하여 성과의 양호여부를 평가한다. 그러므로 경영자의 성과평가를 하기 위해서는 실제로 발생된 각종 원가자료와 이익자료, 표준원가 및 예상이익에 관한 정보 등이 필요하게 되는데, 이러한 정보들을 원가회계시스템이 제공하게 된다.

••• 쉬어갑시다

돈이 돈을 낳는다.

일찍부터 신문 지상 등에서 화제가 되고 있는 고리채 기업에 대해서는 모두가 잘 알고 있을 것이다. '돈은 돌고 도는 것'이라고 하지만, 갚을 가망이 없는 빚을 진다는 것처럼 위험하고 비참한 결과를 초래하는 경우는 없다. 더욱이 고리채처럼 고금리일 경우에는 더욱 심각하다. 그것은 단순히 연리 얼마가 아니라 채무액의 이자에 다시 이자가 붙으며 기간이 마감될 때마다 복리 계산이 되기 때문이다. 이와는 반대로 예금을 하면 복리의 혜택을 받는다는 것도 여러분은 알고 있을 것이다. 그야말로 돈이 돈을 낳는 자유경제체제 아래의 기업으로서는 빚을 지는 것과 이익 등을 예금 운용하는 것 사이에는 하늘과 땅만큼의 경영상의 차이가 생기게 된다. 그런데 기업이 빚을 지는 것은 설비 등의 고정자산 운용도 있지만, 일상적으로 이루어지는 재료 또는 부품의 구입 등 운전자금 용도 있다. 그야말로 현장에는 몇천만, 몇 억원의 돈이 잠을 잔다고 할 수 있는 것이다. 이런 관점에서 의욕적으로 불필요한 재공재료의 감축, 재고의 삭감을 꾀한다면 즉각 경영성과에 반영된다. 여러분의 주변을 돌아보고 재공 중인 재료의 감축에 노력하여 만약 1억 원의 재공 재고를 줄였다고 할 경우, 그 결과는 1년에 1천만 원의 효과가 된다는 사실을 인식하기 바란다.

MEMO

Plan
Budget

제2장

원가의 개념 및 분류

제1절 원가의 개념

원가란 특정 목적을 달성하기 위해 소비된 경제적 자원의 가치를 말하며, 의사결정 목적에 따라 원가는 다양하게 달라질 수 있다. 예를 들어 기업이 생산한 제품의 원가를 알고자 한다면 이 경우에는 특정 목적이 제품이 되는 것이며, 제품을 생산하기 위해 희생된 경제적자원가가치가 제품원가가 된다. 또 서비스를 제공하는 회사에서 자신들이 제공하는 서비스의 원가가 얼마인지를 알고자 한다면 이 경우에는 자신들이 제공하는 서비스를 위해 희생된 경제적자원의 가치가 모두 서비스원가가 된다. 그리고 사업부가 여러 개인 회사에서 각 사업부들의 원가를 알고자 하는 경우에는 특정목적이 사업부가 되고, 사업부를 위해서 소비된 모든 원가가 사업부원가가 되는 것이다. 이렇듯 원가는 상당히 포괄적이고 넓은 의미이지만, 대부분의 기업에서는 회사가 생산한 제품의 원가를 1차적으로 알고 싶어하기 때문에 원가 중에서 제품원가에 촛점이 맞춰지는 것이다.

예를 들어 목재책상을 제조 · 판매하는 회사가 있다고 해보자. 이 회사의 경영자는 자기 회사에서 만든 책상의 원가가 얼마인지를 알고 싶어 할 것이다. 그렇다면 이 회사가 만든 책상의 원가는 얼마일까?

책상과 의자의 원가는?

일단 책상의 원가는 책상을 생산하기 위해 소비된 모든 경제적 자원의 가치가 포함될 것이다. 책상을 만들기 위해서는 원목 · 못 · 니스 등과 같은 재료가 사용된다. 그리고 원목을 자르기 위해서는 기계를 사용하여야 하는 데, 기계를 사용하면 기계의 가치가 감소하여 감가상각비가 발생할 것이다. 또한 기계를 사용하기 위해서는 전기를 사용하여야 하며, 책상 만드는 것을 감독하기 위한 공장감독자가 필요하므로 공장감독자의 급료도 발생하게 된다. 따라서 책상을 만들기 위해서는 재료, 노동력, 기계 및 전기 등이 소비되었음을 알 수 있다.

여기서 소비(消費)되었다는 것은 일반적으로 '써서 없어졌다'는 뜻이다. 그렇다면 책상을 만들기 위해 사용된 재료, 노동력, 기계 및 전기는 완전히 없어진 것일까? 그런 것은 아니다. 재료, 노동력 등은 소비되기는 했지만 없어진 것이 아니라 책상을 만들기 위해 사용되면서 그 가치가 완성된 책상으로 옮겨 간 것이다. 이렇게 본다면 제품의 가치를 나타내는 원가는 제품을 만들기 위해 소비된 것들의 경제적 가치를 합한 것이 된다. 이 때 다른 것의 가치가 생산이라는 활동을 통해 소비되면서 제품으로 옮겨가는 것을 '원가가 발생했다'라고 한다.

이와 같이 제품 등을 생산하기 위해 소비된 경제적 가치를 화폐로 표시한 것을 원가(costs)라고 한다. 이를 분설(分說)하여 보면 다음의 세 가지 요소가 포함되어 있다는 것을 알 수 있다.

1. 제품 등을 생산하기 위하여 소비된 것이어야 한다.

원가는 제조기업에서 제품 등을 생산하기 위해 소비되는 일체의 경제적 가치를 말한다. 그러므로 제품의 생산과 관련이 없는 경제적 가치의 소비인 화재나 도난 등에 의한 손실이나, 제조활동에 참여하지 않은 종업원에게 지급한 급료 등은 원가에 포함하지 않는다.

2. 경제적 가치의 소비가 있어야 한다.

원가는 경제적 가치의 소비여부에 따라 결정되는 것이므로 반드시 금전적 지출을 요건으로 하는 것은 아니다. 그러므로 증여받은 원재료나 자가생산의 부품일지라도 생산을 위하여 소비된 것이면 원가가 된다. 그러나 구입한 토지의 원가는 설사 그것이 공장용 부지로 사용된다 하더라도 소비되는 것이 아니므로 원가라 볼 수 없다.

3. 화폐로 측정 가능해야 한다.

원가는 화폐로 측정 가능해야 한다. 그러므로 화폐로 측정할 수 없는 경영자의 관리 능력, 종업원의 사기 등은 비록 제품을 생산하는 데 사용되었다 하더라도 원가가 발생한 것이라고 할 수 없다.

이상과 같은 세 가지 요건이 구비되었을 때 회계에서는 이를 원가로 취급하게 된다. 이러한 원가를 제품을 제조하는 데 소비된 것이라는 의미를 강조하기 위해서 특히 제조원가(manufacturing costs)라고 한다. 앞으로 특별한 언급이 없는 한 원가라 하면 이 제조원가를 가리키는 것으로 한다.

제2절 원가의 분류

기업이 영업활동을 하는 과정에서 발생하는 원가는 다음과 같이 여러 가지 방법으로 분류한다.

1. 원가요소에 따른 분류

원가는 여러 가지 요소로 구성되어 있지만 그 요소들이 발생하는 형태 또는 구성요소에 따라 공통적인 것끼리 모으면 세 가지 요소로 분류할 수 있다. 그러면 이 세 가지 요소는 무엇인지를 목재 책상을 만드는 경우를 통해 살펴보기로 하자.

우선 책상을 만들기 위해서는 원목, 못, 니스 등과 같은 재료가 투입된다. 이와 같이 책상이라는 제품을 제조하기 위하여 투입되는 재료의 소비로 인하여 발생하는 원가를 재료비(material costs)라고 한다.

상기와 같은 재료를 사용하여 책상을 제조하기 위해서는 사람의 노동력이 필요하다. 즉 책상을 직접 만드는 사람의 인건비라든지, 책상 만드는 것을 감독하는 공장감독자의 급료 등이 발생하게 된다.

이와 같이 책상이라는 제품을 제조하기 위하여 노동력을 소비함으로 인하여 발생하는 원가를 노무비(labor costs)라고 한다.

그리고 원목을 자르고 다듬기 위해서는 기계와 전기 등을 사용하게 된다. 기계를 사용하면 기계의 감가상각비가 발생하게 되며, 전기를 사용하게 되면 전기료가 발생하게 된다.

이와 같이 원가 중에서 재료비와 노무비를 제외한 일체의 것을 소비함으로 인하여 발생하는 원가를 경비(factory expenses)라고 한다.

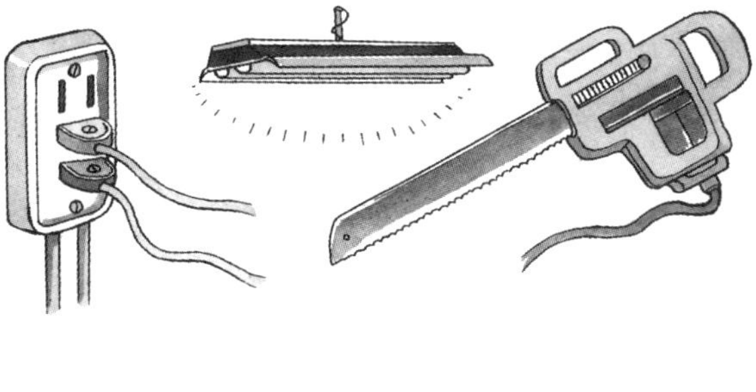

따라서 제품을 제조하는 데 소비된 원가는 발생형태에 따라 재료비, 노무비 및 경비의 세 가지 요소로 분류할 수 있다. 일반적으로 재료비, 노무비, 경비를 원가의 3요소라고 한다.

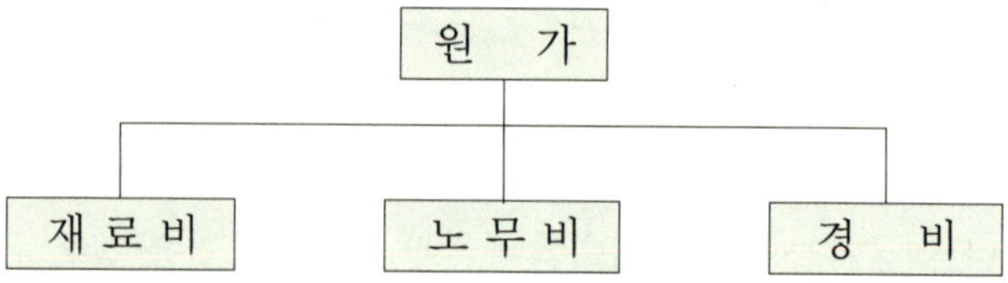

2. 추적 가능성에 따른 분류

기업이 여러 종류의 제품을 생산하는 경우 원가를 재료비, 노무비 및 경비라는 세 가지 요소로만 분류하여서는 제품의 원가를 계산하기가 어렵다.

예를 들어 미경가구점에서 책상과 의자를 만들어 판다고 하자. 5월 한 달 동안 책상 5개와 의자 10개를 제조하는데 재료비 ₩200,000, 노무비 ₩400,000 및 경비 ₩100,000이 발생하였다. 그렇다면 책상과 의자의 원가는 각각 얼마일까?

책상과 의자의 원가는?

책상만을 제조한다면 앞에서 설명한 것과 같이 재료비 · 노무비 · 경비를 합하여 제조원가를 구한 다음, 생산량으로 나누어 책상 한 개의 원가를 구할 수 있다. 그러나 미경가구점과 같이 책상과 의자 두 종류의 제품을 생산한다면 원가를 재료비 · 노무비 · 경비로 구분하였다 하더라도 책상과 의자의 원가를 구할 수 없다.

예를 들어 책상과 의자를 만드는 작업장에 형광등과 수도가 설치되어 있다고 해보자. 책상과 의자를 만드는 동안 형광등이 켜져 있으면 전기료가 발생하게 되고, 수도물을 사용하게 되면 수도료가 발생하게 된다. 그렇다면 이때 발생하는 전기료와 수도료는 책상의 원가에 포함시켜야 할 것인가? 아니면 의자의 원가에 포함시켜야 할 것인가? 아니면 책상과 의자의 원가에 나누어 주어야 할 것인가?

이와 같이 책상과 의자를 생산하기 위해 발생한 원가는 책상을 만들기 위해서 발생한 원가와 의자를 만들기 위해서 발생한 원가로 구별할 수 있는 원가가 있는가 하면 구별할 수 없는 원가가 있다. 이 경우 책상의 재료나 의자의 재료와 같이 책상이나 의자만을 만들기 위해 소비된 원가는 책상이나 의자의 원가에 직접 관련(또는 부과)시킬 수 있다. 이와 같이 특정제품[1]에 직접소비되어 그 특정제품에 직접 관련(부과)시킬 수 있는 원가를 직접비(direct costs)라고 한다.

이에 비해서 책상과 의자를 만드는 데 사용된 전기료와 수도료는 책상과 의자를 생산하는 데 공통적으로 발생한 원가이므로, 책상과 의자의 원가에 직접 관련(또는 부과)시킬 수가 없다. 이와 같이 여러 종류의 제품제조를 위해서 공통적으로 소비되어 특정제품에 직접 관련(부과)시킬 수 없는 원가를 간접비(indirect costs)라고 한다.

그러므로 두 종류 이상의 제품을 생산하는 기업의 경우 제품별로 정확한 원가를 계산하기 위해서는 재료비, 노무비, 경비를 다시 특정제품에 직접 관련시킬 수 있느냐의 여부에 따라 직접비와 간접비로 분류하여야 한다.

이러한 직접비와 간접비의 구별은 원가요소의 종류에 의하여 처음부터 직접비와 간접비로 정해지는 것이 아니라, 그것이 발생한 때의 상태에 따라 직접비로 되는 것도 있고 간접비로 되는 것도 있다. 그 관계를 표시해 보면 아래와 같다.

1) 특정제품과 같이 원가를 집계하는 목적물(대상)을 원가대상이라고 한다. 이에는 제품뿐만 아니라 제품라인, 부문, 활동 또는 작업 등이 있다.

직접비와 간접비의 관계

원가요소	직접비	간접비
재 료 비	직접 재료비	간접 재료비
노 무 비	직접 노무비	간접 노무비
경 비	직 접 경 비	간 접 경 비

* 직접경비의 경우 일반적으로 발생하지 않는다고 본다.

상기와 같이 이론상은 재료비, 노무비, 경비를 직접비와 간접비로 구분하고 있다. 그러나 실제에 있어서는 재료비와 노무비의 대부분이 직접비로 계상되는데 비해서, 경비의 대부분은 간접비로 계상되므로 아래와 같이 재료비 및 노무비를 간접비(제조간접비)에 대응시키는 경우가 있다.

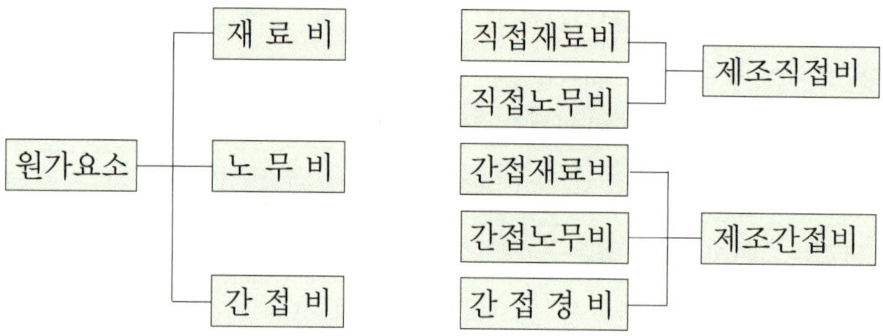

3. 원가형태에 따른 분류

원가행태(cost behavior)란 조업도수준의 변화에 따른 원가의 반응양상을 말한다. 즉 조업도수준이 증감함에 따라 원가발생액이 일정한 양상으로 변화할 때 그 변화양상을 원가행태라 한다. 이때 조업도(rate of activity)란 기업의 생산설비의 이용정도, 즉 경영설비를 이용하여 생산활동을 전개하는 정도를 뜻한다. 이러한 조업도는 제품의 생산량, 노동작업시간, 기계작업시간 등으로 측정된다.

원가행태에 따라 원가를 분류해 보면 다음과 같다.

(1) 변동비

변동비(variable costs)란 조업도가 변할때 관련범위 내에서 총원가가 변하는 원가이다. 예를들어 자동차 제조업에 있어서의 타이어나 엔진의 원가는 자동차의 생산량이 증가하면 이에 비례하여 총원가가 증가하고, 자동차의 생산량이 감소하면 이에 비례하여 총원가가 감소한다. 이와 같이 변동비는 조업도수준이 변동함에 따라 직접적으로 비례하여 변동하는 원가로서, 조업이 중단되었을 경우에는 전혀 발생하지 않는다.

변동비를 그래프로 나타내 보면 <그림2-1>과 같다.

그림 2-1 변동비

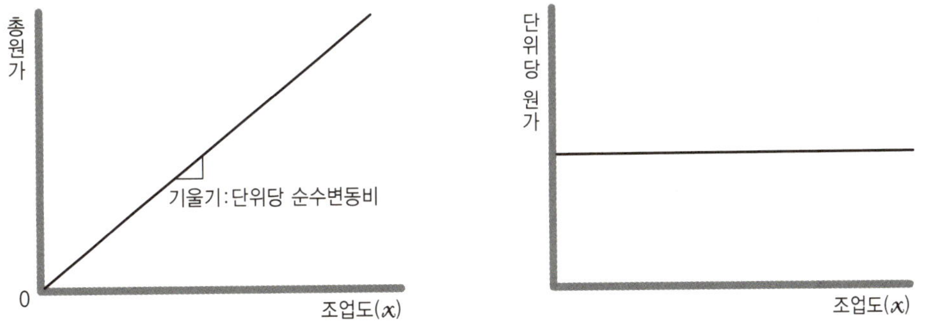

(2) 고정비

고정비(fixed costs)란 조업도가 변해도 관련범위 내에서 총원가가 변하지 않는 원가이다. 예를들어 제품제조에 사용되는 기계나 공장건물의 감가상각비는 취득원가를 단순히 배분하는 것에 불과하므로, 제품의 생산량을 증가시킨다 하더라도 일정하게 발생한다. 이와 같이 조업도수준의 증감여부에 관계없이 총원가가 일정한 원가를 고정비(fixed costs)라고 한다.

여기서 관련범위(relevant range)란 현실적으로 달성 가능한 최저조업도와 최대조업도 사이의 범위를 말하며, 이러한 관련범위 내에서는 특정원가의 행태가 변화하지 않는다고 가정한다.

일반적으로 고정비와 변동비는 일정범위의 조업도 및 특정기간이 주어졌다는 전제하에서 정의된다.

고정비를 그래프로 나타내 보면 <그림2-2>와 같다.

그림 2-2 고정비

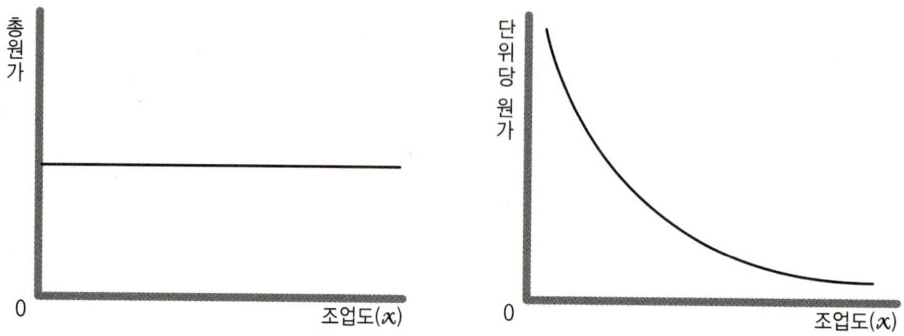

(3) 준변동비

전력요금은 전력을 사용하지 않아도 기본요금은 발생하고, 전력사용량을 증감시키면 이에 비례하여 전력요금은 증감하게 된다. 이와 같이 조업도수준의 변동과 관계없이 일정하게 발생하는 고정비와 조업도수준이 증감함에 따라 직접적으로 비례하여 증감하는 변동비의 두 부분으로 구성된 원가를 준변동비(semi-variable costs)라고 한다. 준변동비는 고정비와 변동비가 혼합되어 있다는 의미에서 혼합원가라고도 한다.

준변동비는 조업도가 0일 때에도 고정비만큼의 원가가 발생하고, 조업도가 증가함에 따라 이에 비례하여 선형으로 원가가 증가하게 된다. 준변동비의 예로서는 전력료, 가스 · 수도료, 수선유지비 등이 있다.

준변동비를 그래프로 나타내 보면 <그림2-3>과 같다.

그림 2-3 준변동비

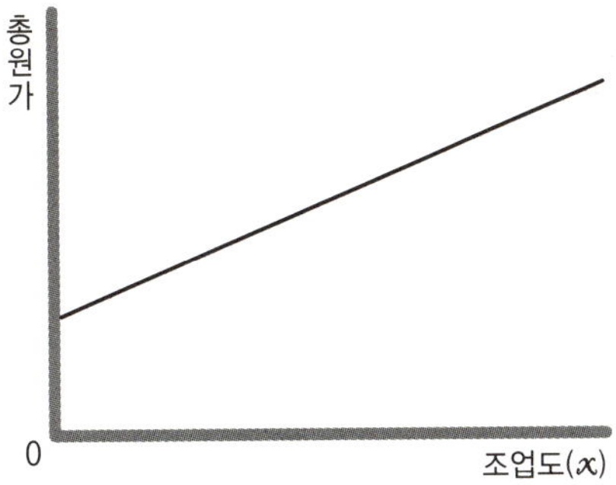

(4) 준고정비

> 어떤 기업이 생산감독자를 고용하여 제품을 제조하고 있다. 그런데 감독자 한 사람이 감독할 수 있는 한계는 제품 100단위이고, 감독자 한 명의 급료는 월 ₩100,000이라고 가정해 보자.

기업이 1단위~100단위의 범위 내에서 제품을 생산한다면 ₩100,000의 감독자 급료가 발생한다. 그런데 만약 101단위~200단위의 범위내에서 제품을 생산하기 위해서는 감독자를 한 명 더 고용해야 하므로, ₩200,000의 감독자 급료가 발생한다. 이와 같이 특정범위의 조업도에서는 고정비가 일정하게 발생하지만 조업도가 이 범위를 벗어나면 일정액 만큼 증감하는 원가를 준고정비(semi-fixed costs)라고 한다.

준고정비는 투입요소의 불가분성(不可分性) 때문에 계단형의 원가행태를 띠게 되므로 이를 계단원가(step costs)라고도 한다. 이와 같은 준고정비가 발생하는 경우에는 관련범위 내에서 최대의 조업도수준을 유지할 때 조업도 단위당 부담액이 최소화된다. 준고정비를 그래프에 나타내 보면 <그림2-4>와 같다.

그림 2-4 준고정비

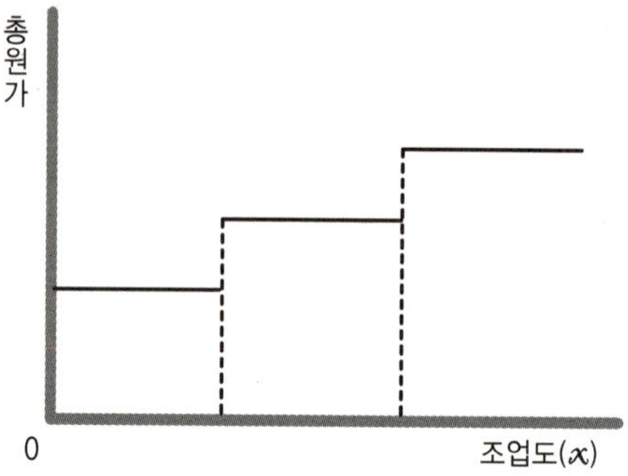

4. 제조활동과의 관련성에 따른 분류

(1) 제조원가

제품을 제조하기 위하여 소비된 경제적 가치를 제조원가(manufacturing costs)라고 하는데, 제조원가는 보통 직접재료비, 직접노무비 및 제조간접비의 세 가지로 구성되어 있다.

직접재료비(direct material costs)란 제품을 생산하는 데 사용되는 원재료의 원가 중 특정제품에 직접적으로 부과할 수 있는 원가를 말한다. 자동차 생산에 사용되는 타이어나 엔진의 원가가 직접재료비에 해당된다.

직접노무비(direct labor costs)란 특정제품에 대하여 직접 부과할 수 있는 노동력의 소비로 인하여 발생하는 원가를 말한다. 직접공의 임금이 직접노무비에 해당된다.

제조간접비(indirect manufacturing costs or factory overhead costs)란 제조부문의 생산활동과 관련되어 발생한 원가 중 직접재료비와 직접노무비를 제외한 모든 원가를 말한다. 간접재료비, 간접노무비 및 대부분의 경비 등이 제조간접비에 해당된다. 이 때 제조원가에 속하는 원가요소 중에서 몇 개씩 짝을 지어 별도의 명칭을 붙이는 경우가 있는데, 직접재료비와 직접노무비를 합한 금액을 기초원가 또는 기본원가(prime costs)라고 한다. 이와 같은 명칭을 사용하는 이유는 직접재료비 및 직접노무비와 제품 사이에는 직접적인 관련성이 존재하여 특정제품의 단위당 발생액의 추적이 용이하기 때문이다.

그리고 직접노무비와 제조간접비는 재료를 직접 가공하는 데 소비된 원가라는 의미에서 가공원가(conversion costs : CC)라고 하며 재료를 제품으로 전환시키는 데 소비된 원가라는 의미에서 전환원가라고도 한다.

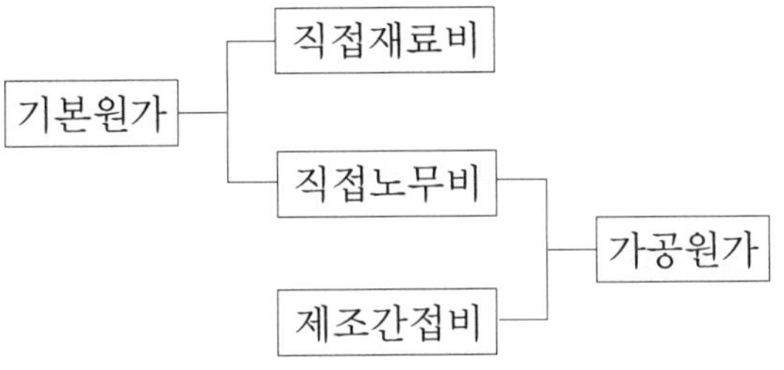

(2) 비제조원가

판매원에게 지급한 판매수수료나 사무직원의 급료 등은 제품의 제조와는 관련없이 소비된 것이다. 이와 같이 제품의 제조와는 직접적인 관련 없이 소비된 경제적 가치를 비제조원가(nonmanufacturing costs)라고 한다. 비제조원가는 보통 판매비와 일반관리비라는 두 항목으로 구성되어 있다.

판매비(selling costs)란 고객으로부터 주문을 받아 고객에게 제품을 제공하는 데 소요되는 비용을 말한다. 판매비의 예로서는 광고비, 판매수수료, 운송비, 판매부서가 사용하고 있는 건물에서 발생하는 비용 등이 있다.

일반관리비(administrative costs)란 기업이라는 조직을 운영하고 스탭을 유지하기 위하여 소요되는 비용을 말한다. 일반관리비의 예로서는 경영자와 경리사무원에 대한 급료, 관리부서가 사용하고 있는 건물에서 발생하는 비용 등이 있다.

5. 자산화의 여부에 따른 분류

발생한 원가가 제품의 원가를 구성하느냐 아니면 발생한 기간에 전액 비용으로 처리되느냐에 따라 제품원가와 기간원가로 분류한다.

(1) 제품원가

계산기를 제조하는 기업에서 계산기를 생산하기 위하여 발생한 원가는 일단 계산기의 원가를 구성하여 자산(제품)으로 처리된다. 그런 다음 계산기가 판매 또는 처분되는 시점에서 매출원가라는 비용으로 전환된다. 이와 같이 판매를 목적으로 제조하거나 취득한 제품에 대해 부과할 수 있는 원가를 제품원가(product costs)라고 한다. 제품원가는 이와 같이 재고자산의 원가로서 판매 또는 처분시점까지 이연된다는 점에서 재고가능원가(inventoriable costs)라고도 한다.

(2) 기간원가

광고비와 일반 사무직원의 급료 등이 발생하면 이는 미래기간으로 이연하지 않고 발생시점에서 즉시 비용으로 처리된다. 이와 같이 제품원가 이외의 모든 원가로서 그것이 발생한 기간에 비용으로 처리되는 원가를 기간원가(period costs)라고 한다. 기간원가는 재고자산의 원가로서 미래기간까지 이연되지 않는다는 점에서 재고불능원가(noninventoriable costs)라고도 한다.

이와 같이 기간원가를 미래기간으로 이연하지 않고 발생한 기간에 전액 비용으로 처리하는 이유는 미래의 경제적 효익을 객관적으로 측정하기 어렵기 때문이다. 이러한 의미에서 일반적으로 기간원가라는 표현보다는 기간비용이라는 용어로 주로 사용된다. 주로 판매비와 일반관리비에 속하는 원가가 기간원가에 해당된다.

6. 자산과의 관련성에 따른 분류

원가는 특정목적을 달성하기 위하여 소비된 경제적 가치라고 정의된다. 이에 비해서 자산은 과거의 거래나 사건의 결과로 획득된 미래의 경제적 효익(future economic benefits), 즉 미래의 용역잠재력(future service potentials)이라고 정의되는데, 여기서 용역잠재력이란 현금창출능력을 의미한다.

이와 같은 용역잠재력이 소멸되었느냐 아니면 용역잠재력이 소멸되지 않고 남아 있느냐에 따라 소멸원가와 미소멸원가로 분류한다.

(1) 소멸원가

용역잠재력이 소멸되어 미래에 더 이상의 경제적 효익을 제공할 수 없으리라고 예상되어지는 원가를 소멸원가(expired costs)라고 한다.

예를 들어 책상을 제조하는 데 소비된 제조원가는 일단 책상이라는 자산의 원가를 구성하였다가, 판매되는 시점에서 매출원가로 비용화 된다. 이처럼 책상이 판매되는 시점에서 책상(자산)의 원가는 매출원가라는 비용으로 전환되는데, 이때 책상의 원가가 소멸되었다고 표현한다.

이와 같이 매출이라는 수익창출에 기여하면서 소멸된 원가를 비용(expenses)이라고 한다. 이에 비해서 화재로 인하여 재고자산이 소실된 경우와 같이 수익창출에 아무런 기여도 하지 못하고 소멸된 원가를 손실(losses)이라고 한다. 그러나 비용과 손실은 모두 손익계산서상에서 수익에 대응되어 나타나게 된다.

(2) 미소멸원가

용역잠재력이 소멸되지 않고 남아 있어 미래에 경제적 효익을 제공할 수 있으리라고 예상되어지는 원가를 미소멸원가(unexpired costs)라고 한다. 예를 들어 책상을 제조하는 데 소비된 원가는 책상이라는 자산의 원가를 구성한다. 그리고 책상이 판매 또는 처분되기까지는 책상의 원가로 남아 있게 되는데, 이처럼 원가가 소멸되지 않고 남아 있는 것을 원가가 미소멸되었다고 한다. 이러한 미소멸원가는 대차대조표에 자산으로 계상된다.

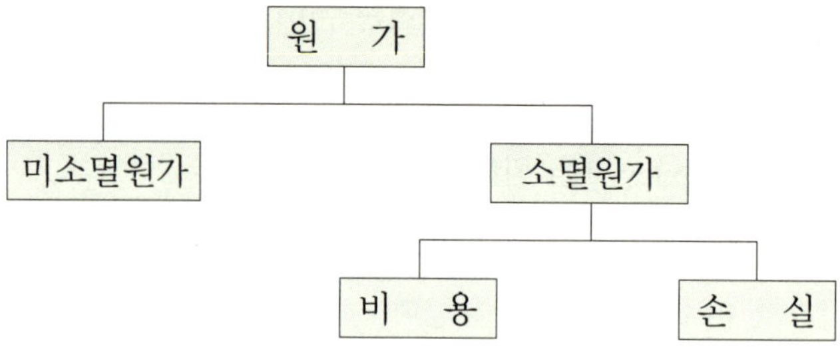

7. 의사결정과 관련성에 따른 분류

(1) 관련원가(relevant costs)

의사결정 대안별로 다르게 나타나게 될 미래의 기대되는 원가로서, 미래 의사결정과 관련성이 있는 원가를 말한다. 이러한 관련원가에는 기회원가와 회피가능원가 등이 여기에 해당된다.

① 기회비용(opportunity costs) : 선택 가능한 여러 대안 중에서 선택된 대안을 제외하고, 선택되지 않은(포기한) 대안 중 최선의 대안의 원가 혹은 이익

② 회피가능원가(avoidable cost) : 특정의사결정을 하지 않으면 발생되지 않을 수 있는 원가. 즉, 의사결정 여부에 따라 발생될 수도 있고 발생되지 않을 수도 있는 원가

(2) 비관련원가(unrelevant costs)

의사결정 대안별로 차이가 나지 않는 원가로서 미래 의사결정과 관련성이 없는 원가를 말한다. 이러한 비관련원가에는 매몰원가와 회피불가능원가 등이 여기에 해당된다.

① 매몰원가(sunk costs) : 과거에 이미 발생된 원가로서, 현재와 미래의 의사결정에는 아무런 영향을 미치지 못하는 원가

② 회피불능원가(unavoidable cost) : 특정의사결정여부와 상관없이 발생되는 원가. 즉, 경영자의 의사결정에 따라 변화되지 않는 원가

마이크를 제조하여 판매하고 있는 (주)앵콜은 현재 T-300모델을 ₩100,000에 생산하여 ₩150,000에 판매한다. 회사는 생산과정에서 발생하는 불량품을 어떻게 할지 고민하고 있다. 첫 번째는 불량품에 ₩30,000을 들여 재작업하여 ₩120,000에 중고품으로 판매하는 방안과, 재작업하지 않고 고물상에 ₩40,000에 처분하는 방안을 고려중에 있다.

우선 불량품을 재작업하여 중고품으로 판매하는 경우에는 중고품으로 판매하는 것은 포기하여야 한다. 따라서 재작업하여 중고품으로 판매하는 경우의 기회비용은 ₩40,000이다. 만약 반대로 재작업을 하지 않고, 고물상에 판매하는 경우를 선택하였다면, 이 경우에는 재작업하여 중고품으로 판매하는 것을 포기한 것이다. 따라서 고물상에 판매하는 경우의 기회비용은 ₩90,000(=120,000 - 30,0000)이다. 통상 의사결정을 하는 경우에는 이익을 극대화하는 방향으로 의사결정하여야 하는데, 이는 기회비용을 최소화하는 방향으로 의사결정하여야 하는 것을 의미한다. 즉, 재작업하여 중고품으로 판매하는 경우 기회비용 ₩40,000이 고물상에 판매하는 경우 기회비용 ₩90,000보다 작기 때문에 재작업하여 중고품으로 판매하는 것을 선택하여야 회사의 이익은 극대화된다는 것을 의미한다.

위 예에서 재작업해서 판매하는 경우를 선택하든, 고물상에 판매하는 경우를 선택하든, 제품을 생산하는데 발생한 ₩100,000은 전혀 고려하지 않고 의사결정을 하고 있다. 이 ₩100,000은 제품 생산하는 과정에서 이미 발생한 과거의 원가이며, 현재 불량품을 어떻게 할지에 대한 의사결정을 하는 경우에는 전혀 고려하지 않게 된다. 이렇게 과거에 지나가버린 원가로서 현재나 미래 의사결정과정에서 전혀 고려하지 않아야 하는 원가를 매몰원가라 한다.

제3절 원가의 구성

제품원가를 형성하는 각 원가요소는 여러 가지 단계를 거쳐서 판매가격으로까지 구성된다.

(주)한라기계가 특수목적의 기계를 1대 생산하였는데 직접재료비가 ₩100,000, 직접노무비가 ₩30,000 발생하였다. 그리고 이 기계에 배부된 제조간접비는

₩50,000이며, 판매비와 일반관리비는 ₩10,000이 발생하였다. 회사는 총원가에 20%의 이익을 가산하여 판매가격을 결정하기로 하였다.

이 기계의 원가는 어떠한 단계를 거쳐서 판매가격으로까지 구성되는지 단계별로 살펴보기로 하자.

1. 직접원가

특정제품의 제조를 위하여 소비된 원가 중에서 직접비로만 구성된 것을 직접원가(direct costs)라고 한다. 즉 기계를 제작하기 위하여 소비된 직접재료비 ₩100,000과 직접노무비 ₩30,000을 합한 ₩130,000을 직접원가라고 한다. 이 원가는 원가구성의 제1단계 또는 기초를 이룬다는 점에서 제1원가 또는 기초원가라고도 한다.

직접원가 = 직접재료비 + 직접노무비

2. 제조원가

직접원가에다 일정한 배부기준에 의하여 배부된 제조간접비를 가산한 것을 제조원가(manufacturing costs)라고 한다.

즉 기계제작을 위하여 소비된 직접원가 ₩130,000에다 기계에 배부된 제조간접비 ₩50,000을 가산한 ₩180,000이 기계의 제조원가가 된다. 제조원가는 제조기업의 제조활동에 의하여 야기된 모든 원가를 포함하게 되며, 공장에서 발생한 원가라는 의미에서 공장원가(factory costs) 또는 생산원가라고도 한다. 일반적으로 원가라 할 때는 이 제조원가를 가리킨다.

제조원가 = 직접원가 + 제조간접비

3. 총원가

제조원가에다 판매비(selling expenses)와 일반관리비(administrative expenses)를 가산한 것을 총원가(total costs)라고 한다. 즉 기계제작을 위하여 소비된 제조원가 ₩180,000에다 판매비와 일반관리비 ₩10,000을 가산한 ₩190,000이 기계의 총원가가 된다. 여기서 총원가 ₩190,000은 제품을 제조하는 데 발생한 원가뿐만 아니라, 제품의 판매 및 일반관리활동과 관련하여 발생한 모든 원가를 포함하는 것이다. 이러한 총원가는 제품의 판매가격을 결정하는 기초가 되므로 이것을 판매원가(selling costs)라고도 한다.

총원가 = 제조원가 + 판매비와 일반관리비

4. 판매가격

기업이 특정제품을 제조하는 데 소비된 제조원가와 판매비 및 일반관리비만을 회수하여서는 기업이 지속적인 성장을 할 수가 없다. 그러므로 총원가에 일정한 판매이익을 가산하여 판매가격을 결정하게 되는데, 이렇게 결정된 가격이 제품이 매출되는 가격이 된다. 즉 기계의 제작 및 판매를 위해 소비된 총원가 ₩190,000에다 총원가 ₩190,000의 20%인 ₩38,000의 판매이익을 가산한 ₩228,000이 판매가격이 된다.

판매가격 = 총원가 + 판매이익

이상과 같은 원가의 구성을 종합하여 보면 다음과 같다.

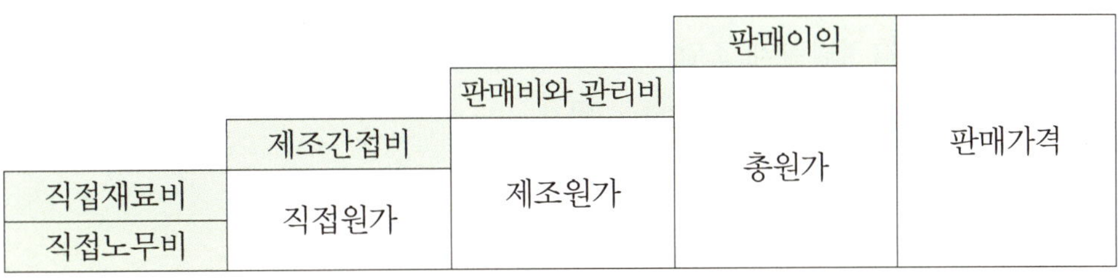

요점정리

1. 원가의 개념

(1) **원가 :** 특정목적을 달성하기 위해 소비된 경제적 자원의 가치

- 제품원가 : 제품 생산을 위해 소비된 경제적 자원의 가치
- 서비스원가 : 서비스를 위해 소비된 경제적 자원의 가치
- 사업부원가 : 사업부를 위해 소비된 경제적 자원의 가치

2. 원가의 분류

(1) 원가의 발생형태에 따른 분류

- 재료비 : 제품을 제조하기 위하여 투입되는 재료의 소비로 인하여 발생하는 원가
- 노무비 : 제품을 제조하기 위하여 노동력을 소비함으로 인하여 발생하는 원가
- 경　비 : 제조원가 중에서 재료비와 노무비를 제외한 일체의 것을 소비함으로 인하여 발생하는 원가

(2) 제품과의 관련성에 따른 분류

- 직접비 : 특정제품에 직접 소비되어 그 특정제품에 직접 관련(부과)시킬 수 있는 원가
- 간접비 : 여러 종류의 제품제조를 위하여 공통적으로 소비되어 특정제품에 직접 관련(부과)시킬 수 없는 원가

(3) 원가행태에 따른 분류

- 순수변동비 : 조업도수준이 변동함에 따라 직접적으로 비례하여 변동하는 원가
- 순수고정비 : 조업도수준의 증감여부에 관계없이 총원가가 일정한 원가
- 준변동비 : 고정비와 변동비의 두 부분으로 구성된 원가
- 준고정비 : 특정범위의 조업도에서는 일정하지만 조업도가 이 범위를 벗어나면 일정액 만큼 증감하는 원가

(4) 제조활동과의 관련성에 따른 분류

• 제조원가 : 제품을 제조하기 위하여 소비된 경제적 가치

• 비제조원가 : 제품의 제조와는 직접적인 관련없이 소비된 경제적 가치

(5) 자산화의 용이성에 따른 분류

• 제품원가 : 판매를 목적으로 제조하거나 취득한 제품에 대하여 부과할 수 있는 원가

• 기간원가 : 제품원가 이외의 모든 원가로서 그것이 발생한 기간에 비용으로 처리되는 원가

(6) 자산과의 관련성에 따른 분류

• 소멸원가 : 용역잠재력이 소멸되어 더 이상의 경제적 효익을 제공할 수 없으리라고 예상되어지는 원가

비 용 : 수익창출에 기여하면서 소멸된 원가

손 실 : 수익창출에 아무런 기여도 하지 못하고 소멸된 원가

• 미소멸원가 : 용역잠재력이 소멸되지 않고 남아 있어 미래에 경제적 효익을 제공할 수 있으리라고 예상되어지는 원가

(7) 의사결정과 관련성에 따른 분류

• 관련원가 : 의사결정과 관련이 있는 원가(ex) 기회비용, 회피가능원가)

• 비관련원가 : 의사결정과 관련이 없는 원가(ex) 매몰원가, 회피불가능원가)

3. 원가의 구성

• 직접원가 : 직접재료비 + 직접노무비

• 제조원가 : 직접원가 + 제조간접비

• 총원가 : 제조원가 + 판매비와 일반관리비

• 판매가격 : 총원가 + 판매이익

제2장 연습문제

2-1 원가의 개념

원가란 특정 목적을 달성하기 위하여 소비된 경제적 가치라고 정의된다. 이러한 원가는 보기와 같이 여러 가지로 분류할 수 있다.

보기

재 료 비	기본원가	순수변동비	제조원가
노 무 비	가공원가	순수고정비	제품원가
경 비	준변동비	미소멸원가	기간원가
직 접 비	준고정비	비제조원가	기회비용
간 접 비	소멸원가	총 원 가	매몰원가

■ **요구사항**

다음은 원가의 개념을 정의한 것이다. 각 항목에 해당하는 사항을 보기에서 골라라.

1. (　　　) 제품을 제조하기 위해 투입되는 재료의 소비로 인하여 발생하는 원가
2. (　　　) 특정 제품의 제조를 위해서만 소비되어 직접 그 특정 제품에 관련(부과)시킬 수 있는 원가
3. (　　　) 직접재료비와 직접노무비를 합한 금액
4. (　　　) 제품을 제조하기 위해 노동력을 소비함으로 인하여 발생하는 원가
5. (　　　) 고정비와 변동비가 혼합되어 있는 원가
6. (　　　) 원가 중에서 재료비와 노무비를 제외한 일체의 것을 소비함으로 인하여 발생하는 원가

7. (　　) 특정 범위의 조업도에서는 고정비가 일정하게 발생하지만 조업도가 이 범위를 벗어나면 일정액만큼 증가 또는 감소하는 원가

8. (　　) 용역잠재력이 소멸되어 미래에 더 이상의 경제적 효익을 제공할 수 없으리라고 예상되는 원가

9. (　　) 조업도 수준이 변동함에 따라 직접적으로 비례하여 변동하는 원가

10. (　　) 여러 종류의 제품제조를 위하여 공통적으로 소비되어 특정 제품에 직접 관련(부과)시킬 수 없는 원가

11. (　　) 용역잠재력이 소멸되지 않고 남아 있어 미래에 경제적 효익을 제공할 수 있으리라고 예상되는 원가

12. (　　) 조업도가 증가하거나 감소하더라도 이에 영향을 받지 않고 총원가가 일정하게 발생하는 원가

13. (　　) 재료를 직접 가공하는 데 또는 재료를 제품으로 전환시키는 데 소비된 원가

14. (　　) 제조원가에다 판매 및 관리활동과 관련하여 발생한 원가를 가산한 원가

15. (　　) 제품원가 이외의 모든 원가로서 그것이 발생한 기간에 비용으로 처리되는 원가

16. (　　) 제품의 제조와는 직접적인 관련 없이 소비된 경제적 가치

17. (　　) 판매를 목적으로 제조하거나 취득한 제품에 대하여 부과할 수 있는 원가

18. (　　) 제품을 제조하기 위하여 소비된 경제적 가치로서 직접재료비, 직접노무비 및 제조간접비로 구성되어 있는 원가

19. (　　) 선택가능한 대안들 중에서 선택되지 못한 대안의 가치

20. (　　) 과거에 발생한 원가로서 현재나 미래의사 결정에서 고려하지 않는 원가

| 풀 이 |

1. 재 료 비	2. 직 접 비	3. 기본원가	4. 노 무 비
5. 준변동비	6. 경　　비	7. 준고정비	8. 소멸원가
9. 순수변동비	10. 간 접 비	11. 미소멸원가	12. 순수고정비
13. 가공원가	14. 총 원 가	15. 기간원가	16. 비제조원가
17. 제품원가	18. 제조원가	19. 기회비용	20. 매몰원가

2-2 각 원가에 해당되는 예

다음의 원가에 해당되는 예를 들어 보아라.

원 가	예
① 순수변동비	( )
② 순수고정비	( )
③ 준 변 동 비	( )
④ 준 고 정 비	( )

| 풀 이 |

원 가	예
① 순수변동비	(직접재료비, 직접노무비, 엔진의 원가)
② 순수고정비	(감가상각비, 지급임차료, 보험료)
③ 준 변 동 비	(전기료, 가스료, 수도료, 전화료, 수선유지비)
④ 준 고 정 비	(감독자 급여)

2-3 재료비 · 노무비 · 경비

울진조선소는 유조선과 유람선을 제조하는 회사이다. 1개월 동안의 선박제조와 관련된 원가자료는 다음과 같다. (금액은 계산과 이해의 편의를 위해 작게 조정하였으며, 이하 모든 문제에도 이를 적용하였다.)

1. 유조선과 유람선을 제조하기 위하여 철판을 구입 · 사용하였는데, 유조선 생산과 관련하여 직접적으로 소비된 철판의 원가는 ₩60,000이고 유람선을 제조하는 데 직접적으로 소비된 철판의 원가는 ₩40,000이다. 이외에도 못 · 니스 등이 소비되었는 데 원가는 ₩10,000이다.
2. 선박을 제조하는 데 노동력이 사용되었는데, 유조선을 만드는 데 소비된 직접공의 임금은 ₩100,000이고 유람선을 만드는 데 소비된 직접공의 임금은 ₩80,000이

다. 그리고 유조선과 유람선 생산을 동시에 감독하는 감독자의 급료가 ₩40,000 발생하였다.

3. 선박을 제조하는 데 사용된 전력료는 ₩10,000, 가스 · 수도료는 ₩6,000이다. 그리고 기계의 감가상각비는 ₩8,000, 공장건물의 감가상각비는 ₩12,000이 발생하였다.

4. 판매사원의 급료는 ₩40,000이고, 총무부장의 급료는 ₩50,000이며, 영업부건물의 감가상각비는 ₩10,000이다.

■ 요구사항

1. 선박제조와 관련하여 소비된 원가를 재료비, 노무비, 경비로 분류하라.
2. 소비된 원가를 항목별로 제조직접비와 제조간접비로 구분하라.
3. 제조원가에 포함될 수 없는 항목이 있으면 이를 언급하고 포함될 수 없는 이유를 설명하라.

| 풀이 |

1. 재료비, 노무비, 경비의 분류

	재료비	노무비	경 비
① 철판의 원가	₩100,000		
② 못 · 니스의 원가	10,000		
③ 직접공의 임금			
④ 공장감독자 급료		₩180,000	
⑤ 전 력 료		40,000	₩10,000
⑥ 가스 · 수도료			6,000
⑦ 기계의 감가상각비			10,000
⑧ 공장건물의 감가상각비			12,000
합 계	₩110,000	₩220,000	₩38,000

2. 제조직접비와 제조간접비의 구분

	제조직접비		
	유조선	유람선	경 비
① 철판의 원가	₩100,000	₩40,000	
② 못 · 니스의 원가			₩10,000
③ 직접공의 임금	100,000	80,000	
④ 공장감독자 급료			₩40,000
⑤ 전 력 료			10,000
⑥ 가스 · 수도료			6,000
⑦ 기계의 감가상각비			10,000
⑧ 공장건물의 감가상각비			12,000
합 계	₩160,000	₩120,000	₩38,000

3. 제조원가에 포함될 수 없는 항목 및 포함될 수 없는 이유

판매사원의 급료, 총무부장의 급료 및 영업부건물의 감가상각비는 선박제조와 관련없이 소비된 원가이므로 제조원가에 포함시키지 않는다.

| 해설 |

1. 유조선과 유람선의 제조에 직접 소비된 철판의 원가 ₩100,000과 직접공의 임금 ₩180,000은 제조직접비가 된다. 이 때 철판의 원가 ₩100,000을 직접재료비라 하고 직접공의 임금 ₩180,000을 직접노무비라고 한다.

2. 유조선과 유람선의 제조를 위하여 공통적으로 소비된 못 · 니스의 원가, 공장감독자의 급료, 전력료, 가스 · 수도료, 기계의 감가상각비 및 공장건물의 감가상각비를 합한 ₩88,000은 제조간접비가 된다. 이 때 못 · 니스의 원가 ₩10,000을 간접재료비, 공장감독자의 급료 ₩40,000을 간접노무비라고 한다. 그리고 가스 · 수도료 ₩6,000, 기계의 감가상각비 ₩10,000 및 공장건물의 감가상각비 ₩12,000을 간접경비라 한다.

3. 제조원가에 포함되기 위해서는 제품제조와 관련되어 소비된 것이어야 한다. 그런데 판매사원의 급료, 총무부장의 급료 및 영업부 건물의 감가상각비는 제품제조와 관련된 것이 아니라 판매 및 일반관리 활동과 관련하여 소비된 것이다. 따라서 이들의 원가는 제조원가에 포함시키지 않고 판매비와 일반관리비로 처리한다.

2-4 제조원가에의 포함여부 결정

다음은 제조기업인 (주)서울에서 설정하고 있는 원가와 관련된 항목들이다.

① 재료소비액	② 생산현장 종업원의 임금 및 상여금
③ 공 장 경 비	④ 판매원의 급료
⑤ 재 해 손 실	⑥ 공장설비에 대한 감가상각비
⑦ 공장설비에 대한 수선유지비	⑧ 영업부의 건물에 대한 수선유지비
⑨ 지급이자와 할인료	⑩ 생산감독자의 급료
⑪ 외주가공비	⑫ 공장설비에 대한 보험료
⑬ 잉여금처분에 의한 임원상여금	⑭ 소비한 재료의 매입운임

■ 요구사항

1. 상기 항목 중 제조원가에 포함되는 항목을 골라라.

2. 상기 항목 중 비제조원가 항목을 고르고 제조원가에 포함될 수 없는 이유를 써라.

| 풀이 |

1. 제조원가에 포함되는 항목 : ① ② ③ ⑥ ⑦ ⑩ ⑪ ⑫ ⑭

2. 비제조원가항목 및 제조원가에 포함될 수 없는 이유

(1) 비제조원가항목 : ④ ⑤ ⑧ ⑨ ⑬

(2) 제조원가에 포함될 수 없는 이유

④ 판매원의 급료 : 판매활동과 관련하여 소비된 것이다.

⑤ 재해손실 : 재해로 인하여 발생한 손실이므로 특별손실로 처리된다.

⑧ 영업부의 건물에 대한 수선유지비 : 판매활동과 관련하여 발생한 것이다.

⑨ 지급이자와 할인료 : 금융비용이다.

⑬ 잉여금처분에 의한 임원상여금 : 이익의 처분항목이다.

| 해설 |

외주가공비란 외부의 하청공장 등에 재료의 가공을 도급 맡긴 경우에 지급하는 가공비이므로 제조원가에 포함된다. 외주가공비와 특허권사용료가 대표적인 직접경비항목이다. 이때 특허권사용료란 타인으로부터 특허권을 빌어서 사용하는 경우에 지급하는 사용료를 말한다. 그리고 재료매입시에 발생한 매입운임은 재료의 원가에 가산하였다가, 재료가 소비되는 시점에서 재료비가 되므로 제조원가에 포함된다.

2-5 원가형태 : 변동비와 고정비

(주)고려는 장난감을 생산하여 판매하는 회사이다. 회사의 관련범위는 장난감의 생산량 100개~300개이다. 5월 한 달 동안 장난감 100개를 생산하였는데 이와 관련하여 다음과 같은 원가자료가 집계되었다.

직 접 재 료 비	₩100,000
직접공의 임금	75,000
공장의 수도광열비(40%는 변동비)	20,000
공장 감독자의 급여(고정비)	20,000
공장소모품비(40%는 고정비)	15,000
공장기계의 감가상각비(고정비)	40,000
공장의 수선유지비(50%는 변동비)	30,000

■ 요구사항

1. (주)고려의 관련 범위를 그래프에 표시해 보라.

2. 상기의 원가를 변동비와 고정비로 구분하라.

3. 장난감의 생산량이 다음과 같이 증가하는 경우 장난감의 단위당 원가를 계산하라.

(1) 100개　　(2) 200개　　(3) 300개

4. 요구사항 3에서 장난감의 단위당 원가가 달라지는 이유는 무엇인가? 장난감의 수요가 충분하다면 장난감 몇 단위를 생산할 때 단위당 원가가 최소화되겠는가?

5. 위의 사례에 의하여 총 변동비, 단위당 변동비, 총 고정비, 단위당 고정비를 표시하는 그래프를 도시하라.

| 풀 이 |

1. 관련 범위의 표시

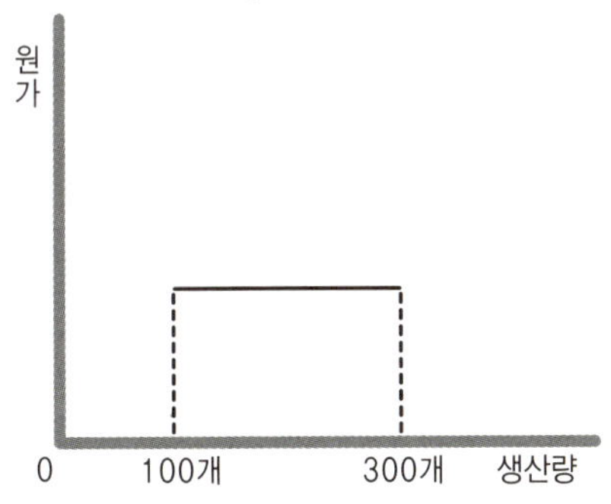

2. 변동비와 고정비의 구분

	변동비	고정비	합 계
① 직접재료비	₩100,000		₩100,000
② 직접공의 임금	75,000		75,000
③ 공장의 수도광열비	8,000①	12,000	20,000
④ 공장 감독자의 급여		20,000	20,000
⑤ 공장소모품비	9,000②	6,000	15,000
⑥ 공장기계의 감가상각비		40,000	40,000
⑦ 공장의 수선유지비	15,000③	15,000	30,000
합 계	₩207,000	₩93,000	₩300,000

① ₩20,000×0.4 = ₩8,000　② ₩15,000×0.6 = ₩9,000

③ ₩30,000×0.5 = ₩15,000

3. 장난감의 제조단가

(1) **단위당 변동비 :** ₩207,000÷100개 = ₩2,070

(2) **장난감의 제조단가**

	100개	200개	300개
총 변동비	₩207,000*	₩414,000	₩621,000
고 정 비	93,000	93,000	93,000
제 조 원 가	₩300,000	₩507,000	₩714,000
생 산 량	÷ 100대	÷ 200대	÷ 300대
제 조 단 가	@₩3,000	@₩2,535	@₩2,380

* 100개×₩2,070 = ₩207,000

4. 고정비의 원가형태

(1) **장난감의 단위당 원가가 달라지는 이유와 단위당 원가가 최소화되는 생산량**

장난감의 단위당 원가는 생산량이 증가함에 따라 감소하게 된다. 그 이유는 장난감의 생산량이 증가하면 단위당 변동비는 ₩2,070으로 일정하다 할지라도, 단위당 고정비 부담액이 점차 감소하기 때문이다.

(2) **단위당 원가가 최소화되는 장난감의 생산량**

장난감의 수요가 충분하므로 최고 조업도인 300개를 생산할 때 장난감의 단위당 원가가 최소화된다.

5. 그래프 도시

(1) 변동비

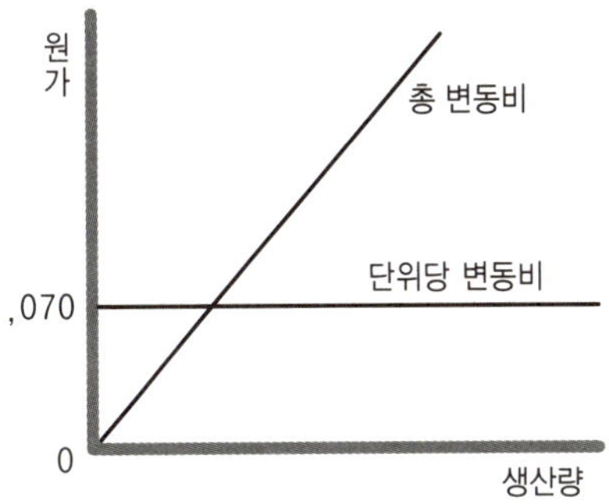

(2) 고정비

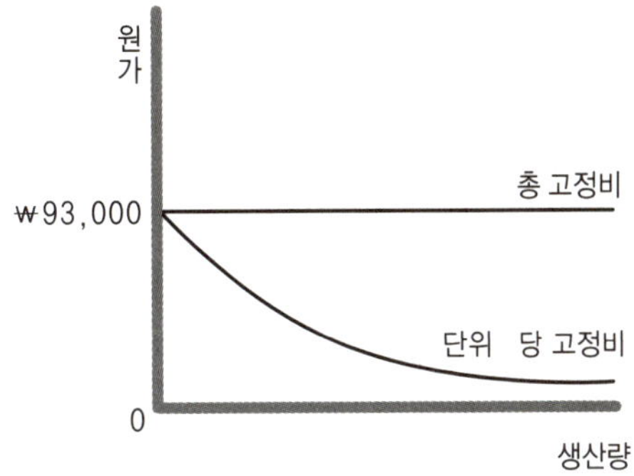

| 해설 |

1. 직접재료비와 직접공의 임금은 조업도 수준이 변동함에 따라 증감하는 원가이므로 변동비에 속한다. 그리고 공장의 수도광열비, 공장소모품비, 공장의 수선유지비 등은 변동비와 고정비가 혼합되어 있으므로 각 비율에 의거 변동비와 고정비로 구분해야 한다. 공장의 수도광열비 ₩20,000 중 40%가 변동비이므로 ₩8,000은 변동비로 분류하고 나머지 ₩12,000은 고정비로 분류한다.

2. 공장기계의 감가상각비는 단순히 취득원가를 배분한 것이기 때문에 조업도 수준의 변동에 따라 증감하지 않는다. 그러므로 고정비로 분류되며, 공장 감독자의 급여는 준고정비이나 별도의 언급이 없으면 순수고정비로 분류한다.
그리고 장난감 생산에 소비한 총 변동비는 장난감 생산량의 단위당 변동비를 곱하여 계산한다. 그러나 고정비는 장난감의 생산량에 관계없이 총액이 ₩93,000으로 일정하다는 점에 유의해야 한다.

2-6 제품원가와 기간원가

(주)강릉은 식료품을 제조하여 판매하는 회사이다. (주)강릉의 7월 동안 발생한 원가자료는 다음과 같다.

① 광 고 비	₩5,000	② 공장건물의 지급임차료	₩25,000
③ 기계수선공의 보수	30,000	④ 제품배달차량 운전기사의 보수	40,000
⑤ 공장의 수도광열비	12,000	⑥ 판매사원의 차량감가상각비	5,000
⑦ 공장감독자의 급료	34,000	⑧ 영업부 건물의 감가상각비	10,000
⑨ 판매사원 회식비	25,000	⑩ 공장기계의 수선유지비	7,000
⑪ 공장소모품비	16,000	⑫ 생산현장 종업원의 야유회비	20,000

■ 요구사항

제품원가와 기간원가로 처리해야 할 금액은 각각 얼마인가?

| 풀 이 |

	제품원가	기간원가
① 광 고 비		₩5,000
② 공장건물의 지급임차료	₩25,000	
③ 기계수선공의 보수	30,000	
④ 제품배달차량 운전기사의 보수		40,000
⑤ 공장의 수도광열비	12,000	
⑥ 판매사원의 차량감가상각비		5,000
⑦ 공장감독자의 급료	34,000	
⑧ 영업부건물의 감가상각비		10,000
⑨ 판매사원 회식비		25,000
⑩ 공장기계의 수선유지비	7,000	
⑪ 공장소모품비	16,000	
⑫ 생산현장 종업원의 야유회비	20,000	
합 계	₩144,000	₩85,000

| 해설 |

1. 제품원가란 제품제조에 소비된 제조원가인 직접재료비, 직접노무비 및 제조간접비 항목들을 집계하여 구하면 된다. 즉 공장건물의 지급임차료, 기계수선공의 보수, 공장의 수도광열비, 공장감독자의 급료 등이 제품원가에 포함된다.

2. 기간원가란 제품원가 이외의 모든 원가로서 그것이 발생한 기간에 비용으로 처리되는 원가를 말하므로, 제품의 제조와 관련없이 발생한 광고비, 제품배달차량 운전기사의 보수, 영업부 건물의 감가상각비, 판매사원 회식비는 기간원가로 처리된다.

3. 제품배달차량이란 주문 받은 제품을 거래처에 배달할 때 사용하는 차량이므로 판매활동과 관련되어 있다. 그러므로 제품배달차량 운전기사의 보수는 판매비에 해당되므로 발생한 기간에 비용으로 처리한다.

2-7 원가의 구성

(주)혁신은 제품을 생산하여 판매하는 회사이다. 회사는 총원가에 20%의 이익을 가산하여 제품의 판매가격을 결정하고 있다. 10월 동안에 특정제품을 생산하는데 소비한 원가 및 판매와 관련된 자료는 다음과 같다.

① 직접 재료비	₩45,000	② 직접노무비	₩65,000
③ 공장건물의 감가상각비	15,000	④ 공장감독자 급료	20,000
⑤ 영업부 사무비	10,000	⑥ 공장경비	24,000
⑦ 영업사원의 급료	14,000	⑧ 사무원의 급료	26,000

■ 요구사항

다음의 금액을 계산하라.

1. 직접원가 **2.** 제조원가 **3.** 총 원 가 **4.** 판매가격 **5.** 가공원가

| 풀 이 |

1. 직접원가 : ₩45,000+₩65,000=₩110,000

2. 제조원가 : ₩110,000+₩15,000+₩20,000+₩24,000=₩169,000

3. 총 원 가 : ₩169,000+₩10,000+₩14,000+₩26,000=₩219,000

4. 판매가격 : ₩219,000×(1+0.2)=₩262,800

5. 가공원가 : ₩65,000+₩59,000=₩124,000

* ₩15,000+₩20,000+₩24,000=₩59,000

| 해설 |

1. 직접원가는 직접재료비 ₩45,000과 직접노무비 ₩65,000을 합한 ₩110,000이 되며 기본원가라고도 한다. 제조원가는 직접원가 ₩110,000에다 제조간접비인 공장건물의 감가상각비 ₩15,000, 공장감독자 급료 ₩20,000 및 공장경비 ₩24,000을 합한 ₩169,000이 된다.

2. 총원가는 제조원가 ₩169,000에다 판매비인 영업부 사무비 ₩10,000, 영업사원의 급료 ₩14,000과 일반관리비에 해당되는 사무원의 급료 ₩26,000을 합한 ₩219,000이 된다. 이렇게 계산된 총원가 ₩219,000에 20%의 이익을 가산한 금액이 판매가격이 되므로 판매가격은 총원가의 120%인 ₩262,800이 된다. 그리고 가공원가는 직접노무비 ₩65,000에다 제조간접비 ₩59,000을 가산하면 ₩124,000이 된다.

2-8 원가분류

(주)LG는 전자제품을 생산 · 판매하고 있으며, 다음은 당기(20x1년) 중에 생산한 제품 1,000단위와 관련하여 발생한 원가자료이다. 다음 요구사항에 답하시오.

- 직접재료비 ₩700,000
- 직접노무비 340,000
- 공장감독자 급여 250,000(고정비)
- 공장 전력비 180,000(50%는 변동비)
- 공장 소모품비 120,000(30%는 고정비)
- 공장건물 감가상각비 280,000(고정비)
- 공장기계 감가상각비 160,000(고정비)
- 공장 수선유지비 220,000(60%는 고정비)

■ 요구사항

1. 상기의 원가들을 변동비와 고정비로 구분하시오.

2. 제품의 단위당 변동비와 단위당 고정비를 계산하고, 제품의 단위당 총원가를 계산하시오.

3. 만약 회사가 내년(20x2년)에 2,000대를 생산할 경우 제품의 단위당 총원가를 계산하시오.

Plan
Budget

제3장

원가의 흐름

제1절 제조기업의 경영활동

외부로부터 상품을 매입하여 그대로 외부에 판매함으로써 영리를 추구하는 기업을 상기업이라고 한다. 이에 비해서 외부로부터 제품을 제조하는 데 필요한 원재료, 노동력 및 각종 용역 등을 구입하여 제품을 제조한 후에, 그 제품을 판매함으로써 영리를 추구하는 기업을 제조기업 또는 공기업이라고 한다.

그러므로 상기업의 경영활동은 외부로부터 상품을 매입하는 구매활동과 매입한 상품을 판매하는 판매활동으로 구성되어 있다. 그러나 제조기업의 경영활동은 외부로부터 구입한 원재료 등을 사용하여 제품을 제조해야 하므로, 구매활동과 판매활동 외에 제조활동이 포함된다는 차이점이 있다. 다시 말하면 제조기업의 경영활동은 필요한 원재료, 노동력 및 각종 용역 등을 구입하는 구매활동, 구입한 원재료 등을 사용하여 제품을 제조하는 제조활동, 그리고 제조된 제품을 판매하는 판매활동으로 구성되어 있다.

제2절 원가의 흐름

원가흐름은 원가가 발생해서 변형되고 소멸되는 과정을 말한다. 즉, 직접재료비, 직접노무비, 제조간접비 등의 원가요소가 발생하여 재공품이나 제품 등의 자산으로 변형된 이후에 판매가 됨으로서 매출원가라는 비용으로 소멸되는 과정을 말한다. 이들은 관련 손익계산서 계정 및 재무상태표 계정(재고자산계정)에 기록된다.

상기업의 경우에는 상품을 매입해서 판매분이 매출원가가 되고, 미판매분이 재고자산이 되는 형태의 원가흐름이지만, 제조기업은 우선 외부에서 원재료를 구입해서 이를 공정에 투입해서 가공하는 과정에서 가공비가 추가로 투입되며, 가공이 완료되어 완성이 되면 제품이 되고, 이 제품이 판매가 되면 매출원가가 된다. 이러한 제조기업의 경우에는 기본적으로 원재료, 재공품 및 제품 세 가지의 재고자산계정을 가지게 되는데, 원가가 발생하여 변형되고 소멸되는 과정을 나타내면 다음과 같다.

표 3-1 제조기업의 원가흐름

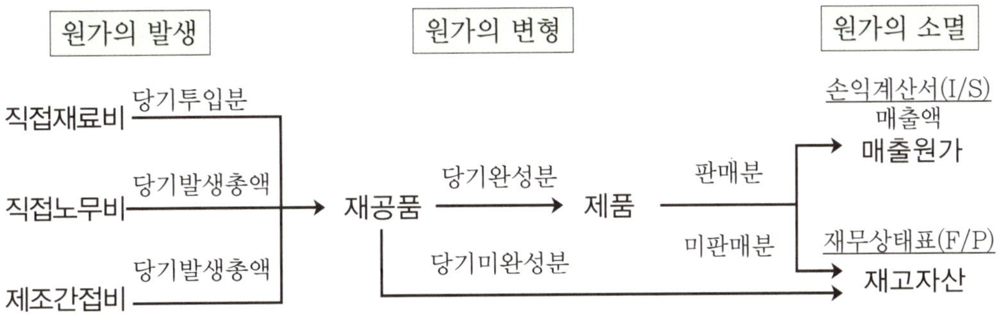

이상으로 원가의 흐름에 대하여 알아보았는데 제조기업은 이러한 일련의 원가흐름을 회계처리하여야 한다. 그러므로 이와 관련된 계정에는 어떠한 것이 있으며 각 계정의 의미는 무엇인지를 살펴보기로 하자.

1. 원가요소

제조기업이 제품을 제조하는 데 소비된 경제적 가치인 제조원가를 처리하는 계정을 원가요소계정이라고 한다. 원가요소계정에는 재료비계정, 노무비계정 및 경비계정이 있다. 그러나 일반적으로 재료비계정이나 노무비계정을 별도로 설정하지 않고 재료계정에서 재료비를, 임금계정에서 노무비를 간편하게 처리하고 있다.

(1) 재료계정

기업이 제품을 제조하기 위하여 외부로부터 매입한 재료를 처리하는 계정을 재료계정이라고 한다. 재료는 기업 입장에서 보면 자산이므로 재료계정은 자산계정이라 할 수 있다.

그러면 간단한 예를 들어 재료와 관련된 분개를 하고 이를 전기하는 과정에서 재료계정의 의미를 파악해 보기로 하자.

> (주)경주의 5월 초 재료재고액은 ₩60,000이며, 5월 동안 ₩100,000의 재료를 외상으로 매입하였다. 5월 동안 제품을 제조하는 데 ₩65,000의 재료가 소비되었는데, 그 중에서 ₩50,000은 특정제품을 제조하는 데 직접소비하였고 나머지는 간접소비하였다.

먼저 5월 동안의 거래를 분개하여 보면 다음과 같다.

① 재료를 외상으로 매입시

(차)	재 료	100,000	(대) 외상매입금	100,000

② 재료를 제조과정에 소비시

(차)	재 공 품	50,000	(대) 재 료	65,000
	제조간접비	15,000		

상기의 분개를 보면 재료를 외상으로 매입시에 재료계정의 차변과 외상매입금계정의 대변에 기록한다. 그리고 재료를 제품제조에 소비하는 시점에서 특정제품을 제조하기 위하여 직접소비된 ₩50,000은 재공품계정의 차변에, 여러 종류의 제품제조를 위하여 간접소비된 ₩15,000은 제조간접비계정의 차변에, 그리고 재료소비액 ₩65,000은 재료계정의 대변에 기입한다. 여기서 재공품계정이란 제조과정 중에 있는 미완성품인 재공품을 처리하는 계정을 말한다.

상기의 분개를 재료계정에 전기하여 마감해 보면 다음과 같다.

재 료

전기이월	60,000	재 공 품	50,000
매입채무	100,000	제조간접비	15,000
		차 기 이 월	95,000
	160,000		160,000

재료계정의 기입면을 보면 재료계정 차변에는 재료의 기초재고액과 당기매입액이 기입되므로, 재료계정의 차변합계 ₩160,000은 사용가능한 재료총액을 표시하게 된다. 사용가능한 재료총액 ₩160,000 중에서 제조과정에 투입된 ₩65,000은 재료소비액이 되고, 소비되지 않고 기말에 남아 있는 재료 ₩95,000은 기말재료가 된다. 그러므로 재료계정의 대변에는 재료소비액과 기말재고액을 기입하게 된다. 이 때 특정제품을 제조하기 위하여 직접소비한 ₩50,000을 직접재료비라고 하고, 여러 종류의 제품을 제조하기 위하여 공통적으로 소비한 ₩15,000을 간접재료비라고 한다.

이와 같이 재료소비액은 재료비계정을 사용하지 않고 재료계정의 대변에 소비액을 기입하여 간편하게 처리하는 것이 보통이다.

(2) 임금계정

제품을 제조하기 위해서는 재료뿐만 아니라 인간의 노동력이 필요하게 된다. 이와 같이 노동력의 소비로 인하여 발생하는 원가인 노무비를 처리하는 계정을 임금계정이라 한다.

(주)경주가 5월 동안에 임금 ₩200,000을 종업원에게 지급하였는데, 이것은 전액 제품을 제조하기 위하여 소비된 것이다. 임금소비액 중 ₩150,000은 특정제품을 생산하기 위하여 직접소비한 것이며, 나머지는 여러 종류의 제품제조에 공통적으로 소비된 것이다. 그리고 미지급임금이나 선급임금은 없다고 해보자.

5월 동안의 거래를 분개하여 보면 다음과 같다.

① 재료를 외상으로 매입시

(차) 임　　금　　200,000　　　(대) 현　　금　　200,000

② 재료를 제조과정에 소비시

(차) ┌ 재 공 품　　150,000　　　(대) 임　　금　　200,000
　　 └ 제조간접비　　50,000

상기의 분개를 보면 임금을 종업원에게 지급시에 임금계정의 차변과 현금계정의 대변에 기입한다. 그리고 임금을 제품제조에 소비하는 시점에서 특정제품을 제조하기 위하여 직접 소비된 ₩150,000은 재공품계정의 차변에, 간접소비액 ₩50,000은 제조간접비계정의 차변에, 그리고 임금소비액 ₩200,000은 임금계정의 대변에 기입한다.

상기의 분개를 임금계정에 전기하여 마감해 보면 다음과 같다.

재　료

현　　금	200,000	재 공 품	150,000
		제조간접비	50,000
	160,000		200,000

임금계정의 기입면을 보면 임금계정 차변에는 당기(월)의 임금지급액이 기입되고 임금계정 대변에는 당기(월)의 임금소비액이 기입된다. 이때 특정제품을 제조하기 위하여 직접소비한 ₩150,000을 직접노무비라고 하고, 여러 종류의 제품을 제조하기 위하여 공통적으로 소비된 ₩50,000을 간접노무비라고 한다.

이와 같이 임금소비액은 노무비계정을 별도로 설정하지 않고 임금계정의 대변에 소비액을 기입하여 간편하게 처리하는 것이 보통이다.

(3) 경비계정

제품을 제조하는 데는 재료와 노동력뿐만 아니라 각종 비용이 발생하게 된다. 이와 같이 원가 중에서 재료비와 노무비를 제외한 일체의 것의 소비로 인하여 발생하는 각종 경비를 처리하는 계정을 경비계정이라 한다.

(주)경주가 5월 동안 공장에서 소비된 소모품비와 공장기계의 수선유지비로 ₩80,000을 현금지급하였다. 그리고 당월에 지급한 ₩80,000 중 ₩20,000은 특정제품을 제조하기 위하여 직접소비하였으며, 나머지는 여러 종류의 제품을 제조하기 위하여 공통적으로 소비된 것이다. 또한 미지급경비나 선급경비는 없다고 해보자.

먼저 5월 동안의 거래를 분개하여 보면 다음과 같다.

① 경비를 현금으로 지급시

(차) 재 료	80,000		(대) 현 금	80,000

② 경비를 제품제조에 소비시

(차) 재 공 품	20,000		(대) 경 비	80,000
제조간접비	60,000			

상기의 분개를 보면 경비를 현금으로 지급시에 경비계정의 차변과 현금계정의 대변에 기입한다. 그리고 경비를 제품제조에 소비하는 시점에서 특정제품을 제조하기 위하여 직접소비된 ₩20,000은 재공품계정의 차변에, 여러 종류의 제품제조에 공통적으로 소비된 간접소비액 ₩60,000은 제조간접비계정의 차변에, 그리고 경비소비액 ₩80,000은 경비계정의 대변에 기입한다.

상기의 분개를 경비계정에 전기하여 마감해 보면 다음과 같다.

경 비

현 금	80,000	재 공 품	20,000
		제조간접비	60,000
	160,000		80,000

경비계정의 기입면을 보면 경비계정의 차변에는 당기(월)의 경비지급액이 기입되고, 경비계정의 대변에는 당기(월)의 경비소비액이 기입된다. 이때 특정제품을 제조하기 위하여

직접소비한 ₩20,000을 직접경비라고 하고, 여러 종류의 제품제조에 공통적으로 소비된 ₩60,000을 간접경비라고 한다. 경비계정에는 복리후생비, 감가상각비, 지급임차료, 보험료, 수선비, 전력비, 가스수도료, 운임, 교통비, 잡비계정 등이 있다.

2. 원가계산

제품의 원가를 계산하기 위해서는 각종의 원가를 집계하여 계산하는 계정이 필요하다. 이와 같이 원가를 집계하여 계산하는 계정을 원가계산계정이라고 한다. 원가계산계정에는 각종 원가요소의 간접소비액을 집계하는 제조간접비계정, 제조과정 중에 있는 미완성품의 원가를 집계하는 재공품계정, 완성된 제품의 원가를 집계하는 제품계정이 있다.

(1) 경비계정

여러 종류의 제품제조에 공통적으로 소비된 제조간접비는 원가계산기간별로 집계하였다가 동기간에 생산된 특정제품에 합리적으로 배부하여야 한다. 이 경우에 제조간접비를 집계하였다가 각 특정제품에 배부하기 위하여 설정하는 계정을 제조간접비계정이라고 한다.

(주)경주가 5월 동안 여러 종류의 제품제조를 위하여 재료 ₩35,000, 노무비 ₩30,000, 경비 ₩40,000을 공통적으로 소비하였다. 그리고 5월 동안에 집계된 제조간접비 전액을 생산된 특정제품에 배부한다고 해보자.

5월 동안의 거래를 분개하여 보면 다음과 같다.

① 재료를 간접소비시

(차) 제조간접비	35,000	(대) 제　　료	35,000

② 노무비를 간접소비시

(차) 제조간저비	30,000	(대) 임　　금	30,000

③ 경비를 간접소비시

(차) 제조간접비	150,000	(대) 경　　비	40,000

④ 집계된 제조간접비를 제품에 배부시

(차) 재 공 품 150,000 (대) 제조간접비 105,000

상기의 분개를 보면 재료, 노무비 및 경비를 여러 종류의 제품제조에 공통적으로 소비시에 제조간접비계정의 차변과 재료, 임금 및 경비계정의 대변에 각각 기입한다. 그리고 차변에 집계된 제조간접비 ₩105,000을 특정제품에 배부시에 제조간접비계정의 대변과 재공품계정의 차변에 기입한다.

상기의 분개를 제조간접비계정에 전기하여 마감하여 보면 다음과 같다.

제조간접비

재 료	35,000	재 공 품	105,000
임 금	30,000	제조간접비	
경 비	40,000		
	160,000		105,000

제조간접비계정의 기입면을 보면 제조간접비계정의 차변에는 각종 원가요소의 간접소비액이 집계되며, 제조간접비계정 대변에는 차변에 집계된 제조간접비를 합리적인 배부기준에 의하여 특정제품에 배부한 금액이 기입된다.

(2) 재공품계정

제조과정중에 있는 미완성품의 제조원가를 집계하는 계정을 재공품계정이라 한다. 재공품은 아직 완성되지는 않았지만 각종 원가가 투입된 상태이므로 기업의 입장에서는 자산에 해당된다. 그러므로 재공품계정은 자산계정이라 할 수 있다.

(주)경주의 5월 초 재공품재고액은 ₩50,000이며, 5월 동안에 재료 ₩100,000, 노무비 ₩120,000을 특정제품을 제조하기 위하여 직접소비하였다. 그리고 당월에 제품에 배부된 제조간접비는 ₩70,000이며, 당월에 완성되어 제품계정으로 대체된 제조원가는 ₩300,000이라고 해보자.

5월 동안의 거래를 분개하여 보면 다음과 같다.

① 재료를 직접소비시

(차) 재 공 품	100,000	(대) 재　　료	100,000

② 노무비를 직접소비시

(차) 재 공 품	120,000	(대) 임　　금	120,000

③ 제조간접비를 제품에 배부시

(차) 재 공 품	70,000	(대) 제조간접비	70,000

④ 당기의 완성품원가를 제품계정에 대체시

(차) 제　　품	300,000	(대) 재 공 품	300,000

상기의 분개를 보면 특정제품의 제조에 직접소비한 직접재료비와 직접노무비는 재공품계정의 차변에 기입하고, 재료계정과 임금계정의 대변에 각각 기입한다. 그리고 제조간접비를 제품에 배부시에 재공품계정의 차변과 제조간접비계정의 대변에 기입한다. 제품이 완성되면 완성품의 제조원가 ₩300,000을 제품계정의 차변과 재공품계정의 대변에 각각 기입한다.

상기의 분개를 재공품계정에 전기하여 마감하여 보면 다음과 같다.

재 공 품

전 기 이 월	50,000	제　　품	300,000
재 료 비	100,000	차기이월	40,000
노 무 비	120,000		
경　　비	70,000		105,000
	340,000		

재공품계정의 기입면을 보면 재공품계정의 차변에는 기초재공품 ₩50,000과 당기에 제조과정에 투입된 직접재료비 ₩100,000, 직접노무비 ₩120,000 및 제조간접비 ₩70,000이 기입된다. 이 경우 당기에 투입된 원가의 총합계(₩290,000)을 당기총제조원가(current manufacturing costs)라 한다.

당기총제조원가 = 직접재료비 + 직접노무비 + 제조간접비

재공품계정 대변에는 당기에 완성된 제품의 원가 ₩300,000과 미완성인 기말재공품원가 ₩40,000이 기입된다. 이 경우 당기에 완성된 제품의 원가를 당기제품제조원가(costs of goods manufactured)라 하며 다음과 같이 나타낼 수 있다.

당기제품제조원가 = 기초재공품재고액 + 당기총제조원가 − 기말재공품재고액

(3) 제품계정

제조과정중에 있던 제품이 완성되면 완제품이 되는데, 이러한 완제품을 처리하는 계정을 제품계정이라 한다. 제품은 자산이므로 제품계정은 자산계정에 해당된다.

(주)경주의 5월 초 제품재고액은 ₩50,000이며, 5월 동안에 완성되어 제품계정으로 대체된 원가는 ₩300,000이다. 그리고 당기에 원가 ₩240,000의 제품을 ₩280,000에 외상으로 판매하였다고 해보자.

5월 동안의 거래를 분개하여 보면 다음과 같다.

① 당기 완성품원가를 제품계정에 대체시

(차) 제　　품　300,000　　(대) 재 공 품　300,000

② 제품을 외상으로 매출시

(차) 외상매출금　280,000　　(대) 매　　출　280,000

③ 매출원가의 인식시

(차) 매 출 원 가　240,000　　(대) 제　　품　240,000

상기의 분개를 보면 제조과정중에 있던 제품이 완성되면 당기의 완성품원가 ₩300,000을 제품계정의 차변과 재공품계정의 대변에 기입한다. 그리고 제품을 외상으로 판매시에는 외상매출금계정의 차변과 매출계정의 대변에 기입한다. 매출원가를 인식

시에는 매출원가계정을 별도로 설정하여 처리한다고 보고, 당기의 매출원가 ₩240,000을 매출원가계정의 차변과 제품계정의 대변에 각각 기입한다.

상기의 분개를 제품계정에 전기하여 마감해 보면 다음과 같다.

제 품

전기이월	50,000	매출원가	240,000
재 공 품	300,000	차기이월	110,000
	350,000		350,000

제품계정의 기입면을 보면 제품계정의 차변에는 기초제품재고액과 당기에 완성된 제품의 제조원가인 당기제품제조원가가 기입되므로 제품계정의 차변합계는 판매 가능한 제품 총액을 표시하게 된다. 판매 가능한 제품 중에서 당기에 판매된 제품의 원가는 매출원가가 되고, 기말까지 판매되지 않고 재고로 보유하고 있는 제품의 원가는 기말제품재고액이 된다. 이경우 매출원가는 다음과 같이 나타낼 수 있다.

> 매출원가 = 기초제품재고액 = 당기제품제조원가 − 기말제품재고액

표 3-2 원가요소계정에서 제품계정까지의 대체관계 도해 (원가요소를 재료비, 노무비, 결비로 분류한 경우)

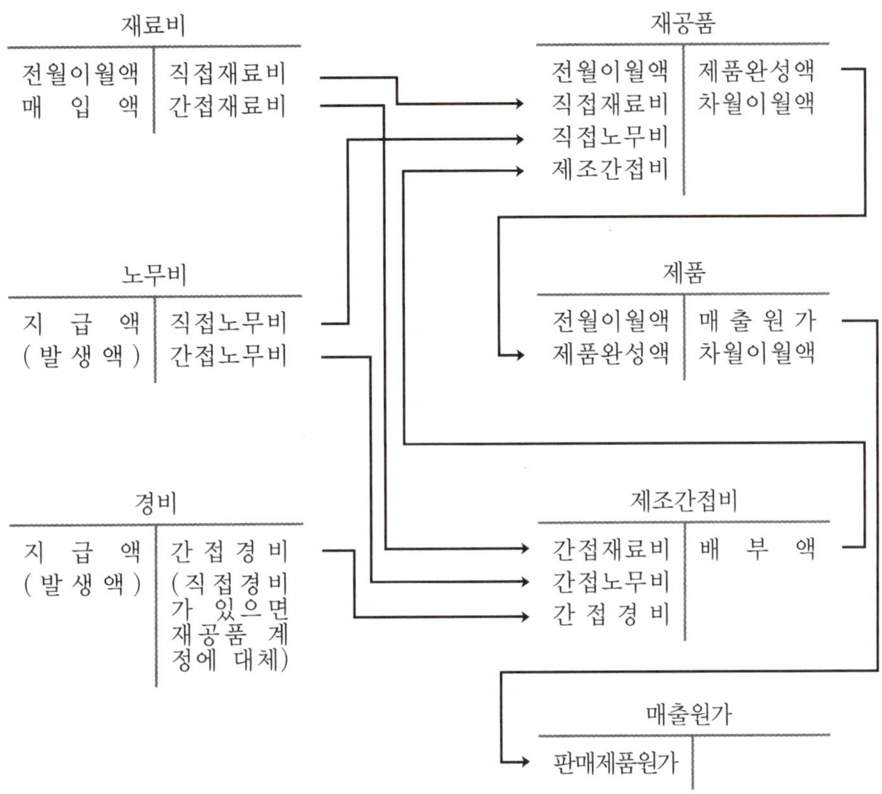

표 3-3 원가요소를 직접재료비, 직접노무비, 제조간접비로 분류한 경우

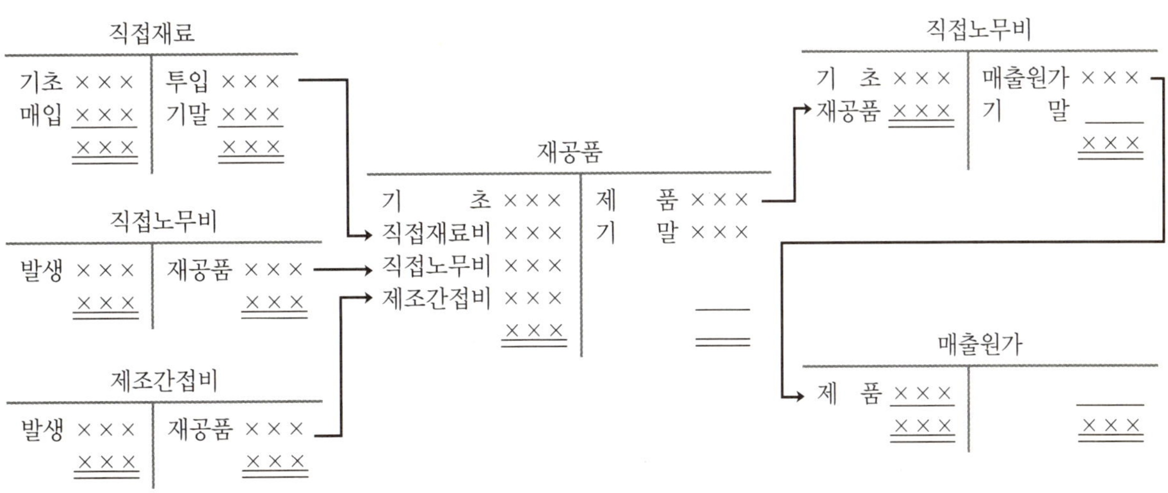

제3절 제조원가명세

제조기업은 재무제표 작성시에 제조활동의 결과를 보고하여야 한다. 이러한 목적을 위하여 일정기간 동안의 제조원가의 명세를 나타내는 표를 작성하게 되는데 이것을 제조원가명세서(manufacturing statement)라고 한다. 제조원가명세서는 손익계산서에 기재되는 제조원가의 명세를 표시한 것으로서 재무제표 부속명세서의 일종이다.

제조기업의 재무제표는 상기업에서 작성되는 것과 마찬가지이다. 그러나 제조기업은 상기업에 비해서 제조활동이 포함되므로 그 결과를 보고하기 위하여 특히 부속명세서로 제조원가명세서를 추가로 작성한다. 기업회계기준에서도 제조기업의 경우에는 이 명세서를 작성하도록 명시하고 있다. 기업회계기준에서 규정하고 있는 제조원가명세서의 양식은 78쪽의 표와 같다.

• • • 쉬어갑시다

수송 기관의 소요 에너지

어떤 조사에 따르면 잡화물을 대상으로 해서 보통 트럭, 철도 화차, 카 페리, 제트 화물 전용기로 일관 수송에 요하는 에너지는 다음과 같다.
거리 1,500 km의 경우 1 km톤 당(T/K) 소요량은 철도 80~100 kcal, 트럭 300~700 kcal, 카페리 500~2,000 kcal, 항공기 2,000~4,000 kcal 였다.
고속성을 특성으로 하는 항공기에 있어 소요량이 많은 것은 당연하지만, 수송량이 비슷한 철도와 카페리를 비교하면 철도가 유리하며, 트럭은 주행 저항이 커서 1회당 적응 수송량이 적기 때문에 킬로톤(T/K)당으로는 철도보다 확실히 불리하다.

제조원가명세서

20×2년 1월 1일 부터 20×2년 12월 31일 까지

(주)AIFA 단위 : 원(또는 천원, 백만 원)

과 목	금 액	
Ⅰ. 재료비		
1. 기초재료재고액	xxx	
2. 당기재료매입액	xxx	
계	xxx	
3. 기말재료재고액	xxx	xxx
Ⅱ. 노무비		
1. 급여	xxx	
2. 퇴직급여	xxx	xxx
Ⅲ. 경비		
1. 복리후생비	xxx	
2. 전력비	xxx	
3. 감가상각비	xxx	
4. 수선비	xxx	
5. 소모품비	xxx	
6. 세금과 공과	xxx	
7. 임차료	xxx	
8. 보험료	xxx	
9. 통신비	xxx	xxx
Ⅳ. 당기총제조비용		xxx
Ⅴ. 기초재공품재고액		xxx
Ⅵ. 합계		xxx
Ⅶ. 기말재공품재고액		xxx
Ⅷ. 당기제품제조원가		xxx

개별원가계산제도를 이용하는 경우 원가분류를 직접재료비, 직접노무비, 제조간접비로 분류하고, 제조원가명세서를 다음과 같이 작성할 수 있다.

제조원가명세서

20×2년 1월 1일 부터 20×2년 12월 31일 까지

(주)AIFA (단위 : 원)

과 목	금 액	
Ⅰ. 재료비		
1. 기초재료재고액	xxx	
2. 당기재료매입액	xxx	
계	xxx	
3. 기말재료재고액	xxx	xxx
Ⅱ. 직접노무비		
1. 급여	xxx	
2. 퇴직급여	xxx	xxx
Ⅲ. 제조간접비		
1. 복리후생비	xxx	
2. 전력비	xxx	
3. 감가상각비	xxx	
4. 수선비	xxx	
5. 보험료	xxx	xxx
Ⅳ. 당기총제조비용		xxx
Ⅴ. 기초재공품재고액		xxx
Ⅵ. 합계		xxx
Ⅶ. 기말재공품재고액		xxx
Ⅷ. 당기제품제조원가		xxx

요점정리

1. 제조기업의 경영활동

구매활동 ⇒ 제조활동 ⇒ 판매활동

2. 제조기업의 원가흐름

구매활동		제조활동					판매활동
재 료	→	재료비					
노 동 력	→	노무비	→	재공품	→	제 품 →	매출원가
용역(서비스)	→	경 비					
(원가유입)	→	(원가발생)	→			(원가변형) →	(원가소멸)

(1) 원가요소계정

재 료

차변	대변
기초재료재고액 당기매입액	재료소비액 기말재료재고액

임 금

차변	대변
지급액 (미지급액)	소비액

경 비

차변	대변
발생(지급)액	소비액

(2) 원가계산계정

제조간접비

차변	대변
간접재료비 간접노무비 간접 경비	배부액

재공품

차변	대변
기초재공품 제조직접비 제조간접비	완성품 기말재공품원가

제 품

차변	대변
기초제품 완성품	판매품 기말제품재고액

3. 원가계산

(1) **당기총제조원가=직접재료비+직접노무비+제조간접비**

(2) **당기제품제조원가=기초재공품+당기총제조원가−기말재공품**

(3) **매출원가=기초제품재고+당기제품제조원가−기말제품재고**

제3장 연 습 문 제

3-1 당기제품제조원가

(주)승진은 제품을 제조하여 판매하는 회사이다. 3월 1일의 재공품재고액은 ₩100,000이며, 3월 31일의 재공품재고액은 ₩205,000이다. 그리고 3월 동안에 발생한 원가자료는 다음과 같다.

직접재료 소비액	₩1,000,000	직접공의 임금	₩750,000
공장기계의 수선유지비	100,000	공장 감독자 급여	345,000
공장기계의 감가상각비	45,000	영업부의 사무비	75,000
공장건물의 감가상각비	100,000	공장경비	65,000
영업사원의 급여	450,000	판매수수료	120,000

■ **요구사항**

1. 3월 동안에 발생한 총제조간접비는 얼마인가?

2. 3월 동안의 제품제조원가는 얼마인가?

| 풀이 |

1. 3월의 총제조간접비

공장기계의 수선유지비	₩100,000
공장 감독자 급여	345,000
공장기계의 감가상각비	45,000
공장건물의 감가상각비	100,000
공장경비	65,000
합계	₩655,000

2. 3월 동안의 제품제조원가 : ₩2,300,000

재 공 품

기초재공품원가	100,000	당기제품제조원가	2,300,000
재료소비액	1,000,000	기말재공품원가	205,000
직접공의임금	750,000		
제조간접비	655,000		
	2,505,000		2,505,000

| 해설 |

제조원가에 산입되는 항목은 제품제조와 직접적인 관련이 있는 항목만을 포함시켜야 한다. 그러므로 제품제조와 직접적인 관련이 없는 영업부의 사무비와 영업사원의 급여 및 판매수수료는 제조원가에서 제외시켜야 한다. 그리고 자료에 기초 및 기말재공품원가와 각종 원가요소의 소비액이 제시되어 있으므로, 재공품계정을 이용하여 당월의 제품제조원가를 구하면 된다.

3-2 원가의 흐름

(주)한라는 한 종류의 제품만을 생산하여 판매하고 있다. 20×1년 3월 원가 관련 자료는 다음과 같다. 단, 거래는 모두 현금으로 이루어진다고 가정한다.

재료 소비액	₩480,000	임금 소비액	₩540,000
경비 소비액	380,000	판매비와 관리비	175,000
당월의 제품제조원가	1,350,000	매출원가	1,250,000
제품의 외상매출액	1,590,000	기초재공품원가	150,000
월초의 제품원가	120,000		

■ 요구사항

1. 원가요소계정에서 손익계정까지 대체되는 데 필요한 분개를 하라.

2. 상기의 거래를 관련계정에 전기하고 마감하라.

| 풀이 |

1. 거래의 분개

(1) 각종 원가요소 소비시

(차) 재공품	1,400,000	(대)	재료	480,000
			임금	540,000
			경비	380,000

(2) 판매비와 관리비를 현금 지급시

(차) 판매비와 관리비	175,000	(대)	현금	175,000

(3) 완성품원가를 제품계정에 대체시

(차) 제품	1,350,000	(대)	재공품	1,350,000

(4) 제품 매출시

(차) 매출채권	1,590,000	(대)	매출	1,590,000

(5) 매출원가의 인식

(차) 매출원가	1,250,000	(대)	제품	1,250,000

(6) 손익항목을 손익계정에 대체시

(차) 손익	1,250,000	(대)	매출원가	1,250,000

(차) 손익	175,000	(대)	판매비와 관리비	175,000
(차) 매출	1,590,000	(대)	손익	1,590,000

2. 관련계정에의 전기

재공품

전월이월	150,000	제 품	1,350,000
재 료	480,000	차월이월	200,000
임 금	540,000		
경 비	380,000		
	1,550,000		1,550,000

제 품

전월이월	120,000	매출원가	1,250,000
재 공 품	1,350,000	차월이월	220,000
	1,470,000		1,470,000

매출원가

제 품	1,250,000	손 익	1,250,000
	1,250,000		1,250,000

판매비와 일반관리

현 금	175,000	손 익	175,000
	175,000		175,000

매 출

손 익	1,590,000	외상매출금	1,590,000
	1,590,000		1,590,000

손 익

매출원가	1,250,000	매 출	1,590,000
판매비와 관리비	175,000		

| 해설 |

1. 당월에 각종 원가요소의 소비가 이루어지면 일단 재공품계정의 차변에 집계된다. 그리고 제조활동의 결과 제품이 완성되면 완성된 제품의 제조원가는 제품계정으로 대체되고, 월말까지 미완성된 제품의 제조원가는 재공품계정의 월말잔액이 된다.

2. 당월 중에 판매된 제품의 제조원가는 매출원가가 되므로 제품계정에서 매출원가계정으로 대체된다. 그리고 월말이 되면 손익항목에 해당하는 매출원가, 판매비와 일반관리비 등은 손익계정으로 대체된다.

3-3 손익계산서 작성

(주)덕성은 의류를 생산하여 판매하는 회사이다. 7월 동안의 원가계산과 관련된 자료

는 다음과 같으며 재고자산의 원가흐름은 선입선출법이다.

직접재료비	₩500,000	직접노무비	₩650,000
제조간접비	₩850,000	기초제품재고액	@₩400×1,200개
기말제품수량	700개	기초재공품재고액	₩220,000
기말재공품재고액	₩120,000	고정판매비	₩120,000
고정관리비	₩160,000	당기생산수량	4,000개
단위당 판매가격	@₩1,000		
단위당 변동판매비와 관리비	₩50		

■ 요구사항

1. 7월 동안의 제조원가명세서를 작성하라.

2. 7월 동안의 손익계산서를 작성하라.

| 풀이 |

1. 제조원가명세서 작성

제조원가명세서	(단위 : 원)
Ⅰ. 직접재료비	500,000
Ⅱ. 직접노무비	650,000
Ⅲ. 제조간접비	850,000
Ⅳ. 당기총제조비용	2,000,000
Ⅴ. 기초재공품재고액	220,000
Ⅵ. 합 계	2,220,000
Ⅶ. 기말재공품재고액	120,000
Ⅷ. 당기제품제조원가	2,100,000

2. 손익계산서 작성

손익계산서		(단위 : 원)
Ⅰ. 매출액(4,500개[①]×@1,000)		4,500,000
Ⅱ. 매출원가		
1. 기초제품재고액	480,000	
2. 당기제품제조원가	2,100,000[②]	
합 계	2,580,000	
3. 기말제품재고액	367,500[③]	2,212,500
Ⅲ. 매출총이익		2,287,500
Ⅳ. 판매비와 관리비		
1. 변동비와 관리비	225,000[④]	
2. 고정판매비	120,000	
3. 고정관리비	160,000	505,000
Ⅴ. 당기순이익		₩1,782,500

① 1,200개+4000개−700개=4,500개
② 제조원가명세서상의 금액임
③ ₩2,100,000×700개/4,000개=₩367,500
④ 4,500개×₩50=₩225,000

| 해설 |

제조원가명세서상에서 계산된 당기제품제조원가는 손익계산서에 표시되는 당기제품제조원가가 된다. 그러므로 제조기업의 경우에는 제조원가명세서가 먼저 작성되고 손익계산서가 작성된다는 것을 알 수 있다. 그리고 재고자산의 원가흐름이 선입선출법이므로 기말제품재고액은 당기제품제조원가 중의 일부로 구성된다.

3-4 원가의 흐름

(주)미래는 한 종류의 제품을 제조하여 판매하고 있다. (주)미래의 4월 동안 집계된 원가자료는 다음과 같다.

1. 4월 1일의 재고액

재료 : ₩40,000　　재공품 : ₩56,000　　제품 : @₩120×1,600개

2. 4월 31일의 재고액

재료 : ₩60,000　　재공품 : ₩64,000　　제품 : 1,500개

3. 4월의 거래내역

재　　료 총매입액

매입재료 환출액

매입재료 할인액

매입재료 에누리액

노 무 비 소비액

▪ 요구사항

1. 당월의 재료소비액은 얼마인가?
2. 당월의 제품제조원가는 얼마인가?
3. 전월 제품과 당월 제품의 제조단가는 각각 얼마인가?

| 풀이 |

1. 당월의 재료소비액 : ₩484,000

재 료

월초재고액	40,000	소 비 액	484,000
총 매 입 액	524,000	매 입 환 출 액	16,000
		매입에누리액	4,000
		월 말 재 고 액	60,000
	564,000		564,000

2. 당월의 제품제고원가 : ₩1,280,000

재공품

월 초 재 고 액	56,000	제품제조원가	1,280,000
재　료	484,000	월 말 재 고 액	64,000
노 무 비	580,000		
공 장 경 비	224,000		
	1,344,000		1,344,000

3. 제품의 제조단가

(1) **당월 완성품 수량** : 10,100개+1,500개−1,600개=10,000개

(2) **제품의 제조단가**

① 전월 제품의 제조단가 : @₩120

② 당월 제품의 제조단가 : ₩1,280,000÷10,000개=@₩128

| 해설 |

1. 당월의 재료소비액은 월초재고액에 당월의 총매입액을 가산한 금액에서 매입에누리, 매입환출 및 월말재고액을 차감하여 계산한다. 그러나 재료계정 차변에 순매입액을 기재하게 되면 재료계정 대변에서 매입에누리와 매입환출은 차감하지 않는다. 순매입액이란 총매입액에서 매입의 차감항목인 매입에누리와 매입환출을 차감한 금액이기 때문이다.

2. 월초 제품의 제조단가는 @₩120인데 당월 제품의 제조단가는 @₩128이므로 제조단가가 상승하였다. 그 원인은 여러 가지가 있겠지만 당월에 제조과정에서 투입된 각종 원가요소의 가격이 전월에 비하여 상승하였을 것이라고 추론해 볼 수 있다.

3-5 직접노무비의 추정

(주)경기는 제품을 제조하여 판매하는 기업으로서, 실제원가계산제도를 채택하고 있다. 20×1년 5월의 재고자산은 다음과 같다.

	5월 1일	5월 31일
원재료	₩100,000	₩400,000
재공품	300,000	?
제　품	540,000	360,000

| 추가정보 |

5월 한 달 동안의 생산활동과 관련된 자료는 다음과 같다.

① 5월 중 원재료 매입액은 ₩740,000이다.

② 기말재공품원가는 기초재공품원가의 80%이다.

③ 직접노무비는 제조간접비의 200%이다.

④ 5월의 매출원가는 ₩2,180,000이다.

■ 요구사항

5월 동안 제조과정에 투입된 직접노무비는 얼마인가?

| 풀이 |

1. 5월 동안 제조과정에 투입된 직접노무비 : 2×₩500,000=₩1,000,000

2. 계산근거

원재료

차변		대변	
기초	100,000	재공품	440,000
매입	740,000	기말	400,000
	840,000		840,000

재공품

차변		대변	
현금	300,000	제품	2,000,000
원재료	440,000	기말	240,000①
직접노무비	$2x$②		
제조간접비	x		
	2,240,000		2,240,000

① ₩300,000×0.8=₩240,000

② ₩2,240,000−₩300,000−₩440,000=$2x+x$

∴ x=₩500,000

제품

차변		대변	
기초	540,000	매출원가	2,180,000
재공품	2,000,000	기말	360,000
	2,540,000		2,540,000

별해

원재료+재공품+제품

기 초 원 재 료	100,000	매 출 원 가	400,000
기 초 재 공 품 기 초 제 품	300,000	기 말 재 공 품 기말제품	240,000
재 료 매 입 액	540,000	매 출 원 가	360,000
직 접 노 무 비	740,000		2,180,000
제 조 간 접 비	$2x^*$		
	x		
	3,1800,000		3,180,000

* ₩1,590,000−(₩100,000+₩300,000+₩540,000+₩740,000)=$2x+x$

$\therefore x=$ ₩500,000

| 해설 |

1. 5월에 제조과정에 투입된 직접노무비를 추정하기 위해서는 먼저 원재료, 재공품 및 제품계정을 그린 다음 제시된 자료를 기입한다. 그리고 계정 간의 상호관계를 파악하여 직접노무비를 추정하여야 한다.

2. 기말재공품원가는 기초재공품원가 ₩300,000의 80%인 ₩240,000이므로, 이 금액에 완성품원가 ₩2,000,000을 가산하면 재공품계정의 대변합계는 ₩2,240,000이 된다. 그러면 대차평균의 원리에 의하여 재공품계정의 차변합계도 ₩2,240,000이 되어야 한다. 그런데 기초재공품원가 ₩300,000과 당기의 원재료비가 ₩440,000이므로, 당기에 투입된 직접노무비와 제조간접비의 합계액이 ₩1,500,000이 되어야 한다. 따라서 직접노무비를 $2x$, 제조간접비를 x로 놓고 $2x$와 x의 금액을 합하면 ₩1,500,000이 되도록 하는 x의 금액을 계산하면 된다.

3-6 제조원가명세서와 손익계산서 작성

(주)천지는 제품을 제조하여 판매하는 회사이다. 회사는 제조원가에 30%의 이익을 가산하여 판매가격을 결정하고 있다. 20×1년 12월 한 달 동안의 원가와 관련된 자료는 다음과 같다.

1. 기초 및 기말재고자산

재고자산	12월 1일	12월 31일
재　　료	₩9,600	₩10,800
재 공 품	44,600	50,000
제　　품	87,000	48,000

2. 12월의 발생자료

① 기계감가상각비	₩1,500	② 수도광열비 (30% 사무실용)	₩7,000
③ 감독자 급료	34,500	④ 판매원 급료	20,000
⑤ 노무비소비액	72,000	⑥ 광고선전비	6,750
⑦ 재료매입액	85,000	⑧ 기계수선유지비	14,500
⑨ 판매수수료	4,500	⑩ 건물의 재산세 (40% 공장용)	8,000
⑪ 매　출　액	?	⑫ 여비교통비 (30% 공장용)	20,000

2. 재료비는 모두 직접재료비에 해당한다.

3. 노무비는 직접노무비에 해당하며, 감독자 급료는 간접노무비에 해당한다.

■ 요구사항

1. 제조원가명세서를 작성하라.

2. 손익계산서를 작성하라.

3. 20×1년 12월 31일의 대차대조표에 재고자산을 표시하라.

| 풀이 |

1. 제조원가명세서 작성

제조원가명세서

Ⅰ. 직접재료비		
1. 기초제품재고액	₩9,600	
2. 당기재료매입액	85,000	
3. 기말재료재고액	94,600	
계	10,000	83,800
Ⅱ. 직접노무비		
1. 노무비	72,000	72,000
Ⅲ. 제조간접비		
1. 감독자급료	34,500	
2. 기계감가상각비	1,500	
3. 수도광열비	4,900①	
4. 기계수선유지비	14,500	
5. 건물의 재산세	3,200②	
6. 여비교통비	6,000③	64,600
Ⅳ. 당기총제조비용		₩220,400
Ⅴ. 기초재공품재고액		44,600
Ⅵ. 합 계		₩265,000
Ⅶ. 기말재공품재고액		50,000
Ⅷ. 당기제품제조원가		₩215,000

① ₩7,000×0.7=₩4,900

② ₩8,000×0.4=₩3,200

③ ₩20,000×0.3=₩6,000

2. 손익계산서 작성

손익계산서

Ⅰ. 매출액(₩254,000×1.3)		330,200
Ⅱ. 매출원가		
1. 기초제품재고액	87,000	
2.당기제품제조원가	215,000	
계	₩302,000	
3.기말제품재고액	48,000	254,000
Ⅲ. 매출총이익		₩76,200
Ⅳ. 판매비 및 일반관리비		
1. 수도광열비	2,100①	
2. 판매원급료	20,000	
3. 광고선전비	6,750	
4. 판매수수료	4,500	
5. 건물의 재산세	4,800②	
6. 여비교통비	14,000③	52,150
Ⅴ. 당기순이익		₩24,050

3. 부분 대차대조표 작성

대차대조표

(20×1. 12. 31. 현재)

⋮		
재 고 자 산		₩108,800
1. 제 품	₩48,000	
2. 재 공 품	50,000	
3. 재 료	10,800	

3-7 직접재료의 추정

다음은 (주)한송의 제품 제조와 관련된 자료이다. 다음 요구사항에 답하시오.

	기초재고	기말재고
원재료	₩250,000	800,000
재공품	700,000	?
제　품	1,500,000	900,000

(1) 당기 직접노무비는 ₩2,500,000이다.

(2) 직접노무비는 제조간접비의 250%이다.

(3) 기초재공품원가는 기말재공품원가의 80%이다.

(4) 5월의 매출원가는 ₩5,400,000이다.

■ 요구사항

1. 재공품 기말재고액은 얼마인가?

2. 당기 직접재료 매입액은 얼마인가?

Plan
Budget

제4장

부문별 원가계산

제1절 | 제조간접비의 배부

제2절 | 공정이 2개 이상인 경우 제조간접비 배부

제1절 제조간접비의 배부

1. 제조간접비 배부의 의의

예를 들어 책상과 의자를 생산하는 기업에서 두 제품을 생산하는 데 지급임차료 ₩100,000, 전력료 ₩20,000, 수도료 ₩10,000이 공통적으로 소비되었다고 해보자. 이때 책상과 의자를 제조하는 데 공통적으로 소비된 지급임차료 ₩100,000, 전력료 ₩20,000 및 수도료 ₩10,000을 제품을 제조하는 데 간접적으로 소비되었다는 의미에서 제조간접비라고 한다. 이와 같이 다수의 제품을 제조하는 경우에 여러 종류의 제품제조를 위해서 공통적으로 소비된 원가를 제조간접비(manufacturing overhead)라고 한다.

제조기업에서 가장 중요한 과제는 바로 제조간접비와 같은 간접원가를 어떤 기준을 가지고 각각의 원가대상에 배분하여 줄 것인가하는 원가 배분의 문제이다. 즉, 원가 배분(cost allocation)이란 둘 이상의 원가대상에 의하여 공통적으로 사용된 간접원가를 합리적인 배분기준에 따라 각각의 원가대상에 배분하는 과정을 말한다.

예를들어 책상과 의자, 교탁을 동시에 생산하는 경우에 각각의 책상과 의자 교탁에 소비되었음이 명확한 재료비나 소모품 등이 있을 수 있지만, 세 가지 제품을 생산하기 사용된 전력비나 인건비 등은 어떤 제품에 사용되었다고 특정하기 어려울 것이다. 통상 직접재료비와 직접노무비와 같은 직접원가는 각각의 원가대상에 직접적으로 추적이 되기 때문에 배분을 하는 것이 아니라 직접적으로 집계하고 확인하면 되는 것이다. 반면에 제조간접비와 같은 간접원가는 각각의 원가대상으로 직접적으로 추적이 되지 않기 때문에 일정한 배부기준을 가지고 각각의 원가대상에 배분하여야 하는 것이다.

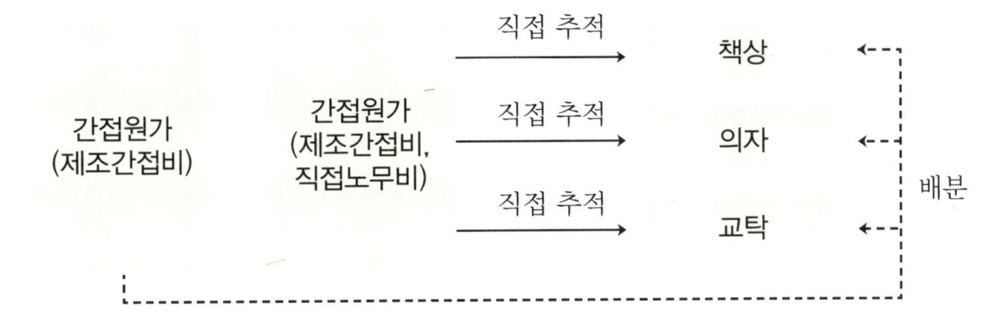

2. 제조간접비의 배부

제조간접비를 배부하기 위한 기준으로는 다음과 같은 기준들이 있다.

① 인과관계기준(cause-and-effect criterion) : 원가를 발생시킨 원인을 찾아 그 원인과 결과(원가대상)를 연결시키는 방식으로 원가배분을 하는 방법으로서 가장 합리적인 원가배분기준이라 할 수 있다. 그러나 이 방법의 경우에는 추적가능성이 낮은 간접원가의 특성상 그 기준이 명확하게 드러나지 않는 경우가 많다.

② 수혜기준(benefits-received criterion) : 원가의 발생으로 인하여 혜택 받은 정도의 크기에 비례하여 원가대상에 원가를 배분하는 방식이다. 즉, 어떠한 활동이나 원가의 발생으로 인하여 특정 원가대상에 제공된 수혜의 비율에 따라서 간접원가를 배분하는 방법으로서 수익자부담원칙에 입각한 배분기준이다. 보통 공공재의 경우에 이러한 원칙을 적용한다.

③ 부담능력기준(ability-to-bear criterion) : 원가대상이 원가를 부담할 수 있는 능력에 따라원가를 배분하는 방법으로서, 수익창출능력이 큰 원가대상에 많은 원가가 배분되고, 수익창출능력이 작은 원가대상에 원가가 적게 배분되도록 하는 방법이다. 이는 수익창출능력이 클 수록 원가를 부담할 만한 능력이 크다고 보아, 더 많은 원가를 배분하도록 하는 기준이다.

④ 공정성과 공평성기준(fairness or equity criterion) : 집계된 원가를 원가대상에 배분할때 공정하고 공평하게 이루어지도록 하는 기준으로서 서로 간에 만족할 수 있는 가격을 설정하기 위한 수단으로 정부와의 계약에서 종종 사용된다.

⑤ 증분기준(incremental criterion) : 기존의 사용자들이 사용할 때 발생한 원가는 기존의 사용자들에게만 배분하고, 추가 사용자가 발생할 경우 추가사용자로 인하여 증가하는 공통원가만을 추가적인 사용자에게 배분하는 기준이다. 증분기준은 기존에 발생하던 공통원가는 추가사용자에게 배분되지 않기 때문에 추가적인 사용자에게 유리한 배분기준이다.

〈 사 례 〉

아파트 주민들이 1층 쓰레기 분리수거장에 버린 쓰레기에 대해 구청에서 수거해 가는 댓가로 구청에서 비용을 청구하고 있는 바, 아파트관리사무소에서는 이 비용을 주민들에게 나누어서 부과하고자 한다. 이러한 경우 각 주민들이 부담해야할 금액은 어떻게 나누어야 하는가? (단, 구청에서 각 세대에서 버린 쓰레기 양에 따라 쓰레기 처리비용을 부과한다고 가정한다.)

- 인과관계기준 : 쓰레기 처리비용은 버리는 양에 비례하므로 각자 버린 쓰레기 버린 양에 비례하여 분배한다.
- 수혜기준 : 구청의 분리수거로 인한 혜택을 측정하기는 어렵지만 아파트 분리수거장에서 가까운 집일수록 쓰레기 처리에 따른 혜택이 크다고 볼 수 있으므로 쓰레기 분리수거장에서의 가까운 집은 많은 혜택을 본다고 보아 많이 부과하고, 분리수거장에서 먼 집일수록 적게 부과한다.
- 부담능력기준 : 각 세대별로 비용을 부담할 만한 능력이 클수록 많이 부과하고, 부담할 만한 능력이 작을수록 적게 부과한다. 즉, 각자 가진 부나 재산의 크기에 비례하여 부과한다.
- 공정성과 공평성기준 : 일률적으로 정하기는 어렵지만 각자 1/n씩 부과하는 것이 한가지 방법이 될 수 있다.
- 증분기준 : 새로운 입주자가 발생하였을 때, 그 전에 청구되던 금액보다 증가한 금액만큼을 새로운 입주자에게 부과한다.

제조간접비를 제품에 배부하는 경우에는 제조간접비와 제품과의 인과관계를 가장 잘 반영할 수 있는 기준을 이용하여 배부하여야 하는 것이다. 통상적으로 인과관계를 가장 잘 반영한다고 판단되는 기준으로 노동시간, 기계시간, 노무비 등을 이용하게 된다.

제조간접비를 배부하는 경우에는 항상 제조간접비 배부율을 먼저 계산하여야 하는데, 제조간접비 배부율은 제조간접비 총액을 배부기준의 합계로 나누어 계산한다.

$$\text{제조간접비배부율} = \frac{\text{제조간접비총액}}{\text{배부기준의합계}}$$

그리고 제조간접비 배부율이 계산되며 각 제품별 배부기준에 제조간접비 배부율을 곱하면 각 제품별로 제조간접비 배부가 완료된다.

(1) 직접노동시간 기준

제조간접비를 직접노동시간을 기준으로 배부하는 경우에는 우선 제조간접비 총액을 노동시간으로 나누어 제조간접비 배부율을 계산한다. 이렇게 직접노동시간을 기준으로 제조간접비를 배부하는 경우에는 노동시간이 제조간접비와 개별제품과의 인과관계를 가장 잘 반영한다고 판단한 것이다.

예제

(주)하나는 하나의 제조공정에서 제품A, B를 생산하고 있다. 다음은 제조공정에서 각 제품별로 발생한 원가관련 정보이다. 직접노동시간을 기준으로 제조간접비를 배부하는 경우 각 제품별로 제조간접비 배부액을 계산하고, 각 제품별 원가를 계산해 보시오.

	금　액	재단부문	봉제부문
직접재료비	1,000,000	1,000,000	2,500,000
직접노무비	1,000,000	2,000,000	3,000,000
제조간접비	–	–	6,000,000
직접노동시간	100시간	500시간	600시간
기계가동시간	500시간	700시간	1,200시간

| 해설 |

1. 직접노동시간을 기준으로 제조간접비를 배부하는 경우, 우선 제조간접비 배부율은 제조간접비를 직접노동시간의 합계로 나누어 다음과 같이 계산한다.

$$\text{제조간접비 배부율} = \frac{6,000,000}{600\text{시간}} = ₩10,000/\text{시간}$$

2. 제조간접비 배부율이 계산되면 각 제품별 직접노동시간에 제조간접비 배부율을 곱하여 각 제품별 제조간접비 배부액을 다음과 같이 계산한다.

A제품 제조간접비 배부액 : 100시간 × ₩10,000 = ₩1,000,000
B제품 제조간접비 배부액 : 500시간 × ₩10,000 = ₩5,000,000

3. 각 제품별 총원가는 다음과 같다.

	A제품	B제품	합계
직접재료비	₩1,000,000	₩1,500,000	₩2,500,000
직접노무비	1,000,000	2,000,000	3,000,000
제조간접비	1,000,000	5,000,000	6,000,000
합 계	₩3,000,000	₩8,500,000	₩11,500,000

(2) 기계가동시간 기준

제조간접비를 기계가동시간을 기준으로 배부하는 경우에는 우선 제조간접비 총액을 기계가 동시간으로 나누어 제조간접비 배부율을 계산한다. 이렇게 기계가동시간을 기준으로 제조간접비를 배부하는 경우에는 기계가동시간이 제조간접비와 개별제품과의 인과관계를 가장 잘 반영한다고 판단한 것이다.

예제

(주)하나는 하나의 제조공정에서 제품A, B를 생산하고 있다. 다음은 제조공정에서 각 제품별로 발생한 원가관련 정보이다. 기계가동시간을 기준으로 제조간접비를 배부하는 경우 각 제품별로 제조간접비 배부액을 계산하고, 각 제품별 원가를 계산해 보시오.

	A제품	B제품	합계
직접재료비	1,000,000	1,500,000	2,500,000
직접노무비	1,000,000	2,000,000	3,000,000
제조간접비	–	–	6,000,000
직접노동시간	100시간	500시간	600시간
기계가동시간	500시간	700시간	1,200시간

| 해설 |

1. 기계가동시간을 기준으로 제조간접비를 배부하는 경우, 우선 제조간접비 배부율은 제조간접비를 기계가동시간의 합계로 나누어 다음과 같이 계산한다.

$$\text{제조간접비 배부율} = \frac{6,000,000}{1,200\text{시간}} = ₩5,000/\text{시간}$$

2. 제조간접비 배부율이 계산되면 각 제품별 기계가동시간에 제조간접비 배부율을 곱하여 각 제품별 제조간접비 배부액을 다음과 같이 계산한다.

A제품 제조간접비 배부액 : 500시간 × ₩5,000 = ₩2,500,000
B제품 제조간접비 배부액 : 700시간 × ₩5,000 = ₩3,500,000

3. 각 제품별 총원가는 다음과 같다.

	A제품	B제품	합계
직접재료비	₩1,000,000	₩1,500,000	₩2,500,000

직접노무비	1,000,000	2,000,000	3,000,000
제조간접비	2,500,000	3,500,000	6,000,000
합　　계	₩4,500,000	₩7,000,000	₩11,500,000

(2) 직접노무비 기준

제조간접비를 직접노무비를 기준으로 배부하는 경우에는 우선 제조간접비 총액을 직접노무비 합계로 나누어 제조간접비 배부율을 계산한다. 이렇게 직접노무비를 기준으로 제조간접비를 배부하는 경우에는 직접노무비가 제조간접비와 개별제품과의 인과관계를 가장 잘 반영한다고 판단한 것이다.

예제

(주)하나는 하나의 제조공정에서 제품A, B를 생산하고 있다. 다음은 제조공정에서 각 제품별로 발생한 원가관련 정보이다. 직접노무비를 기준으로 제조간접비를 배부하는 경우 각 제품별로 제조간접비 배부액을 계산하고, 각 제품별 원가를 계산해 보시오.

	A제품	B제품	합계
직접재료비	1,000,000	1,500,000	2,500,000
직접노무비	1,000,000	2,000,000	3,000,000
제조간접비	–	–	6,000,000
직접노동시간	100시간	500시간	600시간
기계가동시간	500시간	700시간	1,200시간

| 해설 |

1. 직접노무비를 기준으로 제조간접비를 배부하는 경우, 우선 제조간접비 배부율은 제조간접비를 직접노무비의 합계로 나누어 다음과 같이 계산한다.

$$제조간접비\ 배부율 = \frac{6,000,000}{3,000,000} = 2(또는\ 200\%)$$

2. 제조간접비 배부율이 계산되면 각 제품별 직접노무비에 제조간접비 배부율을 곱하여 각 제품별제조간접비 배부액을 다음과 같이 계산한다.

A제품 제조간접비 배부액 : ₩1,000,000 × 2 = ₩2,000,000
B제품 제조간접비 배부액 : ₩2,000,000 × 2 = ₩4,000,000

3. 각 제품별 총원가는 다음과 같다.

	A제품	B제품	합계
직접재료비	₩1,000,000	₩1,500,000	₩2,500,000
직접노무비	1,000,000	2,000,000	3,000,000
제조간접비	2,000,000	4,000,000	6,000,000
합　　계	₩4,000,000	₩7,500,000	₩11,500,000

이상에서 각각의 제조간접비 배부기준을 적용하여 각 제품에 배분된 제조간접비를 요약해 보면 다음과 같다.

배부기준	A제품	B제품
직접노동시간기준	₩1,000,000	₩5,000,000
기계가동시간기준	2,500,000	3,500,000
직접노무비기준	2,000,000	4,000,000

위의 표를 보면 제조간접비 배부기준에 따라 각 제품에 배부되는 제조간접비가 달라진다는 것을 알 수 있다. 제조간접비 배부액이 달라지면 각 제품들의 원가가 달라지고, 매출원가와 기말재고금액이 달라지며, 기간별 손익도 달라질 수 밖에 없다. 따라서 정확한 제품원가의 계산은 매우 중요한 문제이며, 이를 위해서는 제조간접비를 각 제품에 무엇을 기준으로 어떻게 배부할 것이냐는 무엇보다도 중요한 문제라 할 수 있다.

제2절 공정이 2개 이상인 경우 제조간접비 배부

1. 공정이 2개 이상인 경우 제조간접비 배부

2개 이상의 제조부문이 존재하고, 모든 제품들이 각 제조부문들을 모두 통과하여 완성되는 경우 각 제조부문마다 제조간접비가 발생한다. 이렇게 제조부문이 2개 이상인 경우에는 각 제조부문별로 제조간접비를 제품에 배부할지, 아니면 공장전체적으로 제조간접비를 제품에 배부할지 여부에 따라 각 제품에 배부되는 제조간접비가 달라지게 된다.

이 경우 제조부문별로 제조간접비를 제품에 배부하는 경우에는 각 부문마다 제조간접비와 각 제품과의 인과관계를 반영할 수 있는 기준을 따로 설정해서 제조간접비를 배부한다. 예를 들어 첫 번째 제조부문에서는 노무시간을 기준으로 제조간접비를 각 제품에 배부하고, 두 번째 제조부문에서는 기계가동시간을 기준으로 제조간접비를 각 제품에 배부하는 방식으로 할 수 있을 것이다. 이는 각 부문별로 제조간접비와 제품과의 인과관계를 더 잘 반영 할 수 있는 기준을 선택하고자 하는 것이다. 반면에 공장전제적으로 제조간접비를 배부하는 경우에는 모든 부문에서 발생한 제조간접비의 전체 합계를 각 제품과의 인과관계를 가장 잘 반영할 수 있는 기준을 설정하여 배부하는 방식으로서, 공장전체 제조간접비를 한꺼번에 배부하기 때문에 부문별 배부보다 적용하기는 더 용이하다.

(1) 제조부문별 제조간접비 배부

제조부문별 배부의 경우에는 각 제조부문에서 발생한 원가를 제조부문별로 원가대상과 인과관계가 가장 높은 배부기준으로 나누어 제조간접비 배부율을 계산하여, 개별 작업에 배분하는 방식이다.

제조부문별로 제조간접비를 배부하는 방법을 사용할 경우, ① 우선 보조부문과 제조부문별로 제조간접비를 집계하고 보조부문원가를 제조부문에 배분하고, ② 제조부문별로 개별 작업이나 제품과 가장 인과관계가 높다고 판단되는 기준을 가지고 제조간접비 배부율을 계산한 후, ③ 제조부문별 제조간접비 배부율을 가지고 개별작업이나 제품에 원가를 배분하게 된다.

> 제조부문별 제조간접비 배부율
> = (제조부문별 제조간접비 ÷ 제조부문별 제조간접비 배부기준 합계)

(2) 공장전체 제조간접비 배부

공장전체를 하나의 부문으로 보아 배부기준을 적용하는 방법으로서 공장의 모든 제조부문과 보조부문의 원가를 합산하여 공장전체 배부기준 합계로 나누어 공장전체제조간접비 배부율을 계산하여, 개별 작업에 배분하는 방식이다.

> 공장전체 제조간접비 배부율
> = (공장전체 제조간접비 총액 ÷ 공장전체 제조간접비 배부기준 합계)

제조부문별 제조간접비 배부와 공장전체 제조간접비 배부를 그림으로 나타내면 다음과 같다.

다음의 예제를 가지고 부문별 배부와 공장전체 배부를 비교해 보자.

예제

제일조선(주)는 두 개의 제조부문 P1과 P2로 이루어져 있으며, 두 제조부문을 통하여 선박을 제조하고 있다. 20×6년도에 여객선과 화물선을 생산하였으며, 회사의 여객선, 화물선 생산과 관련된 자료는 다음과 같다.

〈자료1 : 제조부문별 제조원가〉

	제조부문 P_1	제조부문 P_2	합계
여객선 직접재료비 직접노무비	 ₩300,000 200,000	 ₩250,000 130,000	 ₩550,000 330,000
화물선 직접재료비 직접노무비	 ₩440,000 140,000	 ₩170,000 110,000	 ₩610,000 250,000
제조간접비	₩800,000	₩1,200,000	₩2,000,000

〈자료2 : 제조부문별 직접노동시간 및 기계시간〉

	제조부문 P_1	제조부문 P_2	합계
직접노동시간 여객선 화물선	 500시간 1,500시간	 2,000시간 1,000시간	 2,500시간 2,500시간
기계시간 여객선 화물선	 3,000시간 1,000시간	 2,000시간 2,000시간	 5,000시간 3,000시간

1. 회사는 부문별 제조간접비 배부율로 제조간접비를 배부하고자 한다. P1부문에서는 기계시간을 기준으로 P2부문에서는 노동시간을 기준으로 제조간접비를 배분할 경우 여객선과 화물선의 원가를 계산하시오.
2. 회사는 공장전체 제조간접비 배부율을 이용하여 제조간접비를 배부하고자 한다. 직접노동시간을 기준으로 제조간접비를 배부할 경우 여객선과 화물선의 원가를 계산하시오.

| 해설 |

1. 부문별 제조간접비 배부

부문별 제조간접비 배부방식에서는 각 부문별로 제조간접비를 배부해야 하기 때문에

P1부문에서 발생한 제조간접비 ₩800,000은 P1부문의 기계시간을 기준으로, P2부문에서 발생한 제조간접비 ₩1,200,000은 P2부문에서 발생한 노동시간을 기준으로 배부한다. 이 경우 P1부문과 P2부문의 제조간접비 배부율은 다음과 같다.

$$P_1\text{부문} : \frac{800,000}{4,000\text{시간}} = ₩200/\text{기계시간}$$

$$P_2\text{부문} : \frac{1,200,000}{3,000\text{시간}} = ₩400/\text{노동시간}$$

위의 제조간접비배부율을 이용하여 각 부문별로 배부기준에 배부율을 곱하면 되는데, P_1부문의 경우에는 P_1부문의 기계시간 3,000시간과 1,000시간에 배부율을 곱해서 배부하고, P_2부문의 경우에는 P_2부문의 노동시간 2,000시간과 1,000시간에 배부율을 곱해서 배부한다. 따라서 각 제품에 배부되는 제조간접비는 다음과 같다.

	제조부문 P_1	제조부문 P_2	합계
여객선	3,000기계시간 × 200 = ₩600,000	2,000노동시간 × 400 = ₩800,000	₩1,400,000
화물선	1,000기계시간 × 200 = ₩200,000	1,000노동시간 × 400 = ₩400,000	₩ 600,000

위의 제조간접비 배부액을 가지고 여객선과 화물선의 총원가를 계산하면 다음과 같다.

	여객선	여객선	합계
P_1부문 직접재료비	₩ 300,000	₩ 440,000	₩ 740,000
P_2부문 직접재료비	250,000	170,000	420,000
P_1부문 직접노무비	200,000	140,000	240,000
P_2부문 직접노무비	130,000	110,000	240,000
P_1부문 제조간접비	600,000	200,000	800,000
P_2부문 제조간접비	800,000	400,000	1,200,000
합 계	₩2,280,000	₩1,460,000	₩3,740,000

2. 공장전체 제조간접비 배부

공장전체 제조간접비 배부방식에서는 공장전체 제조간접비를 한꺼번에 배부한다. 따라서 P1부문에서 발생한 제조간접비 ₩800,000과 P2부문에서 발생한 제조간접비 ₩1,200,000의 합계 ₩2,000,000을 회사전체 노동시간을 기준으로 배분한다. 이 경우 회사전체 노동시간은 여객선에 투입된 총 노동시간 2,500시간과 화물선에 투입된 총 노동시간 2,500시간을 기준으로 배부하여야 하므로, 제조간접비 배부율은 다음과 같다.

$$\text{제조간접비 배부율} = \frac{2,000,000}{5,000\text{시간}} = ₩400/\text{노동시간}$$

위의 제조간접비배부율을 이용하여 여객선과 화물선로 배부기준에 배부율을 곱하면 되는데, 여객선에 투입된 총 노동시간 2,500시간과 화물선에 투입된 총 노동시간 2,500시간을 기준으로 제조간접비를 배부하면 다음과 같다.

여객선 : 2,500노동시간 × 400 = ₩1,000,000

화물선 : 2,500노동시간 × 400 = ₩1,000,000

위의 제조간접비 배부액을 가지고 여객선과 화물선의 총원가를 계산하면 다음과 같다.

	여객선	여객선	합계
P_1부문 직접재료비	₩ 300,000	₩ 440,000	₩ 740,000
P_2부문 직접재료비	250,000	170,000	420,000
P_1부문 직접노무비	200,000	140,000	340,000
P_2부문 직접노무비	130,000	110,000	240,000
제조간접비 배부액	1,000,000	1,000,000	2,000,000
합 계	₩1,880,000	₩1,860,000	₩3,740,000

위의 사례와 같이 공장전체 배부는 공장전체 제조간접비를 각 제품(여객선, 화물선)과의 인과관계를 반영할 수 있는 하나의 기준을 이용하여 직접적으로 배부하는 방법이라면, 부문별 배부는 각 부문별로 개별 제품과의 인과관계를 따로 반영해서 배부하는 것을 알 수 있다. 즉, 첫 번째 제조부문(P1)의 경우에는 기계가동시간을 기준으로, 두 번째 제조부문(P2)의 경우에는 노동시간을 기준으로 제조간접비와 개별 제품(여객선, 화물선)과의 인과관계를 반영하여 배부하는 방법이다. 이렇게 제조간접비를 부문별로 집계하고 각 부문별로 인과관계를 반영하기 때문에 공장전체 배부방법보다 상대적으로 더 정확한 원가를 산출할 수 있을 뿐만 아니라 각 부분별로 집계가 되고 계산이 되기 때문에 책임소재도 조금 더 분명해 질 수 있다. 따라서 부문별 배부는 각 부문관리자의 성과평가 측면에서도 더 효율적인 방법이라 할 수 있으며, 효율적인 원가관리도 가능할 것이다.

2. 보조부문 존재시 보조부문원가의 배분방법-단일배분율

보조부문(support department)이란 제조부문이나 다른 보조부문에 용역이나 서비스를 제공하는 부문을 말한다. 예를 들어 전력부문이나 수선부문 등이 대표적인 보조부문에 해당하는데, 전력부문의 경우 직접적인 제조활동을 하는 부문이 아니라 제조부문에서 사용할 전력을 생산하여 제조부문에 공급하는 역할을 한다. 또 수선부문의 경우에도 제조부문에 이상이 생기면 제조부문을 수선하는 역할을 한다. 이렇게 제품이나 서비스 등을 직접적으로 제조하는 부문이 아니라 이러한 제조부문을 지원하는 역할을 하는 부문을 보조부문이라고 한다.

보조부문에서 발생하는 대부분의 원가는 원가대상(제품)에 직접적으로 추적이 불가능한 간접원가이기 때문에 각 원가대상(제품)에 배분하는 기준을 선택하는 것이 쉽지 않다. 따라서 보조부문과 제조부문과의 인과관계를 이용하여 보조부문원가를 제조부문으로 우선 배분하며, 보조부문에서 발생한 원가가 제조부문에 배분되면, 제조부문에서 발생한 원가와 보조부문으로부터 배분받은 원가의 합계(제조부문에 집계된 원가 총액)를 가지고 다시 제품이나 서비스 등의 최종 원가대상에 재배분하게 된다.

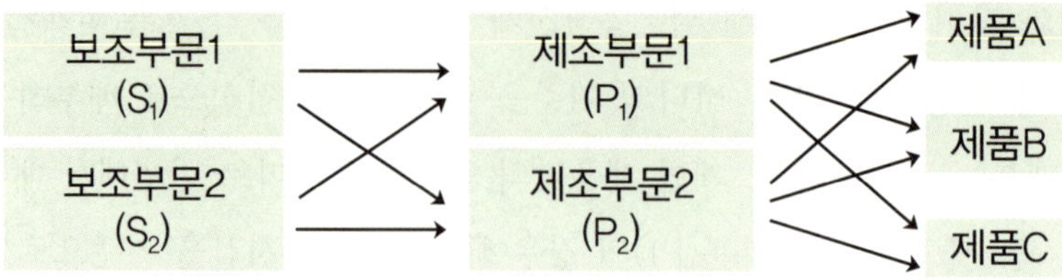

제조부문에 집계된 원가를 개별작업이나 제품, 서비스 등의 원가대상에 배분하는 과정은 앞서 배운 바와 동일하므로 여기에서는 보조부문원가를 제조부문에 배분하는 과정에 초점을 맞추고자 한다.

기업들이 보조부문을 구분하여 운영하고 있는 경우, 보조부문의 원가를 제조부문에 배분하는 방법에는 보조부문 상호 간의 용역수수관계를 고려하는지 여부에 따라 직접배분법, 단계배분법, 상호배분법 등의 방법이 있으며, 어떤 방법의 경우에도 보조부문원가를 제조부문에 배분한 후에는 반드시 보조부문원가는 "0"이 되어야 한다.

(1) 직접배분법(direct allocation method)

직접배분법은 보조부문 상호 간의 용역수수관계를 완전히 무시하는 방법으로서, 보조부문의 원가를 제조부문에만 배분하는 방법이다. 보조부문원가를 제조부문에 배분하는 방법 중 가장 일반적으로 사용되는 방법으로서 각 보조부문에서 발생된 원가를 제조부문에만 배분하기 때문에 간단하다는 장점이 있지만, 보조부문 상호 간의 용역수수관계는 완전히 무시하기 때문에 원가배분을 왜곡시킬 가능성이 높고, 결과적으로 제품원가도 왜곡될 가능성이 높다는 단점이 있다. 직접배분법은 보조부문 상호 간의 용역수수관계가 중요하지 않다고 판단되는 경우에 적절한 방법이다.

사례 직접배분법

제일조선(주)가 두 개의 제조부문 압출공정(X)과 성형공정(Y)와 두 개의 보조부문 A(전력부문), B(수선부문)를 운영하고 있으며, 당기 중 부문 상호 간의 용역 수수관계는 다음과 같다고 가정하자.

제공 \ 사용	제조부문		보조부문		합계
	X(압출공정)	Y(성형공정)	A(전력부문)	B(수선부문)	
여객선	5,000kwh 200시간	3,000kwh 800시간	– 1,000시간	2,000kwh –	10,000kwh 2,000시간
발생원가	₩800,000	₩1,100,000	₩400,000	₩200,000	₩2,500,000

위의 용역수수관계를 설명하면, 전력부문은 총 10,000kwh의 전력을 공급하였는데, 그 중 5,000kwh는 X(압출공정)부문에 공급되고, 3,000kwh는 Y(성형공정)부문에 공급되었으며, 나머지 2,000kwh가 B(수선부문)공급되었다는 의미이다. 또한 수선부문은 총 2,000시간의 수선용역을 공급하였는데, 그 중 200시간은 X(압출공정)에, 800시간은 Y(성형공정)에, 나머지 1,000시간은 A(전력부문)에 공급되었다는 의미이다. 그리고 발생원가는 각 부문별로 발생한 원가를 의미하는데, 이렇게 보조부문이 존재할 경우에는 보조부문 A(전력부문)의 원가 ₩400,000과 보조부문 B(수선부문)의 원가 ₩200,000을 각각 제조부문 X와 Y에 배분하여야 한다.

위의 용역수수관계를 비율로 나타내면 다음과 같다.

제공 \ 사 용	제조부문		보조부문		합계
	X(압출공정)	Y(성형공정)	A(전력부문)	B(수선부문)	
A(전력부문) B(수선부문)	50% 10%	30% 40%	– 50%	20% –	100% 100%

비율로 나타낸 위의 표를 이용하여 용역수수관계를 다시 표현하면 다음과 같다. A(전력부문)이 공급한 전력 중 50%는 X(압출공정)에 공급되었고, 30%는 Y(성형공정)에 공급되었으며, 나머지 20%는 B(수선부문)에 공급되었다는 의미이다. 또한 B(수선부문)이 공급한 수선용역 중 10%는 X(압출공정)에, 40%는 Y(성형공정)에, 나머지 50%는 A(전력부문)에 공급되었다는 의미이다.

이제 보조부문에서 발생한 원가를 제조부문에 배분하고자 할 때, 직접배분법의 경우에는 보조부문끼리 서로 주고받은 용역은 무시를 하고, 제조부문에 공급한 용역의 비율에 비례하여 제조부문에 =배분한다. 즉, A(전력부문)에서 발생한 원가 ₩400,000을 배부할 때에는 A(전력부문)이 X, Y, B부문에 각각 50% : 30% : 20%의 비율로 용역을 공급하였지만, 보조부문인 B(수선부문)에 공급한 20%는 무시하고, 제조부문인 X(압출공정) Y(성형공정)에만 50% : 30%의 비율로 배분하는 것이다. 따라서 A(전력부문)의 원가 ₩400,000은 다음과 같이 제조부문에 배부된다.

$$\text{X(압출공정)} : ₩400,000 \times \frac{50\%}{50\%+30\%} = ₩250,000$$

$$\text{Y(성형공정)} : ₩400,000 \times \frac{30\%}{50\%+30\%} = ₩150,000$$

마찬가지로 B(수선부문)에서 발생한 원가 ₩200,000을 배부할 때에는 B(수선부문)이 X, Y, A부문에 각각 10 : 40% : 50%의 비율로 용역을 공급하였지만, 보조부문인 A(전력부문)에 공급한 50%는 무시하고, 제조부문인 X(압출공정)와 Y(성형공정)에만 10% : 40%의 비율로 배분하는 것이다. 따라서 B(수선부문)의 원가 ₩200,000은 다음과 같이 제조부문에 배부된다.

$$\text{X(압출공정)} : ₩200,000 \times \frac{10\%}{10\%+40\%} = ₩40,000$$

$$\text{Y(성형공정)} : ₩200,000 \times \frac{40\%}{10\%+40\%} = ₩160,000$$

이렇게 직접배분법으로 보조부문원가를 배부할 경우 보조부문원가 배부가 종료된 후 각 제조부문의 원가는 다음과 같다.

	제조부문		보조부문		합계
	X	Y	A	B	
보조부문원가 배부 전	₩800,000	₩1,100,000	₩400,000	₩200,000	₩2,500,000
A(전력부문)원가 배부 B(수선부문)원가 배부	250,000 40,000	150,000 160,000	(400,000)	(200,000)	0 0
보조부문원가 배부 후	₩1,090,000	₩1,410,000	₩ 0	₩ 0	₩2,500,000

위와 같이 보조부문원가가 제조부문으로 배부되면, 제조부문 X부문원가와 Y부문원가는 각각 ₩1,090,000과 ₩1,410,000이 되며, X부문과 Y부문을 통과하여 완성된 개별 제품에 배부되는 과정을 거치게 된다.

(2) 단계배분법(step-down allocation method)

이 방법은 보조부문이 다른 보조부문에 제공한 용역수수관계를 부분적으로 고려하는 방법으로서, 먼저 배분되는 보조부문의 원가는 다른 보조부문에 배분이 되지만, 나중에 배분되는 보조부문의 원가는 먼저 배분된 보조부문에는 원가배분을 하지 않는 방법이다. 이 경우 어떤 보조부문의 원가를 먼저 배분 하느냐에 따라 제조부문에 배분되는 보조부문원가가 달라질 수 있게 된다. 따라서 단계배분법의 경우에는 배분순서를 합리적으로 결정하지 못할 경우 원가왜곡이 심하게 나타날 수도 있기 때문에 어느 부문부터 먼저 배분할 것인지를 결정하는 것이 매우 중요하다. 이와 관련하여 통상적으로 보조부문 상호간의 관계에서 보다 많은 영향을 미치는 보조부문부터 원가배분을 하게 되는데, 다음과 같은 방법에 의하여 배분순서를 결정한다.

① 다른 보조부문에 대한 용역제공비율이 큰 보조부문부터 순차적으로 배분
② 용역을 제공받는 다른 보조부문의 수가 많은 보조부문부터 순차적으로 배분
③ 해당 보조부문에서 발생한 원가가 큰 보조부문부터 순차적으로 배분

그러나 위와 같은 순서에 의하여 배분한다 하더라도, 상호배분법처럼 보조부문 상호간의 용역수수관계를 완벽하게 고려하지 않기 때문에 상호배분법 만큼 정확한 원가배분이 이루어질 수는 없다.

사례 **직접배분법**

제일조선(주)가 두 개의 제조부문 압출공정(X)과 성형공정(Y)와 두 개의 보조부문 A(전력부문), B(수선부문)를 운영하고 있으며, 당기 중 부문 상호간의 용역 수수관계는 다음과 같다고 가정하자.

제공 \ 사용	제조부문		보조부문		합계
	X(압출공정)	Y(성형공정)	A(전력부문)	B(수선부문)	
A(전력부문) B(수선부문)	5,000kwh 200시간	3,000kwh 800시간	– 1,000시간	2,000kwh –	10,000kwh 2,000시간
발생원가	₩800,000	₩1,100,000	₩400,000	₩200,000	₩2,500,000

위의 용역수수관계에 대한 자세한 설명은 앞의 직접배분법 사례에서 하였기 때문에 생략하기로 하며, 위의 용역수수관계를 비율로 나타내면 다음과 같다.

제공 \ 사용	제조부문		보조부문		합계
	X(압출공정)	Y(성형공정)	A(전력부문)	B(수선부문)	
A(전력부문) B(수선부문)	50% 10%	30% 40%	– 50%	20% –	100% 100%

이제 보조부문에서 발생한 원가를 제조부문에 배분하고자 할 때, 단계배분법의 경우에는 보조부문끼리 서로 주고받은 용역 중 한쪽만 고려하고 나머지 한쪽은 고려하지 않는 방법이다. 예를 들어 A(전력부문)의 원가를 먼저 배분한다고 가정할 때, A(전력부문)에서 발생한 원가 ₩400,000을 배부할 때에는 A(전력부문)이 X, Y, B부문에 각각 50% : 30% : 20%의 비율로 용역을 공급하였기 때문에 이 비율대로 제조부문과 보조부문에 이 비율대로 배분한다. 따라서 A(전력부문)의 원가 ₩400,000은 다음과 같이 제조부문과 보조부문에 배부된다.

$$\text{X(압출공정)} : ₩400,000 \times \frac{50\%}{50\%+30\%+20\%} = ₩200,000$$

$$\text{Y(성형공정)} : ₩400,000 \times \frac{30\%}{50\%+30\%+20\%} = ₩120,000$$

$$\text{B(수선부문)} : ₩400,000 \times \frac{20\%}{50\%+30\%+20\%} = ₩\ 80,000$$

이 경우 A(전력부문)의 원가가 B(수선부문)에도 배부되는데, B(수선부문)은 B(수선부문)에서 발생한 원가 ₩200,000과 A(전력부문)에서 배부된 원가 ₩80,000의 합계 ₩280,000을 X(압출공정)과 Y(성형공정)에 배부한다. 이 경우 A(전력부문)에는 원가를 배부하지 않는다는 점에 주의하면 된다.

$$X(\text{압출공정}) : ₩280,000 \times \frac{10\%}{10\%+40\%} = ₩56,000$$

$$Y(\text{성형공정}) : ₩280,000 \times \frac{40\%}{10\%+40\%} = ₩224,000$$

이렇게 단계배분법으로 보조부문원가를 배부할 경우 보조부문원가 배부가 종료된 후 각 제조부문의 원가는 다음과 같다.

	제조부문		보조부문		합계
	X	Y	A	B	
보조부문원가 배부 전	₩800,000	₩1,100,000	₩400,000	₩200,000	₩2,500,000
A(전력부문)원가 배부	200,000	120,000	(400,000)	80,000	0
B(수선부문)원가 배부	56,000	224,000		(280,000)	0
보조부문원가 배부 후	₩1,090,000	₩1,410,000	₩ 0	₩ 0	₩2,500,000

위와같이 보조부문원가가 제조부문으로 배부되면, 제조부문 X부문원가와 Y부문원가는 각각 ₩1,056,000과 ₩1,444,000이 되며, X부문과 Y부문을 통과하여 완성된 개별제품에 배부되는 과정을 거치게 된다.

(3) 상호배분법(reciprocal allocation method)

상호배분법은 보조부문 상호 간의 용역수수관계를 완전히 고려하여 원가를 배분하는 방법으로서 이론적으로 가장 타당한 방법이라 할 수 있다. 상호배분법을 사용하는 경우에는 보조부문 상호 간의 용역수수관계를 완벽하게 모두 반영하여 배부하여야 하기 때문에 연립방정식을 이용하여 배부하게 된다. 이때 각 보조부문이 다른 부문으로 배분할 원가의 총합계는 자기부문에서 발생한 원가와 다른 보조부문으로부터 배분받은 원가의 합

계라는 것을 이용하여 연립방정식을 세우게 되는데, 각 보조부문에 배부하게 될 원가의 총 합계는 "자기부문에서 발생한 원가 + 다른 보조부문으로부터 배분받은 원가"로 표현할 수 있다.

이렇게 연립방정식을 이용하여 보조부문원가를 배분하게 되면, 보조부문 상호 간의 용역수수관계를 완전하게 고려하게 되므로 이론적으로 가장 타당하다는 장점이 있지만, 계산이 매우 복잡하다는 단점 때문에 실무적으로 잘 사용되지는 않고 있다.

사례 직접배분법

제일조선(주)가 두 개의 제조부문 압출공정(X)과 성형공정(Y)와 두 개의 보조부문 A(전력부문), B(수선부문)를 운영하고 있으며, 당기 중 부문 상호 간의 용역 수수관계는 다음과 같다고 가정하자.

제공 \ 사용	제조부문		보조부문		합계
	X(압출공정)	Y(성형공정)	A(전력부문)	B(수선부문)	
A(전력부문) B(수선부문)	5,000kwh 200시간	3,000kwh 800시간	– 1,000시간	2,000kwh –	10,000kwh 2,000시간
발생원가	₩800,000	₩1,100,000	₩400,000	₩200,000	₩2,500,000

위의 용역수수관계에 대한 자세한 설명은 앞에서 모두 설명하였기 때문에 생략하기로 하며, 위의 용역수수관계를 비율로 나타내면 다음과 같다.

제공 \ 사용	제조부문		보조부문		합계
	X(압출공정)	Y(성형공정)	A(전력부문)	B(수선부문)	
A(전력부문) B(수선부문)	50% 10%	30% 40%	– 50%	20% –	100% 100%

이제 보조부문에서 발생한 원가를 제조부문에 배분하고자 할 때, 상호배분법의 경우에는 보조부문끼리 서로 주고받은 용역을 모두 고려하여야 하므로 연립방정식을 세워야 하

는데, 보조부문 A(전력부문)이 다른 부문으로 배분할 원가의 총합계를 A라고 하면, A는 전력부문 에서 발생하는 원가 ₩400,000과 다른 보조부문(B)로부터 배분받은 원가(B부문원가의 50%)의 합계액이므로 다음과 같이 방정식을 세울 수 있다.

$$A = 400{,}000 + 0.5B \cdots\cdots\cdots ①$$

또한 보조부문 B(수선부문)이 다른 부문으로 배분할 원가의 총합계를 B라고 하면, B는 수선부문에서 발생하는 원가 ₩200,000과 다른 보조부문(A)로부터 배분받은 원가(A부문원가의 20%)의 합계액이다. 이를 방정식으로 나타내면 다음과 같다.

$$B = 200{,}000 + 0.2A \cdots\cdots\cdots ②$$

위의 두 개의 연립방정식을 이용하여 A와 B를 계산하면, A = ₩555,555, B = ₩311,110이다.

A와 B가 계산되면, A의 원가 ₩555,555은 X, Y, B부문에 각각 50% : 30% : 20%의 비율로 배분하며, B의 원가 ₩311,110은 X, Y, B부문에 각각 10% : 40% : 50%의 비율로 다음과 같이 배분한다.

– A(전력부분)원가 배부

X(압출공정) : $₩555{,}555 \times \dfrac{50\%}{50\%+30\%+20\%} = ₩277{,}778$

Y(성형공정) : $₩555{,}555 \times \dfrac{30\%}{50\%+30\%+20\%} = ₩166{,}667$

B(수선부문) : $₩555{,}555 \times \dfrac{20\%}{50\%+30\%+20\%} = ₩111{,}110$

– B(수선부분)원가 배부

X(압출공정) : $₩311{,}110 \times \dfrac{10\%}{10\%+40\%+50\%} = ₩\ 31{,}111$

Y(성형공정) : $₩311{,}110 \times \dfrac{30\%}{10\%+40\%+50\%} = ₩124{,}444$

$$A(\text{전력부문}) : ₩311,110 \times \frac{20\%}{10\%+40\%+50\%} = ₩155,555$$

이렇게 상호배분법으로 보조부문원가를 배부할 경우 보조부문원가 배부가 종료된 후 각 제조부문의 원가는 다음과 같다.

	제조부문		보조부문		합계
	X	Y	A	B	
보조부문원가 배부 전	₩800,000	₩1,100,000	₩400,000	₩200,000	₩2,500,000
A(전력부문)원가 배부	277,778	166,667	(555,555)	111,110	0
B(수선부문)원가 배부	31,111	124,444	155,555	(311,110)	0
보조부문원가 배부 후	₩1,108,889	₩1,391,111	₩ 0	₩ 0	₩2,500,000

위와 같이 보조부문원가가 제조부문으로 배부되면, 제조부문 X부문원가와 Y부문원가는 각각 ₩1,108,889과 ₩1,391,111이 되며, X부문과 Y부문을 통과하여 완성된 개별 제품에 배부되는 과정을 거치게 된다.

3. 보조부문 존재시 보조부문원가의 배분방법-이중배분율법

이중배분율법(dual-rate method)은 조금 더 정확한 원가배분을 위하여 보조부문의 원가를 변동원가와 고정원가로 구분하여 각각 다른 배분기준을 적용하여 배분하는 방법이다. 앞서 배분 단일배분율법의 경우에는 보조부문의 원가를 변동비나 고정비의 구분 없이 전체 금액을 실제 용역제공 비율에 비례하여 배분하였다. 그러나 이중배분율법은 변동비와 고정비를 구분하고, 변동원가는 실제 용역제공량을 기준으로 배분하며, 고정원가는 최대조업도(최대사용가능량)를 기준으로 배분한다. 이렇게 하는 이유는 변동비의 경우 실제 용역을 제공하는 양에 비례하여 발생할 가능성이 높지만, 고정비의 경우에는 실제 용역 제공량과 상관없이 발생하는 경우가 대부분이다. 그러나 감가상각비와 같은 고정원가의 경우에는 다른 부문들이 최대로 용역을 사용할 경우에 대비하여 설비투자가 이루어지는 경우가 일반적이기 때문에 고정원가의 경우에는 실제 사용량 기준이 아닌 최대조업도를 기준으로 배분하는 것이 인과관계를 더 잘 반영한다고 볼 수 있기 때문이다.

이러한 이중배분율법이 이론적으로는 더 타당하다고 할 수 있지만, 계산이 복잡하고, 보조부문의 원가를 변동원가와 고정원가로 구분하는 것이 현실적으로 쉽지 않기 때문에 자주 사용되지 않는 방법이다.

이중배분율법의 경우에도, 앞서 단일배분율법에서와 같이 보조부문원가를 제조부문에 배분하는 방법 세 가지, 직접배분법, 단계배분법, 상호배분법 중 하나를 선택하여 적용할 수 있다.

사례

(주)현대조선은 두 개의 제조부문 압출공정(X)과 성형공정(Y)와 두 개의 보조부문 A(전력부문), B(수선부문)를 운영 가지고 있으며, 각 부문별 자료는 다음과 같다.

〈자료1〉 보조부문 상호간의 월간 실제 용역수수관계

사용부분 제공부분	제조부문		보조부문		실제용역 제공량
	X	Y	A	B	
A(전력부문)	900단위(30%)	1,500단위(50%)	–	600단위(20%)	3,000단위(100%)
B(수선부문)	400단위(20%)	800단위(40%)	800단위(40%)	–	2,000단위(100%)

〈자료2〉 각 부분별 최대용역사용(가능)량

사용부분 제공부분	제조부문		보조부문		실제용역 제공량
	X	Y	A	B	
A(전력부문)	1,250단위(25%)	2,750단위(55%)	–	1,000단위(20%)	5,000단위
B(수선부문)	2,000단위(40%)	2,000단위(40%)	1,000단위(20%)	–	5,000단위

〈자료3〉 각 부문의 월간 제조간접비 실제 발생액

사용부분 제공부분	제조부문		보조부문		실제용역 제공량
	X	Y	A	B	

A(전력부문)	1,250단위(25%)	2,750단위(55%)	-	1,000단위(20%)	5,000단위
B(수선부문)	2,000단위(40%)	2,000단위(40%)	1,000단위(20%)	-	5,000단위

〈자료2〉 각 부분별 최대용역사용(가능)량

	X	Y	A	B	합계
변동원가	₩1,650,000	₩1,800,000	₩450,000	₩240,000	₩4,140,000
고정원가	1,050,000	1,800,000	300,000	360,000	3,510,000
합　계	₩2,700,000	₩3,600,000	₩750,000	₩600,000	₩7,650,000

회사가 이중배분율법을 이용하여 보조부문원가를 배분하고자 한다. 단 직접배분법으로 배분하다고 가정할 경우를 생각해 보자.

만약 회사가 단일배분율법에 의해서 보조부문원가를 배분한다고 할 경우에는 〈자료3〉의 원가를 변동비와 고정비 상관없이 합계 금액을 기준으로 A부문원가와 B부문원가를 배분하면 된다. 이는 앞에서 설명하였기 때문에 더 이상 설명하지 않는다.

이제 이중배분율법에서는 변동비와 고정비를 구분하여 변동비는 〈자료1〉의 실제용역수수관계를 이용하여 배분하고, 고정비는 〈자료2〉의 최대용역사용(가능)량을 이용하여 배분하게 된다. 이 경우 직접배분법에서는 보조부문간의 용역수수관계는 무시하고 배분하면 된다.

우선 변동비는 〈자료1〉을 이용하여 다음과 같이 배부한다.

A부문의 변동비 ₩450,000은 X부문과 Y부문에 30% : 50%의 비율로 다음과 같이 배분한다.

X(압출공정) : $₩450,000 \times \frac{30\%}{30\%+50\%} = ₩168,750$

Y(성형공정) : $₩450,000 \times \frac{30\%}{50\%+30\%} = ₩281,250$

B부문의 변동비 ₩240,000은 X부문과 Y부문에 20% : 40%의 비율로 다음과 같이 배분한다.

X(압출공정) : $₩240,000 \times \frac{20\%}{20\%+40\%} = ₩\ 80,000$

$$Y(\text{성형공정}) : ₩240,000 \times \frac{20\%}{20\%+40\%} = ₩160,000$$

그리고 고정비는 〈자료2〉를 이용하여 다음과 같이 배부한다.

A부문의 고정비 ₩300,000은 X부문과 Y부문에 25% : 55%의 비율로 다음과 같이 배분한다.

$$X(\text{압출공정}) : ₩300,000 \times \frac{25\%}{25\%+55\%} = ₩\ 93,750$$

$$Y(\text{성형공정}) : ₩300,000 \times \frac{25\%}{25\%+55\%} = ₩206,250$$

B부문의 고정비 ₩360,000은 X부문과 Y부문에 40% : 40%의 비율로 다음과 같이 배분한다.

$$X(\text{압출공정}) : ₩360,000 \times \frac{40\%}{40\%+40\%} = ₩180,000$$

$$Y(\text{성형공정}) : ₩360,000 \times \frac{40\%}{40\%+40\%} = ₩180,000$$

이렇게 이중배분율법하에서 직접배분법으로 보조부문원가를 배부할 경우 보조부문원가 배부가 종료된 후 각 제조부문의 원가는 다음과 같다.

	X	Y	A	B	합계
배분전 변동비	₩1,650,000	₩1,800,000	₩450,000	₩240,000	₩4,140,000
A(변동비)	168,750	281,250	(450,000)	–	0
B(변동비)	80,000	160,000	–	(240,000)	0
배분전 변동비	₩1,050,000	₩1,800,000	₩300,000	₩360,000	₩3,510,000
A(변동비)	93,750	206,250	(300,000)	–	0
B(변동비)	180,00	180,000	–	(360,000)	0
배분후 원가	₩3,222,500	₩4,427,500	₩ 0	₩ 0	₩7,650,000

위와 같이 보조부문원가가 제조부문으로 배부되면, 제조부문 X부문원가와 Y부문원가는 각각 ₩3,222,500과 ₩4,427,500이 되며, X부문과 Y부문을 통과하여 완성된 개별 제품에 배부되는 과정을 거치게 된다.

요점정리

1. 제조간접비의 배부

(1) **제조간접비** : 여러 종류의 제품제조를 위해서 공통적으로 소비된 원가로서 특정 제품으로 추적이 되지 않는 원가

(2) **제조간접비 배부기준** : 제조간접비를 배부하는 데 사용되는 기준

- 인간관계기준 – 이론적으로 가장 타당
- 부담능력기준
- 수례기준
- 공정성과 공평성기준
- 증분기준

(3) **제조간접비 배부율과 각 특정제품에의 배부액**

- $\text{제조간접비 배부율} = \dfrac{\text{1원가계산기간의 제조간접비 총액}}{\text{1원가계산기간의 배부기준 총액}}$
- 특정제품에의 배부액 = 특정제품의 배부기준 × 제조간접비 배부율

(4) **단일배부율법과 이운배분율법**

① 단일배부율법 : 보조부문원가를 실제영역제공량에 비례하여 제조부문에 배부

- $\text{제조간접비 배부율} = \dfrac{\text{1원가계산기간의 제조간접비 총액}}{\text{1원가계산기간의 실제조업도}}$
- 특정제품(부문)의 배부액 = 특정제품(부문)의 실제조업도 × 제조간접비 배부율

② 이분배부율법 : 보조부문원가를 변동비와 고정비로 구분하여 다음의 기준에 의해 제조부문에 배부

- $\text{변동재조간접비 배부율} = \dfrac{\text{1원가계산기간의 변동제조간접비 총액}}{\text{1원가계산기간의 실제조업도}}$

• 고정제조간접비 배부율 = $\dfrac{\text{1원가계산기간의 변동제조간접비 총액}}{\text{1원가계산기간의 최대조업도}}$

• 변동비 : 실제용역량

• 고정비 ; 최대사용가능량

2. 제조간접비의 예정배부

(1) 제조간접비의 예정배부

제조간접비를 예정배부율에 의해 각 특정제품에 배부하는 것

(2) 정상원가계산

직접재료비 ⟹ 실제액 집계

직접노무비 ⟹ 실제액 집계

제조간접비 ⟹ 예정 배부

(3) 예정배부의 장점

① 신속한 제품원가계산 가능

② 동일한 제품에 대한 제조간접비 배부액이 월별로 균등

(4) 예정배부율과 특정제품에의 배부액

• 제조간접비 예정배부율 = $\dfrac{\text{제조간접비 예산}}{\text{예정조업도}}$

• 특정제품의 제조간접비 배부액=특정제품의 실제배부기준×예정배부율

(5) 제조간접비 배부차이 : 예정배부액과 실제발생액과의 차액

(6) 제조간접비 배부차이의 회계처리

• 정상적인 경우 : 제조원가에 포함

• 비정상적인 경우 : 영업외손익 처리

(7) 제조간접비 배부차이의 회계처리

- 매출원가조정법 : 제조간접비 배부차이 전액을 매출원가계정에서 가감하는 방법
- 제조원가기준법 : 제조간접비 배부차이를 재공품과 제품의 기말잔액 및 매출원가 총액을 기준으로 배분하는 방법
- 원가요소기준법 : 제조간접비 배부차이를 기말재공품, 기말제품 및 매출원가에 포함되어 있는 제조간접비를 기준으로 배분하는 방법

3. 공정이 2개 이상인 경우

(1) 부문별 원가계산 : 제조간접비를 발생장소인 부문별로 집계하고 그것을 그 발생장소를 통과한 제품에 합리적으로 부담시키기 위한 절차

(2) 부문개별비와 부문공통비

- 부문개별비 : 특정부문에만 단독으로 발생하기 때문에 각 특정부문에 직접 집계할 수 있는 원가
- 부문공통비 : 여러 부문에 공통적으로 발생하여 각 특정제품에 직접 집계할 수 없는 원가

(3) 제조부문과 보조부문

- 제조부문 : 원재료를 직접 가공하여 제품을 만드는 부문
- 보조부문 : 여러 가지 용역(서비스)을 제공하고 있는 부문

(4) 부문별 원가계산 절차

① 원가요소의 부문별 집계

- 부문개별비 : 해당부문에 직접부과
- 부문공통비 : 일정한 배부기준에 의해 각 부문에 배부

② 보조부문비의 제조부문에의 배부

- 직접배부법 : 보조부문비를 직접 각 제조부문에만 배부하는 방법
- 단계배부법 : 다른 보조부문에 용역을 가장 많이 제공한 부문부터 순차적으로 배부하는 방법

• 상호배부법 : 보조부문간의 용역수수관계를 완전히 고려하여 보조부문비를 배부하는 방법

┌ 각 보조부문의 총부문비 계산
└ 각 보조부문의 총부문비를 서비스를 제공한 부문에 모두 배부

③ 제조부문비의 각 특정제품에의 배부

• 제조부문비 배부율 = $\dfrac{\text{1원가계산기간의 부문별 제조부문비 총액}}{\text{1원가계산기간의 부문별 배부기준 총액}}$

• 특정제품의 제조부문비 배부액 = 특정제품의 배부기준 × 제조부문비 배부율

제4장 연 습 문 제

4-1 제조간접비의 배부 : 가액

5월 한 달 동안 전주기업의 재료소비액은 직접소비액 ₩600,000, 간접소비액 ₩200,000이며, 당월의 노무비소비액은 직접소비액 ₩400,000이고 간접소비액 ₩120,000이다. 당월의 경비소비액은 ₩80,000이나 전액 간접소비액이다. 기초재고자산은 없으며, 제조지시서별 소비내역은 다음과 같다.

구 분	No. 1	No. 2
직 접 재 료 비	₩60,000	₩27,000
직 접 노 무 비	35,000	14,000
생 산 량	100단위	50단위

■ 요구사항

1. 다음 각각의 방법으로 제조간접비 배부율을 구하라.

(1) **직접재료비법** (2) **직접노무비법** (3) **직접원가법**

2. 전주기업은 직접재료비를 기준으로 각 제조지시서에 제조간접비를 배부한다. 제조지시서별 제조원가와 제조단가를 계산하라.

| 풀이 |

1. 제조간접비 배부율

(1) **총제조간접비** : ₩200,000 + ₩120,000 + ₩80,000 = ₩400,000

(2) **제조간접비 배부율**

① 직접재료비법 : ₩400,000 ÷ ₩600,000 = 직접재료비의 2/3

② 직접노무비법 : ₩400,000 ÷ ₩400,000 = 직접노무비의 100%

③ 직접원가법 : ₩400,000 ÷ (₩600,000 + ₩400,000) = 직접원가의 40%

2. 제조원가와 제조단가

	No. 1	No. 2
직접재료비	₩60,000	₩27,000
직접노무비	35,000	14,000
제조간접비	40,000①	18,000②
제 조 원 가	₩135,000	₩59,000
생 산 량	÷100단위	÷50단위
제 조 단 가	@₩1,350	@₩1,180

① 600시간×₩30=₩18,000

② 750시간×₩30=₩22,500

| 해설 |

5월 동안 발생한 총제조간접비는 간접재료소비액 ₩200,000, 간접노무비소비액 ₩120,000 및 경비소비액 ₩80,000을 합한 ₩400,000이 된다. 직접재료비법에 의한 제조간접비 배부율은 총제조간접비 ₩400,000을 직접재료비 총액 ₩600,000으로 나누면 직접재료비의 2 / 3가 된다.

4-2 제조간접비의 배부 : 시간

강릉기업은 제품을 제조하는 회사이다. 6월 한 달 동안의 제조간접비 총액은 ₩600,000이고, 동기간의 직접노동시간 총수는 20,000시간이며 기계작업시간 총수는 40,000시간이다. 6월에 제조에 착수하여 완성된 제조지시서 No. 1 과 No. 2에 집계된 직접비와 작업시간은 다음과 같다.

구　분	No. 1	No. 2
직 접 재 료 비	₩60,000	₩27,000
직 접 노 무 비	35,000	14,000
직접노동시간	600	750
기계작업시간	450	980
생　산　량	100단위	50단위

■ 요구사항

1. 다음 각각의 방법으로 제조간접비 배부율을 구하라.

(1) **직접노동시간법**　　　　(2) **기계작업시간법**

2. 요구사항1에서 구한 각각의 배부율을 적용하여 제조지시서별 제조원가와 제조단가를 계산하라.

| 풀이 |

1. 제조간접비 배부율

(1) **총제조간접비** : ₩600,000 ÷ 20,000시간 = ₩30 / 직접노동시간

(2) **제조간접비** : ₩600,000 ÷ 40,000시간 = ₩15 / 기계작업시간

2. 제조원가와 제조단가

(1) **직접노동시간법**

	No. 1	No. 2
직접재료비	₩60,000	₩27,000
직접노무비	35,000	14,000
제조간접비	18,000①	22,500②
제 조 원 가	₩113,000	₩63,500
생 산 량	÷100단위	÷50단위
제 조 단 가	@₩1,130	@₩1,270

① 600시간×₩30=₩18,000

② 750시간×₩30=₩22,500

	No. 1	No. 2
직접재료비	₩60,000	₩27,000
직접노무비	35,000	14,000
제조간접비	6,750①	14,700②
제 조 원 가	₩101,750	₩55,700
생 산 량	÷100단위	÷50단위
제 조 단 가	@₩1,017.5	@₩1,114

① 450시간×₩15=₩6,750

② 980시간×₩15=₩14,700

4-3 제조간접비의 배부 : 기계작업시간법

영동기업은 특수기계를 생산 · 판매하기 위하여 20×1년 1월에 영업을 시작하였다. 제조간접비는 기계작업시간을 기준으로 각 제품에 배부하기로 결정하였으며 기말재공품은 없다. 당기에는 A기계 10대와 B기계 20대를 생산하였으며, 20×2년의 원가와 관련된 자료는 다음과 같다.

1. 재료 소비액

비 목	전월이월액	당월매입액	차월이월액	직접소비액	
				A기계	B기계
주요재료	₩87,600	₩352,000	₩75,000	₩231,000	₩115,000
소 모 품	32,000	156,000	35,600	–	–

2. 노무비 소비액

비 목	전월미지급액	당월지급액	당월미지급액	직접소비액	
				A기계	B기계
임 금	₩29,400	₩251,000	₩30,600	₩88,400	₩67,200

3. 경비 소비액

비 목	전월선급액	당월지급액	당월선급액	직접소비액	
				A기계	B기계
경 비	₩9,000	₩116,300	₩8,600	₩21,000	–

4. A기계와 B기계의 작업시간

작업시간	A기계	B기계
직접노동시간	2,500시간	1,500시간
기계작업시간	6,750시간	8,250시간

■ 요구사항

1. 당기에 발생한 제조간접비 총액은 얼마인가?

2. A기계와 B기계의 총제조원가와 제조단가는 각각 얼마인가?

| 풀이 |

1. 제조간접비 총액 : ₩18,600+₩152,400+₩96,600+₩95,700=₩363,300

주요재료

전월이월액	87,600	직접소비액	346,000
당월매입액	352,000	간접소비액	18,600
		차월이월액	75,000
	₩439,600		₩439,600

소 모 품

전월이월액	32,000	직접소비액	152,400
당월매입액	156,000	간접소비액	35,600
	₩188,000	차월이월액	₩188,000

임 금

당월지급액	251,000	직접소비액	29,400
당월미지급액	30,600	간접소비액	155,600
		차월이월액	96,600
	₩281,600		₩281,600

경 비

전월이월액	9,000	직접소비액	8,600
당월매입액	116,300	간접소비액	21,000
		차월이월액	95,700
	₩125,300		₩125,300

2. 제조간접

	A기계	B기계
주요재료비	₩231,000	₩115,000
직접노무비	88,400	67,200
직 접 경 비	21,000	–
제조간접비	163,485①	199,812①
제 조 원 가	₩503,885	₩382,015
생 산 량	÷10대	÷20대
제 조 단 가	@₩50,388.5	@₩19,100.75

① 363,300×6,750 / (6,750시간+8,250시간)=₩163,485

② ₩363,300×8,250시간 / (6,750시간+8,250시간)=₩199,815

| 해설 |

각 계정을 분석하여 총소비액에서 직접소비액을 차감한 간접소비액을 모두 합하면 총제조간접비가 된다. 총제조간접비를 기계작업시간 총수로 나누면 제조간접비 배부율이 계산되며, 제조간접비 배부율을 각 제품이 작업받은 기계작업시간에 곱한 금액이 각 제품의 제조간접비 배부액이 된다.

4-4 배부차이의 배부 : 제조원가기준법

20×1년 동안 설악기업의 제조간접비 부족배부액은 ₩50,000이다. 회사는 제조간접비 배부차이를 재고자산과 매출원가를 기준으로 배분하고 있으며, 기말재료재고액은 ₩150,000이다. 20×1년 12월 31일 현재의 각 계정잔액은 다음과 같다.

구분	제 공 품	제 품	매출원가
직접재료비	₩20,000	₩7,000	₩14,000
직접노무비	40,000	18,000	300,000
제조간접비	60,000	21,000	375,000
합 계	₩125,000	₩46,000	₩815,000

■ 요구사항

1. 제조간접비 부족배부액을 배분할 때 재공품에 배분되는 금액은 얼마인가?

2. 제조간접비 부족배부액을 배분한 후의 재공품계정 금액은 얼마인가?

| 풀이 |

1. 제조간접비 부족배부액의 배분

$$\text{재공품}:\ ₩50,000 \times \frac{₩120,000}{₩120,000+₩46,000+₩815,000} = ₩6,116$$

2. 배분 후의 재공품계정 금액 : ₩120,000+₩6,116=₩126,116

| 해설 |

1. 실제의 CPA문제에서는 제조간접비 부족배부액을 배분하는 방법이 제시되지 않고 재공품에 배부될 금액을 요구하였다. 이런 경우에는 제조원가기준법과 원가요소기준법을 각각 적용하여 제조간접비 부족배부액을 배분한 후에 해답에 있는 답을 선택해야 한다. 그러나 저자의 생각으로는 문제에서 분명하게 배분방법을 언급해 주어야 정확한 문제라고 볼 수 있다.

2. 제조기업의 재고자산으로는 보통 원재료, 재공품, 제품이 있다. 그런데 본 문제처럼 제조간접비 배부차이를 재고자산과 매출원가에 배분하라고 할 때의 재고자산에는 원재료는 제외된다는 점에 유의해야 한다. 왜냐하면 제조간접비 배부차이는 제조간접비가 영향을 미친 계정에 배분하여 각 계정 금액을 수정하는 것인데, 원재료에는 제조간접비가 영향을 미칠 여지가 없기 때문이다.

4-5 보조부문원가 배분

(주)삼미가 운영하고 있는 두 개의 제조부문 P1, P2와 두 개의 보조부문 S1(동력부문), S2(수선부문)와 관련된 용역수수관계 자료가 다음과 같을 때, 다음 물음에 답하시오(단, 전력부분은 제공한 전력량, 수선부문은 제공한 수선시간을 의미한다).

사용 / 제공	보조부문		제조부문		실제용역 제공량
	S_1	S_2	P_1	P_2	
S_1			4,000kwh	2,000kwh	10,000kwh
S_2	10,000h	4,000kwh	5,000h	5,000h	20,000h
발생원가	₩1,000,000	₩2,000,000	₩2,000,000	₩3,000,000	₩8,000,000

■ 요구사항

1. 직접배분법에 의하여 보조부문원가를 제조부문에 배분할 경우 P1부문에 배분될 보조부문원가를 계산하시오.
2. 단계배분법에 의하여 보조부문원가를 제조부문에 배분할 경우 P1부문에 배분될 보조부문원가를 계산하시오(단, S1부문부터 배분한다고 가정한다).
3. 상호배분법에 의하여 보조부문원가를 제조부문에 배분할 경우 P1부문에 배분될 보조부문원가를 계산하시오.

| 해설 |

문제에서 주어진 용역수수관계를 반드시 비율로 나타내야 이를 이용하여 각 보조부문에서 제조부문으로 원가를 배분할 수 있다. 따라서 주어진 용역수수관계를 비율로 다시 표현하면 다음과 같다.

제공 \ 사용	보조부문		제조부문		실제용역 제공량
	S_1	S_2	P_1	P_2	
S_1		40%	40%	20%	100%
S_2	50%		25%	25%	100%
발생원가	₩1,000,000	₩2,000,000	₩2,000,000	₩3,000,000	₩8,000,000

이제 이를 이용하여 각 방법별로 풀면 된다.

1. 직접배분법

직접배분법은 보조부문의 원가를 다른 보조부문은 무시하고 제조부문에만 배부하는 방법이다. 따라서 직접배분법에 의할 경우 제조부문에 배분되는 원가는 다음과 같다.

S1부문 원가 ₩1,000,000 배분

$$\text{P1 : ₩1,000,000} \times \frac{40\%}{40\%+20\%} = \text{₩666,667}$$

$$\text{P2 : ₩1,000,000} \times \frac{20\%}{40\%+20\%} = \text{₩333,333}$$

S2부문 원가 ₩2,000,000 배분

$$\text{P1 : ₩2,000,000} \times \frac{25\%}{25\%+25\%} = \text{₩1,000,000}$$

$$\text{P2 : ₩2,000,000} \times \frac{25\%}{25\%+25\%} = \text{₩1,000,000}$$

위의 배부결과를 표로 나타내면 다음과 같다.

제공 \ 사용	보조부문		제조부문		실제용역 제공량
	S_1	S_2	P_1	P_2	
배분 전	₩1,000,000	₩2,000,000	₩2,000,000	₩3,000,000	₩8,000,000

S_1	(1,000,000)		666,667	333,333	0
S_2		(2,000,000)	1,000,000	1,000,000	0
발생원가	₩ 0	₩ 0	₩3,666,667	₩4,333,333	₩8,000,000

따라서 P1부문에 배분될 보조부문의 원가는 S1부문에서 P1부문으로 배분된 ₩666,667과 S2부문에서 P1부문으로 배분된 ₩1,000,000의 합계 ₩1,666,667이다.

2. 단계배분법

단계배분법은 보조부문간의 용역수수관계를 부분적으로 고려하는 방법으로서 S1부문부터 배분한다고 하였기 때문에 S1부문의 원가는 다른 보조부문은 S2부문으로 배부하나, S2부문은 S1부문으로 배분하지 않는다. 단계배분법에 의할 경우 각 보조부문의 원가는 다음과 같이 배분한다.

S1부문 원가 ₩1,000,000 배분

$$P1 : ₩1,000,000 \times \frac{40\%}{40\%+20\%+40\%} = ₩400,000$$

$$P2 : ₩1,000,000 \times \frac{20\%}{40\%+20\%+40\%} = ₩200,000$$

$$S2 : ₩1,000,000 \times \frac{20\%}{40\%+20\%+40\%} = ₩400,000$$

S2부문 원가 ₩2,000,000과 S1부문에서 배분된 ₩400,000의 합계 ₩2,400,000의 배분

$$P1 : ₩2,400,000 \times \frac{25\%}{25\%+25\%} = ₩1,200,000$$

$$P2 : ₩2,400,000 \times \frac{25\%}{25\%+25\%} = ₩1,200,000$$

위의 배부결과를 표로 나타내면 다음과 같다.

제공 \ 사용	보조부문		제조부문		실제용역 제공량
	S_1	S_2	P_1	P_2	
배분 전	₩1,000,000	₩2,000,000	₩2,000,000	₩3,000,000	₩8,000,000
S_1 S_2	(1,000,000)	400,000 (2,400,000)	400,000 1,200,000	200,000 1,200,000	0 0
배분 후	₩ 0	₩ 0	₩3,600,000	₩4,400,000	₩8,000,000

따라서 P1부문에 배분될 보조부문의 원가는 S1부문에서 P1부문으로 배분된 ₩400,000과 S2부문에서 P1부문으로 배분된 ₩1,200,000의 합계 ₩1,600,000이다.

3. 상호배분법

상호배분법의 경우 보조부문 상호 간의 용역수수관계를 고려하여야 하므로, 연립방정식을 이용하여야 하는데, S1부문이 다른부문(S2와 제조부문)으로 배분하는 원가의 총 합계는 자기 부문(S1)에서 발생하는 원가와 다른 보조부문(S2)으로부터 배분받은 원가의 합계액이다. 또한, S2부문이 다른부문(S1과 제조부문)으로 배분하는 원가의 총 합계는 자기부문(S2)에서 발생하는 원가와 다른 보조부문(S1)으로부터 배분받은 원가의 합계액이므로 이를 연립방정식으로 나타내면 다음과같다.

$$S1 = 1,000,000 + 0.5S2 \cdots\cdots ①$$

$$S2 = 2,000,000 + 0.4S1 \cdots\cdots ②$$

두 개의 연립방정식을 풀면 S1 = ₩2,500,000, S2 = ₩3,000,000이다. 이를 이용하여 보조부문원가를 제조부문에 배분하면 다음과 같이 배분된다.

S1부문 원가 ₩2,500,000 배분

$$P1 : ₩2,500,000 \times \frac{40\%}{40\%+20\%+40\%} = ₩1,000,000$$

$$P2 : ₩2,500,000 \times \frac{20\%}{40\%+20\%+40\%} = ₩500,000$$

$$S2 : ₩2,500,000 \times \frac{20\%}{40\%+20\%+40\%} = ₩1,000,000$$

S2부문 원가 ₩3,000,000과 S1부문에서 배분된 ₩400,000의 합계 ₩2,400,000의 배분

$$P1 : ₩3,000,000 \times \frac{25\%}{25\%+25\%+50\%} = ₩750,000$$

4-6 보조부문비의 배부 : 직접배분법

1. (주)이화의 제조부문으로는 재단부문, 봉제부문, 완성부문이 있으며, 보조부문으로 동력부문, 수선부문, 운반부문이 있다. 각 부문 간 용역수수관계와 각 부문별 발생원가는 다음과 같다.

보조부문	배부기준	재단부문	봉제부문	완성부문	동력부문	수선부문	운반부문
동력부문	운전시간수	5,000시간	3,000시간	2,000시간	–	2,000시간	–
수선부문	수선액	₩120,000	₩80,000	₩40,000	₩40,000	–	₩20,000
운반부문	운반횟수	50회	30회	20회	10회	10회	–
발생원가		₩47,600	₩38,100	₩38,600	₩8,750	₩8,150	₩6,800

2. 재단부문비와 봉제부문비는 직접노동시간, 완성부문비는 기계작업시간을 기준으로 각 특정제품에 배부한다.

3. 각 제조부문의 실제 작업기간은 다음과 같다.

	재단부문	봉제부문	완성부문
직접노동시간	300시간	200시간	100시간
기계작업시간	100시간	150시간	400시간

4. 당원에 착수하여 당월에 완성된 A제품의 직접재료비는 ₩30,000, 직접노무비는 ₩50,000이다. 또한 A제품이 각 제조부문에서 작업받은 시간은 다음과 같다.

	재단부문	봉제부문	완성부문
직접노동시간	20시간	30시간	7시간
기계작업시간	10시간	15시간	25시간

■ **요구사항**

1. 직접배부법으로 보조부문비를 제조부문에 배부하고 부문비 대체표를 작성하라.
2. 보조부문비를 제조부문에 대체시의 분개를 하라.
3. 각 제조부문의 부문비(제조간접비) 배부율을 구하라.
4. A제품의 제조원가를 계산하라.
5. 보조부문비를 제조부문에 배부하는 이유는 무엇인가?

| 풀이 |

1. 부문비 대체표 작성

사용 / 제공	보조부문			제조부문			합 계
	재단부문	봉재부문	완성부문	동력부문	수선부문	운반부문	
배분 전	₩47,600	₩38,100	₩38,600	₩8,750	₩8,150	₩6,800	₩124,300
	4,375	2,625	1,750	(8,750)	0	0	0
S_1 / S_2	4,075	2,717	1,358	0	(8,150)	0	0
	3,400	2,040	1,360	0	0	(6,800)	0
배분 후	₩59,450	₩45,482	₩43,068	₩ 0	₩ 0	₩ 0	₩124,300

① $₩8,750 \times \frac{5,000\text{시간}}{5,000\text{시간}+3,000\text{시간}+2,000\text{시간}} = ₩4,375$

② $₩8,150 \times \frac{₩120,000}{₩120,000+₩80,000+₩40,000} = ₩4,075$

③ $₩6,800 \times \frac{50\text{회}}{50\text{회}+30\text{회}+20\text{회}} = ₩3,400$

2. 보조부문비를 제조부문에 대체시의 분개

(차)		(대)	
재단부문비	11,850	동력부문비	8,750
봉제부문비	7,382	수선부문비	8,150
완성부문비	4,468	운반부문비	6,800

3. 제조부문비 배부율

(1) **재단부문비** : ₩59,450 ÷ 300시간 = ₩198.17 / 직접노동시간

(2) **봉제부문비** : ₩45,482 ÷ 200시간 = ₩227.41 / 직접노동시간

(3) **완성부문비** : ₩43,068 ÷ 400시간 = ₩107.67 / 기계작업시간

4. A제품의 제조원가

직 접 재 료 비		₩30,000
직 접 노 무 비		50,000
제 조 간 접 비 :		
재단 부문비 (20시간×₩198.17)	3,963.4	
봉제 부문비 (30시간×₩227.41)	6,822.3	
완성 부문비 (25시간×₩107.67)	2,691.75	13,477.45
제 조 원 가		₩93,477.45

5. 보조부문비를 제조부문에 배부하는 이유

① 각 부문의 성과를 평가하기 위해서이다.

② 재고자산을 평가하고 매출원가를 결정하기 위해서이다.

| 해설 |

1. 직접배부법이란 보조부문 상호 간에 행해지는 용역수수를 완전히 무시하고 보조부문비를 직접 각 제조부문에만 배부하는 방법이다. 즉 동력부문비 ₩8,750은 기계의 운전시간을 기준으로 제조부문인 재단부문, 봉제부문, 완성부문에만 배부한다. 그러므로 동력부문이 수선부문에 제공한 2,000시간은 제외하고 재단부문, 봉제부문, 완성부문에 제공한 5,000시간, 3,000시간, 2,000시간을 모두 합한 10,000시

간을 전체로 보고 배부해야 한다는 점에 유의해야 한다. 수선부문비와 운반부문비도 같은 논리로 접근하면 된다.

2. 이와 같이하여 보조부문비가 모두 제조부문으로 대체되면 제조간접비는 제조부문별로 모두 집계된다. 그러면 각 제조부문별로 합리적인 배부기준을 선정하여 제조부문비(제조간접비) 배부율을 구한 다음 각 제품에 배부하면 된다. 즉 재단부문비 합계액 ₩59,450을 재단부문의 총직접노동시간 300시간으로 나누면 재단부문비 배부율은 직접노동시간당 ₩198.17이 된다.

3. A제품에 배부할 제조간접비는 A제품이 각 부문을 통과(작업받은 시간)한 만큼 배부하면 된다. 즉 A제품은 재단부문에서 20시간의 직접노동작업을 받았으므로 재단부문비는 20시간에다 재단부문비 배부율 ₩198.17을 곱한 ₩3,963.4이 된다. 봉제부문비와 완성부문비도 같은 방법으로 배부하면 된다.

4-7 보조부문비의 배부 : 단계배부법

1. (주)이화의 제조부문으로는 재단부문, 봉제부문, 완성부문이 있으며, 보조부문으로는 동력부문, 수선부문, 운반부문이 있다. 각 부문에서 발생한 부문비는 다음과 같다.

보조부문	배부기준	재단부문	봉제부문	완성부문	동력부문	수선부문	운반부문
동력부문	운전시간수	5,000시간	3,000시간	2,000시간	–	2,000시간	–
수선부문	수선액	₩120,000	₩80,000	₩40,000	₩40,000	–	₩20,000
운반부문	운반횟수	50회	30회	20회	10회	10회	–
발생원가		₩47,600	₩38,100	₩38,600	₩8,750	₩8,150	₩6,800

2. 보조부문비의 배부순서는 다른 보조부문에 용역을 제공한 비율이 큰 부문부터 순차적으로 배부한다. 단, 비율이 같은 경우에는 가장 다수의 다른 보조부문에 용역을 제공한 부문부터 배부한다.

3. 재단부문비와 봉제부문비는 직접노동시간, 완성부문비는 기계작업시간을 기준으로 각 특정제품에 배부한다.

4. 각 제조부문의 실제 작업시간은 다음과 같다.

	재단부문	봉제부문	완성부문
직접노동시간	300시간	200시간	100시간
기계작업시간	100시간	150시간	400시간

5. 당월에 착수하여 당월에 완성된 A제품의 직접재료비는 ₩30,000, 직접노무비는 ₩50,000이다. 또한 A제품이 각 제조부문에서 작업받은 시간은 다음과 같다.

	재단부문	봉제부문	완성부문
직접노동시간	20시간	30시간	7시간
기계작업시간	10시간	15시간	25시간

6. 회사는 제조원가에 20%의 이익을 가산하여 판매가격을 결정하고 있다.

■ 요구사항

1. 단계배부법으로 보조부문비를 제조부문에 배부하고 부문비 대체표를 작성하라.
2. 각 제조부문의 부문비(제조간접비) 배부율을 구하라.
3. A제품의 제조원가를 계산하라.
4. A제품을 5단위 생산하였다면 A제품의 단위당 판매가격은 얼마인가?

| 풀이 |

1. 부문비 대체표 작성

(1) 배부순위의 결정

보조부문	다른 보조부문에 용역을 제공한 비율	배부순위
동력부문	2,000시간÷12,000시간=16.67%	3
수선부문	₩60,000÷₩300,000=20%	1
운반부문	20회÷120회=16.67%	2

(2) **부문비 대체표 작성**

보조부문	배부기준	금 액	제조부문			보조부문		
			재단부문	봉제부문	완성부문	동력부문	운반부문	수선부문
각 부 문 비		₩148,000	₩47,600	₩38,100	₩38,600	₩8,750	₩6,800	₩8,150
수선부문비	수선액	–	3,260①	2,173	1,087	1,087	543	₩8,150
운반부문비	운반횟수	–	3,338②	2,003	1,335	667	₩7,343	
동력부문비	운전시간	–	5,252③	3,151	2,101	₩10,054		
합 계		₩148,000	₩59,450	₩45,427	₩43,123			

① ₩8,150×₩120,000 / ₩300,000=₩3,260

② ₩7,343×50회 / 110회=₩3,338

③ ₩10,504×5,000시간 / 10,000시간=₩5,252

2. 제조부문비 배부율

(1) **재단부문비** : ₩59,450 ÷ 300시간 = ₩198.167 / 직접노동시간

(2) **봉제부문비** : ₩45,427 ÷ 200시간 = ₩227.135 / 직접노동시간

(3) **완성부문비** : ₩43,123 ÷ 400시간 = ₩107.8075 / 기계작업시간

3. A제품의 제조원가

직 접 재 료 비		₩30,000
직 접 노 무 비		50,000
제 조 간 접 비 :		
재단부문비 (20시간×198.167)	3,963.34	
봉제부문비 (30시간×227.135)	6,814.05	
완성부문비 (25시간×107.8075)	2,695.19	13,473
제 조 원 가		₩93,473

4. A제품의 단위당 판매가격

(1) **A제품의 단위당 원가** : ₩93,473 ÷ 5단위 = ₩18,694.6

(2) **A제품의 단위당 판매가격** : ₩18,694.6×120% = ₩22,434

| 해설 |

부문비 대체표

1. 단계배부법에 의한 부문비 대체표 작성시에는 1순위로 배부해야 할 보조부문부터 표의 오른쪽 끝으로부터 순차적으로 배열해야 한다. 각 보조부문이 배부해야 할 금액은 그 부문 고유의 금액(부문비 합계란의 금액)에 다른 보조부문으로부터 배부받은 금액을 가산한 금액이 된다. 그리고 일단 배부가 끝난 보조부문은 타 보조부문비의 배부시 배부대상에서 제외시켜야 한다.

2. 즉 운반부문비 배부액은 운반부문에서 발생한 ₩6,800과 수선부문으로부터 배부받은 ₩543을 합한 ₩7,343을 제조부문인 재단부문, 봉제부문, 완성부문 뿐만 아니라, 수선부문을 제외한 다른 보조부문인 운반부문과 동력부문에 배부해야 한다. 이때 재단부문에 배부해야 할 금액은 ₩7,343의 50회/120회가 아니라 ₩7,343의 50회/110회를 배부하여야 한다.

3. 이와 같이 120회가 아닌 110회를 적용하는 이유는 수선부문은 이미 배부가 완료되었으므로, 운반부문이 수선부문에 제공한 10회를 제외시켜야 하기 때문이다. 단계배부법이라는 용어를 사용하는 이유는 보조부문비를 제조부문에 배부한 후의 부문비 대체표를 작성해 보면 단계(계단)형태를 띠기 때문에 붙여진 명칭이다.

4-8 보조부문비의 배부 : 상호배분법

(주)강원은 두 개의 제조부문(가공부문과 조립부문)과 두 개의 보조부문(동력부문과 수선부문)으로 구성되어 있다. 각 부문에서 발생한 원가 및 부문간의 용역수수관계는 다음과 같다.

1. 용역수수관계

용역제공부문	가공부문	조립부문	동력부문	수선부문
동력부문	20%	50%		30%
수선부문	40%	40%	20%	

2. 각 부문별 발생비용

가공부문비	₩200,000	조립부문비	₩175,000
동력부문비	50,000	수선부문비	220,000

3. 가공부문비는 직접노동시간, 조립부문비는 기계작업시간을 기준으로 각 제품에 배부한다. 각 제조부문의 당월 총작업시간은 다음과 같다.

	가공부문	조립부문
직접노동시간	2,000시간	1,000시간
기계작업시간	1,000시간	4,000시간

4. 당월에 착수하여 당월에 완성된 B제품의 직접재료비는 ₩30,000, 직접노무비는 ₩20,000이고 각 제조부문에서 작업받은 시간은 다음과 같다.

	가공부문	조립부문
직접노동시간	50시간	35시간
기계작업시간	45시간	60시간

■ 요구사항

1. 상호배부법으로 보조부문비를 제조부문에 배부하라.
2. 보조부문비를 제조부분에 배부시의 분개를 하라.
3. 각 제조부문의 부문비 배부율을 계산하라.
4. B제품의 제조원가를 계산하라.

| 풀이 |

1. 부문비 대체표 작성

(1) 배부순

동력부문의 총부문비를 A, 수선부문의 총부문비를 B라 하면 다음의 식이 성립한다.

A = ₩50,000 + 0.2B …… ①

B = ₩220,000 + 0.3A …… ②

②식을 ①식에 대입하면,

A = ₩50,000 + 0.2 (₩220,000 + 0.3A)

= ₩94,000 + 0.06A

∴A = ₩100,000, B = ₩250,000이다.

(2) 각 보조부문의 총부문비를 제조부문에 배부

	가공부문	조립부문	동력부붐	수선부문
각부문원가	₩200,000	₩175,000	₩50,000	₩220,000
동력부문비	20,000①	50,000	(100,000)	30,000
수선부문비	100,000②	100,000	50,000	(250,000)
합 계	₩320,000	₩325,000	₩0	₩0

① ₩100,000×0.2=₩20,000

② ₩250,000 ×0.4=₩100,000

별해 가공부문비 = ₩200,000 + 0.2A + 0.4B

= ₩200,000 + 0.2×₩100,000 + 0.4×₩250,000

= ₩320,000

조립부문비 = ₩175,000 + 0.5A + 0.4B

= ₩175,000 + 0.5×₩100,000 + 0.4×₩250,000

= ₩325,000

2. 보조부문비를 제조부문에 배부시의 분개

(차)			(대)		
	가공부문비	120,000		동력부문비	50,000
	조립부문비	150,000		수선부문비	220,000

3. 제조부문의 부문비 배부율

(1) **가공부문비** : ₩320,000 ÷ 2,000시간 = ₩160 / 직접노동시간

(2) **조립부문비** : ₩325,000 ÷ 4,000시간 = ₩81.25 / 기계작업시간

4. B제품의 제조원가

직접재료비		₩30,000
직접노무비		20,000
제조간접비 :		
가공부문비 (50시간×160)	8,000	
조립부문비 (60시간×81.25)	4,875	12,875
제조원가		₩62,875

| 해설 |

1. 상호배부법으로 해를 구하기 위해서는 먼저 각 보조부문의 총부문비를 계산해야 한다.즉 동력부문의 총부문비를 A, 수선부문의 총부문비를 B라 하면, 동력부문의 총부문비 A는 동력부문 자체의 부문비 ₩50,000에 수선부문의 총부문비의 20%인 0.2B를 가산한 금액이 된다. 수선부문의 총부문비 중 20%를 가산하는 이유는 수선부문으로부터 20%의 서비스를 제공받았으므로 수선부문의 총부문비 중 20%를 배부받아야 하기 때문이다. 또한 수선부문의 총부문비 B는 수선부문 자체의 부문비 ₩94,000에 동력부문의 총부문비의 30%인 0.3A를 가산한 금액이 된다.

2. 각 보조부문의 총부문비가 계산되면 용역을 제공한 제조부문과 보조부문에 용역제공비율을 기준으로 배부하면 된다. 즉 동력부문의 총부문비 ₩100,000은 가공부문에 20%, 조립부문에 50%, 수선부문에 30%를 배부하면 된다. 그리고 수선부문의 총부문비 ₩250,000은 가공부문에 40%, 조립부문에 40%, 동력부문에 20%를 배부하면 된다.

4-9 상호배부법

(주)삼성공업은 두 개의 제조부문과 두 개의 보조부문을 가지고 있다. 각 부문 간의 용역수수 관계는 다음과 같다. 회사는 상호배부법으로 보조부문비를 각 제조부문에 배부하고 있다.

용역사용 / 용역제공	제조부문		보조부문	
	P_1	P_2	S_1	S_2
부문발생비	₩600,000	₩225,000	₩100,500	₩120,000
S_1	40%	30%	–	30%
S_2	50%	20%	30%	–

■ 요구사항

1. 제조부문 P_2에 배부되는 보조부문비 총액은 얼마인가?

2. 제조부문 P_1에 배부되는 보조부문비 총액은 얼마인가?

| 풀이 |

1. 제조부문 P_2에 배부되는 보조부문비 총액

(1) 각 보조부문의 총부문비

S_1 = ₩100,500 + $0.3S_2$ ①

S_2 = ₩120,000 + $0.3S_1$ ②

①식에 ②식을 대입하면,

S_1 = ₩100,500 + 0.3(₩120,000 + $0.3S_1$)

= ₩136,500 + $0.09S_1$

∴ S_1 = ₩150,000, S_2 = ₩165,000

(2) P_2에 배부되는 보조부문비 총액

$P_2 = 0.3S_1 + 0.2S_2$

= 0.3×₩150,000 + 0.2×₩165,000 = ₩78,000

2. P_1에 배부되는 보조부문비 총액

$$P_1 = 0.4S_1 + 0.5S_2$$
$$= 0.4 \times ₩150,000 + 0.5 \times ₩165,000 = ₩142,500$$

4-10 상호배부법

(주)부산은 두 개의 생산부문 P1, P2와 두 개의 보조부문 S1, S2로 구성되어 있다. 20×1년 7월 동안 S1에서 발생한 변동비는 ₩244,800이고, S2에서 발생한 변동비는 ₩202,000이다. 그리고 7월 중 각 보조부문에서 각 부문에 제공한 용역량은 다음과 같다.

용역제공비율	총용역제공량	P_1	P_2	S_1	S_2
S_1	2,000 kwh	0.4	0.3	–	0.3
S_2	1,000시간	0.3	0.3	0.4	–

■ 요구사항

1. 상호배부법에 의하여 보조부문의 변동비를 배분할 경우, 7월 중 생산부문 P_1에 배부될 보조부문의 변동비는 얼마인가?

2. (주)부산이 8월부터는 S_2부문에서 제공하던 용역을 외부로부터 구입하고자 한다. 8월의 생산부문의 생산량이 7월과 동일한 경우에 외부에서 구입하여야 하는 S2부문의 용역량은 얼마인가?

| 풀이 |

1. 생산부문 P_1에 배부될 보조부문의 변동비

(1) 각 보조부문의 총부문비

$S_1 = ₩244,800 + 0.4S$ …… ①

$S_2 = ₩202,000 + 0.3S_1$ …… ②

①식에 ②식을 대입하면,

$S_1 = ₩244,800 + 0.4(₩202,000 + 0.3S_1) = ₩325,600 + 0.1S_1$

$\therefore S_1 = ₩370,000,\quad S_2 = ₩313,000$

(2) P_2에 배부될 보조부문비 총액

$P_1 = 0.4S_1 + 0.3S_2$

$= 0.4 \times ₩370,000 + 0.3 \times ₩313,000 = ₩241,900$

2. P_1에 외부로부터 구입해야 할 S_2의 용역량

P_1의 필요량 (1,000시간×0.3) =	300시간
P_2의 필요량 (1,000시간×0.3) =	300
S_1의 필요량 (1,000시간×0.4×(1−0.3)) =	280
합　　계	880시간

별해 1,000시간×(1 − 0.4×0.3) = 880시간

| 해설 |

1. S2부문 제거시에 외부로부터 구입해야 할 용역량은 자가제조시의 필요량인 1,000시간이 아니다. 왜냐하면 S2부문이 제거되면 S1부문이 S2부문에 제공하던 용역은 제공하지 않아도 되므로 S1부문이 축소되기 때문이다.

2. 현재 S1부문에서 필요한 S2부문의 용역량은 1,000시간의 40%인 400시간이다. 그런데 S2부문이 제거되면 S1부문이 S2부문에 제공하던 30%는 제공하지 않아도 되므로, S2부문 제거후의 S1부문의 용역제공량은 현재 400시간의 70%인 280시간이 된다. 따라서 외부로부터 구입해야 할 S2부문의 용역량 계산시에는 S1부문의 축소로 인하여 감소되는 S2부문 용역량을 반드시 고려하여야 한다.

4-11 보조부문원가 배분 – 이중배분율법

(주)안국은 제조부문 P1, P2와 보조부문 S1, S2를 가지고 있다. 다음의 자료들을 이용하여 요구사항에 답하시오.

〈자료1〉 각 부문의 월간 제조간접비 실제 발생액

	S_1	S_2	P_1	P_2	합계
변동원가	₩450,000	₩240,000	₩1,650,000	₩1,800,000	₩4,140,000
고정원가	300,000	360,000	1,050,000	1,800,000	3,510,000
합 계	₩750,000	₩600,000	₩2,700,000	₩3,600,000	₩7,650,000

〈자료2〉 보조부문 상호 간의 월간 실제용역 수수관계

사용부분 / 제공부분	보조부문		제조부문		실제용역 제공량
	S_1	S_2	P_1	P_2	
S_1	–	900단위	600단위	1,500단위	3,000단위
S_2	800단위	–	400단위	800단위	2,000단위

〈자료3〉 각 부분별 최대용역사용(가능)량

사용부분 / 제공부분	보조부문		제조부문		최대용역 사용량
	S_1	S_2	P_1	P_2	
S_1	–	1,000단위	1,250단위	2,750단위	5,000단위
S_2	1,000단위	–	2,000단위	2,000단위	5,000단위

■ 요구사항

1. 보조부문원가를 상호배분법에 의하여 제조부문에 배분하시오. 단, 단일배분율법에 의해 배분하시오.

2. 보조부문원가를 상호배분법에 의하여 제조부문에 배분하시오. 단, 이중배분율법에 의해 배분하시오.

| 해설 |

1. 단일배분율법에 의한 원가배분

단일배분율법의 경우에는 〈자료1〉에 의한 실제용역 수수관계를 이용하여 보조부문원가를 제조부문에 배분한다.

① 상호배분법에 의한 보조부문원가 계산

$$S1 = ₩750,000 + 0.4S2$$
$$S2 = ₩600,000 + 0.3S1$$

위의 방정식을 풀면 S1 = ₩1,125,000, S2 = ₩937,500

② 보조부문원가의 배분

	S_1	S_2	P_1	P_2	합계
배분전 원가	₩750,000	₩600,000	₩2,700,000	₩3,600,000	₩7,650,000
S_1	(1,125,000)	337,500	225,000	562,500	0
S_2	375,000	(937,500)	187,500	375,000	0
배분후 원가	₩ 0	₩ 0	₩3,112,500	₩4,537,500	₩7,650,000

2. 이중배분율법에 의한 원가배분

이중배분율법에 의할 경우 변동비는 〈자료1〉에 의한 실제용역 수수관계를 기준으로, 고정비는 〈자료3〉에 의한 최대용역사용가능량을 기준으로 보조부문원가를 제조부문에 배분하게 된다.

	S_1	S_2	P_1	P_2	합계
변동비(배분전)	₩450,000	₩240,000	₩1,650,000	₩1,800,000	₩4,140,000
S_1	(620,455)[*1]	186,136	124,091	310,228	0
S_2	170,455	(426,136)[*1]	85,227	170,454	0
고정비(배분전)	₩300,000	₩360,000	₩1,050,000	₩1,800,000	₩3,510,000
S_1	(387,500)[*2]	77,500	96,875	213,125	0
S_2	87,500	(437,500)[*2]	175,000	175,000	0
배분후 원가	₩ 0	₩ 0	₩3,181,193	₩4,468,807	₩7,650,000

[*1] 변동비

$$S_1 = 450,000 + 0.4S_2$$
$$S_2 = 240,000 + 0.3S_1$$

위의 방정식을 풀면 S1 = ₩620,455, S2 = ₩426,136

[*2] 고정비

$$S_1 = 300,000 + 0.2S_2$$
$$S_2 = 360,000 + 0.2S_1$$

위의 방정식을 풀면 S_1 = ₩387,500, S_2 = ₩437,500

4-12 보조부문원가 배분 – 이중배분율법

(주)서초는 제조부문 P1, P2와 보조부문 S1, S2를 가지고 있으며, 당기 중 작업 #101, #102와 #103을 새로이 시작하였다. 작업 #101과 #102는 당기 중에 완성하여, 이 중 작업 #101만 판매되었다. 또한 작업 #103만 기말 현재 미완성상태이다. 다음의 자료들을 이용하여 요구사항에 답하시오.

〈자료1〉 각 부문의 월간 제조간접비 실제 발생액

	#101	#102	#103	합계
직접재료비				
P_1부문	₩2,500,000	₩2,000,000	₩1,000,000	₩5,500,000
P_2부문	1,000,000	1,200,000	1,500,000	3,700,000
소 계	₩750,000	₩600,000	₩2,700,000	₩7,650,000
직접노무				
P_1부문	₩1,000,000	₩2,000,000	₩3,000,000	₩6,000,000
P_2부문	1,000,000	600,000	1,200,000	2,800,000
소 계	₩750,000	₩600,000	₩2,700,000	₩7,650,000

〈자료2〉 각 작업별 당기 직접노동시간 및 기계가동시간

	#101	#102	#103	합계
직접노동시간 P_1부문 P_2부문	 100시간 100시간	 200시간 50시간	 300시간 150시간	 600시간 300시간
소　계	200시간	250시간	450시간	900시간
기계시간 P_1부문 P_2부문	 200시간 330시간	 100시간 290시간	 200시간 380시간	 500시간 1,000시간
소　계	530시간	390시간	580시간	1,500시간

〈자료3〉 보조부문 상호 간의 용역수수관계 및 발생원가

사용부문 / 제공부문	보조부문		제조부문		합계
	S_1	S_2	P_1	P_2	
S_1 S_2	– 40%	30% –	20% 30%	50% 30%	3,000단위 2,000단위
발생원가	₩ 750,000	₩ 600,000	₩2,700,000	₩3,600,000	₩7,650,000

■ 요구사항

제부문별 제조간접비 배분율을 적용할 경우 다음 요구사항에 답하시오. 단, P1부문에서는 직접노동시간, P2부문에서는 기계시간을 기준으로 한다.

(1) 상호배분법에 의하여 보조부문원가를 제조부문에 배분하시오. 단, 보조부문원가는 상호배분법에 의하여 제조부문에 배분한다.

(2) 부문별 제조간접비 배부율을 계산하시오.

(3) 각 작업별로 제조간접비를 배분하시오.

(4) 기말재공품, 기말제품, 매출원가를 계산하시오.

| 해설 |

(1) 보조부문원가 배분 – 상호배분법

① 상호배분법에 의한 보조부문원가 계산

$$S1 = ₩750,000 + 0.4S2$$
$$S2 = ₩600,000 + 0.3S1$$

위의 방정식을 풀면 S1 = ₩1,125,000, S2 =₩937,500

② 보조부문원가의 배분

	S_1	S_2	P_1	P_2	합계
배분전 원가	₩750,000	₩600,000	₩2,700,000	₩3,600,000	₩7,650,000
S_1	(1,125,000)	337,500	225,000	562,500	0
S_2	375,000	(937,500)	187,500	375,000	0
배분후 원가	₩ 0	₩ 0	₩3,112,500	₩4,537,500	₩7,650,000

(2) 부문별 제조간접비 배부율 계산

① P_1부문 제조간접비 배부율 $= \dfrac{P_1\text{부문 제조간접비}}{P_1\text{부문 노동시간의 합계}}$

$$= \frac{3,206,250}{600\text{시간}} = ₩5,343.75/\text{노동시간}$$

② P_2부문 제조간접비 배부율 $= \dfrac{P_1\text{부문 제조간접비}}{P_1\text{부문 노동시간의 합계}}$

$$= \frac{3,206,250}{600\text{시간}} = ₩4,443.75/\text{기계시간}$$

(3) 작업별 제조간접비 배부

① P_1부문 제조간접비 배분

	#101	#102	#103	합계
P_1부문 노동시간	100시간	200시간	300시간	600시간
P_1부문 제조간접비	₩ 534,375	₩1,068,750	₩1,603,125	₩3,206,250

② P_2부문 제조간접비 배분

	#101	#102	#103	합계
P_1부문 기계시간	330시간	290시간	380시간	1,000시간
P_1부문 제조간접비	₩1,466,437.5	₩1,288,687.5	₩1,688,625	₩4,443,750

(4) 기말재공품, 제품, 매출원가 계산

	#101(매출원가)	#102(기말제품)	#103(기말재공품)	합계
직접재료비	₩3,500,000	₩3,200,000	₩2,500,000	₩9,200,000
직접노무비	2,000,000	2,600,000	4,200,000	8,800,000
P_1부문제조간접비	534,375	1,068,750	1,603,125	3,206,250
P_2부문제조간접비	1,466,437.5	1,288,687.5	1,688,625	4,443,750
합 계	₩7,500,812.5	₩8,157,437.5	₩9,991,750	₩25,650,000

••• 쉬어갑시다

배부기준을 바꾸어 심기일전?

한 공장의 제조부문이 동일한 제품을 만들고 있는 경우에는 배부기준의 문제는 발생하지 않으나 같은 공장에서 각각 다른 제품을 만드는 제조부문이 있는 경우에는 흔히 배부기준이 문제가 된다. 그것은 배부기준에 의한 타부문비의 할당 방법에 따라 제품의 채산이 좌우되기 때문이다. 특히 간신히 제품 채산을 맞추고 있는 경우에는 배부기준이 문제가 된다.

어떤 공장에서 이런 일이 있었다.

신규 사업인 알루미늄 제품이 사업 개시 이래 3년째에 들어서면서도 흑자를 못 내고 있었다. 그러자 담당 상무가 '배부기준을 바꾸어 알루미늄 부문의 제조간접비 부담을 줄여 흑자를 만들자'고 말했다. 그 이유로는 '이쯤에서 흑자가 나지 못하면 알루미늄 공장관계자의 사기가 떨어지고 만다'라는 것이다. 그래서 알루미늄 공장은 처음으로 흑자가 되었다.

그러나 진정한 이유는 이사회에서의 다른 중역이나 사장에 대한 상무의 체면 때문이 아니었을까?

자체 부담을 줄여 흑자가 되어 보았자 그것으로 사기가 향상될 턱이 없다. 다른 제품 담당 제조 부문의 부담이 그만큼 무거워지므로 뒷맛도 개운치 못할 것이다. 그보다는 더 힘을 합치고 노력하여 자체의 대책으로 적자를 극복, 흑자를 내야 성취감도 느낄 수 있어 진정한 사기앙양이 될 것이다.

그런데 오히려 도중에서 배부기준을 바꾸어 부담을 경감할 정도라면 처음부터 부담을 경감해 주고 서서히 정규의 모습으로 돌아간다는 식의 방법으로 했어야 할 것이다.

••• MEMO

Plan
Budget

제5장

개별원가계산

제1절 원가계산의 종류

원가계산은 다음과 같이 여러 가지 관점에서 분류할 수 있다.

1. 생산형태에 따른 분류

원가계산은 생산형태에 따라 개별원가계산과 종합원가계산으로 분류된다.

(1) 개별원가계산

개별원가계산(job order costing)이란 개별생산형태의 기업에 적용되는 원가계산 방법을 말한다. 개별원가계산에서는 먼저 발생원가를 직접비와 간접비로 구분하여 직접비는 특정제품에 직접부과하고, 간접비는 적당한 배부기준에 의하여 각종 특정제품에 배부한다. 여기서 개별생산형태란 종류, 모양, 크기 등이 서로 다른 제품을 주문 등에 의하여 개별적으로 생산하는 형태를 말한다. 개별원가계산은 기계제작업, 조선업, 건설업 등에서 주로 채용되는 원가계산방법이다.

(2) 종합원가계산

종합원가계산(process costing)이란 연속생산형태의 기업에 적용되는 원가계산방법을 말한다. 종합원가계산에서는 원가계산기간별로 완성품총원가를 동 기간의 총생산량으로 나누어서 제품의 단위당 원가를 계산한다. 여기서 연속생산형태란 규격이 통일된 제품을 연속적으로 반복 생산하는 대량생산형태를 말한다. 종합원가계산은 화학공업, 제지업, 제당업 등에서 주로 사용되는 원가계산방법이다.

2. 원가계산의 범위에 따른 분류

제품원가계산은 고정제조간접비를 제품원가로 처리하느냐 아니면 기간원가로 처리하느냐에 따라 전부원가계산과 직접원가계산으로 분류된다.

(1) 전부원가계산

전부원가계산(absorption costing)이란 제품제조에 소비된 직접재료비, 직접노무비, 변동제조간접비 및 고정제조간접비 모두를 제품의 원가에 포함시키는 원가계산방법을 말한다.

(2) 직접원가계산

직접원가계산(direct costing)이란 제품제조에 소비된 직접재료비, 직접노무비 및 변동제조간접비와 같은 변동제조원가만을 제품원가에 포함시키고, 고정제조간접비는 기간원가로 처리하는 원가계산방법을 말한다. 직접원가계산은 변동원가만을 제품원가에 포함시킨다는 의미에서 변동원가계산(variable costing)이라고도 한다.

3. 원가 측정방법에 따른 분류

제품제조에 소비된 원가를 실제원가로 측정하느냐, 표준원가로 측정하느냐, 아니면 이 둘을 결합하여 측정하느냐에 따라 실제원가계산, 표준원가계산 및 정상원가계산으로 분류한다.

(1) 실제원가계산

실제원가계산(actual costing)이란 제품의 제조가 완료된 후에 제조활동에 실제 소비된 원가를 집계하는 원가계산방법을 말한다. 즉 제품을 제조하는데 실제로 소비된 직접재료비, 직접노무비 및 제조간접비를 집계하여 원가계산을 실시하는 방법이다.

(2) 표준원가계산

표준원가계산(standard costing)이란 제품의 원가를 구성하는 직접재료비, 직접노무비 및 제조간접비 모두를 표준원가를 사용하여 원가계산하는 방법을 말한다. 즉 제품을 제조하는 데 소비되는 각종 원가요소의 표준가격과 표준사용수량을 기준으로 원가계산을 실시하는 방법이다.

(3) 정상원가계산

정상원가계산(normal costing)이란 실제원가계산과 표준원가계산을 결합한 원가계산방법을 말한다. 즉 제품의 제조에 소비된 직접재료비와 직접노무비는 실제발생액으로 집계하고, 제조간접비는 예정배부액으로 집계하는 원가계산방법으로서 평준화원가계산이라고도 한다. 평준화원가계산이라는 용어를 사용하는 이유는 고정제조간접비는 그 성질이 고정비에 가깝기 때문에 이를 실제배부하게 되면 제품 생산량의 차이에 따라 제품단위당 제조간접비 부담액이 다르게 계산된다. 그러나 고정제조간접비를 예정배부하게 되면 제품단위당 고정제조간접비 부담액이 평준화되기 때문에 붙여진 명칭이다.

지금까지 설명한 제품의 생산형태, 원가계산의 범위 및 원가의 측정방법을 적절히 결합하면 표 <5-1>과 같은 여러 가지 조합의 원가계산시스템을 만들 수 있다.

표 5-1 원가계산시스템의 종류

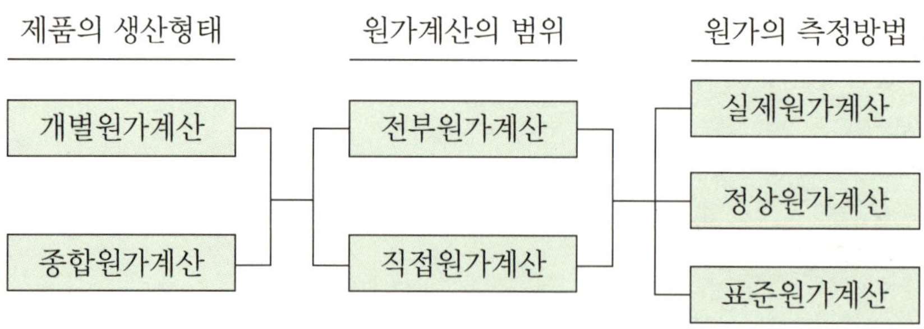

원가계산기간

원가를 계산하는 기간을 원가계산기간(cost period)이라고 하며 보통 1개월로 한다. 1회계년도는 보통 6개월 또는 12개월이므로 1회계년도에 6회 또는 12회의 원가계산을 행하게 된다. 이처럼 원가계산기간을 일반 회계년도에 비하여 단기로 잡는 이유는 원가계산의 결과를 신속히 파악하여 생산능률 측정의 자료로 삼기 위함이다.

제2절 개별원가계산

1. 개별원가계산의 의의

제품별로 원가를 계산할 경우에는 기업의 생산형태에 따라 다른 원가계산방법을 사용해야 한다. 기업의 생산형태는 크게 둘로 나누어 개별생산형태와 연속생산형태로 나누어진다.

조선업이나 건설업과 같이 종류, 모양, 크기 등이 서로 다른 제품을 주문 등에 의하여 개별적으로 생산하는 형태에 적용되는 원가계산방법을 개별원가계산(job order costing)이라고 한다.

개별원가계산에서는 제품마다 그 종류, 모양, 크기 등이 서로 다르기 때문에 원가는 특정제품별로 분류 · 집계하게 된다. 여기서 특정제품이란 하나의 제품(예:유조선)으로 구성될 수도 있고, 묶음생산방식에 의해 생산되는 경우에는 동종의 여러 제품(예:5개의 의자)으로 구성될 수도 있다.

개별원가계산에서 원가집계의 대상이 되는 것은 각종의 개별제품이며, 제품제조의 착수와 동시에 원가계산이 시작되어 제품의 완성과 함께 제품원가가 확정된다. 그리고 개개의 제품별로 제조를 지시하는 제조지시서를 사용하고 있기 때문에 이 서류의 번호가 개개의 제품을 대표하게 되며 원가의 집계도 이 번호별로 행해지게 된다.

개별원가계산을 영어로는 job order costing 이라고 하는데 이것은 제품별로 제조지시서(manufacturing order)가 발행되어 작업지시(job order)가 이루어지게 되고, 이러한 제조지시서에서 제품의 원가가 계산되기 때문에 붙여진 명칭이다.

개별원가계산에서는 특정제품에 원가를 직접 집계할 수 있는지의 여부에 따라 제조직접비와 제조간접비의 구별이 대단히 중요하다. 그래서 모든 원가를 제조직접비와 제조간접비로 분류한 후 제조직접비는 각 제품에 직접 부과하고, 제조간접비는 부문별 원가계산을 거쳐 적정한 배부기준을 사용하여 각 특정제품에 배부함으로써 제품별로 원가를 계산하게 된다.

이와 같은 개별원가계산은 각 개별작업에 직접재료비, 직접노무비 및 제조간접비를 보다 정확하게 관련시킬 수 있으므로 수익과 비용을 적절히 대응시킬 수있다. 그 결과 경영자의 관리적 의사결정에 유용한 정보를 제공할 수 있다는 장점이 있다.

제조지시서

제조지시서(production order)란 특정제품의 제조를 생산(제조)부에 명령하기 위한 서류이다. 즉 특정제품을 생산할 때에 어떠한 종류의 제품을 어디서, 어떻게, 언제까지, 얼마만큼 제조하여야 하는가에 대하여 기획부(또는 영업부)가 생산부에 명시하고 그 제품의 제조를 명령하는 서식을 말한다.

2. 개별원가계산의 절차

그러면 실제 기업의 사례를 단순화시켜 개별원가계산을 실시해 보기로 하자.

(주)덕성양행은 양피를 재료로 하여 잠바와 반코트를 제작하고 있다. 회사는 하나의 공장건물 내에 제조부문으로 재단부문과 봉제부문을 가지고 있으며, 보조부문으로 관리부문을 가지고 있다. 20×1년 3월과 관련된 원가자료는 다음과 같다고 하고 잠바와 반코트의 제조원가를 구해 보자.

(주)덕성양행은 양피를 재료로 하여 잠바와 반코트를 제작하고 있다. 회사는 하나의 공장건물 내에 제조부문으로 재단부문과 봉제부문을 가지고 있으며, 보조부문으로 관리부문을 가지고 있다. 20×1년 3월과 관련된 원가자료는 다음과 같다고 하고 잠바와 반코트의 제조원가를 구해 보자.

① 당월에 반코트 100개와 잠바 200개를 제작하였는데 반코트를 제작하는 데 ₩5,000,000, 잠바를 제작하는 데 ₩6,000,000의 양피가 소비되었다. 단, 월초 및 월말의 양피재고는 없는 것으로 한다.

② 공장의 건평은 100평인데 재단부문이 차지하는 면적이 20평, 봉제부문이 차지하는 면적이 60평, 그리고 공장을 관리하는 관리부문이 차지하는 면적이 20평으로 구분되어 있다.

③ 재단부문의 종업원 수는 3인이며 각자의 월급은 ₩400,000이고, 봉제부문의 종업원 수는 7인이며 각자의 월급은 ₩400,000이다. 그리고 관리부문에는 공장장 1인의 월급 ₩1,000,000과 경리사원 1인의 급료 ₩500,000이 발생하였다.

④ 재단부문의 종업원 3인이 재단을 위해 당월에 소비한 시간은 반코트에 250시간, 잠바에 350시간이다.

⑤ 봉제부문의 종업원 7명이 봉제를 위해 당월 중에 소비한 시간은 반코트에 800시간, 잠바에 1,200시간이다.

⑥ 재단부문에는 재단기가 3대 있는데 1개월분의 감가상각비 합계가 ₩100,000이다. 그리고 봉제부문에는 미싱이 10대 있는데 1개월분의 감가상각비 합계는 ₩500,000이며, 건물전체의 1개월분 감가상각비는 ₩200,000이다.

⑦ 3월에 발생한 전력료, 가스료, 소모품비 등은 ₩200,000이다.

주어진 자료가 많아 일견 복잡해 보이지만 조금만 주의해서 보면 우리가 흔히 접하는 의류제작 공장에서 일어나는 생산활동을 단순화한 것임을 알 수 있다. 따라서 특별히 원가계산에 대한 교육을 받지 않은 사람이라도 주의해서 검토 · 분석해 보면 상식적으로 잠바와 반코트의 원가계산이 가능하리라고 본다.

(1) 요소별 원가계산

그러면 반코트와 잠바의 원가를 산출하기 위해 제일 먼저 해야 할 일은 무엇일까? 개별원가계산의 제1단계 절차인 요소별 원가계산은 원가를 재료비, 노무비, 경비로 구분하여 요소별로 원가계산을 한 다음 제조직접비와 제조간접비로 구분하는 것이다.

이와 같이 원가를 제조직접비와 제조간접비로 구분하는 이유는 제조직접비는 반코트와 잠바에 직접 집계가 가능하지만, 제조간접비는 반코트와 잠바에 직접 집계할 수 없으므로 적절한 배부기준에 의해 각 특정제품에 배부하기 위해서이다. 상기 자료를 이용하여 먼저 원가를 재료비, 노무비, 경비로 구분해 보면 다음과 같다.

① 재 료 비

반코트 : ₩5,000,000　　잠　바 : ₩6,000,000

② 노 무 비

재단부문 : ₩1,200,000,　봉제부문 : ₩2,800,000,　관리부문 : ₩1,500,000

③ 경　　비

재단기 감가상각비 : ₩100,000　　미싱의 감가상각비 : ₩500,000

건물의 감가상각비 : ₩200,000　　전력료, 가스료 등 : ₩200,000

이와 같이 요소별로 원가계산을 한 후 이 회사의 제품인 잠바와 반코트에 각각 원가를 집계하기 위해 원가를 제조직접비와 제조간접비로 구분한다.

앞의 자료에 의하면 재료비는 모두 반코트용 원가와 잠바용 원가로 구분되어 있으므로 제조직접비에 해당된다. 그리고 노무비는 얼핏보면 재단부문이나 봉제부문에서 반코트를 만드는 사람과 잠바를 만드는 사람이 구분되어 있지 않으므로 모두 제조간접비처럼 생각되지만 사실은 그렇지가 않다. 왜냐하면 종업원들에게 지급되는 임금인 노무비는 종업원들의 작업시간에 대한 원가이므로, 상기의 자료를 보면 각각 재단부문과 봉제부문에서 반코트와 잠바 제작에 소요된 작업시간이 분명히 구분되어 있기 때문이다.

따라서 재단부문과 봉제부문의 노무비는 반코트용 원가와 잠바용 원가로 분명히 구분할 수 있으므로 제조직접비에 해당된다. 그리고 재단부문의 노무비 ₩1,200,000과 봉제부문의 노무비 ₩2,800,000을 작업시간에 비례하여 각 제품별로 계산해 보면 다음과 같다.

① 재단부문의 노무비 : ₩1,200,000

$$\text{반코트} : ₩1,200,000 \times \frac{250\text{시간}}{250\text{시간}+350\text{시간}} = ₩500,000$$

$$\text{잠 바} : ₩1,200,000 \times \frac{350\text{시간}}{250\text{시간}+350\text{시간}} = ₩700,000$$

② 봉제부문의 노무비 : ₩2,800,000

$$\text{반코트} : ₩2,800,000 \times \frac{800\text{시간}}{800\text{시간}+1,200\text{시간}} = ₩1,120,000$$

$$\text{잠 바} : ₩2,800,000 \times \frac{1,200\text{시간}}{800\text{시간}+1,200\text{시간}} = ₩1,680,000$$

그런데 관리부문의 노무비인 ₩1,500,000은 공장장과 경리사원의 급료이다. 그런데 공장장이나 경리사원은 직접 제품을 만드는 데 관여하지 않으므로 각 제품별로 원가를 구분할 수 없어 모두 간접노무비로 처리한다.

마지막으로 경비에 해당되는 감가상각비, 전력료, 가스료 등도 제품을 제조하기 위해 소비된 원가임에는 틀림없다.

그러나 상기 자료에 의해 반코트용 원가와 잠바용 원가를 분명히 구분할 수 없으므로 모두 제조간접비로 처리한다.

이와 같이 원가요소를 제조직접비와 제조간접비로 구분한 결과는 다음과 같다.

원가요소	제조직접비		제조간접비
	반코트	잠바	
1. 재료비			
양피의 원가	₩5,000,000	₩6,000,000	
2. 노무비			
직접공의 임금	1,620,000①	2,380,000②	
공장장의 급료			1,000,000
경리사원의 급료			500,000
3. 경비			
재단기 감가상각비			100,000
미 싱 감가상각비			500,000
건 물 감가상각비			200,000
전력료 · 가스료 등			200,000
합 계	₩6,620,000	₩8,380,000	₩2,500,000

① ₩500,000+₩1,120,000=₩1,620,000

② ₩700,000+₩1,680,000=₩2,380,000

이와 같은 원가계산의 제1단계 절차인 요소별 원가계산을 요약 · 정리해 보면, ① 제품의 생산을 위해 소비된 모든 원가를 재료비, 노무비, 경비로 구분하고, ② 이들 원가요소를 각 제품에 배부 · 집계하기 위해 제품별로 직접 집계가 가능한 제조직접비와 직접 집계할 수 없는 제조간접비로 분류한다.

간단한 제품의 경우에는 이와 같은 방법으로 제품의 원가를 개략적으로 구할 수 있다. 그러나 정확한 제품원가를 계산하기 위해서는 요소별로 계산된 제조간접비를 부문별로 계산하게 된다.

(2) 부문별 원가계산

원가계산의 제2단계 절차는 제조간접비 ₩2,500,000을 어떻게 하면 반코트와 잠바에 정확하게 배부할 수 있는가 하는 것이다. 이론적으로 생각하면 당연히 제조간접비가 각 특정제품의 제조에 공헌한 정도에 비례하여 각 특정제품에 배부하면 될 것이다. 그러나 실제적으로 그 공헌한 정도를 정확하게 측정하기가 매우 곤란하기 때문에 원가계산이 복잡하고 어려워지는 것이다.

앞의 자료에 의해 제조간접비를 각 제품에 배부하기 위해 제조간접비의 특성을 살펴보면 공장장의 급료와 경리사원의 급료, 그리고 감가상각비, 전력료, 가스료 등은 모두 시간에 비례해서 증가한다는 공통특성을 가지고 있음을 알 수 있다. 따라서 제조간접비 ₩2,500,000을 각 특정제품 제조에 소요된 작업시간에 비례하여 제품별로 배부하면 타당하지 않을까 하는 생각이 들 것이다.

물론 이와 같은 생각이 타당성이 있는 것은 사실이지만, 보다 정확한 원가계산을 위해서는 제조간접비를 구성하는 각 항목별로 제품과의 관련성 및 공헌정도에 근거하여 배부하는 방법을 검토하여야 할 것이다.

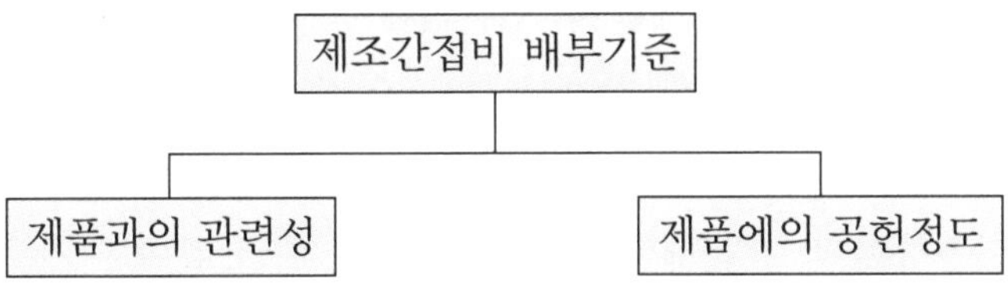

이와 같이 검토한 결과 등장한 방법이 제조간접비를 그것이 발생한 장소, 즉 부문별로 집계하고 부문별로 각 특정제품의 제조에 공헌한 정도에 비례하여 부문별로 집계된 제조간접비를 각 제품에 배부하면 보다 더 정확한 원가계산이 가능하다는 것이다. 즉 제조간접비를 제품에 직접 부과하기가 어려우므로 각 부문별로 제조간접비를 집계한 후 부문별로 집계된 제조간접비를 각 제품에 배부함으로써 간접적이나마 제품과의 관련성을 찾아 제품원가를 정확하게 계산하자는 것이다. 이렇게 제조간접비를 그것의 발생장소인 부문별로 집계하는 절차를 원가계산의 제2단계인 부문별 원가계산이라 한다.

이러한 논리에 의해 제조간접비를 구성하는 각 원가요소를 재단부문, 봉제부문, 관리부문별로 집계하기 위해서 각 부문에 직접 집계할 수 있는 부문개별비와 여러 부문에 공통적으로 발생하여 각 부문에 직접 집계할 수 없는 부문공통비로 구분해 보면 다음과 같다.

① 부문개별비

공장장의 급료	₩1,000,000
경리사원의 급료	500,000

재단기 감가상각비　　100,000
미　싱 감가상각비　　500,000

② 부문공통비

건　물 감가상각비　　₩200,000
전력료 · 가스료 등　　200,000

먼저 공장장의 급료와 경리사원의 급료는 관리부문에서 발생한 것이므로 관리부문에 모두 집계하면 된다. 그리고 간접경비 중 재단부문에서 발생한 재단기의 감가상각비 ₩100,000은 재단부문에 집계하고, 봉제부문에서 발생한 미싱의 감가상각비 ₩500,000은 봉제부문에 집계하면 된다. 이와 같이 특정부문에만 개별적으로 발생하기 때문에 각 특정부문에 직접 집계할 수 있는 원가를 부문개별비라고 한다. 그런데 건물전체의 감가상각비 ₩200,000과 전력료 · 가스료 등 ₩200,000은 모든 부문에 공통적으로 발생하여 직접 각 부문에 부과할 수 없으므로, 이들 원가는 그 성질에 따라 적절한 배부기준을 이용하여 각 부문에 배부하여야 한다. 이와 같이 여러 부문에 공통적으로 발생하여 각 부문에 직접 집계할 수 없는 원가를 부문공통비라고 한다.

이와 같은 부문공통비는 그 성질에 따라 적절한 배부기준을 선정하여야 하는데, 배부기준은 ① 배부되는 관계부문에 공통적으로 적용할 수 있어야 하며, ② 부문공통비와 배부기준 사이에 상관관계가 있어야 한다.

여기에서는 건물 감가상각비 ₩200,000을 각 부문의 사용면적을 기준으로 각 부문에 배부하면 타당할 것이다. 각 부문의 면적은 재단부문 20평, 봉제부문 60평, 관리부문 20평이므로 감가상각비 ₩200,000을 각 부문이 차지하는 면적에 비례하여 배분해 보면 다음과 같다.

$$\text{단부문} : ₩200,000 \times \frac{20\text{평}}{20\text{평}+60\text{평}+20\text{평}} = ₩40,000$$

$$\text{봉제부문} : ₩200,000 \times \frac{60\text{평}}{20\text{평}+60\text{평}+20\text{평}} = ₩120,000$$

$$\text{관리부문} : ₩200,000 \times \frac{20\text{평}}{20\text{평}+60\text{평}+20\text{평}} = ₩40,000$$

다음은 전력료, 가스료, 소모품비 등 기타경비 ₩200,000을 각 부문에 배부해보자. 이와 같은 경비는 경비가 지니는 성질에 따라 각각의 배부기준을 사용하여 각 부문에 배부하여야 한다. 그러나 여기서는 기타경비들의 금액이 크지 않아 모두 합친 합계금액이 제시되어 있으므로 경비들의 공통배부기준을 택해야 할 것이다. 여기서 이용가능한 배부기준으로 제시된 것이 각 부문의 면적, 종업원 수, 작업시간 등인데 그 중에서도 작업시간은 재단부문과 봉제부문에만 제시되어 있으므로 사용할 수 없다. 따라서 결국 면적과 종업원 수 중에서 공통배부기준을 선정하여야 하는데, 경비는 종업원 수보다는 각 부문이 차지하는 면적에 비례하여 발생하는 경우가 많으므로, 여기에서는 면적에 비례하여 기타경비를 배부하는 것으로 한다. 이와 같이 하여 기타경비 ₩200,000을 각 부문이 차지하는 면적을 기준으로 배부해 보면 다음과 같다.

$$\text{재단부문} : ₩200,000 \times \frac{20\text{평}}{20\text{평}+60\text{평}+20\text{평}} = ₩40,000$$

$$\text{봉제부문} : ₩200,000 \times \frac{60\text{평}}{20\text{평}+60\text{평}+20\text{평}} = ₩120,000$$

$$\text{관리부문} : ₩200,000 \times \frac{20\text{평}}{20\text{평}+60\text{평}+20\text{평}} = ₩40,000$$

이상과 같은 과정은 하나의 표로 집계되는데 이를 부문비 배부표라고 한다. (주)덕성양행의 부문비 배부표를 작성해 보면 다음과 같다.

부문비 배부표

(주)덕성양행

원가항목	합　계	배부기준	재단부문	봉제부문	관리부문
부문개별비					
간접노무비	₩1,500,000				₩1,500,000
감가상각비	600,000		₩100,000	₩500,000	
부문공통비					
감가상각비	200,000	면적	40,000	120,000	40,000
기 타 경 비	200,000	면적	40,000	120,000	40,000
부문비 합계	₩2,500,000		₩180,000	₩740,000	₩1,580,000

그런데 재단부문과 봉제부문에서는 직접 제품을 제조하므로 그 부문비를 제품에 공헌한 정도에 비례하여 각 특정제품에 배부할 수 있다. 그러나 관리부문에서는 직접 제품을 제조하지 않으므로, 그 부문비를 각 특정제품에 배부할 적정한 기준을 얻을 수가 없다.이와 같이 재단부문과 봉제부문처럼 제품생산에 직접 종사하는 부문을 제조부문이라 하고, 관리부문처럼 제품생산에 직접 참가하지 않고 제조부문에 용역을 제공하여 그 생산활동을 보조하는 부문을 보조부문이라 한다. 따라서 관리부문과 같은 보조부문은 각 제조부문에 제공한 용역 또는 공헌한 정도에 비례하여 자신의 보조부문비를 각 제조부문에 배부하여야 한다. 그렇게 한 후에 다른 제조부문비와 함께 제조부문이 각 특정제품을 제조하는데 제공한 용역비율 또는 공헌한 정도에 비례하여 각 특정제품별로 배부되는 것이다. 즉 보조부문은 제조부문과 직접적인 관련성을 가지며, 제조부문은 제품과 직접적인 관련성을 가진다. 그러므로 보조부문비를 제조부문에 배부하는 것은 비록 제조부문을 통한 간접적인 방법이지만 제품과의 관련성을 합리적으로 찾으려는 연구의 결과인 것이다.

보조부문비 —배부→ 제조부문비 —배부→ 특정제품의 원가

이와 같은 보조부문비를 제조부문에 합리적으로 배부하기 위해서는 보조부문이 제공하는 용역의 성질에 따라 적절한 배부기준을 선정하여 제조부문에 배부하여야 한다.

(주)덕성양행은 직접배부법을 사용하여 보조부문비를 제조부문에 배부하고 있다. (주)덕성양행의 부문비 배부표이다. 보조부문비를 제조부문에 배부하고 부문비 대체표를 작성해 보자.

부문비 배부표

(주)덕성양행

원가항목	합 계	배부기준	재단부문	봉제부문	관리부문
부문개별비					
간접노무비	₩1,500,000				₩1,500,000
감가상각비	600,000		₩100,000	₩500,000	
부문공통비					
감가상각비	200,000	면적	40,000	120,000	40,000
기 타 경 비	200,000	면적	40,000	120,000	40,000
부문비 합계	₩2,500,000		₩180,000	₩740,000	₩1,580,000

직접배부법이란 보조부문 간의 용역수수를 무시하고 보조부문비를 직접 제조부문에 배부하는 방법이다. 그러면 관리부문에 집계된 보조부문비를 제조부문인 재단부문과 봉제부문에 배부해 보자. 보조부문인 관리부문은 주로 종업원들에게 관리서비스를 제공하는 부문이므로, 관리부문비는 각 제조부문의 종업원 수를 기준으로 배부하는 것이 합리적이라고 생각한다.

따라서 제조부문별 종업원 수를 기준으로 관리부문비 ₩1,580,000을 재단부문과 봉제부문에 배부해 보면 다음과 같다.

$$\text{재단부문 : ₩1,580,000} \times \frac{\text{3명}}{\text{3명+7명}} = \text{₩474,000}$$

$$\text{봉제부문 : ₩1,580,000} \times \frac{\text{7명}}{\text{3명+7명}} = \text{₩1,106,000}$$

직접배부법에 의하여 (주)덕성양행의 부문비 대체표를 작성해 보면 다음과 같다.

원가항목	합계	재단부문	봉제부문	관리부문
부문비 합계	₩2,500,000	₩180,000	₩740,000	₩1,580,000
관리부문비	–	474,000	1,106,000	←
제조부문비 합계	₩2,500,000	₩654,000	₩1,846,000	

이러한 과정을 거쳐서 제조부문에 모든 제조간접비가 집계되면 부문별 원가계산이 완료되는 것이다. 부문별 원가계산이 완료되면 다음은 원가계산의 최종단계인 제품별 원가계산으로 넘어가게 되는 것이다.

(3) 제품별 원가계산

원가계산의 제3단계인 제품별 원가계산이란 제품별로 원가를 집계하는 것으로서, 제조직접비는 특정제품에 직접집계하고 제조부문에 집계된 제조간접비는 합리적인 배부기준에 의하여 각 특정제품에 배부하는 것을 말한다.

본 예제에 의하면 먼저 직접재료비와 직접노무비는 각각 반코트와 잠바에 직접 집계하고, 부문별 원가계산에 의해 최종적으로 제조부문인 재단부문과 봉제부문에 집계된 제조간접비는 합리적인 배부기준에 의해 제품인 반코트와 잠바에 각각 배부하면 된다. 이 때 제조부문비를 각 특정제품에 배부하는 기준은 제조부문비가 무엇에 비례하여 증감하는가를 잘 고려하여 결정하여야 한다. 가령 기계부문비의 대부분이 기계운전시간에 비례하여 증감하면 기계부문비는 그곳을 통과하는 제품의 기계운전시간에 비례하여 배부하면 된다. 그리고 조립부문비의 대부분이 작업시간에 비례하여 증감하면 조립부문비는 그곳을 통과하는 제품의 작업시간에 비례하여 배부하면 되는 것이다.

이렇게 하게 되면 제조부문비가 특정제품의 제조에 공헌한 정도에 비례하여 제품에 배부하게 되므로 제품원가가 계산될 수 있는 것이다.

이와 같은 근거에 의해 본 예제를 검토하여 보면 제조부문비인 재단부문비와 봉제부문비 대부분이 작업시간에 비례하여 증감하므로 각 제품의 작업시간을 기준으로 재단부문비와 봉제부문비를 각 제품에 배부하면 된다.

재단부문비 ₩654,000과 봉제부문비 ₩1,846,000을 작업시간을 기준으로 각 특정제품에 배부하면 다음과 같다.

① 재단부문비 : ₩654,000

• 반코트 : $₩654,000 \times \frac{250시간}{250시간+350시간} = ₩272,500$

• 잠　바 : $₩654,000 \times \frac{350시간}{250시간+350시간} = ₩381,500$

② 봉제부문비 : ₩1,846,000

• 반코트 : $₩1,846,000 \times \frac{800시간}{800시간+1,200시간} = ₩769,167$

• 잠　바 : $₩1,846,000 \times \frac{1,200시간}{800시간+1,200시간} = ₩1,076,833$

이와 같이 함으로써 모든 제조간접비가 제품에 배부되어 제품의 원가계산이 완료되는 것이다. 최종적으로 완성된 제품의 원가를 하나의 표에 요약하여 보면 다음과 같다.

원가항목	반코트	잠바
직접재료비	₩5,000,000	₩6,000,000
직접노무비	1,620,000	2,380,000
제조간접비		
재단부문비	272,500	381,500
봉제부문비	38,400	1,107,600
제 조 원 가	₩7,360,900	₩9,869,100
생 산 량	÷100개	÷200개
제 조 단 가	@₩76,309	@₩49,345.5

결국 (주)덕성양행의 제품인 반코트와 잠바의 단위당 원가는 각각 ₩76,617과 ₩49,192이라는 것을 알 수 있다.

표 5-2 개별원가계산의 계정연락도

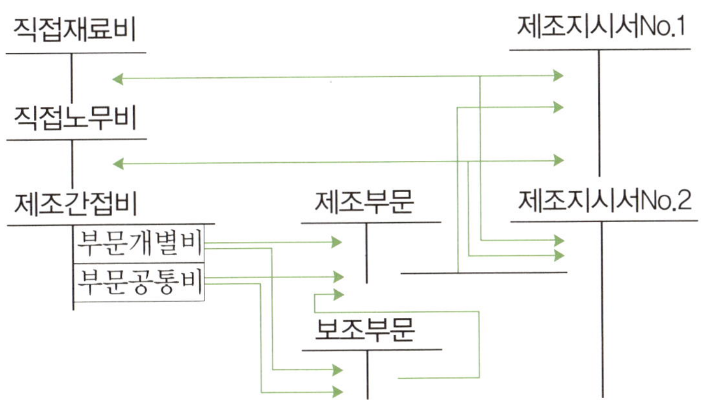

결론적으로 지금까지 설명한 개별원가계산의 절차를 요약하여 보면 다음과 같다.

제1단계 : 요소별로 원가계산을 한다.

제2단계 : 모든 원가요소를 제조직접비와 제조간접비로 분류하고 제조직접비는 각 특정제품에 직접 부과한다.

제3단계 : 제조간접비는 부문개별비와 부문공통비로 구분하여 부문개별비는 각 부문에 직접 부과하고 부문공통비는 적정한 배부기준에 의해 각 부문에 배부한다.

제4단계 : 보조부문에 집계된 보조부문비를 용역수수(授受)의 정도에 따라 제조부문에 배부한다.

제5단계 : 제조부문에 집계된 제조부문비를 적절한 배부기준에 따라 각 특정제품에 배부한다.

3. 정상원가계산

지금까지 배웠던 원가계산은 실제원가계산이었다. 실제원가계산 하에서는 기중에 제품이 완성되더라도 원가를 알 수 없다. 즉, 기말에 제조간접비 집계를 하고 나서, 제품과 기말재공품에 제조간접비를 배분하는 과정을 거쳐야 제품의 원가가 계산된다. 따라서 기중에 제품이 완성되더라도 제조간접비 집계가 되는 시점(통상 결산시점)까지 기다려야 각 작업의 원가를 알 수 있는 것이다.

이러한 문제점을 해결할 수 있는 방법이 제조간접비를 예정배부하는 방법이다. 즉, 기초에 제조간접비 예정배부율을 미리 설정해 놓고, 기중에 제품이 완성되면 제조간접비 예정배부율을 이용하여 각 제품별로 원가를 바로 바로 계산할 수 있게 된다. 이렇게 제조간접비를 예정배부하는 방법을 정상원가계산(normal costing)이라 하는데, 정상개별원가계산(normal job-order costing)은 직접재료비와 직접노무비는 실제 발생액을 개별작업에 직접추적하여 집계하고, 개별작업과 직접 관련성을 찾기 힘든 제조간접비는 회계연도가 시작되기 전에 미리 결정한 제조간접비 예정배부율을 이용하여 각 개별작업에 배부하는 방법이다. 정상원가계산을 사용할 경우 ① 제품원가를 신속하게 계산할 수 있으며, 제조간접비를 예정배부하기 때문에 ② 동일한 작업에 배부되는 제조간접비가 기간별로 균등해지기 때문에 제품의 단위당 원가가 매기 비슷해지는 장점이 있다.

한편, 실제원가계산, 정상원가계산, 표준원가계산을 상호 비교하면 다음과 같다.

원가항목	합계	재단부문	봉제부문
직접재료비	실제원가	실제원가	표준원가
직접노무비	실제원가	실제원가	표준원가
제조간접비	실제원가	예정배부액	표준원가

일반적으로 정상원가계산이나 표준원가계산이 경영관리적인 측면에서는 실제원가계산보다 더 유용한 원가계산방이라 할 수 있지만, 외부공표용 재무제표에는 사용될 수 없다는 단점이 있다. 따라서 정상원가계산이나 표준원가계산을 사용한 경우에는 기말 결산시점에 실제 원가로 전환시켜주는 절차가 필요하게 된다.

(1) 제조간접비 예정배부

정상원가계산은 제조간접비 예정배부율(predetermined overhead rate)을 사용하는데, 연간 제조간접비 예산을 연간 예정조업도로 나누어 예정배부율을 계산하고 각 작업별 실제배부기준(실제조업도)에 곱하여 계산한다.

① 제조간접비 예정배부율 $= \dfrac{\text{제조간접비 예산(연간 예정 제조간접비)}}{\text{예정 조업도(예정 배부기준 합계)}}$

② 제조간접비 예정배부액 $= \dfrac{\text{작업별 배부기준의 실제발생량}}{\text{(실제조업도)}} \times$ 제조간접비 예정배부율

통상적으로 제조간접비 예산은 변동제조간접비와 고정제조간접비로 분류하여 추정하는 경우가 많은데, 이는 고정비과 변동비의 원가행태(cost behavior)를 더 잘 반영할 수 있으며, 보통 다음과 같이 설정된다.

$$\text{제조간접비 예산} = \text{고정제조간접비 예산} + \frac{\text{단위당 변동제조간접비 예산} \times \text{예정조업도}}{\text{(변동제조간접비 예산)}}$$

예제

정상원가계산을 사용하고 있는 (주)예정은 제조간접비 예정배부율을 계산하기 위하여 20×8년도 제조간접비 예산을 다음과 같이 편성하였다.

$$\text{제조간접비 예산} = 2{,}000{,}000 + 300 \times \text{기계가동시간}$$

회사는 20×8년도 기계가동시간을 4,000시간으로 예상하고 있다.

■ **요구사항**

1. 회사의 20×8년도 제조간접비 예정배부율을 계산하시오.

2. 현재 진행중인 작업 #101의 실제 기계시간이 3,500시간일 경우 #101에 대한 제조간접비 예정배부액은 얼마인가?

| 해설 |

1. 제조간접비 예정배부율 = $\frac{\text{제조간접비 예산}}{\text{예정 조업도}}$

= $\frac{3,200,000^{*}}{4,000\text{시간}}$ = ₩800/기계시간

* 2,000,000 + 300 × 4,000시간 =₩3,200,000

2. #101제조간접비 예정배부액 = 실제조업도 × 예정배부율

= 3,500시간 × 800

=₩2,800,000

(2) 제조간접비 배부차이

정상개별원가계산을 이용하여 제품원가를 계산하는 경우(즉, 제조간접비 예정배부율을 이용하여 제조간접비를 배부하는 경우) 통상적으로 제조간접비의 실제 발생액 총액은 결산시점에 가서야 확인이 되며, 기중에는 제조간접비 예정배부액이 재공품계정으로 대체되고, 다시 제품이나 매출원가로 대체되기 때문에, 결산시점에 가서 실제 발생한 제조간접비 총액과 회사가 예정배부한 금액과의 차이가 확인되는 것이다. 이때, 제조간접비 예정 배부액과 기말 결산시점에 확인된 실제 제조간접비 발생액이 일치하지 않는 것이 일반적이다.

이렇게 제조간접비 실제발생액과 제조간접비 예정배부액과의 차이를 제조간접비 배부차이라 하며, 제조간접비 예정배부액과 제조간접비 실제발생액을 비교하여 예정배부액이 실제발생액보다 더 큰 경우에는 이러한 배부차이를 과대배부(유리한 차이)라고 하며,

제조간접비 예정배부액이 실제발생액보다 더 적은 경우에는 이러한 배부차이를 과소배부(불리한 차이)라고 한다. 이러한 제조간접비 배부차이를 제조간접비계정에 나타내면 다음과 같다.

① 제조간접비 과대배부

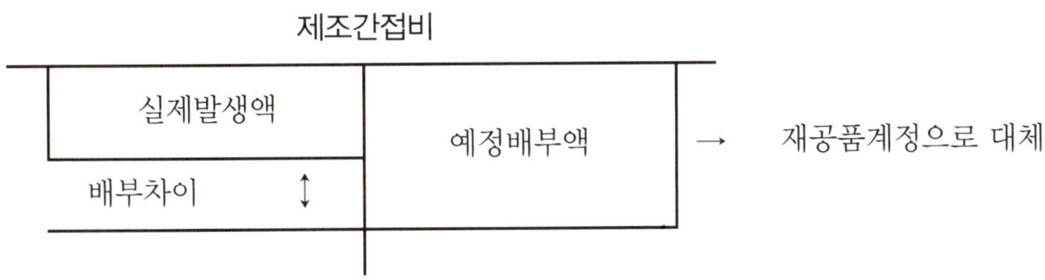

② 제조간접비 과소배부

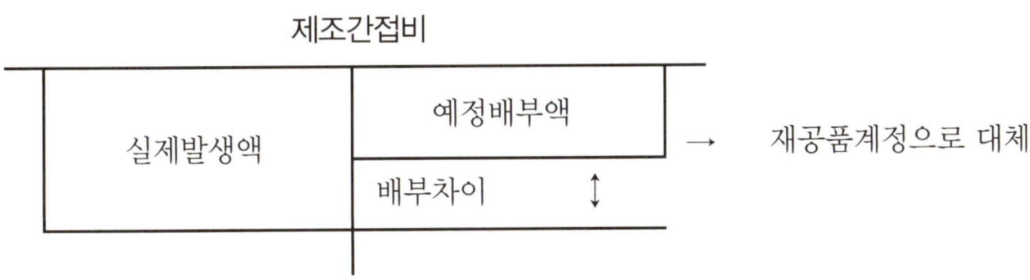

회사가 정상원가계산을 사용하는 경우 제조간접비는 예정배부액으로 처리가 되기 때문에 외부보고목적으로는 사용할 수가 없다. 따라서 정상원가계산을 사용한 경우에는 결산시점에 실제원가로 전환시켜주는 회계처리가 필요하다. 즉, 제조간접비의 배부차이를 수정하여 제조간접비 예정배부액을 실제원가로 전환시켜주는 것이다. 이 때 제조간접비 배부차이가 중요하지 않다고 판단될 경우에는 매출원가에서 배부차이를 전액 조정하며, 배부차이와 재고자산 등이 중요하다고 판단될 경우에는 재고자산과 매출원가에 나누어서 배부차이를 조정한다. 그러나 이러한 제조간접비 배부차이가 비정상적으로 발생하였다면 영업외손익으로 처리하여야 할 것이다.

예제

20×6년에 최초로 영업을 개시한 (주)누리조선은 정상개별원가계산을 채택하고 있으며, 직접노동시간을 기준으로 제조간접비를 배부하고 있다. 회사는 #101(여객선),

#102(유조선), #103(유람선)의 작업을 시작하여 당기 중에 #101(여객선)과 #102(유조선)을 완성하여, #101(여객선)만 판매되었다.

20×6년 제조와 관련된 자료는 다음과 같다.

(주)누리조선의 당기 제조간접비 예산은 ₩4,200,000이다.

구　분	#101(여객선)	#102(유조선)	#103(유람선)	합계
실제 직접재료비 실제 직접노무비	₩1,000,000 1,700,000	₩1,200,000 2,400,000	₩1,500,000 2,800,000	₩3,700,000 6,900,000
실제 직접노동시간	500시간	700시간	800시간	2,000시간
예정노동시간	400시간	500시간	600시간	1,500시간

■ 요구사항

1. 제조간접비 예정배부율을 구하시오.

2. 제조간접비 예정배부율을 이용하여 매출원가, 기말제품, 기말재공품 원가를 계산하시오.

3. 당기의 실제 제조간접비가 ₩5,000,000이었다고 가정할 때, 제조간접비 배부차이를 계산하시오.

| 해설 |

1. 제조간접비 예정배부율 : $\frac{\text{제조간접비 예산}}{\text{예정 조업도}} = \frac{4,300,000}{1,500\text{시간}}$ = ₩2,800/시간

2. 예정배부율을 이용한 작업별 제조원가 계산

위에서 계산한 제조간접비 예정배부율을 실제 직접노동시간에 곱하여 예정배부한다.

구　분	#101(여객선)	#102(유조선)	#103(유람선)	합계
실제 직접재료비 실제 직접노무비 제조간접비	₩1,000,000 1,700,000 1,400,000*[1]	₩1,200,000 2,400,000 1,960,000*[2]	₩1,500,000 2,800,000 2,240,000*[3]	₩3,700,000
합　계	₩4,100,000	₩5,560,000	₩6,540,000	₩16,200,000

*[1] 500시간 × 2,800 = ₩1,400,000

*[2] 700시간× 2,800 =₩1,960,000

*[3] 800시간× 2,800 =₩2,240,000

당기에 완성된 #101(여객선)과 #102(유조선)의 원가의 합계 ₩9,660,000이 당기 제품제조원가이며, 이 중 판매된 #101(여객선)의 원가 ₩4,100,000이 매출원가이며, #102(유조선)의 원가 ₩5,560,000이 기말제품의 원가이다. 또한 기말 현재 미완성인 #103(유람선)의 원가 ₩6,540,000이 기말재공품 원가이다.

3. 제조간접비 배부차이

제조간접비 실제 발생액

₩5,000,000

제조간접비 예정배부액

= 2,000시간 × 2,800

₩5,600,000

배부차이 ₩600,000(과대배부)

제조간접비는 실제발생액 ₩5,000,000 보다 ₩600,000 만큼 과대배부되었다.

(3) 제조간접비 배부차이 조정

제조간접비를 예정배부하여 작성된 재무제표는 외부보고목적으로 사용할 수 없다. 따라서 기말에 확인된 제조간접비 실제발생액과 제조간접비 예정배부액과의 차이인 제조간접비 예정배부액을 조정하여 실제원가로 전환하여야 한다. 제조간접비 배부차이를 조정하는 방법에는 매출원가조정버, 총원가비례조정법, 원가요소별비례조정법 등이 있다.

① 매출원가조정법

매출원가조정법에 의할 경우 모든 배부차이는 매출원가에서 가감하여 조정한다. 제조간접비 과대배부는 실제 발생한 제조간접비 보다 많은 제조간접비가 재공품, 제품, 매출원가로흘러들어갔을 것이므로 매출원가에서 차감하여 조정하고, 제조간접비 과소배부는 실세 발생한 제조간접비 보다 적은 제조간접비가 기말재고와 매출원가로 흘러들어갔기 때문에 매출원가에서 가산하여 조정한다. 배부차이 조정시 회계처리는 다음과 같다.

과대배부시 : (차) 제조간접비 ××× (대) 매 출 원 가 ×××
과소배부시 : (차) 매 출 원 가 ××× (대) 제조간접비 ×××

② 총원가비례조정법

총원가비례조정법은 제조간접비 배부차이를 기말재공품, 기말제품, 매출원가에 비례배분하여 조정하는 방법이다. 이때 기말재공품, 기말제품, 매출원가의 총원가에 비례하여 배분 조정을 하며, 과대배부된 경우에는 기말재공품, 기말제품, 매출원가에서 차감하는 조정을 하며, 과소배부된 경우에는 기말재공품, 기말제품, 매출원가에 가산하는 조정을 한다.

③ 원가요소별비례조정법

원가요소별비례조정법도 총원가비례조정법과 동일하게 제조간접비 배부차이를 조정한다. 다만, 기말재공품, 기말제품, 매출원가에 비례조정하는 기준이 총원가가 아닌 각 계정에 포함되어 있는 제조간접비 금액을 기준으로 비례조정한다는 점만 다르다.

원가요소별비례조정법으로 제조간접비 배부차이를 조정하는 경우에는 회사가 처음부터 실제원가계산으로 회계처리한 것과 결과가 동일해 지기 때문에 이론적으로 가장 타당한 방법이라 할 수 있다.

총원가비례조정법과 원가요소별비례조정법의 경우 배부차이의 조정 회계처리는 금액만 차이가 나며, 회계처리 방식은 둘 다 다음과 같이 동일하다.

과대배부시 :	(차) 제조간접비	×××	(대) 매 출 원 가	×××
			제 품	×××
			재 공 품	×××
과소배부시 :	(차) 매 출 원 가	×××	(대) 제조간접비	×××
	제 품	×××		
	재 공 품	×××		

④ 영업외손익법

제조간접비 배부차이가 비정상적으로 발생하였다면 이는 원가성을 인정할 수 없기 때문에 영업외손익으로 조정하는데, 과대배부액은 영업외수익으로, 과소배부액은 영업외비용으로 처리한다. 즉, 영업외손익법의 경우에는 실제 제조간접비가 제조간접비 예정배부액보다 적게 발생한 경우 제조간접비 실제 발생액과 예정배부액의 차이를 영업외수익으로 처리하고, 실제 제조간접비가 제조간접비 예정배부액보다 많이 발생한 경우에는 배부차이를 영업외비용으로 처리하는데, 이는 문제가 있다. 즉, 실제 제조간접비와 제조간접비 예정배부액과의 차이가 비정상적으로 발생하였다고 하더라도 실제로는 제품원가에 반영되어야 할 원가이기 때문에 영업외손익에 반영되는 것은 조금 무리가 있어 보인다.

과대배부시 :	(차) 제조간접비	×××	(대) 영업외수익	×××
과소배부시 :	(차) 영업외비용	×××	(대) 제조간접비	×××

⑤ 이연법

이연법은 배부차이를 별도로 회계처리하지 않고 배부차이를 기말까지 이연시키는 방법이다.

예제

정상원가계산을 사용하는 ㈜누리조선이 제조간접비를 예정배부한 결과가 다음과 같다.

구 분	#101(여객선)	#102(유조선)	#103(유람선)	합계
실제 직접재료비	₩1,000,000	₩1,200,000	₩1,500,000	₩3,700,000
실제 직접노무비	1,700,000	2,400,000	2,800,000	6,900,000
제조간접비 예정배부액	1,400,000	1,960,000	2,240,000	5,600,000
합 계	₩4,100,000	₩5,560,000	₩6,540,000	₩16,200,000

당기말 실제 제조간접비 발생액이 ₩5,000,000으로 확인된 경우 다음 요구사항에 답하시오.

■ 요구사항

1. 제조간접비 예정배부율을 구하시오.

2. 제조간접비 배부차이를 다음 각 방법별로 제조간접비 배부차이를 조정하는 회계처리를 하시오.

(1) **매출원가조정법**

(2) **총원가비례조정법**

(3) **원가요소별비례조정법**

3. 원가요소별비례조정법에 의할 경우와 매출원가조정법에 의할 경우 영업이익의 차이는 얼마인가?

| 해설 |

1. 제조간접비 배부차이

제조간접비 실제 발생액	제조간접비 예정배부액
₩5,000,000	= 2,000시간 × 2,800 ₩5,600,000

배부차이 ₩600,000(과대배부)

2. 제조간접비 배부차이 조정

(1) **매출원가 조정법**

매출원가조정법은 제조간접비 배부차이를 모두 매출원가에서 조정하는 방법이다. 제조간접비가 과대배부된 경우에는 배부차이를 매출원가에서 차감하여야 하며, 상대계정과목은 제조간접비로 처리한다. 매출원가조정법에 의한 회계처리는 다음과 같다.

(차) 제조간접비	600,000	(대) 매 출 원 가	600,000

(2) 총원가 비례조정법

종원가비례조정법은 제조간접비 배부차이를 재공품과 제품, 매출원가의 총액을 기준으로 비례하여 조정하는 방법이다. 즉, 제조간접비 배부차이(₩600,000)를 재공품(#103), 제품(#102), 매출원가(#101)의 총원가 ₩6,540,000, ₩5,560,000, ₩4,100,000에 비례하여 조정하며, 총원가비례조정법에 의한 제조간접비 배부차이 배분액과 회계처리는 다음과 같다.

〈 제조간접비 배부차이 배분액 〉

구 분	기준금액	배분율	배분액
재 공 품	₩ 6,540,000	40.37%	₩242,220
제 품	5,560,000	34.32%	205,920
매출원가	4,100,000	25.31%	151,860
합 계	₩16,200,000	100%	₩600,000

〈 총원가비례조정법에 의한 제조간접비 배부차이 회계처리 〉

(차) 제조간접비	600,000	(대) 재 공 품	242,220
		제 품	205,920
		매 출 원 가	151,860

(3) 원가요소별 비례조정법

원가요소별비례조정법은 제조간접비 배부차이를 재공품과 제품 그리고 매출원가에 포함되어 있는 제조간접비 금액을 기준으로 비례하여 조정하는 방법이다. 즉, 제조간접비 배부차이(₩600,000)를 재공품(#103), 제품(#102), 매출원가(#101)에 포함되어 있는 제조간접비 ₩2,240,000, ₩1,960,000, ₩1,400,000에 비례하여 조정하며, 원가요소별 비례조정법에 의한 제조간접비 배부차이 배분액과 회계처리는 다음과 같다

〈 제조간접비 배부차이 배분액 〉

(차) 제조간접비	600,000	(대) 재 공 품	240,000
		제 품	210,000
		매 출 원 가	150,000

2. 영업이익 차이

원가요소별 비례조정법에 의할 경우 매출원가에서 ₩150,000이 조정되고 나머지는 제품과 재공품에서 조정되므로, 전액 매출원가에서 조정하는 경우보다 ₩450,000만큼 영업이익이 작게 된다.

요점정리

1. 원가계산의 종류

(1) 생산형태에 따른 분류

- 개별원가계산 : 개별생산형태의 기업에 적용되는 원가계산방법
- 종합원가계산 : 연속생산형태의 기업에 적용되는 원가계산방법

(2) 원가계산의 범위에 따른 분류

- 전부원가계산 : 제품제조에 소비된 직접재료비, 직접노무비, 변동제조간접비, 고정제조간접비 모두를 제품원가에 포함시키는 원가계산방법
- 변동원가계산 : 제품제조에 소비된 직접재료비, 직접노무비, 변동제조간접비와 같은 변동제조원가만을 제품원가에 포함시키는 원가계산방법

(3) 원가의 측정방법에 따른 분류

- 실제원가계산 : 제조활동에 실제로 소비된 원가를 집계하는 원가계산방법
- 표준원가계산 : 제품원가를 구성하는 직접재료비, 직접노무비, 제조간접비 모두를 표준원가를 사용하여 원가계산하는 방법
- 정상원가계산 : 제품제조에 소비된 직접재료비와 직접노무비는 실제발생액으로, 제조간접비는 예정배부액으로 집계하는 원가계산방법

2. 개별원가계산

(1) 개별원가계산 : 종류, 모양, 크기 등이 서로 다른 제품을 개별적으로 생산하는 형태에 적용되는 원가계산방법

(2) 개별원가계산의 절차

① 원가요소를 제조직접비와 제조간접비와 제조간접비로 구분 계산

② 제조직접비를 각 특정제품에 직접부과

③ 제조간접비 중 부문개별비는 각 부문에 직접부과

④ 제조간접비 중 부문공통비는 각 부문에 배부

⑤ 보조부문비를 각 제조부문에 배부

⑥ 제조부문비를 각 특정제품에 배부

3. 개별원가계산의 종류

(1) **실제개별원가계산** : 각 특정제품별로 원가를 집계하되 직접재료비, 직접노무비 및 제조간접비 모두를 실제발생액으로 집계하는 원가계산방법

(2) **정상개별원가계산** : 각 특정제품별로 원가를 집계하되 직접재료비, 직접노무비는 실제발생액을 집계하고, 제조간접비는 예정배부액으로 집계하는 원가계산방법

(3) **표준개별원가계산** : 미리 정해진 표준원가를 사용하여 원가를 계산하는 방법

제5장 연 습 문 제

5-1 실제개별원가계산

(주)삼일은 제품을 제조하여 판매하는 회사로서, 개별원가계산제도를 채택하여 제품원가를 계산하고 있다. 20×1년 5월의 원가와 관련된 자료는 다음과 같다.

1. 20×1년 5월 1일의 재공품재고액은 제조지시서 No.1이 ₩54,000이고 제조지시서 No.2가 ₩49,800이다.

2. 당월의 재료소비액은 ₩950,000인데 이 중 직접소비액은 제조지시서 No.1이 ₩360,000, 제조지시서 No.2가 ₩220,000이며 제조지시서 No.3는 ₩120,000이다.

3. 당월의 임금소비액은 ₩487,000인데 이 중 직접소비액은 제조지시서 No.1이 ₩172,000, 제조지시서 No.2가 ₩68,000이고 제조지시서 No.3가 ₩90,000이다.

4. 당월의 경비소비액은 ₩92,000인데 제조지시서 No.1에 소비된 ₩4,000만이 직접소비액이다.

5. 당월 중에 제조지시서 No.1과 No.2는 완성되었으며 완성수량은 제조지시서 No.1이 500개이고 제조지시서 No.2가 1,200개이다.

6. 제조간접비는 직접노무비를 기준으로 각 제조지시서에 배부하고 있으며, 20×1년 5월 31일 현재 제조지시서 No.3이 미완성이다.

■ 요구사항

1. 제조지시서별로 원가계산표를 작성하라.

2. 재공품계정의 기입면을 표시해 보라.

| 풀이 |

1. 원가계산표 작성

(1) 총제조간접비

간접재료비 (₩950,000−₩360,000−₩220,000−₩120,000)	₩250,000
간접노무비 (₩487,000−₩172,000−₩68,000−₩90,000)	157,000
간 접 경 비 (₩92,000−₩4,000)	88,000
합　　계	₩495,000

(2) 제조간접비 배부율 : ₩495,000 ÷ ₩330,000 = 직접노무비의 150%

(3) 원가계산표

적 요	No.1	No.2	No.3	No.4
월초재공품	₩54,000	₩49,800	–	₩103,800
직접재료비	360,000	220,000	120,000	700,000
직접노무비	172,000	68,000	90,000	330,000
직 접 경 비	4,000			4,000
제조간접비	258,000①	102,000②	135,000	495,000
제 조 원 가	₩848,000	₩439,800	₩345,000	₩1,632,800
완 성 량	÷500개	÷1,200개	미완성	
제 조 단 가	@₩1,696	@₩366.5		
	완 성	완 성		

① ₩172,000×150%=₩258,000

② ₩ 68,000×150%=₩102,000

2. 제공품계정의 기입면

재 공 품

전 월 이 월	103,800	완성품원가	1,287,800
직접재료비	700,000	차 월 이 월	345,000
직접노무비	330,000		
직 접 경 비	4,000		
제조간접비	495,000		
	840,000		840,000

| 해설 |

1. 원가계산 자료가 실제액으로 제시되었으므로 실제개별원가계산에 해당되며, 월초라는 용어를 사용한 것으로 보아 원가계산기간은 1개월이다. 또한 제조지시서 No. 1과 No. 2는 당월에 완성되었으므로 제조지시서 No. 1과 No. 2의 제조원가는 완성품원가가 되며, 제조지시서 No. 3은 미완성된 상태이므로 제조지시서 No. 3의 제조원가는 월말재공품원가가 된다.

2. 제조지시서 No. 1과 No. 2의 제조원가는 직접재료비, 직접노무비 및 제조간접비를 합한 금액이다. 그런데 제조직접비는 제시된 자료를 제조지시서별로 직접 집계하면

된다. 그러나 제조간접비는 각 원가요소의 간접소비액을 집계하여 제조간접비 배부율을 구한 다음, 각 제조지시서의 직접노무비를 기준으로 배부하면 된다. 그리고 5월 한 달 동안의 완성품원가는 월초재공품원가에 당기총제조비용을 가산한 금액에서 월말재공품원가를 차감하여 구한다.

5-2 제품의 제조원가

(주)여주는 제품을 제조하여 판매하는 회사이다. 회사는 직접재료비를 기준으로 제조간접비를 각 제품에 배부하고 있다. 20×1년 7월 동안 소비된 직접재료비는 ₩180,000이며 간접소비액은 ₩21,000이다. 당월의 노무비 소비액은 직접소비액이 ₩120,000이고 간접소비액이 ₩19,000이다. 당월의 경비소비액은 ₩32,000인데 직접소비액은 없다.

| 추가정보 |

1. 당월에 제조에 착수하여 당월에 완성된 A제품의 직접재료비는 ₩40,000이고 직접노무비는 ₩49,000이다.

2. 다른 제품은 모두 완성되고 7월에 제조에 착수한 B제품만 월말까지 미완성 상태이다. 7월 31일 현재 B제품에 집계된 직접재료비는 ₩50,000이고 직접노무비는 ₩29,000이다.

3. 월초재공품의 원가는 ₩75,000이다.

■ 요구사항

1. 7월 31일의 재공품재고액은 얼마인가?

2. A제품의 제조원가는 얼마인가?

3. 재공품계정에 기입한 후 마감하라.

| 풀이 |

1. 총제조간접비 : ₩12,750 + ₩210,000 + ₩161,250 + ₩133,500 = ₩517,500

재 공 품

기 초 재 고	253,500	직접소비액	598,500
당 기 매 입	567,750	간접소비액	12,750
			210,000
	821,250		840,000

보조재료

기 초 재 고	52,500	직접소비액	25,500
당 기 매 입	246,450	간접소비액	210,000
		접 소 비 액	63,750
	299,250		299,250

임 금

순 지 급 액	432,000	전월미지급액	63,750
소득세예수금	86,250	직 접 소 비 액	345,000
당월미지급액	51,750	간 접 소 비 액	161,250
	821,250		570,000

2. 제조지시서별 제조원가

(1) **제조간접비 배부율** : ₩517,500 ÷ ₩345,000 = ₩1.5 / 직접노무비

(2) **제조간접비 배부액**

No.1 : ₩206,250×₩1.5 = ₩309,375

No.2 : ₩138,750×₩1.5 = ₩208,125

(3) **제조지시서별 제조원가**

	No.1	No.2
주요재료비	₩345,000	₩253,500
보조재료비	25,500	–
노 무 비	206,250	138,750
제조간접비	309,375	208,125
제 조 원 가	₩886,125	₩600,375

| 해설 |

1. 각 원가요소 소비액은 직접소비액과 간접소비액으로 구성되어 있으므로 총소비액에서 직접소비액을 차감하면 간접소비액이 된다. 주요재료의 경우 전월이월액 ₩253,500에 당월 매입액 ₩567,750을 가산하면 사용가능한 재료총액이 되는데, 이 금액에서 월말재고액 ₩210,000을 차감하면 주요재료 소비액은 ₩611,250이 된다. 주요재료 소비액에서 제조지시서 No.1과 No.2에 직접소비된 ₩598,500을 차감한 잔액이 주요재료의 간접소비액이 된다.

2. 당월에 발생한 총제조간접비는 각종 원가요소의 간접소비액이므로 주요재료의 경우와 같은 방법으로 계산하여 집계하면 된다. 그리고 집계된 제조간접비는 직접노무비를 기준으로 각 제품에 배부하면 된다.

5-3 제품의 제조원가

제조지시서 No.1과 No.2를 제조하고 있는 목포제작소의 4월과 5월 동안의 제조원가에 관한 자료는 다음과 같다.

1. 4월말 재고액은 주요재료가 ₩253,500이고 보조재료가 ₩52,500이며, 5월말 재고액은 주요재료 ₩210,000과 보조재료 ₩63,750이다. 주요재료는 제조지시서 No.1에 ₩345,500과 제조지시서 No.2에 ₩253,500을 소비하였으며, 나머지는 간접소비액이다. 또한 보조재료는 제조지시서 No.1에 ₩25,500을 소비하였으며, 나머지는 간접소비액이다.
2. 임금의 4월말 미지급액은 ₩63,750, 5월의 순지급액은 ₩432,000, 5월의 소득차감액은 ₩86,250이며 5월말의 미지급액은 ₩206,250이다. 임금소비액 중 직접소비액은 제조지시서 No.1이 ₩206,250이고 제조지시서 No.2가 ₩138,750이다.
3. 당월의 경비소비액은 ₩133,500이나 모두 간접비이다.
4. 제조간접비는 직접노무비를 기준으로 각 제조지시서에 배부한다.

■ 요구사항

1. 5월 한 달 동안에 발생한 총제조간접비는 얼마인가?
2. 제조지시서 No.1, No.2의 제조원가는 각 얼마인가?

| 풀이 |

1. 총제조간접비 : ₩12,750 + ₩210,000 + ₩161,250 + ₩133,500 + ₩517,500

주요재료

기 초 재 고	253,500	직접소비액	598,500
당 기 매 입	567,750	간접소비액	12,750
		기 말 재 고	210,000
	821,250		821,250

보조재료

기 초 매 입	52,500	직접소비액	25,500
당 기 매 입	246,750	간접소비액	210,000
		기 말 재 고	63,750
	299,250		299,250

임 금

순 지 급 액	432,000	전월미지급액	63,750
소득세예수금	88,250	직 접 소 비 액	345,000
당월미지급액	51,750	간 접 소 비 액	161,250
	570,000		570,000

2. 제조지시서별 제조원가

(1) **제조간저비 배부율** : ₩517,500 ÷ ₩345,000 = ₩1.5 / 직접노무비

(2) **제조간접비 배부액**

No.1 : ₩206,250×₩1.5 = ₩309,375

No.2 : ₩138,750×₩1.5 = ₩208,125

(3) **제조지시서별 제조원가**

	No.1	No.2
주요재료비	₩345,000	₩253,500
보조재료비	25,500	−
노 무 비	206,250	138,750
제조간접비	309,375	208,125
제 조 원 가	₩886,125	₩600,375

| 해설 |

1. 각 원가요소 소비액은 직접소비액과 간접소비액으로 구성되어 있으므로 총소비액에서 직접소비액을 차감하면 간접소비액이 된다. 주요재료의 경우 전월이월액 ₩253,500에 당월 매입액 ₩567,750을 가산하면 사용가능한 재료총액이 되는데, 이 금액에서 월말재고액 ₩210,000을 차감하면 주요재료 소비액은 ₩611,250이 된

다. 주요재료 소비액에서 제조지시서 No.1과 No.2에 직접소비된 ₩598,500을 차감한 잔액이 주요재료의 간접소비액이 된다.

2. 당월에 발생한 총제조간접비는 각종 원가요소의 간접소비액이므로 주요재료의 경우와 같은 방법으로 계산하여 집계하면 된다. 그리고 집계된 제조간접비는 직접노무비를 기준으로 각 제품에 배부하면 된다.

5-4 정가원가계산

(주)한라는 개별원가계산제도를 채택하고 있다. 다음은 20×1년 5월 (주)한라의 제공품계정의 차변과 대변에 기록된 내용을 발췌한 것이다.

5월	내용	금액
1일	기초재고	₩4,000
30일	직접재료비	24,000
30일	직접노무비	16,000
30일	제조간접비	12,800
30일	제품으로 대체	(48,000)

(주)한라는 제조간접비 예정배부율을 이용하여 제조간접비를 배부하고 있으며, 예정배부율은 직접노무비의 80%이다. 20×1년 5월31일 현재 제조지시서 No.10만 작업이 완료되지 않은 상태이며, 제조지시서 No.10에는 ₩2,000의 직접노무비가 기록되어 있다. 제조지시서 No.10에 기록된 직접재료비는 얼마인가?

| 풀이 |

(1) 제조지시서 No.10의 총제조원가 : ₩8,800

재공품

기초재공품	4,000	제　　　품	48,000
직접재료비	24,000	기말제공품	(No.19)8,800
직접노무비	16,000		
제조간접비	12,800		
	56,800		56,800

(2) **제조지시서 No.10의 직접재료비** : ₩8,800 − ₩2,000 − ₩2,000 × 0.8 = ₩5,200

5-5 제조간접비의 예정배부

세종제작사는 제조간접비를 예정액으로 각 특정제품에 배부하고 있다. 당회계년도(1년)의 제조간접비 발생예정액은 ₩12,000,000이고, 당원가계산기간(1개월)의 직접작업시간 예정총수는 25,000시간이다. 당원가계산기간에 실제발생한 제조간접비는 간접재료비 ₩200,000, 간접노무비 ₩350,000, 경비 ₩500,000이다. 그리고 당원가계산기간에 제조에 착수하여 완성된 제조지시서의 실제작업시간은 다음과 같다.

	재료비
No.10	10,000시간
No.11	8,000
No.12	4,500
No.13	3,000
합　계	25,500시간

■ 요구사항

1. 제조간접비 예정배부율을 계산하라.
2. 제조간접비 예정부시와 실제발생액 집계시의 분개를 하라.
3. 제조간접비 배부차이를 계산하라. 단, 과대 또는 과소배부액을 표시할 것.
4. 다음 각각의 경우 제조간접비 배부차이를 매출원가에 가감하는 분개를 하라.

(1) 제조간접비 배부차이계정을 설정하지 않는 경우

(2) 제조간접비 배부차이계정을 별도로 설정하는 경우

5. 제조간접비계정에 전기하고 마감하라. 단, 회사는 제조간접비 배부차이계정을 별도로 설정하지 않고 있다.

6. 제조간접비 예정배부시의 장점은 무엇인가?

| 풀이 |

1. 제조간접비 예정배부율

₩12,000,000 ÷ (25,000시간 × 12개월) = ₩40 / 직접작업시간

2. 예정배부시와 실제발생액 집계시의 분실

(1) 제조간접비 예정배부지

(차) 재 공 품	1,020,000*	(대) 제조간접비	1,020,000

*25,500시간×₩40=₩1,020,000

(2) 제조간접비 실제발생액 집계시

(차) 제조간접비	1,050,000	(대) 재 료	200,000
		임 금	350,000
		경 비	500,000

3. 제조간접비 배부차이

제조간접비 배 부 액	₩1,020,000
제조간접비 실제발생액	1,050,000
제조간접비 배부차이(과소배부액)	₩30,000

4. 제조간접비 배부차이 조정시의 분개

(1) 제조간접비 배부차이계정을 설정하지 않는 경우

(차) 매출원가	30,000	(대) 제조간접비	30,000

(2) **제조간접비 배부차이계정을 별도로 설정하는 경우**

(차) 제조간접비 배부차이	30,000	**(대) 제조간접비**	30,000
(차) 매출원가	30,000	**(대) 제조간접비 배부차이**	30,000

5. 제조간접비 계정에의 전기 및 마감

제조간접비

재 료	200,000	재 공 품	1,020,000
임 금	350,000	매 출 원 가	30,000
경 비	500,000		
	1,050,000		1,050,000

6. 제조간접비 예정배시의 장점

① 신속한 제품원가계산이 가능하다.

② 제조간접비 배부액이 월별로 균등해진다.

| 해설 |

1. 제조간접비 예정배부율은 제조간접비 예정총액을 배부기준 예정총액(기대조업도)으로 나누어서 계산한다. 즉 제조간접비 예정배부율은 제조간접비 예정총액 ₩12,000,000을 직접작업시간 예정총수인 300,000시간으로 나누면 직접작업시간당 ₩40이 된다. 이 경우에 분자에 해당되는 제조간접비 예정총액이 1년이므로, 분모에 해당하는 직접작업시간 예정총수도 1년으로 환산하여 제조간접비 예정배부율을 구해야 한다는 점에 유의해야 한다.

2. 제조간접비 과소배부액이란 배부된 제조간접비가 실제발생된 제조간접비 보다 적은 경우를 뜻한다. 그리고 과소배부액을 매출원가에서 조정하기로 하였으므로 과소배부액 ₩30,000을 매출원가에 가산해 주어야 한다. 매출원가는 비용항목인데 비용의 증가는 차변이므로, 매출원가를 증가시키기 위해서는 매출원가계정의 차변에 기입하고 상대계정과목을 대변에 기입하면 된다.

3. 제조간접비와 관련된 분개를 제조간접비계정에 전기해 보면 제조간접비계정의 차변은 각 원가요소의 실제소비액이 집계되는 반면, 제조간접비계정의 대변은 예정소

비액이 기입되므로 대차가 일치하지 않는다. 이 경우에 그 차액이 제조간접비 배부차이가 되는데, 이를 매출원가에서 조정하므로 매출원가라는 제조간접비의 상대계정과목이 기입되는 것이다.

5-6 제조간접비 배부차이의 처리

경주기업은 제품을 제조하여 판매하고 있으며, 제조간접비는 예정액으로 제품에 배부하고 있다. 기초재고자산은 존재하지 않으며, 20×1년 동안 실제발생한 제조간접비는 ₩370,000이고, 제품에 배부된 제조간접비는 ₩350,000이다.

20×1년 12월 31일 현재 각 계정잔액은 다음과 같다.

구 분	재공품	재 품	매출원가	합 계
직접재료비	₩80,000	₩95,000	₩250,000	₩425,000
직접노무비	26,000	49,000	150,000	225,000
제조간접비	14,000	56,000	280,000	350,000
합 계	₩120,000	₩200,000	₩680,000	₩1,000,000

■ 요구사항

1. 제조간접비 과대 또는 과소배부액을 계산하라.

2. 제조간접비 과대 또는 과소배부액을 매출원가조정법, 제조원가기준법 및 원가요소기준법을 각각 적용하여 답하라.

(1) 과대 또는 과소배부액을 각 계정에 배분하라.

(2) 제조간접비계정을 마감하기 위한 분개를 하라.

(3) 과대 또는 과소배부액을 배분한 후의 각 계정금액을 계산하라.

(4) 당기순이익이 큰 순서부터 나열하고 그 이유를 설명하라.

| 풀이 |

1. 제조간접비 과소배부액

제조간접비 배　부　액	₩350,000
제조간접비 실제발생액	₩370,000
제조간접비 과소배부액	₩20,000

2. 제조간접비 과소배부액의 배분

(1) 매출원가조정법

① 제조간접비계정을 마감하기 위한 분개

(차) 매출원가　20,000　　　　(대) 제조간접비　　20,000

② 조정 후의 각 계정금액

	재공품	재　품	매출원가	합　계
조정전 금액	₩120,000	₩200,000	₩680,000	₩100,000
과소비배부액	–	–	20,000	20,000
조정후 금액	₩120,000	₩200,000	₩700,000	₩1,020,000

(2) 제조원가기준법

① 추가배분액 계산

재　공　품 : ₩20,000 × 0.12* = ₩2,400

제　　품 : ₩20,000 × 0.20 = ₩4,000

매 출 원 가 : ₩20,000 × 0.68 = ₩13,600

*₩120,000÷₩1,000,000=0.12

② 제조간접비계정을 마감하기 위한 분개

(차)	재　공　품	2,400	(대) 제조간접비	20,000
	제　　품	4,000		
	매출원가	13,600		

③ 배분 후의 각 계정금액

	재공품	재 품	매출원가	합 계
조정전 금액	₩120,000	₩200,000	₩680,000	₩100,000
과소비배부액	2,400	4,000	13,600	20,000
조정후 금액	₩122,400	₩204,000	₩693,600	₩1,020,000

(3) 원가요소기준법

① 추가배분액 계산

$$\text{재 공 품} : ₩20,000 \times \frac{₩14,000}{₩350,000} = ₩800$$

$$\text{제 품} : ₩20,000 \times \frac{₩56,000}{₩350,000} = ₩3,200$$

$$\text{매 출 원 가} : ₩20,000 \times \frac{₩280,000}{₩350,000} = ₩16,000$$

② 제조간접비계정을 마감하기 위한 분개

(차)		(대)	
재 공 품	800	제조간접비	20,000
제 품	3,200		
매출원가	16,000		

③ 배분후의 각 계정금액

	재공품	재 품	매출원가	합 계
배분전 금액	₩120,000	₩200,000	₩680,000	₩100,000
과소 배부액	800	3,200	16,000	20,000
배분후 금액	₩120,800	₩203,200	₩696,000	₩1,020,000

(4) 당기순이익이 큰 순서

당기순이익은 ① 제조원가기준법 ② 원가요소기준법 ③ 매출원가조정법 순으로 크다. 어느 방법을 적용하여 제조간접비 과소배부액을 배분한다 하더라도 매출원가를 제외한 다른 비용과 수익은 같다. 그러므로 매출원가가 가장 작은 제조원가기준법의 당기순이익이 가장 크게 나타난다.

| 해설 |

1. 매출원가조정법이란 제조간접비 배부차이 전액을 매출원가에서 가감하는 방법이다. 조정전 매출원가 ₩680,000에 과소배부액 ₩20,000을 가산하면 조정후 매출원가는 ₩700,000이 된다. 제조원가기준법이란 제조간접비 배부차이 전액을 기말재공품, 기말제품 및 매출원가를 기준으로 각 계정에 배분하는 방법이다. 즉 제조간접비 과소배부액 ₩20,000을 기말재공품 ₩120,000, 기말제품 ₩200,000, 매출원가 ₩680,000을 기준으로 배분하면 된다.

2. 원가요소기준법이란 배부차이를 기말재공품, 기말제품 및 매출원가에 포함되어 있는 제조간접비를 기준으로 각 계정에 배분하는 방법이다. 즉 과소배부액 ₩20,000을 기말재공품, 기말제품 및 매출원가에 포함되어 있는 제조간접비 ₩14,000, ₩56,000, ₩280,000을 기준으로 배분하면 된다.
3. 기초재공품과 기초제품이 존재하지 않으므로 원가요소기준법으로 과소배부된 제조간접비를 배분하면 배분후의 각 계정금액은 실제원가계산에 의한 금액과 일치한다. 왜냐하면 각 계정금액이 직접재료비와 직접노무비는 실제 발생된 금액이나 제조간접비는 예정액으로 집계되었으므로, 제조간접비 배부차이가 발생된 원인도 제조간접비 때문인데 그 금액을 기준으로 배부차이를 배분하기 때문이다. 이와 같이 직접재료비와 직접노무비는 실제액으로 집계하고 제조간접비만을 예정액으로 집계하는 원가계산방법을 정상원가계산 또는 평준화원가계산이라고 한다.

5-7 제조간접비의 배부차이

세종기업은 제품을 제조하여 판매하고 있다. 제조간접비는 직접노무비를 기준으로 배부하고 있으며, 직접노동시간당 임률은 일정하다. 20×1년 동안 추정되는 제조간접비 총액은 ₩510,000이고, 추정되는 직접노무시간은 204,000시간이다. 20×1년 동안 실제 발생한 제조간접비는 ₩540,000이고, 20×1년 동안 제품을 제조하기 위하여 실제 사용한 직접노동시간은 210,000시간이다.

■ **요구사항**

20×1년의 제조간접비 과소 또는 과대배부액은 얼마인가?

| 풀이 |

1. 제조간접비 예정배부율 : ₩510,000 ÷204,000시간 = ₩2.5 / 직접노무시간

2. 제조간접비 과소배부

제조간접비 배부액(210,000시간×₩2.5)	₩525,000
제조간접비 실제액	540,000
제조간접비 과소배부액	₩15,000

| 해설 |

1. 제조간접비의 배부기준은 직접노무비이나 시간당 임률이 일정하므로, 직접노무시간을 기준으로 제조간접비를 배부하여도 결과는 마찬가지이다.

5-8 정상개별원가계산 : 매출총이익

(주)서강은 제품을 제조하여 판매하고 있으며, 제조간접비는 직접노무비를 기준으로 예정배부율을 사용하여 제품에 배부하고 있다. 회사가 연초에 설정한 제조간접비 예정총액은 ₩253,500이고, 예상되는 직접노무비는 ₩195,000이다. 그리고 20×1년 5월과 6월의 원가자료는 다음과 같다.

1. 5월 31일의 미완성된 작업은 제조지시서 No.101이며, 이의 직접재료비는 ₩20,000,직접노무비는 ₩14,000이다.

2. 6월 중 세 개의 제조지시서 No.102, No.103, No.104가 발행되었으며, 6월 중에 제조지시서 No.101, No.102, No.103 이 완성되었다.

3. 6월 중에 발생한 직접재료비와 직접노무비는 다음과 같다.

No	직접재료비	직접노무비	합 계
101	–	₩40,000	₩40,000
102	50,000	70,000	120,000
103	80,000	50,000	130,000
104	20,000	30,000	50,000
합계	₩150,000	₩190,000	₩340,000

4. 6월 동안 제조원가에 30%의 이익을 가산하여No.101과 No.102를 외상으로 판매하였다.

5. 6월 동안 실제로 발생한 제조간접비는 다음과 같다.

간접재료비	₩48,000	간접노무비	₩45,000
기계감가상각비	40,000	공장감독자급료	35,000
공장수선유지비	36,000	공장건물의 감가상각비	24,000

6. 6월말의 직접재료재고액은 ₩30,000이며, 재공품과 매출원가는 자료에 제시된 것이 전부이다.

■ 요구사항

1. 각 제조지시서별로 제조원가를 계산하라.

2. 6월말 현재 장부상의 재고자산과 매출원가는 각각 얼마인가?

3. 제조간접비 배부차이를 매출원가조정법으로 추가배분하면 6월의 매출총이익은 얼마인가?

4. 제조간접비 배부차이를 제조원가기준법으로 추가배분하면 6월의 매출총이익은 얼마인가? 단, 기초재공품재고액은 무시하고 기말재공품, 기말제품, 매출원가를 기준으로 배부한다.

5. 요구사항2, 3의 매출총이익은 같아지는가? 만약 달라진다면 그 이유를 설명하라.

| 풀이 |

1. 제조지시서별 제조원가

(1) **제조간접비 예정배부율** : ₩253,500 ÷ ₩195,000 = 직접노무비의 130%

(2) **제조지시서별 제조원가**

2. 6월말 현재 장부상의 재고자산과 매출원가

직접재료 : ₩30,000　　　재 공 품 : ₩89,000

제　　품 : ₩195,000　　　매출원가 : ₩144,200 + ₩211,000 = ₩355,200

3. 매출원가조정법 적용시 매출총이익

(1) **제조간접비 배부차이**

제조간접비 배 부 액	₩247,000
제조간접비 실제발생액	228,000
제조간접비 과대배부액	₩19,000

(2) **과대배부액 조정후의 매출총이익**

매 출 액 (₩355,200×130%)	₩461,760
매 출 원 가 (₩355,200−₩19,000)	336,200
매출총이익	₩125,560

4. 제조원가기준법 적용시 매출총이익

(1) **제조간접비 과대배부액의 추가배분**

$$재공품 : ₩19,000 \times \frac{₩89,000}{₩89,000+₩195,000+₩355,200} = ₩2,646\ J$$

$$제\quad 품 : ₩19,000 \times \frac{₩195,000}{₩89,000+₩195,000+₩355,200} = ₩5,796$$

	No.101	No.102	No.103	No.104	합 계
기초재공품원가	₩52,200①	–	–	–	₩52,200
직접재료비	–	50,000	80,000	20,000	150,000
직접노무비	40,000	70,000	50,000	30,000	190,000
제조간접비②	52,000	91,000	65,000	39,000	247,000
제조원가	₩144,200	₩211,000	₩195,000	₩89,000	₩639,200
	완성(판매)	완성(판매)	완성(판매)	미완성	

① ₩20,000+₩14,000+₩14,000×130%=₩52,200

② 직접노무비×130%

$$매출원가 : ₩19,000 \times \frac{₩355,200}{₩89,000+₩195,000+₩355,200} = ₩10,558$$

* 반올림 오차임

(2) 과대배부액 조정후의 매출총이익

매 출 액	₩461,760
매 출 원 가 (₩355,200−₩10,558)	344,642
매출총이익	₩117,118

5-9 정상개별원가계산 : 부문별 예정배부율

(주)계룡은 제조간접비를 예정배부율에 의해 각 제품에 배부하고 있다. 배부기준은 기계부문에서는 기계시간, 마무리부문에서는 직접노무비를 사용하고 있다.

1. 19×6년 예산

	기계부문	마무리부문
제 조 간 접 비	₩5,000,000	₩4,000,000
직 접 노 무 비	900,000	4,000,000
기계작업시간	200,000시간	33,000시간
직접노동시간	30,000시간	160,000시간

2. 19×6년 5월의 제조지시서 No.25의 원가자료

	기계부문	마무리부문
직 접 재 료 비	₩14,000	₩3,000
직 접 노 무 비	1,000	1,500
직접노동시간	40시간	50시간
기계작업시간	100시간	20시간

3. 19×6년말 실제발생액

	기계부문	마무리부문
제조간접비	₩5,600,000	₩3,900,000
직접노무비	950,000	4,100,000
직접노동시간	32,000시간	150,000시간
기계작업시간	220,000시간	32,000시간

■ 요구사항

1. 각 부문별로 제조간접비 예정배부율을 계산하라.
2. 제조지시서 No.25에 배부될 제조간접비는 얼마인가?
3. 제조지시서 No.25에서 100단위를 생산하였다면 제조단가는 얼마인가?
4. 공장전체와 각 부문별로 과대 또는 과소배부된 제조간접비를 계산하라.
5. (주)계룡이 두 가지의 다른 배부기준을 사용하는 이유는 무엇인가?

| 풀이 |

1. 각 부문별 제조간접비 예정배부율

   (1) **기계부문** : ₩5,000,000 ÷ 200,000시간 = ₩25 / 기계작업시간

   (2) **마무리부문** : ₩4,000,000 ÷ ₩4,000,000 = 직접노무비의 100%

2. 제조지시서 No.25 에 배부될 제조간접비

기 계 부 문 비 (100시간×₩25)	₩2,500
마무리부문비 (₩1,500×100%)	1,500
합 계	₩4,000

3. 제조지시서 No.25의 제조단가

직접재료비 (₩14,000+₩3,000)	₩17,000
직접노무비 (₩1,000+₩1,500)	2,500
제조간접비	4,000
제 조 원 가	₩23,500
생 산 량	÷100단위
제 조 단 가	@₩235

4. 과대(과소)배부된 제조간접비

	기계부문	마무리부문	공장전체
제조간접비 배부액	220,000시간×₩25	₩4,100,000×100%	
	=₩5,500,000	=₩4,100,000	₩9,600,000

제조간접비 실제액	5,600,000	3,900,000	9,500,000
과대(과소) 배부액	₩(100,000)	₩200,000	₩100,000

5. 두 가지 배부기준을 사용하는 이유

각 부문의 제조간접비를 발생시키는 주된 요인이 다르기 때문이다. 즉 기계부문은 기계시간, 마무리부문은 직접노무비가 제조간접비를 발생시키는 주된 요인이라고 판단되기 때문이다.

| 해설 |

1. 제조부문이 기계부문과 마무리부문으로 구성되어 있으며, 부문별로 제조간접비를 예정배부하고 있으므로 각 부문별로 제조간접비 예정배부율을 구해야 한다. 그런데 기계부문의 배부기준은 기계시간이므로 기계시간당 예정배부율은 ₩25(=₩5,000,000÷200,000시간)이 되며, 마무리부문의 배부기준은 직접노무비이므로 직접노무비의 예정배부율은 100%(=₩4,000,000÷₩4,000,000)가 된다.

2. 제조지시서 No.25에 배부되는 제조간접비는 제조지시서 No.25가 기계부문에서 작업받은 100기계시간에 기계부문의 예정배부율 ₩25을 곱한 ₩2,500과, No.25가 마무리부문에서 작업받은 직접노무비 ₩1,500에 마무리부문의 예정배부율 ₩1을 곱한 ₩1,500을 합한 ₩4,000이 된다.

3. 부문별로 제조간접비를 예정배부하는 경우에는 제조간접비 배부차이도 부문별로 구해야 한다. 기계부문의 예정배부액은 기계부문의 실제기계시간인 220,000시간에 기계부문의 예정배부율 ₩25을 곱한 ₩5,5,000,000이 되며, 실제발생액은 ₩5,600,000이므로 제조간접비 과소배부액은 ₩100,000이 된다. 마무리부문의 예정배부액은 마무리부문의 실제직접노무비 ₩4,100,000에 마무리부문의 예정배부율 100%를 곱한 ₩4,100,000이 되며, 실제발생액은 ₩3,900,000이므로 과대배부액은 ₩200,000이 된다.

5-10 정상원가계산 : 부문별 예정배부율

1. (주)밀양은 개별원가계산제도를 채택하고 있으며, 세 개의 제조부문으로 구성되어 있다. 20×1년도 초에 (주)밀양의 제조활동과 관련된 제조원가 예산액은 다음과 같다.

	부문1	부문2	부문3	합 계
직접재료비	–	–	–	₩360,000
직접노무비	₩250,000	₩450,000	₩300,000	1,000,000
제조간접비	180,000	90,000	180,000	450,000

2. 20×1년 동안 회사의 제조활동과 관련된 자료는 다음과 같다.

(1) 기초재고액은 없으며, 기말재고액은 재공품이 ₩120,000, 제품이 ₩360,000이다. 단 기말재고액은 제조간접비 배부차이를 조정하기 전의 수치이다.

(2) 20×1년 동안의 실제제조원가

	부문1	부문2	부문3	합 계
직접재료비	–	–	–	₩410,000
직접노무비	₩232,000	₩380,000	₩378,000	990,000
제조간접비	180,000	100,000	190,000	470,000

3. (주)계룡은 직접노무비에 비례하여 제조간접비를 배부하고 있는데, 제조간접비 예정배부율은 기초에 수립된 예산에 의거하여 결정된다.

■ 요구사항

1. 공장전체 제조간접비 예정배부율과 부문별 제조간접비 예정배부율을 계산하라.

2. 당기 중에 완성된 작업 No.351의 직접재료비는 ₩3,000, 직접노무비는 부문1이 ₩1,600, 부문2가 ₩1,800, 부문3이 ₩2,000이다. 요구사항1에서 구한 두 가지 배부율을 사용하여 작업 No.351의 제조원가를 계산하라.

3. 요구사항1에서 구한 두 가지 배부율을 사용하여 회사의 제조간접비 배부차이를 계산하라.

4. 공장전체 제조간접비 예정배부율을 사용하는 경우에 발생하는 제조간접비 배부차이를 제조원가기준법을 사용하여 재고자산과 매출원가에 추가배분하고, 추가배분 후의 각 계정금액을 계산하라.

| 풀이 |

1. 제조간접비 예정배부율

(1) **공장전체 예정배부율** : ₩450,000 ÷ ₩1,000,000 = 직접노무비의 45%

(2) **각 부문별 예정배부율**

부문1 : ₩180,000 ÷ ₩250,000 = 직접노무비의 72%

부문2 : ₩90,000 ÷ ₩450,000 = 직접노무비의 20%

부문3 : ₩180,000 ÷ ₩300,000 = 직접노무비의 60%

2. 작업 No.351의 제조원가

(1) **공장전체 예정배부율을 사용하는 경우**

직접재료비	₩3,000
직접노무비 (₩1,600+₩1,800+₩2,000)	5,400
제조간접비 (₩5,400×45%)	2,430
제 조 원 가	₩10,830

(2) **제조부문별 예정배부율을 사용하는 경우**

직접재료비	₩3,000	
직접노무비	5,400	
제조간접비		
부문1 (₩1,600×72%)	1,152	
부문2 (₩1,800×20%)	360	
부문3 (₩2,000×60%)	1,200	2,712
제 조 원 가		₩11,112

3. 제조간접비 배부차이

(1) 공장전체 예정배부율을 사용하는 경우

제조간접비 배부액 (₩990,000×45%)	₩445,500
제조간접비 실제발생액	470,000
제조간접비 과소배부액	₩24,500

(2) 부문별 예정배부율을 사용하는 경우

제조간접비 배부액		
부문1 (₩232,000×72%)	₩167,040	
부문2 (₩380,000×20%)	76,000	
부문3 (₩378,000×60%)	226,800	₩469,840
제조간접비 실제발생액		470,000
제조간접비 과소배부액		₩160

4. 공장전체 예정배부율 사용 : 제조원가기준법

(1) 매출원가 : ₩1,365,500

재공품

직접재료비	410,000	제 품	1,725,500
직접노무비	990,000	기말재공품	120,000
제조간접비	445,500		
	1,845,500		1,845,500

제 품

재공품	1,725,500	매출원가	1,365,500
		기말제품	360,000
	1,725,500		1,725,500

별해

재공품+제품

직접재료비	410,000	기말재공품	120,000
직접노무비	990,000	기말제품	360,000
제조간접비	445,500	매출원가	1,365,500
	1,845,500		1,845,500

(2) **과소배부액의 추가배분**

$$\text{재 공 품}: ₩24,500\times\frac{₩120,000}{₩120,000+₩360,000+₩1,365,500}= ₩1,593$$

$$\text{제 품}: ₩24,500\times\frac{₩360,000}{₩120,000+₩360,000+₩1,365,500}= ₩4,779$$

$$\text{매출원가}: ₩24,500\times\frac{₩1,365,500}{₩120,000+₩360,000+₩1,365,500}= ₩18,128$$

(3) **과소배부액의 추가배분 후 각 계정금액**

	재 공 품	제 품	매출원가	합 계
배분전잔액	₩120,000	₩360,000	₩1,365,500	₩1,845,500
과소배부액	1,593	4,779	18,128	24,500
배분후잔액	₩121,593	₩364,779	₩1,383,628	₩1,870,000

| 해설 |

1. 본 문제는 제조간접비를 예정배부하되, 공장전체를 하나의 배부율을 사용하는 경우와 부문별로 서로 다른 배부율을 사용하는 경우를 비교해 보고자 하는 것이다. 공장전체 제조간접비 예정배부율은 20×1년 동안의 제조간접비 예산 ₩450,000을 배부기준이 직접노무비이므로 공장전체의 직접노무비 예산 ₩1,000,000으로 나누면 직접노무비의 45%가 된다. 그리고 부문별 제조간접비 예정배부율은 각 부문의 제조간접비 예산을 각 부문의 직접노무비 예산으로 나누어서 구한다.

2. 공장전체 제조간접비 예정배부율을 사용하는 경우의 제조간접비 배부액은 공장전체의 실제 직접노무비 ₩990,000에 공장전체의 예정배부율 45%를 곱한 ₩445,500이 되며, 실제발생액은 ₩470,000이므로 제조간접비 과소배부액은 ₩24,500이 된다. 제조간접비 과소배부액 ₩24,500은 기말재고자산과 매출원가에 배분하여야 한다. 여기서 재고자산이라함은 재공품과 제품을 의미하고 재료는 포함되지 않는다는 점에 유의하여야 한다.

3. 부문별 예정배부율을 사용하는 경우의 제조간접비 배부액은 각 부문별 실제 직접노무비에 각 부문별 예정배부율을 곱한 수치를 모두 합한 금액이 된다. 그리고 기말재공품과 기말제품재고액은 자료에 제시되었으나 매출원가는 제시되지 않았으므로 자료를 이용하여 매출원가를 구하여야 한다.

5-11 정상개별원가계산 : 부문별 예정배부율

경북회사는 두 개의 제조부문으로 가공부문과 조립부문을 가지고 있다. 회사는 연초에 설정된 예정배부율에 의하여 제조간접비를 각 제조지시서에 배부하고 있다. 20×1년의 예산 제조원가는 다음과 같다.

	가공부문	조립부문	합 계
직접재료비	–	–	–
직접노무비	70,000	40,000	110,000
제조간접비	42,000	16,000	58,000

20×1년 중 제조지시서 No.10을 제조하였는데 실제로 소비된 직접재료비와 직접노무비는 다음과 같다.

직접재료비	₩4,000
직접노무비	
가 공 부 문	1,500
조 립 부 문	1,100

■ 요구사항

1. 제조지시서 No.10에 배부될 제조간접비는 얼마인가?

2. 제조지시서 No.10에서 10단위를 생산하였다면 제품의 단위당 원가는 얼마인가?

| 풀이 |

1. 제조간접비 예정배부율

(1) **제조간접비 배부액**

가공부문 : ₩42,000 ÷ ₩70,000 = 직접노무비의 60%

조립부문 : ₩16,000 ÷ ₩40,000 = 직접노무비의 40%

(2) **제조간접비 배부액**

가공부문비 (₩1,500×60%)	₩900
조립부문비 (₩1,100×40%)	440
합　　계	₩1,340

2. 제조지시서 No.10 제품의 단위당 원가

직접재료비	₩4,000
직접노무비 (₩1,500+₩1,100)	2,600
제조간접비	1,340
제 조 원 가	₩7,940
생 산 량	÷10단위
단위당원가	@₩794

| 해설 |

부문별 예정배부율을 사용하고 있으며 각 부문의 직접노무비 자료가 제시되어 있다. 그러므로 제조간접비 배부기준에 대한 언급이 없어도 배부기준는 직접노무비라는 것을 알 수 있다.

5-12 정상원가계산 : 부문별 제조간접비배부율

정상원가계산제도를 채택하고 있는 (주)삼미는 두 개의 제조부문 X, Y를 운영하고 있다. 다음 자료에 의해 요구사항에 답하시오. 단, X부문은 직접노무비 기준, Y부문은 기계시간 기준으로 제조간접비를 예정배부한다고 가정한다.

〈자료〉 각 부문별 제조간접비 예산 및 기준조업도

	X부문	Y부문
제조간접비 예산	₩1,500,000	₩1,050,000
직접노무비 예산	2,000,000	750,000
예상 기계시간	15,000시간	14,000시간

■ 요구사항

1. 제조부문 X와 제조부문 Y의 제조간접비 예정배부율은 얼마인가?

2. 당기 중 제조부문 X와 Y를 통해 생산한 제품 갑의 원가와 관련된 자료는 다음과 같다. 제품 갑의 원가는 얼마인가?

	X부문	Y부문
직접재료비 직접노무비	₩220,000 250,000	₩350,000 270,000
직접노동시간 기계시간	₩220,000 250,000	₩350,000 270,000

3. 당기말 실제 발생한 제조부문별 원가가 다음과 같을 때, (1)각 제조부문별 제조간접비 배부차이를 계산하고, (2)매출원가 조정법을 이용하여 제조간접비 배부차이 조정과 관련된 회계처리를 하시오.

	제조부문 X	제조부문 Y
제조간접비 직접노무비 기 계 시 간	₩646,000 900,000 6,200시간	₩620,000 780,000 8,650시간

| 해설 |

1. 제조간접비 예정배부율

$$X\ 부문 = \frac{X부문\ 제조간접비\ 예산}{X부문\ 직접노무비\ 예산} = \frac{1,500,000}{2,000,000} = ₩0.75/직접노무비$$

X부문 직접노무비 예산 2,000,000

$$Y\ 부문 = \frac{Y부문\ 제조간접비\ 예산}{Y부문\ 예상\ 기계시간} = \frac{1,050,000}{14,000시간} = ₩75/기계시간$$

2. 갑 제품의 원가

	X부문	Y부문	합 계
직접재료비	₩220,000	₩350,000	₩ 570,000
직접노무비	250,000	270,000	520,000
제조간접비	187,500*1	225,000*2	412,500
합 계	₩657,500	₩845,000	₩1,502,500

*1 250,000 × 0.75

*2 3,000시간× 75

3. (1) 제조간접비 배부차이

	실제제조간접비	예정배부액	배부차이
X 부문	₩ 646,000	₩ 675,000*1	₩ 29,000(과대배부)
Y 부문	620,000	648,750*2	28,750(과대배부)
합 계	₩1,266,000	₩1,323,750	₩ 57,750(과대배부)

*1 900,000(X부문 직접노무비) × 75% =₩675,000

*2 8,650시간(Y부문 기계시간) × 75 =₩648,750

(2) 제조간접비 배부차이 조정(매출원가 조정법)

(차) 제조간접비 57,750 (대) 매 출 원 가 57,750

MEMO

Matériel/Materialien/Materiali/Materiales
Plan
Budget
Budget/Budget/Budget/Presupuesto
Dépenses/Kosten/Spese/Gastos

제6장

활동기준원가계산

제1절 활동기준원가계산

1. 활동기준원가계산의 의의

활동기준원가계산(Activity-Based Costing, ABC)은 기존의 원가계산시스템의 문제점(제조간접비 배부방법)을 개선하기 위해 개발되었다. 활동기준원가계산은 Cooper와 Kaplan의 논문인 Transaction Costing에서 처음 소개되어 당초에는 Transaction Costing이라고 불렸으나 나중에 활동기준원가계산(Activity-Based Costing)이라는 명칭으로 불리게 된 원가계산방식이다. 활동기준원가계산은 "제품은 활동을 소비하고, 활동은 자원을 소비한다(Products consume activities, and activity consume resources)"는 말처럼 개별 제품들이 생산되는 과정에서 소비하는 활동을 측정해서 제조간접비와 개별 제품들과의 인과관계를 반영한다. 자동화와 같은 새로운 제조환경에서 그 비중이 증가하는 제조간접비를 제품에 정확히 배부하기 위하여 제조간접비의 발생 원인을 분석하여 그 발생 원인이 되는 활동(activity)을 기준으로 하여 제조간접비를 제품에 배부하는 원가계산방식이다. 여기에서 말하는 활동이란 자원을 소비하는 사건이나 거래 등을 말하는데, 설계, 작업준비, 재료처리, 절삭, 조립, 품질검사 등 제품생산과정에서 발생하는 다양한 사건이나 거래가 모두 활동이 될 수 있다.

활동기준원가계산에서는 제조간접비를 부문별로 집계하지 않고, 활동별로 집계하며, 제품의 제조과정에서 요구되는 활동의 횟수나 활동의 크기에 따라 제품에 배부되는 제조간접비가 달라지기 때문에 활동기준원가계산에서는 활동이 원가계산의 중심이 된다. 따라서 활동기준원가계산에서는 제조간접비를 발생시키는 주된 활동별로 다른 기준을 가지고 제조간접비를 제품에 배분한다. 따라서 활동기준원가계산은 제조업에서 뿐 만 아니라 서비스업과 같이 다양한 제품(혹은 서비스)를 제공하는 기업에서도 모두 유용하게 사용될 수 있는 원가계산 방식이며, 반드시 제조간접비에만 적용되는 것이 아니라 판매관리비도 활동기준원가계산방식에 의하여 개별 제품별로 배부함으로서 각 제품별 수익성을 파악하는 데에도 매우 유용한 방법이라 할 수 있다.

2. 활동기준원가계산의 도입배경

제조기업이 자사 제품의 정확한 원가를 파악하는 것은 쉬운 작업이 아니다. 다양한 고객의 수요에 대응하기 위하여 제조환경도 점차 소품종 대량생산 시스템에서 다품종 소량생산 시스템체제로 변화되었다. 이러한 생산환경의 변화로 인하여 직접노무비 비중은 급격히 감소하고 제조간접비의 비중은 급격하게 증가하였다. 1920년대 직접노무비의 비중이 매우 높은 환경에서 탄생한 전통적인 원가계산 방식에서는 제조간접비는 생산량과 비례하여 발생한다는 가정 하에서 직접노무비, 직접노동시간 또는 기계시간 등 생산량과 비례관계가 있는 조업도를 기준으로 제조간접비를 제품에 배부하였다. 이러한 방식은 제조간접비 비중이 크지 않은 경우에는 비용-효익분석(cost-benefit analysis)측면에서 효율적인 방법이었지만, 제조간접비 비중이 급증하는 상황에서는 원가가 왜곡되어 잘못된 의사결정을 하는 결과를 초래하였다. 이에 원가의 왜곡을 방지하고, 정확한 원가 계산에 대한 요구가 절실해졌으며, 원가개념이 확대[1)]되고, 정보수집 기능의 발달[2)]도 이러한 활동기준원가의 도입을 가능케 하는 한 요인이다.

3. 활동기준원가계산의 절차

(1) 활동[3)]분석

활동기준원가계산에서는 제조과정을 보다 세분화된 개별 활동으로 나누고, 제조간접비를 활동별로 집계하기 때문에 가장 먼저 활동분석이 선행되어야 한다. 활동기준원가계산에서는 원가를 발생시키는 가장 기본적 단위를 바로 활동(activity)으로 보며, 부문이나 제품등은 활동을 소비하는 상위의 분석 단위로 본다. 따라서 활동기준원가계산에서는 활동별로 원가를 집계, 배부하므로 활동을 구분하고, 분석하는 것은 매우 중요하

1 ①제품의 연구개발단계에서부터 설계단계, 생산, 마케팅, 유통, A/S등 제품 수명주기 전과정의 원가관리의 필요성이 증가하고, ②유통구조가 복잡해지고 고객만족경영의 중요성이 부각되면서 제조부문이외의 부문의 영업 및 마케팅비용, 유통 및 사후관리비용 등의 비중과 중요성이 증가하였다.

2 컴퓨터의 도입에 따라 기업의 각 활동과 원가정보에 대한 수집이 저렴한 비용으로 가능해짐에 따라 TQM, BRP, BSC, ERP, SCM등의 경영혁신 기법과 연계하여 강력한 경영관리 기능의 제공이 가능해졌다.

3 활동이란 자원을 사용하여 가치를 창출하는 작업을 의미하며, 기업이 목표달성을 위해 수행하는 일체의 반복적인 작업들로서 ABC의 기본요소이다.

다. 이러한 활동분석을 위해 회사는 공정흐름도상의 모든 공정에서 발생하는 활동들 분석하여 각각의 활동을 공정의 흐름도 상에 타나낸다. 그리고 각각의 흐름도 상의 활동들을 분석하여 활동별로 제조간접비를 집계하기 위한 준비를 하는 단계이다. 활동기준원가계산에서는 활동을 ㉠단위수준활동, ㉡묶음수준활동, ㉢제품유지수준활동, ㉣설비유지수준활동으로 나눔으로서 각각의 계층별로 다른 원가동인을 적용하여 정확한 원가계산에 도움이 될 수 있도록 한다.

(2) 활동중심점의 설정 및 활동중심점별 원가 집계

활동중심점(activity center)이란 관련된 활동의 원가를 분리하고 보고하는 단위를 말하며, 개별 활동을 각각의 활동중심점으로 설정할 수도 있으며, 개별적으로 식별하고 구분하기 힘든 활동들의 집합을 하나의 활동중심점으로 설정할 수도 있다. 여기에서 개별 활동을 활동중심점으로 설정할 경우에는 원가계산에서의 정확성은 높아지지만 비용은 많이 발생하게 된다. 반면에 여러개의 활동의 집합을 하나의 원가중심점으로 정할 경우에는 비용은 적게 발생하나 정확성은 조금 떨어질 수 밖에 없으므로, 원가-효익 관점에서 적절한 활동중심점의 수를 결정여야 할 것이다.

(3) 활동중심점별 원가동인 결정

활동기준원가계산에서는 활동별로 집계된 원가를 각 제품에 배부하기 위하여 원가동인을 선정한다. 원가동인(cost-driver)은 활동의 양을 계량적으로 나타내는 측정척도로서 활동별로 집계된 원가를 제품에 배부할 때의 배부기준이다. 활동기준원가회계에서는 각 활동별로 상이한 배부기준을 사용하여 제조간접비를 배부하는데 각 원가동인은 활동별원가와 상관관계가 많은 비재무적 변수가 많이 이용되기도 하는데, 제조간접비를 발생시키는 것은 제품의 생산량뿐만 아니라 생산과 관련하여 발생하는 수많은 상호작용(transaction)과 같은 것들이 모두 원가동인이 될 수 있다. 이러한 원가동인은 원가대상과 논리적으로 타당한 인과관계를 반영할 수 있어야 하며, 회사가 적용하기에 어렵지 않아야 한다. 또한 이러한 원가동인을 회사가 쉽게 얻을 수 있고, 쉽게 측정할 수 있어야 한다. 만약 이러한 원가동인을 회사가 적용하기 어렵거나, 쉽게 얻을 수 없다면, 활동기준원가계산 자체를 적용할 수 없게 될 수도 있다.

(4) 활동중심점별 제조간접비의 배부율 계산

각 활동별로 원가동인이 선정되면, 각 활동중심별로 집계된 제조간접비를 원가동인(배부기준의 합계) 수로 나누어 각 활동중심점별로 제조간접비배부율을 계산한다. 즉, 활동별 제조간접비 배부율은 다음과 같이 계산될 수 있다.

$$\text{활동별 제조간접비 배부율} = \frac{\text{활동별 제조간접비}}{\text{활동별 원가동인 수}}$$

(5) 제조간접비 배부

활동별로 제조간접비 배부율이 결정되면, 개별 제품별로 활동의 소비량에 따라 제조간접비를 배부하면 된다. 각 활동중심점별 제조간접비 배부율과 각 제품에 배부되는 원가는 다음과 같이 계산된다.

각 제품에 배부되는 원가 = (각 제품별 원가동인 수 × 활동중심점별 제조간접비배부율)

예제1

(주)상원은 현재 개별원가계산에 의해 제품원가를 계산하고 있다. 그러나 최근 경쟁이 심화됨에 따라 제품가격을 낮추고자 한다. 회사는 정확한 제품원가 계산을 통해 이러한 목적을 달성하고자, 활동별원가계산제도를 이용하여 원가계산을 하고자 한다. 다음은 회사가 생산한 제품과 관련된 원가자료이다. 요구사항에 답하시오.

(1) 회사는 당기 두 종류의 제품 A, B를 생산하였다. 이와 관련된 원가자료는 다음과 같다.

	제품 A	제품 B
생산량	3,000개	5,000개
직접재료비 직접노무비	₩4,500,000 6,000,000	₩10,000,000 8,000,000
총 직접노동시간	4,500시간	10,000시간

(2) 회사에서 당기 중 발생한 제조간접비는 총 ₩11,600,000이다.

■ 요구사항

1. 전통적인 개별원가계산에 의하여 각 제품별 단위당 원가를 계산하시오. 단, 회사는 제조간접비를 직접노동시간을 기준으로 개별 제품에 배분하고 있다.

2. 회사가 활동기준원가계산을 적용하기 위해 제조간접비를 다음 자료와 같이 분석하였다. 다음 자료에 의하여 활동기준원가계산제도에 의하여 제품별 단위당 원가를 계산하시오.

활 동	활동별 원가	원가동인	제품별 원가동인수	
			제품 A	제품 B
작업준비활동	₩ 3,400,000	작업준비횟수	16회	18회
절삭작업활동	3,500,000	기계시간	4,000시간	3,000시간
부품관리활동	2,700,000	부 품 수	150개	120개
공장관리활동	2,000,000	면 적	300㎡	200㎡
합 계	₩11,600,000			

| 해설 |

1. 개별원가계산

	제품 A	제품 B
직접재료비	₩ 4,500,000	₩10,000,000
직접노무비	6,000,000	8,000,000
제조간접비	3,600,000	8,000,000
합 계	₩14,100,000	₩26,000,000
생 산 량	÷ 3,000개	÷ 5,000개
단위당 원가	₩4,700	₩5,200

① 제조간접비 배부율 : $\frac{11,600,000}{4,500\text{시간} + 10,000\text{시간}}$ = ₩800/직접노동시간

② 제품별 제조간접비 배부액 : A제품 : 4,500 × 800 = ₩3,600,000

B제품 : 10,000 × 800 = ₩8,000,000

2. 활동기준원가계산

	제품 A	제품 B
직접재료비 직접노무비 제조간접비*	₩ 4,500,000 6,000,000 6,300,000	₩10,000,000 8,000,000 5,300,000
합 계	₩16,800,000	₩26,000,000
생 산 량	÷ 3,000개	÷ 5,000개
단위당 원가	₩5,600	₩4,660

* ① 활동별 제조간접비 배부율

활 동	활동별 원가	원가동인수 총계	활동별 제조간접비 배부율
작업준비활동 절삭작업활동 부품관리활동 공장관리활동	₩ 3,400,000 3,500,000 2,700,000 2,000,000	34회 7,000시간 270개 500㎡	₩100,000/작업준비횟수 500/절삭작업시간 10,000/부품 갯수 4,000/㎡
합 계	₩11,600,000		

② 제품별 제조간접비 배부액

활 동	제품 A	제품 B
작업준비활동 절삭작업활동 부품관리활동 공장관리활동	₩1,600,000(16회 × 100,000) 2,000,000(4,000시간 × 500) 1,500,000(150개 × 10,000) 1,200,000(300㎡ × 4,000)	₩1,800,000(18회 × 100,000) 1,500,000(3,000시간 × 500) 1,200,000(120개 × 10,000) 800,000(200㎡ × 4,000)
합 계	₩6,300,000	₩5,300,000

4. 원가의 분류(원가계층)

원가계층(cost hierarchy)이란 다양한 집단의 원가동인 혹은 인과관계 결정의 어려움 정도의 다양성 등에 근거하여 원가를 다양한 원가집합으로 분류하는 것이다.

활동에 따른 자원의 소비를 활동원가라 하며, 다음의 네 가지로 분류할 수 있다. 즉, 제품단위수나 조업도 등과 비례하는 ㉠단위수준원가, 작업준비원가, 구매주문비 등 묶음 수에 비례하는 ㉡묶음수준원가, 공정설계비 등 제품의 종류 수와 관계 된 ㉢제품유지수준원가, 공장관리비 등과 같은 ㉣설비유지수준원가로 분류할 수 있으며, 이렇게 다양한 집단의 원가동인 혹은 인과관계 결정의 어려움 정도의 다양성 등에 근거하여 원가를 다양한 원가집합으로 분류한 것을 원가계층이라 한다.

(1) (조업도)단위수준원가(제품단위수준원가)

(조업도)단위수준원가(output unit-level costs)는 각각의 개별적인 제품이나 서비스의 단위에 대하여 수행된 활동에 소비된 자원으로서 생산량의 추가적 한 단위가 증가 또는 조업도의 증가 등에 비례하여 증가하는 원가이다. 즉, 단위수준원가의 경우에는 제품의 생산량이나 제품의 생산에 소요되는 시간에 비례하여 원가가 증가하거나 감소하게 되며, 전력비, 간접재료비, 소모품비 등에 여기에 해당될 수 있다. 이러한 단위수준원가의 경우에는 원가동인이 주로 기계시간이나 노동시간, 제품의 생산량 등이 된다.

(2) 배취수준원가(묶음수준원가)

배취수준원가(batch-level costs)는 제품이나 서비스의 개별단위가 아니라 집단적 단위의 제품이나 서비스에 관련된 활동에 대하여 소비된 자원이다. 다양한 형태의 직접재료를 대량으로 구매하는 회사에서는 재료를 조달과 관련된 원가가 중요한 경우가 있다. 구매주문서의 발송원가, 재료접수원가, 납품업체에 대한 결제원가 , 작업준비원가 등과 같은 원가는 조업도나 제품단위, 구입되는 재료의 수량이나 금액보다는 오히려 구매주문횟수나 작업준비횟수, 작업준비시간과 관련되어 있기 때문에 이를 배취수준원가라 한다. 이러한 배취수준원가의 경우에는 제품의 생산량 등과는 무관하게 발생하며, 묶음 수나 배취 수에 비례하여 발생하는 경향이 있기 때문에 원가동인으로 구매주문 횟수, 작업준비 횟수나 시간, 재료처리 횟수나 시간, 품질검사 횟수나 시간 등이 될 것이다.

(3) 제품유지원가 혹은 서비스유지원가

제품유지원가(product-sustaining costs) 혹은 서비스유지원가(service-sustaining costs)는 특정 제품이나 서비스를 지원하기 위해 수행되는 활동에 소비되는 자원이다. 제품설계원가나 디자인원가 등은 제품의 개별단위 혹은 제품의 개별 배취 수와 비례하지 않으며 제품 종류의 수 등과 관련이 있으며, 제품라인을 유지하고 지원하는 것과 관계가 있다. 이러한 제품유지원가의 경우에는 제품의 종류 수에 따라 원가가 달라지는 경향이 있으며, 제품의 설계시간, 디자인 시간, 설계 변경 횟수 등이 원가동인이 된다.

(4) 설비유지원가

설비유지원가(facility-sustaining costs)는 특정 제품이나 서비스에 대하여 직접추적할 수는 없지만, 전체 조직을 지원하는 활동에 소비되는 자원이다. 일반적으로 이러한 원가와 원가배부기준 사이에 적절한 인과관계를 찾기란 어렵다. 인과관계가 부족하기 때문에 어떤 기업들은 내부관리목적상 이러한 원가를 제품에 배부하지 않고 그 대신 그러한 원가를 영업이익에서 차감하기도 한다. 공장관리, 건물관리, 공장건물에 대한 감가상각비, 공장전체임차료 등이 이러한 원가에 해당된다.

위의 네가지 원가 계층을 요약하면 다음과 같다.

표 6-1 활동 및 원가계층

개별 활동	원가 계층	의 미	활동의 예	제품 B
제품단위수준활동 (output unit-level activity)	제품단위수준원가 (output unit-level cost)	개별 생산단위별로 수행되는 활동의 원가	기계활동, 노동활동, 모든제품의 품질검사	공장전체관리활동, 공장전체임차 및 감가상각

묶음수준활동 (batch- level activity)	묶음수준원가 (batch-level costs)	묶음 작업 단위별로 수행되는 활동의 원가	재료구매활동, 가동준비활동, 품질검사 (샘플링 검사), 설비작업준비활동	주문서 발행횟수, 검사시간, 검사횟수, 작업준비횟수, 작업준비시간
제품유지활동 (product sustain- level activity)	제품유지원가 (product sustain- level costs)	특정 제품 라인의 생산, 유지와 관련된 활동의 원가	제품설계활동, 제품의 디자인활동, 특정제품생산라인 개선활동	설계도 매수, 설계변경 횟수, 제품 가지 수, 개선된 제품라인의 수
설비유지활동 (capacity sustain- level activity)	설비유지원가 (capacity sustain- level costs)	개별제품에 추적할 수 없으며, 공장 전체의 유지와 관련된 활동의 원가	공장전체관리활동, 공장전체임차 및 감가상각	점유면적, 종업원 수, 점유면적

활동기준원가계산은 정확한 원가계산에 대한 요구에 부합하는 방법이기도 하지만, 보다 나은 의사결정을 위하여 활용도가 매우 높다. 활동기준원가계산은 다음과 같은 경우에 그 효익이나 효과가 더욱 크게 나타날 것으로 기대된다.

① 아주 큰 비중의 간접원가가 한 두 개의 원가집합을 사용해서 배부되는 경우

② 거의 대부분의 간접원가가 조업도 단위수준원가로 분류되고, 배취수준, 제품유지 혹은 설비유지 원가에 해당되는 간접원가가 거의 없는 경우

③ 생산량, 공정절차, 배취크기 혹은 복잡성에 차이가 있기 때문에 제품이 자원소비를 다양하게 하는 경우

④ 기업이 생산과 판매에 자신있는 제품의 이익은 낮고, 생산과 판매에 별로 자신이 없는 제품의 이익이 오히려 높은 경우

⑤ 복잡한 제품의 수익성이 높은 것처럼 보이고, 간단한 제품에서 손실이 발생되는 것처럼 보이는 경우

⑥ 제품과 서비스의 제조 및 마케팅 원가에 대해서 생산작업자와 회계담당자 사이에 심각한 견해 차이가 있는 경우

5. 활동기준원가계산의 효익

① 활동기준원가계산을 사용하는 경우 각 활동별로 집계된 원가를 각 활동별 원가동인을 이용하여 제조간접비를 배부하기 때문에 전통적인 개별원가계산보다 정확한 원가계산이 가능하다.

② 활동기준원가계산을 이용하여 계산한 정확한 원가를 이용하여 보다 정확하고 올바른 의사결정이 가능하고 제품별 수익성에 대한 올바른 정보를 얻을 수도 있는 것이다.

③ 활동기준원가계산의 경우 각 활동별로 작업준비시간이나 기계가동시간, 부품의 수 등 다양한 측정치에 의하여 성과평가를 하기 때문에 담당자들도 충분히 이해하고 수용할 수 있는 공정한 성과평가가 가능하게 된다.

④ 활동별로 원가동인을 파악함으로써 낭비적인 활동(비부가가치활동)의 제거를 통한 원가절감을 달성할 수 있다.

6. 활동기준원가계산의 한계

① 활동분석의 실시와 활동에 대한 정보를 얻는데 소요되는 시간과 비용이 너무 많아 ABC를 적용함에 따른 비용이 ABC로부터 얻는 효익을 초과할 가능성이 있다.

② 모든 원가가 각각의 원가동인에 비례적으로 변화한다는 가정을 하고 있으나 실제로는 그렇지 않은 경우도 있다.

③ 설비유지원가와 같이 원가동인이 불분명한 경우에는 여전히 자의적인 원가배부가 이루어진다.

④ 기존의 방식에 익숙해져 있는 종업원들의 반발 가능성이 있다.

제6장 연 습 문 제

6-1 ABC와 개별원가계산의 비교(1)

(주)한남은 여러 종류의 제품을 생산하고 있으며, 최근 개별원가계산에서 활동기준원가계산으로 원가계산방식을 변경하고자 한다. 회사가 생산한 제품 중 100단위를 1배취로 생산하는 A제품과 50단위를 1배취로 생산하는 B제품의 생산과 관련된 원가 자료는 다음과 같다.

	A제품	B제품
직접재료비	₩5,000,000	₩1,400,000
직접노무비	3,500,000	2,000,000
직접노동시간	4,000시간	2,500시간
기계가동시간	2,000시간	3,000시간
부 품 수	30,000개	25,000개
제품생산량	5,000단위	3,000단위
배취당 검사시간	3시간	2시간

회사에서 당기에 발생한 제조간접비는 총 ₩57,300,000이다. 회사는 개별원가계산에 의하여 원가계산을 하는 경우 제조간접비를 직접노동시간에 의하여 개별제품에 배분하고 있으며, 당기 중 50,000시간의 직접노동시간이 발생하였다. 회사가 활동기준원가계산에 의하여 제조간접비를 활동별로 분석한 자료는 다음과 같다.

활동	발생 원가	원가동인	원가동인총수
재료처리활동	₩20,000,000	부품의 수	400,000개
기계가동활동	8,000,000	기계가동시간	50,000시간
조립활동	13,200,000	직접노동시간	20,000시간
검사활동	5,600,000	검사시간	4,000시간
코팅활동	10,500,000	완성된 제품의 수	30,000단위

■ 요구사항

1. 개별원가계산에 의하여 A제품과 B제품의 단위당 원가를 계산하시오.

2. 활동기준원가계산에 의하여 A제품과 B제품의 단위당 원가를 계산하시오

| 해설 |

1. 개별원가계산

(1) 제조간접비 배부율

$$\frac{57,300,000}{50,000\text{시간}} = ₩1,146/\text{직접노동시간}$$

(2) 제품별 원가계산

활동	발생 원가	원가동인총수
직접재료비 직접노무비 제조간접비	₩ 5,000,000 3,500,000 4,584,000 *1	₩ 1,400,000 2,000,000 2,865,000 *2
총 원 가	₩13,084,000	₩ 6,265,000
생 산 량	÷ 5,000단위	÷ 3,000단위
단위당 원가	₩ 2,616.8	₩ 2,088.3

*1 4,000시간 × 1.146 = 4,584,000

*2 2,500시간× 1.146 = 2,865,000

2. 활동기준원가계산

(1) 활동별 제조간접비 배부율

활동	활동별 원가	원가동인수 총계	활동별 제조간접비 배부율
재료처리활동 기계가동활동 조립활동 검사활동 코팅활동	₩20,000,000 8,000,000 13,200,000 5,600,000 10,500,000	400,000개 50,000시간 20,000시간 4,000시간 30,000단위	₩50/개 160/시간 660/시간 1,400/시간 350/단위

(2) 활동별 제조간접비

	제품 A	제품 B
재료처리활동 기계가동활동 조립활동 검사활동 코팅활동	30,000개 × 50 = 1,500,000 2,000시간 × 160 = 320,000 4,000시간 × 660 = 2,640,000 150시간*1 × 1,400 = 210,000 5,000단위 × 350 = 1,750,000	25,000개 × 50 = 1,250,000 3,000시간 × 160 = 480,000 2,500시간 × 660 = 1,650,000 120시간*2 × 1,400 = 168,000 3,000단위 × 350 = 1,050,000
합 계	₩ 6,420,000	₩ 4,598,000

*1 $\frac{5,000단위}{100단위} \times 3시간 = 150시간$ 100단위

*2 $\frac{3,000단위}{30단위} \times 2시간 = 120시간$

(3) 제품별 원가계산

	제품 A	제품 B
직접재료비 직접노무비 제조간접비	₩ 5,000,000 3,500,000 6,420,000	₩ 1,400,000 2,000,000 4,598,000
총 원 가	₩14,920,000	₩ 7,998,000
생 산 량	÷ 5,000단위	÷ 3,000단위
합 계	₩ 2,984	₩ 2,666

6-2 ABC와 개별원가계산의 연습문제2 비교(2)

(주)모비스는 자동차의 미등에 사용되는 렌즈를 제조하는 회사이다. 자동차제조회사인 현대자동차와의 계약에 따라서, (주)모비스는 두 종류의 렌즈, 즉 CL5라는 복잡한 렌즈와 S3이라는 간단한 렌즈를 만들고 있다. (주)모비스는 최대조업도로 작업 중이며, 매우 낮은 마케팅원가를 가지고 있다.

간단한 렌즈의 경우 (주)모비스의 사업환경은 매우 경쟁적이다. 최근 간단한 렌즈만 생산하는 새로운 경쟁업체가 현대자동차에게 S3 렌즈를 약 $53로 납품하겠다는 제안이 있

었다고 한다. 현재 (주)모비스의 S3렌즈가격은 $63이며, (주)모비스가 현대자동차에 개당 $137의 가격으로 판매하고 있는 복잡한 렌즈에 있어서는 경쟁이 별로 치열하지 않다. 다음은 (주)모비스사에서 20×2년에 생산한 제품과 관련된 자료이다.

	S3	CL5
생 산 량	60,000단위	15,000단위
단위당 판매가격	$63	$137
단위당 직접재료비 단위당 직접노무비	$18.75 10	$45 13
직접노동시간	30,000시간	9,750시간
총제조간접비	$2,385,000	

■ 요구사항

1. 제조간접비를 직접노동시간에 의하여 각 제품에 배분할 때, 전통적 원가계산방식에 의하여 제품별 단위당 원가를 계산하고, 모든 제품이 전량 판매되었다는 가정하에 제품별 부분손익계산서를 작성하시오.

2. S3는 240단위를 1배취로 생산하고 있으며, CL5는 50단위를 1배취로 생산하고 있다. 제조간접비를 활동별로 분석한 자료는 다음과 같을 때, 활동기준원가계산에 의하여 각 제품의단위당 원가를 계산하시오

활동	원가계층	총원가	원가동인	S3	CL5
청소와 관리	배취수준	$ 270,000	청소시간	12시간	15시간
디자인	제품유지	450,000	부품-m²	30부품-m²	70부품-m²
몰딩기계의 가동준비	배취수준	300,000	가동준비시간	배취당 가동준비 시간 : 2시간	배취당 가동준비 시간 : 5시간
제조작업	조업도수준	637,500	몰딩기계시간	9,000기계시간	3,750기계시간
선적작업준비	배취수준	81,000	선적횟수	100회	100회
유통	조업도수준	391,500	m³	45,000m³	22,500m³
관리	설비유지	255,000	직접노무시간	30,000시간	9,750시간
합　계		$2,385,000			

| 해설 |

1. 전통적원가계산(개별원가계산) 방식에 의한 제품별 원가

(1) 제조간접비 배부율

$$\frac{2,385,000}{39,750\text{시간}} = \$60/\text{시간}$$

(2) 제조간접비 배부

S3 : 30,000시간 × 60/시간 = $1,800,000

CL5 : 9,750시간 × 60/시간 = $585,000

(3) 제품 단위당 제조간접비

S3 : 1,800,000 ÷ 60,000단위 = $30

CL5 : 585,000 ÷ 15,000단위 = $39

(4) 제품별 단위당 원가계산

	S3	CL5
직접재료비 직접노무비 제조간접비	$18.75 10 30	$45 13 39
합 계	$58.75	$97

(5) 제품별 부분손익계산서

	S3	CL5
매 출	60,000단위 × 63 = $3,780,000	15,000단위 × 137 = $2,055,000
매출원가	60,000단위 × 58.75 = $3,525,000	15,000단위 × 97 = $1,455,000
매출총이익	$255,000	$600,000

2. 활동기준원가계산에 의한 제품별 원가

(1) 활동별 제조간접비 배부율

활 동	활동별 원가	원가동인수 총계	활동별 제조간접비 배부율
청 소 관 리 원 가	270,000	27시간	$10,000/시간
디 자 인 활 동 원 가	450,000	100부품-m²	$4,500/부품-m²
가 동 준 비 활 동 원 가 *	300,000	2,000시간	$150/시간
제 조 작 업 활 동 원 가	637,500	12,750시간	$ 50/시간
선 적 준 비 활 동 원 가	81,000	200회	$405/회
유 통 활 동 원 가	391,500	67,500m³	$ 5.8/m³
관 리 활 동 원 가	255,000	39,750시간	$ 6.4/시간

(2) 제품별 제조간접비 배부

활 동	S3	CL5
청 소 관 리 원 가	12h × 10,000 = ₩120,000	15h × 10,000 = ₩150,000
디 자 인 활 동 원 가	30 × 4,500 = 135,000	30 × 4,50 = 315,000
가 동 준 비 활 동 원 가 *	500h × 150 = 75,000	1,500h × 150 = 225,000
제 조 작 업 활 동 원 가	9,000h × 50 = 450,000	3,750h × 50 = 187,500
선 적 준 비 활 동 원 가	100회 × 405 = 40,500	100회 × 405 = 40,500
유 통 활 동 원 가	45,000m³ × 5.8 = 261,000	22,500m³ × 5.8 = 130,500
관 리 활 동 원 가	30,000h × 6.4 = 192,453	9,750h × 6.4 = 62,547
합 계	$ 1,273,953	$ 1,111,047

* 가동준비활동원가의 배부기준

		간단한 렌즈 S3	복잡한 렌즈 CL5	합 계
1	렌즈의 생산량	60,000개	15,000개	
2	배취당 생산된 렌즈수량	÷240개	÷50개	
3=(1)÷(2)	배취수량	250배취	300배취	
4	배취당 가동준비시간	2시간	5시간	
5=(3)×(4)	총가동준비시간	500시간	1,500시간	2,000시간

(3) 제품별 단위당 원가계산

	S3	CL5
직접재료비	$18.75	$45
직접노무비	10	13
제조간접비	21.23*1	74.07*2
합 계	49.98	132.07

*1 1,273,953 ÷ 60,000개 = 49.98
*2 1,111,047 ÷ 15,000개 = 74.07

6-3 ABC와 개별원가계산의 연습문제3 비교(3)

붉은악마(주)는 최근에 지금까지 대량 생산 판매하여 왔던 표준형 티셔츠에 보다 가볍고 고품질의 고급형 티셔츠를 추가하기로 결정하였다. 이 고급형 티셔츠의 생산에는 보다 비싼 재료가 사용되며 완성하는데 더 많은 시간이 소요된다. 표준형티셔츠는 한 장당 30분 만에 재단 · 재봉질을 마칠 수 있지만, 고급형은 45분이 걸린다. 표준형 티셔츠는 1,000개씩, 고급형 티셔츠는 100장씩 1뱃취로 생산되며, 각 뱃취에 대한 품질검사에는 10시간이 소요된다. 붉은악마(주)는 현재 제조간접원가의 배부기준으로 직접노동시간을 사용하고 있다.

	표준형	고급형
단위당 판매가격 차감 : 단위당 직접재료비 단위당 직접노무비 단위당 제조간접비	₩20,000 4,000 4,000 6,000	₩60,000 20,000 6,000 9,000
단위당 매출총이익	6,000	25,000
단위당 판매관리비	1,000	2,000
단위당 이익	₩ 5,000	₩23,000
연간 생산 · 판매량	90,000장	6,000장

붉은악마(주)의 재무담당이사(CFO)인 홍길동씨는 활동기준원가계산을 적용하게 되면 표준형 티셔츠 및 고급형 티셔츠 원가 및 수익성을 보다 정확하게 파악할 수 있을 것이라고 믿고 있다. 이를 위해 홍길동씨는 2002회계연도에 제조간접원가 ₩594,000,000에 대한 활동별 원가집합과 원가동인에 관한 자료를 다음과 같이 수집하였다.

〈2002년 중 실제 사용된 원가 동인량〉

활 동	활동별 원가	원가동인	표준형티셔츠	고급형티셔츠
노무감독	₩ 39,600,000	직접노동시간	45,000시간	4,500시간
구매주문	195,000,000	주문횟수	450회	200회
품질검사	359,400,000	품질검사시간	?	?
합 계	₩594,000,000			

■ 요구사항

1. 활동기준원가계산에 입각해서 표준형 티셔츠 및 고급형 티셔츠 각각 단위당 제조간접원가를 계산하라.
2. 활동기준원가계산에 입각하여 표준형 티셔츠 및 고급형 티셔츠 각각의 이익을 계산하고 수익성을 비교평가 하시오
3. 활동기준원가계산이 전통적 원가계산에 비해 어떤 경영상의 개선된 점을 가져다 줄 수 있는지 간단히 논하시오.
4. 개별원가계산과 활동기준원가계산방식을 비교하시오.

| 해설 |

1. 제조간접비 배부

① 활동별 제조간접비 배부율

활 동	활동별 원가	원가동인수 총계	활동별 제조간접비 배부율
노무감독 구매주문 품질검사	₩ 39,600,000 195,000,000 359,400,000	49,500시간 650회 1,500시간*	₩800/직접노동시간 300,000/주문횟수 239,600/품질검사시간
합 계	₩594,000,000		

* 품질검사 원가동인 수

		표준형	고급형	합 계
1	제품별 생산량	90,000	6,000	
2	배취당 생산된 제품수량	1,000장	100장	
3=(1)÷(2)	배취수량	90배취	60배취	
4	배취당 품질검사시간	10시간	10시간	
5=(3)×(4)	총 검사시간	900시간	600시간	1,500시간

② 제품별 제조간접비 배부 및 단위당 제조간접비

	표준형	고급형
노무감독 구매주문 품질검사	₩36,000,000(= 45,000시간×800) 135,000,000(= 450회×300,000) 215,640,000(= 900시간×239,600)	₩3,600,000(= 4,500시간×800) 60,000,000(= 200회×300,000) 143,760,000(= 600시간×239,600)
합 계	₩386,640,000	₩207,360,000
생 산 량	÷ 90,000장	÷ 6,000장
단위당 제조간접비	₩4,296	₩34,560

2. 제품별 수익성 분석

	표준형	고급형
단위당 판매가격 차감 : 단위당 직접재료비 단위당 직접노무비 단위당 제조간접비	₩20,000 4,000 4,000 4,296	₩60,000 20,000 6,000 34,560
단위당 매출총이익(손실)	7,704	(560)

단위당 판매관리비	÷ 90,000장	2,000
단위당 이익	₩ 6,704	₩(2,560)

현재 표준형의 경우에는 단위당 ₩6,704의 이익이 발생하고 있으나, 고급형티셔츠의 경우에는 ₩2,560의 손실이 발생하고 있다. 이는 활동기준원가계산으로 제품의 원가를 계산해 본 결과 표준형티셔츠의 경우에는 단위당 제조원가가 ₩12,296인 제품을 ₩20,000에 판매하고 있고, 고급형티셔츠의 경우에는 단위당 제조원가가 ₩60,560인 제품을 ₩60,000에 판매하고 있기 때문인바, 표준형티셔츠와 고급형티셔츠의 가격정책에 대한 의사결정이 잘못되어 있음을 알 수 있다.

3. 활동기준원가계산의 장점

① 제조간접비를 다양한 활동별로 집계한 후 각 활동별로 개별제품과 인과관계를 잘 반영할 수 있는 다양한 배부기준으로 배부하므로 정확한 원가계산을 할 수 있다.

② 정확한 원가정보를 이용하여 올바른 의사결정을 할 수 있다.

③ 다양한 측정치를 가지고 공정한 성과평가를 할 수 있다.

④ 비부가가치활동을 제거함으로서 원가절감을 할 수 있다.

4. 개별원가계산과 활동기준원가계산의 비교

① 개별원가계산방식에서는 개별 제품이 원가(또는 자원)를 소비한다고 보지만, 활동기준원가계산방식에서는 활동이 자원을 소비하고 제품이 활동을 소비한다고 본다.

② 개별원가계산에서는 제조간접비를 직접노무비나, 직접노동시간, 기계시간과 같이 단위기준(또는 생산량이나 조업도)을 기준으로 배부하나, 활동기준원가계산에서는 제조간접비를 다양한 기준(작업준비횟수, 검사횟수, 원재료구매횟수 등)을 적용하며, 단위기준이 아닌 비단위기준도 배부기준으로 사용한다.

③ 개별원가계산방식에서는 제조간접비를 공장전체 또는 부문별로 집계하나, 활동기준원가계산에서는 제조간접비를 활동별로 집계한다.

6-4 제품별 수익성 분석

오복마트는 현재 판매하고 있는 각 제품별 수익성의 분석을 위하여 활동기준원가계산을 적용하기로 하였다. 오복마트는 현재 빙과류, 과자류, 껌류 등의 세 가지 종류를 판매하고 있으며, 회사는 제품 판매와 관련된 보조원가를 매출액에 비례하여 각 제품에 배부하여왔다. 회사는 동 제품의 판매와 관련하여 발생하는 보조원가를 다음의 네 가지 활동으로 분석하였다.

활 동	활동별원가	원가동인
주문활동	₩ 880,000	구매주문 횟수
배달 및 접수활동	1,360,000	배달횟수
선반진열활동	840,000	선반진열시간
고객대응 및 보조활동	990,000	판매수량

또한 각 제품들과 관련된 판매 및 활동관련 자료는 다음과 같다.

	빙과류	과자류	껌류
재무자료			
매 출 액	₩5,209,600	₩6,512,000	₩4,558,400
매출원가	3,420,000	4,080,000	3,200,000
활동관련 자료			
구매주문횟수	33회	40회	15회
배달횟수	60회	90회	20회
선반진열시간	180시간	210시간	30시간
판매수량	22,000개	18,000개	9,500개

■ 요구사항

1. 회사가 현재 사용하고 있는 방식으로 각 제품별 영업이익률을 계산하시오.

2. 활동기준원가계산방식에 의하여 각 제품별 영업이익률을 계산하시오.

3. 기존의 방식과 활동기준원가계산방식에 의한 결과를 이용하여 회사의 경영자가 어떠한 의사결정을 하여야 하는가?

| 해설 |

1. 전통적 방식에 의한 제품별 영업이익률

	빙과류	과자류	껌류
매 출 액 매출원가 보조원가*	₩5,209,600 3,420,000 1,302,400	₩6,512,000 4,080,000 1,628,000	₩4,558,400 3,200,000 1,139,600
영업이익	₩ 487,200	₩804,000	₩ 218,800
영업이익	9.35%	12.35%	4.8%

* 보조원가 배부율 = $\dfrac{4,070,000}{16,280,000}$ = 25%

	빙과류	과자류	껌류
매 출 액	₩5,209,600	₩6,512,000	₩4,558,400
보조원가 배부율	× 25	× 25	× 25
보조원가 배부액	₩1,302,400	₩1,628,000	₩1,139,600

2. 활동기준원가계산에 의한 제품별 영업이익률

	빙과류	과자류	껌류
매 출 액 매출원가 보조원가*	₩5,209,600 3,420,000 1,610,000	₩6,512,000 4,080,000 1,900,000	₩4,558,400 3,200,000 560,000
영업이익	₩ 179,600	₩532,000	₩ 798,400
영업이익률	3.45%	8.17%	17.51%

* 보조원가를 활동별 원가동인에 따라 다음과 같이 각 제품에 배분한다.

(1) 활동별 보조원가 배부율 계산

활 동	활동별 원가	원가동인수 총계	활동별 제조간접비 배부율
구매주문	₩ 880,000	88회	₩10,000/회
배 달	1,360,000	170회	₩8,000/회
선반진열	840,000	420시간	₩2,000/시간
고객대응및보조	990,000	49,500개	₩20/개

(2) 제품별 보조원가 배부

활 동	빙과류	과자류	껌류
구매주문	33회 × 10,000 = 330,000	40회 × 10,000 = 400,000	15회 × 10,000 = 150,000
배 달	60회 × 8,000 = 480,000	90회 × 8,000 = 720,000	20회 × 8,000 = 160,000
선반진열	180시간 × 2,000 = 360,000	210시간 × 2,000 = 420,000	30시간 × 2,000 = 60,000
고객대응및보조	22,000개 × 20 = 440,000	18,000개 × 20 = 360,000	9,500개 × 20 = 190,000
	₩1,610,000	₩1,900,000	₩560,000

3. 전통적 원가계산에 의할 경우 과자류와 빙과류의 영업이익률은 높게 나오지만, 껌류의 수익률이 별로 높지 않게 나왔다. 그러나 활동기준원가계산에 의할 경우에는 껌류의 영업이익률이 매우 높게 나오며, 빙과류의 영업이익률은 매우 낮게 나오고 있다. 따라서 빙과류의 가격을 조금 더 높이거나, 빙과류에 대한 보조활동을 줄여서 영업이익률이 높아질 수 있는 방안을 찾아야 할 것이다. 만약 빙과류의 수익성 개선여지가 없을 경우에는 동 제품의 폐지여부도 고려하여야 할 것이다.

6-5 ABC와에 의한 제품별 영업이익 연습문제7 계산

한국회사는 세 가지 제품 X, Y, Z를 생산 · 판매한다. 이 회사의 2012년 원가계산제도에서 제조간접원가는 직접노무원가를 배부기준으로, 판매관리비는 매출액을 배부기준으로 각 제품에 배부하였다. 한국회사의 2012년 제품별 생산 · 판매량과 손익계산서는 다음 표와 같다. 기초와 기말 재고는 없다고 가정한다.

	제품 X	제품 Y	제품 Z	합 계
생산 · 판매량	5,000단위	3,000단위	800단위	8,800단위
매 출 액	₩600,000	₩390,000	₩160,000	₩1,150,000
매 출 원 가				
직 접 재 료 원 가	180,000	78,000	32,000	290,000
직 접 노 무 원 가	100,000	60,000	16,000	176,000
제 조 간 접 원 가	150,000	90,000	24,000	264,000
합 계	430,000	228,000	72,000	730,000
매 출 총 이 익	₩170,000	₩162,000	₩88,000	₩420,000
판 매 관 리 비	120,000	78,000	32,000	230,000
영 업 이 익	₩50,000	₩84,000	₩56,000	₩190,000

2013년 초 한국회사는 2012년의 실제원가 및 운영자료를 이용하여 활동기준원가계산을 적용함으로써 보다 정확한 제품원가계산을 통해 제품별 수익성 분석을 하고자 한다. 이를 위해 2012년 중 한국 회사에서 발생한 제조간접원가 ₩264,000과 판매관리비 ₩230,000에 대한 활동분석을 수행함으로써, 다음 5개의 활동원가를 식별하였다.

제조간접원가	생산작업준비활동원가	₩120,000
	품질검사활동원가	₩ 90,000
	제품유지활동원가	₩ 54,000
판매관리비	고객주문처리활동원가	₩180,000
	고객관리활동원가	₩ 50,000

각 제품에 대한 고객의 1회 주문수량은 제품 X는 100단위, 제품 Y는 50단위, 제품 Z는 20단위였다. 생산작업준비활동은 고객주문이 있을 경우 생산작업을 준비하는 활동으로, 생산작업준비활동원가는 생산작업준비시간에 비례하여 발생한다. 각 고객주문마다 한 번의 뱃치생산이 필요하며, 각 제품별 뱃치생산에 소요되는 생산작업준비시간은 제품 X는 2시간, 제품 Y는 3시간, 제품 Z는 5시간이었다. 품질검사활동원가는 품질검사에 소요되는 시간에 비례하여 발생한다. 품질검사는 매회 뱃치생산된 제품들 중 첫 5단위에 대해서만 실시되며, 품질검사에 소요되는 시간은 제품종류에 관계없이 동일하다.

제품유지활동은 각 제품의 설계, 제품사양, 소요재료 등에 관한 자료를 관리하는 활동으로, 제품유지활동에 소요되는 원가는 각 제품별로 동일하다. 고객주문처리활동원가는 각 제품에 대한 고객주문횟수에 비례하여 발생한다.

고객관리활동은 제품종류에 관계없이 각 고객에게 투입되는 자원은 동일하다. 2012년 제품별 관리대상 고객 수는 제품 X는 10명, 제품 Y는 15명, 제품 Z는 25명으로 파악되었다.

■ 요구사항

1. 활동기준원가계산을 적용하여 2012년 각 제품별 단위당 제조원가를 계산하시오.

2. 활동기준원가계산을 적용하여 2012년 각 제품별 단위당 영업이익을 계산하시오.

| 해설 |

1. 제품별 단위당 제조원가

	제품 X	제품 Y	제품 Z
직접재료비 직접노무비 제조간접비*[1]	₩ 180,000 100,000 73,000	₩ 78,000 60,000 99,000	₩ 32,000 16,000 92,000
총 원 가	₩ 353,000	₩ 237,000	₩ 140,000
생 산 량	÷5,000단위	÷3,000단위	÷800단위
단위당 원가	₩ 70.6	₩ 79	₩ 175

*[1] ① 제품별 제조활동 원가동인

	제품 X	제품 Y	제품 Z	합 계
생산작업준비활동*[1]	100시간	180시간	200시간	480시간
품질검사활동*[2]	250단위	300단위	200단위	750단위
제품유지활동	1	1	1	3

*[1] (총생산량 ÷ 배취당 수량) × 배취당 생산작업 준비시간

*[2] (총생산량 ÷ 배취당 수량) × 배취당 5단위

② 활동별 제조간접비 배부율

활 동	활동별 원가	원가동인수 총계	활동별 제조간접비 배부율
산작업준비활동	₩120,000	480시간	₩250/시간
품질검사활동	90,000	750단위	120/단위
제품유지활동	54,000	3	18,000

③ 제조간접비 배부

	제품 X	제품 Y	제품 Z	합 계
생산작업준비활동	₩25,000	₩45,000	₩50,000	₩120,000
품질검사활동	30,000	36,000	24,000	90,000
제품유지활동	18,000	18,000	18,000	54,000
합 계	₩73,000	₩99,000	₩92,000	₩264,000

2. 제품별 단위당 영업이익

	제품 X	제품 Y	제품 Z
단위당 판매가격*1	₩ 120	₩ 130	₩ 200
단위당 매출원가	70.6	79	175
단위당 매출총이익	49.4	51	25
단위당 판매관리비*2	14	29	91.25
단위당 영업이익	₩ 35.4	₩ 22	(₩ 66.25)

*1 매출액 ÷ 판매량

*2 ① 제품별 판매관리활동 원가동인

	제품 X	제품 Y	제품 Z	합 계
고객주문처리활동*1	50회	60회	40회	150회
고객관리활동	10명	15명	25명	50명

*1 총생산량 ÷ 배취당 수량

② 활동별 판매관리비 배부율

활 동	활동별 원가	원가동인수 총계	활동별 제조간접비 배부율
고객주문처리활동 고객관리활동	₩180,000 50,000	150회 50명	₩1,200/회 1,000/명

③ 판매관리비 배부 및 단위당 판매관리비

	제품 X	제품 Y	제품 Z	합 계
고객주문처리활동 고객관리활동	₩60,000 10,000	₩72,000 15,000	₩48,000 25,000	₩180,000 50,000
합 계	₩70,000	₩87,000	₩73,000	₩230,000
고객주문처리활동 고객관리활동	÷5,000단위	÷3,000단위	÷800단위	
단위당 판매관리비	₩14	₩29	₩91.25	

••• MEMO

Plan
Budget

제7장

종합원가계산

제1절 종합원가계산과 완성품 환산량

1. 종합원가계산의 의의

종합원가계산은 공정별원가계산(process-costing system)이라고도 하며, 동종, 유사한 제품이나 서비스를 연속적으로 대량생산하는 기업에서 사용하는 원가계산방법으로써 개별 단위들이 같은 금액의 재료비, 가공비를 사용하는 것으로 가정한다. 이렇게 동일한 제품을 대량으로 생산하는 경우 제품 단위당 원가는 당기 총원가를 당기 총생산량으로 나누어 계산하게 되는데, 기말에 미완성인 재공품도 1개로 보고 총생산량을 파악하여야 하는 것인지에 대한 고민이 생긴다. 이때, 기말재공품의 완성도에 따라 이를 수량으로 환산한 것이 완성품환산량이다. 완성품환산량은 종합원가계산에서 가장 중요한 개념으로서 다음 절에서 자세히 설명하기로 한다.

종합원가계산의 또 한가지 중요한 특징은 원가를 직접재료비, 직접노무비, 제조간접비와 같은 분류를 하지 않고, 원가를 공정에 투입되는 시점에 따라 분류한다는 것인데, 다음의 사례를 가지고 투입시점에 따른 분류에 대해 조금 더 설명해 보기로 한다.

사례

㈜달콤은 초콜렛을 제조하는 회사이다. 회사의 공정은 공정이 시작되는 시점에 코코아와 우유 등을 투입하고, 이후 가공비(노무비와 제조경비)는 공정 전반에 걸쳐 균등하게 발생한다고 가정하자. 이 경우 회사의 원가 투입과 관련된 상황을 나타내 보면 다음과 같다.

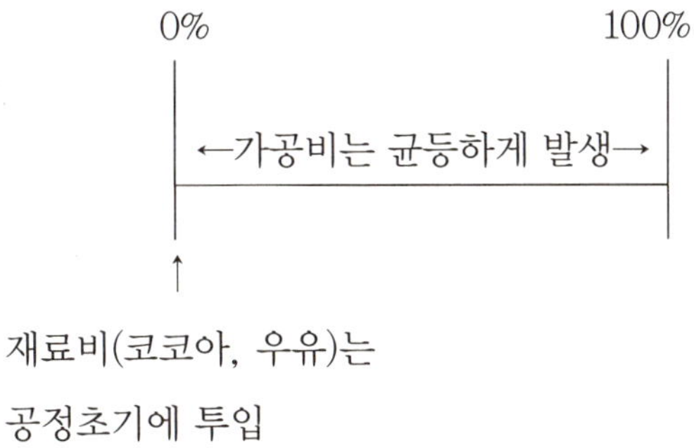

이 경우 공정 시작시점에 투입되는 코코아와 우유는 공정초기에 투입되고, 노무비와 가공비 등의 원가는 공정 전반에 걸쳐 균등하게 투입되고 있으므로, 공정초기에 투입되는 코코아와 우유는 재료비로 분류하고, 공정 전반에 걸쳐 발생하는 노무비와 가공비 등의 원가는 가공비로 분류하는 것이다. 이렇게 종합원가계산은 원가를 투입시점에 따라 분류하는 것이다.

2. 완성품환산량

완성품환산량(equivalent unit)은 종합원가계산의 가장 핵심적인 내용으로서, 산출물의 완성정도를 반영하여 수량으로 표현하는 개념이다. 예를 들어 당기에 10단위를 투입하여 10단위를 모두 완성하였다면 완성품환산량도 10단위가 된다. 반면에 10단위를 투입하여 가공을 시작하였으나, 10단위가 모두 기말에 50% 정도 가공된 상태로 멈춰있다면 완성품환산량은 5단위(= 10단위 × 50%)가 된다. 즉, 물량은 10단위이나 완성품환산량으로는 5단위가 되는 것이다. 다음 사례를 가지고 완성품환산량에 대하여 조금 더 구체적으로 살펴 보기로 한다.

사례2

완구를 만드는 회사가 처음 완구를 만들기 시작하여 5개를 만들었는데, 이 중 3개는 완성되었으나, 2개는 기말 현재 미완성인 상태로 남아있다고 가정하자. 당기중 발생한 원가는 총 ₩100,000이며, 미완성인 완구 2개는 모두 50%정도 완성된 상태라고 가정한다. 완구 1개당 원가는 얼마일까?

여기에서 회사가 당기에 5개를 모두 완성하였다면 당연히 총원가 ₩100,000을 5개로 나누어서 1개당 ₩20,000 이라고 답하면 될 것이다. 그러나 3개만 완성되고, 2개는 미완성이기 때문에 총원가 ₩100,000을 5개로 나누는 것은 타당하지 않다. 따라서 이 경우에 완성품 환산량이라는 개념을 도입하게 되는데, 완성품환산량이란 투입된 수량을 가지고 완성품을 몇 단위 생산할 수 있는지에 대한 가상적인 수량단위이다. 일반적으로 "물량 단위 × 완성도"로 계산한다.

〈사례2〉에서 기말재공품 2개의 완성품환산량은 2개 × 50% = 1개 인 것이다. 즉 기말재공품 2개의 완성품환산량은 1개인 것이다. 그리고, 완성품 3개의 완성품환산량은 3개 × 100% = 3개, 즉 완성품 3개의 완성품환산량은 3개이다.

따라서 총원가 ₩100,000을 완성품환산량 4개로 나누어 완성품환산량 단위당 원가가 ₩25,000이 되는 것이며, 완성품의 원가는 ₩25,000 × 3 = ₩75,000, 기말재공품의 원가는 ₩25,000 × 1 = ₩25,000 이 되는 것이다.

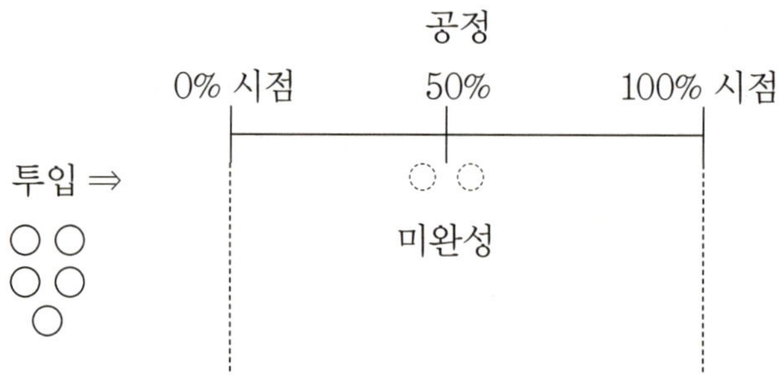

1) 완성품환산량 계산

	물량	완성도	완성품환산량
완 성 품	3개	× 100%	= 3개
기말재공품	2개	× 50%	= 1개
합 계			4개

2) 완성품환산량 단위당원가 계산

당기에 발생한 총원가(₩100,000)를 당기 완성품환산량(4개)으로 나누어 다음과 같이 계산한다.

$$\text{완성품환산량 단위당 원가} = \frac{100,000}{4\text{개}} = ₩25,000$$

3) 원가의 배분

완성품환산량에 완성품환산량 단위당원가를 곱하면 완성품과 기말재공품원가가 계산된다.

완성품환산량	완성품환산량	단위당원가	총원가
완 성 품	3개 ×	₩25,000	= ₩ 75,000
기말재공품	1개 ×	25,000	= 25,000
합 계			₩100,000

다음의 예제들을 이용하여 종합원가계산의 개념을 확장해 보자.

예제

(주)SH는 20×3년 10월에 회사를 설립하여 생산을 시작하였다. 10월에 생산에 착수한 수량은 10,000개이며, 이 중 6,000개의 제품은 완성되었으며 나머지 4,000개는 생산 중이다. 10월에 투입한 원가는 총 ₩1,000,000이며 모든 원가는 공정전반에 걸쳐 균등하게 발생한다고 가정하며, 기말재공품의 완성도는 50%이다. 이 경우 당기 완성품과 기말재공품의 원가는 각각 얼마인가?

| 해설 |

1. 모든 원가가 공정의 진행에 따라 균등하게 발생한다고 가정하기 때문에 물량에 완성도를 곱하면 완성품환산량이 계산된다.

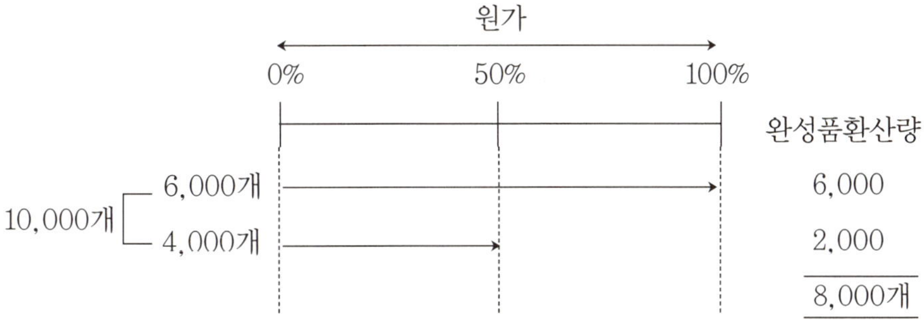

1. 완성품환산량 계산

	물량		완성도		완성품환산량
완 성 품	6,000개	×	100%	=	6,000개
기말재공품	4,000개	×	50%	=	2,000개
합 계					8,000개

2. 완성품환산량 단위당 원가 계산

$$완성품환산량\ 단위당\ 원가 = \frac{1,000,000}{8,000} = ₩125$$

3. 원가의 배분

	완성품환산량		완성품환산량 단위당원가		총원가
완 성 품	6,000개	×	125	=	₩ 750,000
기말재공품	2,000개	×	125	=	250,000
합 계	8,000개				₩1,000,000

예제2

(주)SH는 20×3년 10월에 회사를 설립하여 생산을 시작하였다. 10월에 생산에 착수한 수량은 10,000개이며, 이 중 6,000개의 제품은 완성되었으며 나머지는 생산 중이다. 제품 생산과 관련하여 재료는 공정 초기에 한꺼번에 투입되고 가공비는 공정전반에 걸쳐 균등하게 발생한다고 가정한다. 10월에 투입한 재료비는 ₩600,000이며 가공비는 ₩400,000이다. 기말재공품의 완성도는 50%이다. 이 경우 당기 완성품과 기말재공품의 원가는 각각 얼마인가?

| 해설 |

가공비는 공정의 진행에 따라 비례적으로 발생하기 때문에 물량에 완성도를 곱하여 완성품환산량이 계산되나, 재료비는 공정초기에 한꺼번에 투입되기 때문에 완성이 되었는지 여부와 상관없이 재료비의 완성도는 100%가 되는 것이다.

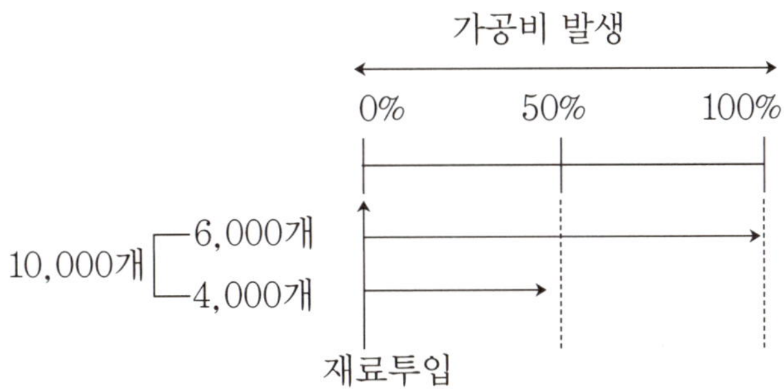

완성품환산량	
재료비	가공비
6,000	6,000
4,000	2,000
10,000개	8,000개

1. 완성품환산량 계산

(1) 재료비 완성품환산량

재료비는 공정시작시점에 투입되는 순간 모두 투입된다. 따라서 완성품 6,000단위에도 재료비가 6,000단위 투입되었으며, 기말재공품 4,000단위도 당기에 투입되는 순간 재료비가 4,000단위만큼 모두 투입되었을 것이다. 따라서 당기 재료비 완성품환산량은 다음과 같이 계산된다.

	물량		완성도	완성품환산량
완 성 품	6,000개	×	100%	= 6,000개
기말재공품	4,000개	×	100%	= 4,000개
합 계				10,000개

(2) 가공비 완성품환산량

가공비는 당기 가공정도에 따라 투입되므로, 완성품 6,000단위는 당기 중에 100%가공이 완성되었으므로 가공비가 6,000단위 만큼 모두 들어갔을 것이다. 그러나 기말재공품 4,000단위는 50%만큼 가공이 완성된 상태이므로 2,000단위(=4,000단위×50%)만큼 투입되었을 것이다. 따라서 당기 가공비 완성품환산량은 다음과 같이 계산된다.

	물량		완성도	완성품환산량
완 성 품	6,000개	×	100%	= 6,000개
기말재공품	4,000개	×	50%	= 2,000개
합 계				8,000개

2. 완성품환산량 단위당 원가 계산

재료비의 완성품환산량 단위당 원가는 당기에 발생한 재료비 ₩600,000을 재료비 완성품환산량 10,000개로 나누어 다음과 같이 계산한다.

$$(\text{재료비})\text{완성품환산량 단위당 원가} = \frac{600,000}{10,000\text{개}} = ₩60$$

가공비 완성품환산량 단위당 원가는 당기에 발생한 가공비 ₩400,000을 가공비 완성품환산량 8,000단위로 나누어 다음과 같이 계산한다.

$$(\text{가공비})\text{완성품환산량 단위당 원가} = \frac{400,000}{8,000\text{개}} = ₩50$$

3. 원가의 배분

위에서 계산한 재료비와 가공비 완성품환산량을 재료비와 가공비의 완성품환산량 단위당원가에 곱하여 완성품과 기말재공품원가를 다음과 같이 계산한다.

	재료비		가공비		총원가
완 성 품 :	6,000개 × 60	+	6,000개 × 50	=	₩660,000
기말재공품 :	4,000개 × 60	+	2,000개 × 50	=	340,000
합 계 :					₩1,000,000

예제3

(주)SH는 20×3년 10월에 회사를 설립하여 생산을 시작하였다. 10월에 생산에 착수한 수량은 10,000개이며, 이 중 6,000개의 제품은 완성되었으며 나머지는 생산 중이다. 제품 생산과 관련하여 A재료는 공정 초기에 한꺼번에 투입되고, B재료는 제품이 완성되는 시점에서 한꺼번에 투입된다. 또한, 가공비는 공정전반에 걸쳐 균등하게 발생한다고 가정한다. 10월에 투입한 A재료비는 ₩600,000, B재료비는 ₩300,000이며, 가공비는 ₩100,000이다. 기말재공품의 완성도는 50%이다. 이 경우 당기완성품과 기말재공품의 원가는 각각 얼마인가?

| 해설 |

A재료비는 공정초기에 한꺼번에 투입되기 때문에 완성이 되었는지 여부와 상관없이 100% 투입된것으로 보나, B재료비의 경우에는 공정의 마지막 시점에서 투입되기 때문에 마지막 시점까지 도달하지 못한 기말재공품의 B재료비의 완성품환산량은 0%가 되는 것이다.

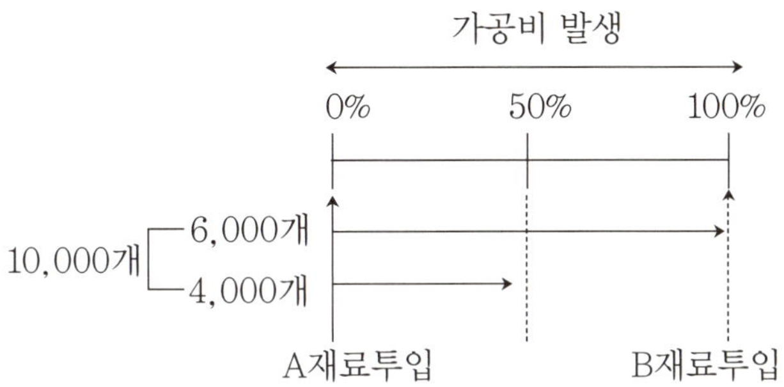

완성품환산량		
A재료비	B재료비	가공비
6,000	6,000	6,000
4,000	0	2,000
10,000개	6,000개	8,000개

1. 완성품환산량 계산

(1) A재료비 완성품환산량

A재료비는 공정의 시작시점에서 투입되기 때문에 당기에 투입된 완성품 6,000단위와 기말재공품 4,000단위 모두 재료비가 100% 투입되었다. 따라서 A재료비의 완성품환산량은 다음과 같이 계산된다.

	물량	완성도	완성품환산량
완 성 품	6,000개	× 100%	= 6,000개
기말재공품	4,000개	× 100%	= 4,000개
합 계			10,000개

(2) B재료비 완성품환산량

B재료비는 공정의 종료시점에 투입되기 때문에 완성품 6,000단위에는 B재료비가 100%투입되었다.

하지만, 당기에 미완성인 기말재공품 4,000단위에는 B재료비가 전혀 투입되지 않았다. 따라서 B재료비의 완성품환산량은 다음과 같이 계산된다.

	물량	완성도	완성품환산량
완 성 품	6,000개 ×	100%	= 6,000개
기말재공품	4,000개 ×	0%	= 0개
합 계			6,000개

(3) 가공비 완성품환산량

가공비는 공정전반에 걸쳐 투입되기 때문에 완성품 6,000단위는 가공이 100% 완료되어 가공비가 100%투입되었으나, 기말재공품의 경우에는 가공이 50%만 완료되었기 때문에 가공비의 완성품환산량은 다음과 같이 계산된다.

	물량	완성도	완성품환산량
완 성 품	6,000개 ×	100%	= 6,000개
기말재공품	4,000개 ×	50%	= 2,000개
합 계			8,000개

2. 완성품환산량 단위당 원가 계산

A재료비, B재료비, 가공비의 완성품환산량 단위당원가는 각각 발생원가를 위에서 계산한 완성품환산량으로 나누어 다음과 같이 계산한다.

$$\text{(A재료비)완성품환산량 단위당 원가} = \frac{600{,}000}{10{,}000\text{개}} = ₩60$$

$$\text{(B재료비)완성품환산량 단위당 원가} = \frac{300{,}000}{6{,}000\text{개}} = ₩50$$

$$\text{(가 공 비)완성품환산량 단위당 원가} = \frac{100{,}000}{8{,}000\text{개}} = ₩12.5$$

3. 원가의 배분

완성품환산량과 완성품환산량단위당 원가를 곱하여 완성품과 기말재공품원가는 각각 다음과 같이 계산한다.

	A재료비	B재료비	가공비	총원가
완 성 품 원 가 :	6,000개 × 60 +	6,000개 × 50 +	6,000개 × 12.5 =	₩ 735,000
기말재공품원가 :	4,000개 × 60 +	0	+ 2,000개 × 12.5 =	265,000
합 계 :				₩1,000,000

지금까지 살펴본 예제들은 모두 당기에 영업을 처음 개시하였거나, 기초재공품이 존재하지 않는 경우였다. 그러나 만약 기초재공품이 존재하는 경우에는 물량의 흐름에 대하여 가정을 하여야 하며, 물량의 흐름에 대한 가정에 따라 선입선출법과 평균법으로 나누어 볼 수 있다. 선입선출법의 경우에는 먼저 투입된 물량이 먼저 완성된다고 가정하기 때문에 기초재공품이 먼저 완성되고, 당기에 투입된 물량 중 일부가 완성되는 것으로 본다. 반면에 평균법의 경우에는 기초재공품이 당기에 새로 투입된 물량으로 가정한다. 따라서 기초재공품과 당기에 투입된 물량이 모두 당기에 새로 투입된 물량으로 가정하여 그중 일부는 완성되고, 일부는 기말재공품으로 남는 것으로 가정한다. 따라서 평균법의 경우에는 기초재공품에 포함되어 있는 원가(전기에 투입된 원가)를 모두 당기에 투입된 원가로 가정하여 원가계산을 하게 된다.

(1) 선입선출법에 의한 완성품환산량 계산

선입선출법은 먼저 투입된 물량이 먼저 완성된다고 가정하기 때문에 기초재공품이 먼저완성되고 당기 착수량이 그 다음 완성된다고 가정한다. 이때 기초재공품은 전기에 이미 진행된 부분이 있기 때문에 당기에 진행된 부분만 추가로 가공해서 완성하게 된다. 다음 예제를 이용하여 선입선출법을 설명해 보기로 한다.

예제4

(주)고구려는 종합원가계산을 이용하여 제품원가계산을 하고 있다. 재료는 공정초기에 전량 투입되고, 가공비는 공정전반에 걸쳐 균등하게 발생한다. 다음의 자료를 이용하여 재료비와 가공비의 완성품환산량을 계산하시오.

재 공 품

기초재공품	1,000단위 (70%)	당 기 완 성	14,000단위
당 기 착 수	15,000단위	기말재공품	2,000단위 (50%)
합 계	16,000단위	합 계	16,000단위

| 해설 |

1. 선입선출법

선입선출법의 경우에는 당기에 완성된 14,000단위의 경우 기초재공품 1,000단위가 먼저 완성되고, 당기에 착수한 15,000단위 중 13,000단위가 완성된다고 가정한다. 따라서 기말재공품 2,000단위는 모두 당기에 착수한 수량이 기말에 미완성으로 남은 것으로 본다. 선입선출법에 의한 물량의 흐름과 완성품환산량을 계산하면 다음과 같다.

재 공 품

기 초	1,000	완 성	14,000
착 수	1,500	기 말	2,000
	16,000		16,000

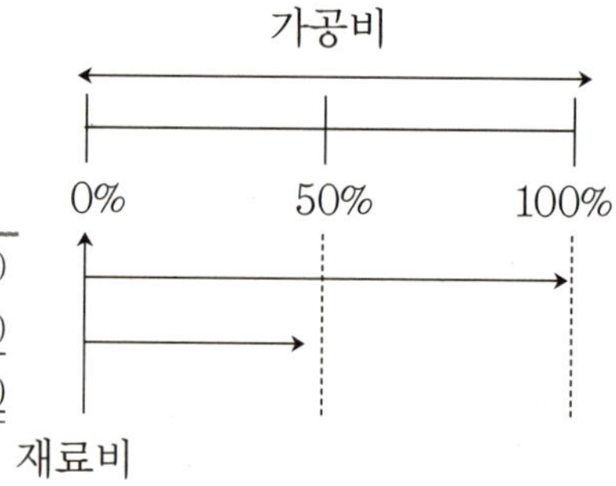

재료비	가공비
14,000	14,000
2,000	1,000
16,000개	15,000개

평균법의 경우에는 기초재공품도 당기에 투입된 것으로 가정하므로 완성품 14,000단위는 모두 0% 시점부터 출발하여 100% 시점을 통과한 것으로 보면 된다. 따라서 완성품 14,000단위에는 재료비도 14,000단위(=14,000단위×100%), 가공비도 14,000단위(=14,000단위×100%)가 모두 투입되었으므로 완성품 14,000단위의 재료비와 가공비 완성품환산량은 모두 14,000단위인 것이다.

반면 기말재공품 2,000단위의 경우에는 투입되어 50%까지 진행되었으므로 투입되는 순간 재료비는 100% 투입되었으나, 가공비는 50%만 투입된 상태로 있는 것이다. 따라서 기말재공품 2,000단위의 재료비 완성품환산량은 2,000단위(=2,000×100%)이며, 가공비 완성품환산량은 1,000단위(=2,000단위×50%)이다.

제2절 종합원가계산의 원가계산 절차

1. 종합원가계산의 원가계산절차

완성품환산량이 계산되면 회사에서 발생한 원가를 완성품환산량으로 나누어 완성품환산량 단위당 원가를 계산하고, 완성품과 기말재공품의 완성품환산량에 곱하여 각각 원가를 계산한다. 이렇게 원가를 계산하는 과정을 5단계로 나누어 계산하게 되는데, 이를 종합원가계산 5단계라하며, 다음과 같다.

> 종합원가계산의 5단계
> [1단계] 물량의 흐름 파악
> [2단계] 완성품환산량 계산(투입시점이 다른 원가요소별로 계산)
> [3단계] 총원가의 요약(기초재공품원가와 당기 발생원가 총액을 요약)
> [4단계] 완성품환산량 단위당원가 계산(원가요소별로 계산)
> [5단계] 원가배분(완성품과 기말재공품의 원가 계산)

다만, 물량의 흐름에 대한 가정에 따라 선입선출법과 평균법으로 진행하게 되는데, 선입선출법이든, 평균법이든 물량의 흐름에 대한 가정만 다를 뿐 위의 5단계는 동일하게 진행한다. 다만, 평균법의 경우에는 기초재공품에 포함되어 있는 원가와 당기에 발생한 원가의 합계를 평균법에 의한 완성품환산량으로 나누어 완성품환산량 단위당원가를 계산하며, 선입선출법은 당기에 발생한 원가를 선입선출법에 의한 완성품환산량으로 나누어 계산한다.

그리고 상기 다섯 단계에 의하여 원가계산은 다음과 같은 양식의 제조원가보고서에 의하여 작성하게 된다.

제조원가보고서

[1단계] 물량의 흐름		[2단계] 완성품 환산량	
재공품		재료비	가공비
기 초	완 성		
당기착수	기 말		
합 계	합 계		

[3단계] 총원가 요약	합 계
기초재공품원가	
당기 착수 원가	
합 계	

[4단계] 완성품환산량 단위당원가	
완성품 환산량	
완성품환산량 단위당원가	

[5단계] 원가 배분	합 계
완성품원가	
기말재공품원가	
합 계	

([3단계] 합계 ⊜ [5단계] 합계)

제조원가보고서를 작성하고 나서 반드시 확인하여야 할 사항으로 [3단계]의 총원가의 합계와 [5단계]의 완성품과 기말재공품원가의 합계는 반드시 일치하여야 한다는 것이다. 만약 제조원가보고서를 작성하였는데, 이 금액이 일치하지 않으면, 원가계산이 틀렸다는 것을 의미한다. 따라서 이 금액의 일치여부는 종합원가계산 5단계의 검증수단이라 할 수 있다. 다음 예제를 가지고 종합원가계산 5단계를 세부적으로 살펴보기로 한다.

예제5

(주)로케트는 건전지를 제조 생산하는 기업이다. 다음은 20×5년 건전지의 물량 및 관련 제조원가 자료이다.

1. 물량 자료

기초 재 공 품 : 1,000단위(완성도 40%)
당기 착수물량 : 19,000단위
기말 재 공 품 : 2,000단위(완성도 70%)

2. 원가 자료

기초재공품원가 : 재료비 ₩30,000 가공비 ₩ 25,400
당 기 발 생 원 가 : 재료비 ₩190,000 가공비 ₩285,000

투입되는 재료는 모두 제조공정의 시작시점에 전량 투입되고, 가공비는 공정 전반에 걸쳐 균등하게 발생한다고 할 때, 선입선출법과 평균법에 의하여 완성품과 기말재공품 원가를 계산하시오.

〈 선입선출법 〉

선입선출법은 먼저 투입된 물량이 먼저 완성된다는 가정인데, 기초재공품이 당기에 투입된 물량보다 먼저 완성된다는 가정하에 원가계산절차(5단계)를 진행한다.

① [1단계] 물량의 흐름 파악 : 기초에 재공품이 몇 단위 있었고, 당기 중에 몇 단위가 투입되었고, 몇 단위가 완성되고 몇 단위가 미완성 상태(재공품)로 남아 있는지를 보여주는 것이 물량의 흐름 파악이다. 회사는 기초재공품이 1,000단위였고, 당기에 19,000단위를 투입해서 18,000단위를 완성하였다. 이 경우 선입선출법은 기초재공품 1,000단위가 먼저 완성되고 당기에 투입한 19,000단위 중 17,000단위가 추가로 완성되어 총 18,000단위가 완성된 것이며 나머지 2,000단위는 기말재공품이 된다. 따라서 다음과 같이 나타낼 수 있다.

재 공 품

기초재공품	1,000단위	완성 ┌ 기초재공품	1,000단위
당 기 착 수	19,000단위	└ 당기착수	17,000단위
		기말재공품	2,000단위
합 계	20,000단위	합 계	20,000단위

② [2단계] 완성품환산량 계산 : 기초재공품이 전기에 이미 40% 완성된 상태였기 때문에 기초재공품은 당기에 40%시점부터 출발하여 완성된다. 따라서 기초재공품 1,000단위에는 당기에 재료가 투입되지 않고, 가공비만 60%를 투입하여 완성된다. 따라서 기초재공품 1,000단위에는 당기에 재료비는 투입되지 않고, 가공비만 600단위가 투입된다. 반면에 당기에 투입되어 완성된 17,000단위는 재료비와 가공비가 100% 투입되어 완성되기 때문에 재료비와 가공비가 각각 17,000단위씩 모두 투입되는 것이며, 기말재공품 2,000단위는 투입되어 70%까지 진행된 상태로 멈추었기 때문에 투입되는 순간 재료비는 100% 투입되었으나 가공비는 70%만 투입된 상태이므로, 기말재공품 2,000단위에는 재료비가 2,000단위 가공비가 1,400단위(=2,000단위×70%)투입된 상태이다. 따라서 당기 완성품환산량은 다음과 같다.

재 공 품

기 초	1,000	기초재공품완성	1,000
		당기착수완성	17,000
착 수	19,000	기 말	2,000
	20,000	합 계	20,000

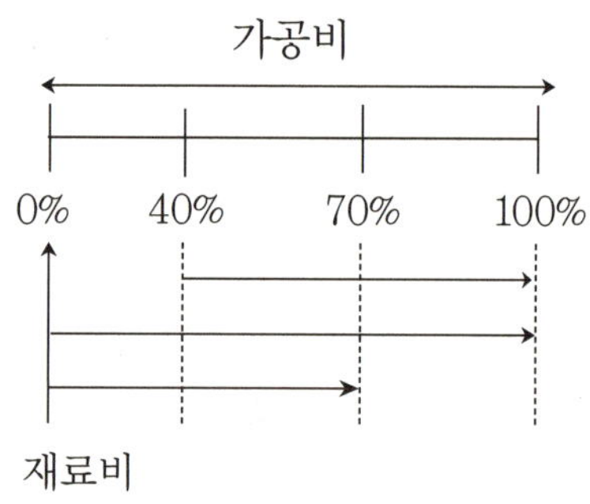

완성품환산량

재료비	가공비
0	600
17,000	17,000
2,000	1,400
19,000개	19,000개

③ [3단계] 총원가 요약 : 투입시점이 다른 원가요소별로 원가 총액을 보여주는 단계이다. 재료비는 공정의 시작시점에 투입되고, 가공비는 공정전반에 걸쳐 발생하므로 재료비와 가공비로 나누어서, 기초재공품에 포함되어 있는 원가와 당기에 투입(또는 착수)한 원가를 요약한다. 다만, 선입선출법의 경우에는 기초재공품에 포함되어 있는 원가를 재료비와 가공비로 구분하지 않고 합계만 기록한다. 선입선출법에 의한 기초재공품과 당기착수원가를 재료비와 가공비로 나누어 요약하면 다음과 같다.

	재료비	가공비	합 계
기초재공품원가			₩ 55,400
당 기 착 수 원 가	₩190,000	₩285,000	475,000
합 계			₩530,400

④ [4단계] 완성품환산량 단위당 원가 계산 : [3단계]에서 요약된 원가를 [2단계]에서 계산된 완성품환산량으로 나누어 완성품환산량 단위당원가를 계산한다. 즉, 재료비는 당기에 발생한 재료비 ₩190,000을 재료비 완성품환산량 19,000단위로 나누어 계산하고, 가공비는 당기에 발생한 가공비 ₩285,000을 가공비 완성품환산량 19,000단위로 나누어 계산한다. 이렇게 계산된 완성품환산량 단위당원가는 완성품 1단위당 얼마인지를 나타내는 정보라 할 수 있다.

재료비 완성품환산량 단위당원가　　　　가공비 완성품환산량 단위당원가

$$\frac{190,000}{190,000\text{단위}} = ₩10 \qquad \frac{285,000}{190,000\text{단위}} = ₩15$$

⑤ [5단계] 원가배분 : [4단계]에서 계산된 완성품환산량 단위당 원가를 [2단계]에서 계산된 완성품환산량에 곱하여 완성품과 기말재공품원가를 각각 계산하는데, 완성품원가 계산시 반드시 기초재공품원가를 가산하여야 한다. 기초재공품 1,000단위에 포함되어 있던 원가 ₩55,400은 기초재공품이 전기에 40% 진행될때까지 포함되어 있던 원가이며, 당기에 가공비 600단위만큼이 추가 투입되어 완성되었다. 또한 당기에 투입되어 완성된 17,000단위는 당기에 재료비와 가공비가 각각 17,000단위씩이 투입되어 완성되었기 때문에 완성된 18,000단위의 원가는 다음과 같이 계산된다.

완 성 품 원 가 : 55,400 + 17,000 × 10 + 17,600 × 15 = ₩489,400

그리고 기말재공품 2,000단위에는 재료비 2,000단위와 가공비 1,400단위가 투입된 상태이므로 기말재공품원가는 다음과 같이 계산된다.

기말재공품원가 : 2,000 × 10 + 1,400 × 15 = 41,000

선입선출법에 의한 종합원가계산 5단계를 제조원가보고서로 나타내면 다음과 같다.

제조원가보고서(선입선출법)

[1단계] 물량의 흐름 / [2단계] 완성품 환산량

재공품				재료비	가공비
기 초	1,000	완성 ┌ 기초	1,000	0	0
당기착수	19,000	완성 └ 투입	17,000	17,000	17,000
		기 말	2,000	2,000	1,400
합 계	20,000	합 계	20,000	19,000개	19,000개

[3단계] 총원가 요약

			합 계
기초재공품원가			₩ 55,400
당기 착수 원가	190,000	285,000	475,000
합 계			₩530,400

[4단계] 완성품환산량 단위당원가

완성품 환산량	÷ 19,000	÷ 19,000
완성품환산량 단위당원가	@10	@16

[5단계] 원가 배분

			합 계
완성품원가	55,400 + 17,000 × 10	+ 17,600 × 15	= ₩489,400
기말재공품원가	2,000 × 10	+ 1,400 × 15	= 41,000
합 계			₩530,400

(₩530,400 = ₩530,400)

종합원가계산(선입선출법)과 관련된 사항들의 회계처리를 하면 다음과 같다(단, 당기 중 원재료 구입액은 ₩220,000, 가공비 중 40%는 노무비에 해당하며, 나머지 60%는 제조간접비라 가정한다).

㉠ 원재료 구입시

(차) 원 재 료 220,000 (대) 매입채무(또는 현금) 220,000

㉡ 원재료 투입시

(차) 재 공 품 190,000 (대) 원 재 료 190,000

㉢ 노무비와 제조간접비 발생시

(차) 노 무 비 114,000 (대) 미지급금(또는 현금) 285,000

제조간접비 171,000

㉣ 노무비와 제조간접비 재공품 대체

(차) 재 공 품 285,000 (대) 노 무 비 114,000

제조간접비 171,000

㉤ 제품완성시

(차) 제 품 489,400 (대) 재 공 품 489,400

상기 사례를 토대로 선입선출법으로 종합원가계산을 한 경우, 제조원가명세서를 작성하면 다음과 같다(단, 기초 원재료 재고가 ₩10,000이라고 가정한다).

제조원가명세서

Ⅰ. 직 접 재 료 비		
1. 기초원재료재고액	10,000	
2. 당기원재료매입액	220,000	
3. 계	230,000	
4. 기말원재료재고액	(40,000)	190,000
Ⅱ. 직 접 노 무 비		114,000
Ⅲ. 제 조 간 접 비		171,000
Ⅳ. 당 기 총 제 조 원 가		475,000
Ⅴ. 기 초 재 공 품 원 가		55,400
Ⅵ. 계		530,400
Ⅶ. 기 말 재 공 품 원 가		(41,000)
Ⅷ. 당기제품제조원가		489,400

〈 평균법 〉

평균법은 당기에 투입된 물량과 기초재공품 모두 당기에 투입된 것으로 가정하기 때문에 기초재공품에 포함된 원가도 모두 당기에 발생한 것으로 가정하여, 원가계산절차(5단계)를 진행한다.

① [1단계] 물량의 흐름 파악 : 평균법의 경우에는 기초재공품이 당기에 새로 투입된 물량으로 가정하기 때문에, 기초재공품이 1,000단위였고 19,000단위를 투입하였으나 기초재공품과 당기착수량의 합계 20,000단위를 모두 당기에 투입한 것으로 가정한다. 이 중에서 18,000단위가 완성되고 2,000단위가 기말재공품인 것으로 본다. 따라서 평균법하에서 물량의 흐름은 다음과 같이 나타낸다.

재공품

기초재공품	1,000단위	당 기 완 성	18,000단위
당기투입량	19,000단위	기말재공품	1,500단위
합　　계	20,000단위	합　　계	20,000단위

② [2단계] 완성품환산량 계산 : 평균법의 경우에는 당기에 완성된 18,000단위는 모두 당기에 투입되어 완성된 것으로 보기 때문에 재료비와 가공비가 100% 투입된 것으로 보면 된다. 따라서 당기 완성품 18,000단위에는 재료비와 가공비가 모두 18,000단위씩 투입된 것이다. 반면 기말재공품 2,000단위는 투입되어 70%완성된 상태이므로 재료비는 100% 투입되었으나 가공비가 70% 완성된 상태인 것이다. 따라서 기말재공품 2,000단위의 완성품환산량은 재료비 2,000단위, 가공비 1,400단위(=2,000단위×70%)이다. 따라서 평균법에 의한 완성품환산량은 다음과 같이 나타낼 수 있다.

재공품

기 초	1,000	완 성	18,000
착 수	19,000	기 말	2,000
	20,000		20,000

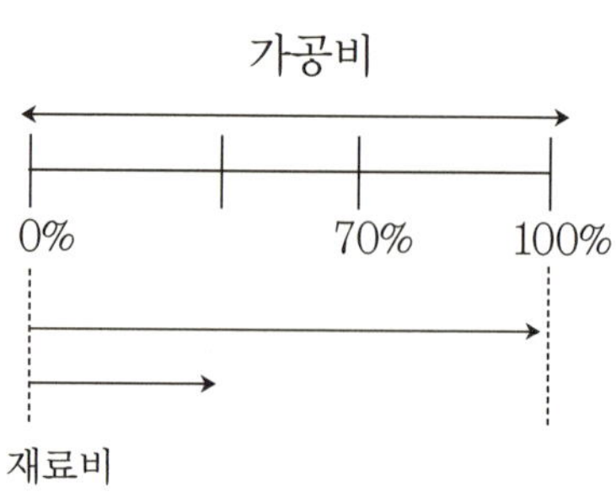

완성품환산량

재료비	가공비
18,000	18,000
2,000	1,400
20,000개	19,400개

③ [3단계] 총원가 요약 : 투입시점이 다른 원가요소별로 원가 총액을 보여주는 단계이다. 평균법의 경우에는 선입선출법과 달리 기초재공품에 포함된 원가도 재료비와 가공비로 구분하여 표시한다. 따라서 기초재공품와 당기착수원가를 재료비와 가공비로 나누어 요약하면 다음과 같다.

	재료비	가공비	합 계
기초재공품원가	₩ 30,000	₩ 25,400	₩ 55,400
당기착수원가	190,000	285,000	475,000
합 계	₩220,000	₩310,400	₩530,400

④ [4단계] 완성품환산량 단위당 원가 계산 : [3단계]에서 요약된 원가를 [2단계]에서 계산된 완성품환산량으로 나누어 완성품환산량 1단위당 원가를 계산한다. 즉, 재료비는 기초재공품에 포함된 재료비와 당기에 착수한 재료비의 합계 ₩220,000을 재료비 완성품환산량 20,000단위로 나누어 계산하고, 가공비는 기초재공품에 포함되어 있는 가공비와 당기에 착수한 가공비의 합계 ₩310,400을 가공비 완성품환산량 19,400단위로 나누어 계산한다. 평균법은 기초재공품이 당기에 착수한 것으로 가정하였기 때문에 기초재공품에 투입되어 있던 원가도 당기에 투입된 원가인 것으로 가정하는 것이다.

재료비 완성품환산량 단위당원가

$$\frac{220,000}{20,000\text{단위}} = ₩11$$

가공비 완성품환산량 단위당원가

$$\frac{310,400}{19,400\text{단위}} = ₩16$$

⑤ [5단계] 원가배분 : [4단계]에서 계산된 완성품환산량 단위당 원가를 [2단계]에서 계산된 완성품환산량에 곱하여 완성품과 기말재공품원가를 각각 계산한다. 따라서 완성품 18,000단위는 재료비와 가공비가 당기에 18,000단위씩 모두 투입되어 완성된 것이므로 완성품원가는 다음과 같이 계산된다.

완 성 품 원 가 : 18,000×11 + 18,000 × 16 = ₩486,000

반면 기말재공품의 경우에는 재료비가 2,000단위 가공비가 1,400단위 투입된 상태이므로 다음과 같이 계산된다.

기말재공품원가 : 2,000×11 + 1,400 × 16 = 44,400

선입선출법에 의한 종합원가계산 5단계를 제조원가보고서로 나타내면 다음과 같다.

제조원가보고서(평균법)

[1단계] 물량의 흐름 / [2단계] 완성품 환산량

재공품				재료비	가공비
기 초	1,000	완 성	18,000	18,000	18,000
당기착수	19,000	기 말	2,000	2,000	1,400
합 계	20,000	합 계	20,000	20,000개	19,400개

[3단계] 총원가 요약

			합 계
기초재공품원가	₩ 30,000	₩ 25,400	₩ 55,400
당기 착수 원가	190,000	285,000	475,000
합 계	₩220,000	₩310,400	₩530,400

[4단계] 완성품환산량 단위당원가

완성품 환산량	÷ 20,000	÷ 19,400
완성품환산량 단위당원가	@11	@16

[5단계] 원가 배분

		합 계
완성품원가	18,000 × 11 + 18,000 × 16 =	₩486,000
기말재공품원가	2,000 × 11 + 1,400 × 16 =	44,400
합 계		₩530,400

상기 종합원가계산(평균법)과 관련된 사항들의 회계처리를 하면 다음과 같다(단, 당기 중 원재료 구입액은 ₩220,000, 가공비 중 40%는 노무비에 해당하며, 나머지 60%는 제조간접비라 가정한다).

㉠ 원재료 구입시

(차) 원 재 료	220,000	(대) 매입채무(또는 현금)	220,000

㉡ 원재료 투입시

(차) 재 공 품	190,000	(대) 원 재 료	190,000

㉢ 노무비와 제조간접비 발생시

(차) 노 무 비	114,000	(대) 미지급금(또는 현금)	285,000
제조간접비	171,000		

㉣ 노무비와 제조간접비 재공품 대체

(차) 재 공 품	285,000	(대) 노 무 비	114,000
		제조간접비	171,000

㉤ 제품완성시

(차) 제 품	486,000	(대) 재 공 품	486,000

상기 사례를 토대로 평균법으로 종합원가계산을 한 경우, 제조원가명세서를 작성하면 다음과 같다(단, 기초 원재료 재고가 ₩10,000 이라고 가정한다).

제조원가명세서

Ⅰ. 직 접 재 료 비		
1. 기초원재료재고액	10,000	
2. 당기원재료매입액	220,000	
3. 계	230,000	
4. 기말원재료재고액	(40,000)	190,000
Ⅱ. 직 접 노 무 비		114,000
Ⅲ. 제 조 간 접 비		171,000
Ⅳ. 당 기 총 제 조 원 가		475,000
Ⅴ. 기 초 재 공 품 원 가		55,400
Ⅵ. 계		530,400
Ⅶ. 기 말 재 공 품 원 가		(44,400)
Ⅷ. 당기제품제조원가		486,000

2. 연속된 2개 이상의 공정이 존재하는 경우

연속된 2개 이상의 연속된 공정이 존재하는 경우, 제1공정에서 완성된 재공품이 제2공정에 투입되어 제2공정에서 추가가공이 이루어지는 경우에 제2공정 이후의 종합원가계산도 제1공정의 원가계산과 동일하게 이루어진다. 다만, 1공정에서 완성된 물량이 여전히 재공품으로서 제2공정으로 대체되며, 제1공정에서 제2공정으로 대체된 물량이 제2공정의 당기 착수량이 되는데, 연속된 제조공정의 원가계산시에는 다음과 같은 사항들을 고려하여야 한다.

1) 제1공정의 완성품은 제2공정에서는 직접 재료비와 유사한 성격으로 제2공정에 투입되는데, 제1공정에서 대체되어 넘어온 물량의 원가를 제2공정에서는 전공정대체원가[1](transferred-in costs) 또는 전공정원가, 전공정비라 하며, 제2공정의 원가는 전공정원가(1공정에서 발생한 원가)와 제2공정에서 추가로 투입되는 재료비, 가공비 등으로 분류하여 원가를 계산한다.
2) 전공정원가는 제2공정 시작시점에서 전액 투입되는 재료비와 같은 성격이라고 보면 된다. 따라서 당기착수물량의 전공정원가는 완성도가 항상 100%가 된다. 즉, 제2공정 전공정비는 선입선출법의 경우 기초재공품만 "0"으로 평가되며, 나머지 수량은 모두 100%로 평가되나, 평균법의 경우에는 완성품과 기말재공품 모두 100%로 평가된다.
3) 연속된 제조공정에서 제1공정에서 완성된 물량이 바로 제2공정으로 투입되는 경우 제1공정 당기 완성품 물량이 제2공정의 당기 착수물량이 되며, 이 때 제1공정 완성품의 원가가 제2공정에서는 당기 착수물량의 전공정비가 된다.
4) 제1공정과 제2공정이 모두 동일한 원가가정을 할 필요는 없다. 즉, 공정의 특성에 따라, 혹은 편의에 따라 제1공정은 선입선출법, 제2공정은 평균법으로 처리해도 되는 것이다. 다만, 공정별로 한번 사용한 방법은 다음 회계기간에도 계속하여 적용하는 것이 좋다.

연속되는 제조공정의 경우 원가흐름을 T-계정에 나타내면 다음과 같다.

---

1) 연속된 여러개의 공정이 있는 경우 앞 공정(전공정)에서 완성된 재공품이 다음 공정(후공정)으로 넘어가게 되는데, 이때 앞 공정(전공정)에서 이미 발생되어 다음 공정(후공정)으로 대체되는 원가를 전공정대체원가(또는 전공정비)라 한다.

재공품(제1공정)

차변	금액	대변	금액
기 초	×××	완 성	×××
재 료 비	×××	기 말	×××
가 공 비	×××		
	×××		×××

재공품(제2공정)

차변	금액	대변	금액
기 초	×××		
전공정비	×××	완 성	×××
재 료 비	×××	기 말	×××
가 공 비	×××		
	×××		×××

예제6

(주)덕성은 두 개의 공정을 통하여 XE-100을 제조 생산하는 기업이다. 첫 번째 공정에서는 18,000단위가 완성되었으며, 첫 번째 공정의 완성품원가는 ₩486,000이었다. 첫 번째 공정에서 완성된 18,000단위는 전량 두 번째 공정으로 투입되었으며, 두 번째 공정과 관련된 자료는 다음과 같다

(1) 제2공정의 물량 자료

기초 재 공 품 : 1,000단위(완성도 80%)

당기 착수물량 : 18,000단위

당기 완 성 량 : 17,500단위

기말 재 공 품 : 1,500단위(완성도 40%)

(2) 제2공정의 원가자료

기초재공품원가 : 전공정비 ₩ 36,500 재료비 ₩ 11,500 가공비 ₩ 16,650

당 기 착 수 원 가 : 전공정비 ₩486,000 재료비 ₩132,000 가공비 ₩164,350

(3) 제2공정에서 투입되는 재료는 모두 제조공정의 60%시점에 전량 투입되고, 가공비는 공정 전반에 걸쳐 균등하게 발생한다고 가정한다.

〈 평균법 〉

평균법은 당기에 투입된 물량과 기초재공품 모두 당기에 제2공정에 투입된 것으로 가정하여, 원가계산절차(5단계)를 진행한다.

① [1단계] 물량의 흐름 파악

평균법의 경우에는 기초재공품을 제2공정으로 당기에 새로 투입된 물량으로 가정하기 때문에, 기초재공품이 1,000단위였고 18,000단위가 제2공정에 투입되었으나 기초재공품과 당기착수량의 합계 19,000단위가 모두 당기에 제2공정으로 투입된 것으로 가정한다. 이 19,000단위 중에서 17,500단위가 완성되고 1,500단위가 기말재공품인 것으로 본다. 따라서 평균법하에서 물량의 흐름은 다음과 같이 나타낸다.

재공품

기초재공품	1,000단위	당기완성	17,500단위
당기투입량	18,000단위	기말재공품	1,500단위
합계	19,000단위	합계	19,000단위

② [2단계] 완성품환산량 계산 : 공정이 2개 이상인 경우 전공정비(1공정 원가)는 공정의 시작시점에 투입된 재료비로 생각하면 쉽다. 평균법의 경우 모든 물량은 당기에 투입된 것으로 가정하기 때문에 당기에 완성된 17,500단위와 기말재공품 1,500단위 모두 당기에 투입된 것으로 보아 전공정비가 모두 100% 투입된 것으로 보면 된다. 따라서 완성품 17,500단위와 기말재공품 1,500단위 모두 전공정비는 100%인 17,500단위와 1,500단위인 것이다. 반면 재료비는 60%시점에서 투입되므로 당기에 60%시점을 통과한 완성품 17,500단위는 재료비가 100%투입되었고, 기말재공품 1,500단위는 당기에 60%시점에 도달하지 못하였기 때문에 재료비가 하나도 투입되지 않아 완성품환산량이 0 인 것이다. 마지막으로 완성품 17,500단위는 100%가공이 되었으므로 완성품의 가공비 완성품환산량은 17,500단위이며, 기말재공품은 40%완성된 상태이므로 기말재공품의 가공비 완성품환산량은 600단위(=1,500단위 ×40%)이다. 따라서 완성품환산량은 다음과 같이 나타낼 수 있다.

재공품

기초	1,000	완성	17,500
착수	18,000	기말	1,500
	19,000		19,000

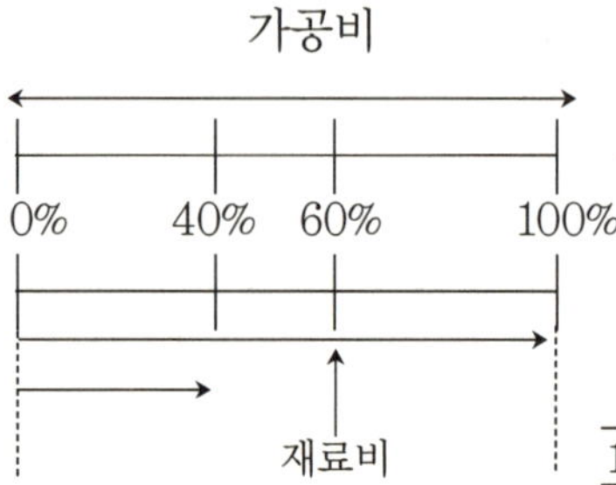

완성품환산량

전공정비	재료비	가공비
17,500	17,500	17,500
1,500	0	600
19,000개	17,500개	18,100개

③ [3단계] 총원가 요약 : 평균법은 기초재공품원가도 당기에 투입된 원가로 가정하기 때문에 기초재공품의 원가를 전공정비와 재료비 가공비로 각각 구분하고, 투입시점이 다른 원가요소별로 원가 총액을 보여주는 단계이다. 기초재공품원가와 당기착수원가를 재료비와 가공비로 나누어 요약하면 다음과 같다.

	전공장비	재료비	가공비	합계
기초재공품원가	₩ 36,500	₩ 11,500	₩ 16,650	₩ 64,650
당기착수원가	486,000	132,000	164,350	782,350
합 계	₩522,500	₩143,500	₩181,000	₩847,000

④ [4단계] 완성품환산량 단위당 원가 계산 : [3단계]에서 요약된 원가 합계(기초재공품원가와 당기착수원가의 합계)를 [2단계]에서 계산된 완성품환산량으로 나누어 완성품환산량 1단위당 원가를 계산한다.

전공장비	재료비	가공비
₩522,500 ÷ 19,000 = 27.5	₩143,500 ÷ 17,500 = 8.2	₩181,000 ÷ 18,100 = 10

⑤ [5단계] 원가배분 : [4단계]에서 계산된 완성품환산량 단위당 원가를 [2단계]에서 계산된 완성품환산량에 곱하여 완성품과 기말재공품원가를 각각 계산한다.

완 성 품 원 가 : 17,500 × 27.5 + 17,500 × 8.2 + 17,500 × 10 = ₩799,750

기말재공품원가 : 1,500 × 27.5 + 0 × 8.2 + 600 × 10 = 47,250

합 계 : ₩847,000

평균법에 의한 종합원가계산 5단계를 제조원가보고서로 나타내면 다음과 같다.

[1단계] 물량의 흐름

재 공 품

기 초	1,000	완 성	17,500
당 기 착 수	18,000	기 말	1,500
합 계	19,000	합 계	19,000

[2단계] 완성품 환산량

전공정비	재료비	가공비
17,500	17,500	17,500
1,500	0	600
19,000개	17,500개	18,100개

[3단계] 총원가 요약

				합 계
기초재공품원가	₩ 36,500	₩ 11,500	₩ 16,650	₩ 64,650
당기 착수 원가	486,000	132,000	164,350	782,350
합 계	₩522,500	₩143,500	₩181,000	₩847,000

[4단계] 완성품환산량 단위당원가

완성품 환산량	÷ 19,000	÷ 17,500	÷ 18,100
완성품환산량 단위당원가	@27.5	@8.2	@10

(=)

[5단계] 원가 배분

		합 계
완성품원가	17,500 × 27.5 + 17,500 × 8.2 + 17,500 × 10 =	₩799,750
기말재공품원가	1,500 × 27.5 + 0 × 8.2 + 600 × 10 =	47,250
합 계		₩847,000

〈 선입선출법 〉

선입선출법은 먼저 투입된 물량이 먼저 완성된다는 가정인데, 기초재공품이 당기에 투입된 물량보다 먼저 완성된다는 가정하에 원가계산절차(5단계)를 진행한다.

① [1단계] 물량의 흐름 파악

기초재공품이 1,000단위였고, 당기에 18,000단위를 투입해서 17,500단위를 완성하였다. 이 경우 선입선출법은 기초재공품 1,000단위가 먼저 완성되고 당기에 투입한 18,000단위 중 16,500단위가 추가로 완성되어 총 17,500단위가 완성된 것이며 나머지 1,500단위는 기말재공품이 된다. 따라서 다음과 같이 나타낼 수 있다.

재공품

기초재공품	1,000단위	기초재공품완성	1,000단위
당기착수	18,000단위	당기착수완성	16,500단위
		기말재공품	1,500단위
합 계	19,000단위	합 계	19,000단위

② [2단계] 완성품환산량 계산 : 선입선출법의 경우 당기 착수 물량만 당기 중에 투입된 것으로 보며, 기초재공품 1,000단위는 80% 시점부터 출발하는 것으로 본다. 따라서 60% 시점에서 투입되는 재료비는 기초재공품에는 당기에 전혀 투입되지 않으며, 기초재공품에는 가공비만 20%가 투입되는 것으로 본다. 또한 전공정비는 공정시작시점에 투입되는 재료비로 보기 때문에 기초재공품에는 당기에 전공정비가 전혀 투입되지 않는 것으로 봐서 기초재공품의 전공정비 완성품환산량은 0이 된다. 반면에 당기착수하여 완성된 16,500단위는 전공정비도 100% 투입된 것으로 보며, 당기에 60% 시점을 통과하므로 재료비도 100% 투입되며, 당기에 가공이 100% 이루어졌기 때문에 가공비도 100% 투입된 것으로 본다. 마지막으로 기말재공품 1,500단위는 당기에 새로 투입된 물량이므로 전공정비가 100% 투입된 것으로 본다. 그러나 재료가 투입되는 60% 시점에 도달하지 못하였기 때문에 재료비 완성품환산량이 0이 되는 것이며, 가공비는 600단위(=1,500단위×60%)만큼 들어간 것으로 보면 된다. 당기 완성품환산량은 다음과 같이나타낼 수 있다.

재공품

기 초	1,000	기초재공품완성	17,500
착 수	18,000	당기착수완성	16,500
		기 말	1,500
	19,000		19,000

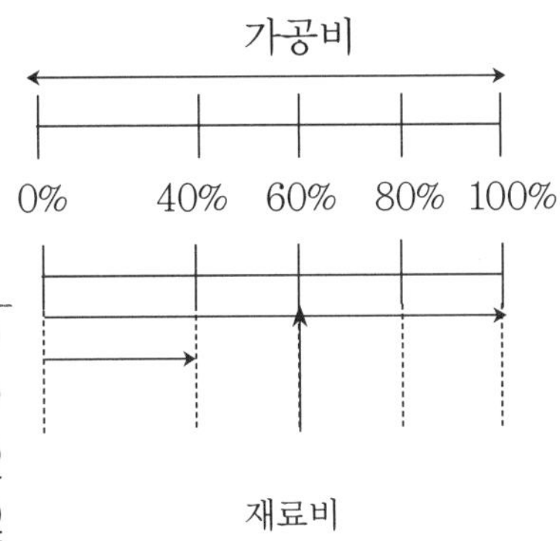

완성품환산량		
전공정비	재료비	가공비
0	0	200
16,500	16,500	16,500
1,500	0	600
18,000개	16,500개	17,300개

③ [3단계] 총원가 요약 : 투입시점이 다른 원가요소별로 원가 총액을 보여주는 단계이다. 선입선출법은 기초재공품원가는 별도로 구분하고, 당기에 투입한 원가만 원가요소별로 구분한다. 당기착수원가를 전공정비와 재료비, 가공비로 나누어 요약하면 다음과 같다.

	전공정비	재료비	가공비	합계
기초재공품원가				₩ 64,650
당기착수원가	₩486,000	₩132,000	₩164,350	782,350
합 계				₩847,000

④ [4단계] 완성품환산량 단위당 원가 계산 : [3단계]에서 요약된 원가 중 당기착수원가를 [2단계]에서 계산된 완성품환산량으로 나누어 완성품환산량 1단위당 원가를 계산한다.

전공정비	재료비	가공비
486,000 ÷ 18,000 = 27	132,000 ÷ 16,500 = 8	164,350 ÷ 17,300 = 9.5

⑤ [5단계] 원가배분 : [4단계]에서 계산된 완성품환산량 단위당 원가를 [2단계]에서 계산된 완성품환산량에 곱하여 완성품과 기말재공품원가를 각각 계산하는 것은 평균법과 동일하나, 완성품원가 계산시 반드시 기초재공품원가를 가산하여야 한다.

완성품원가 : 64,650 + 16,500 × 27 + 16,500 × 8 + 16,700 × 9.5 = ₩800,800

기말재공품원가 : 1,500 × 27 + 0 × 8 + 600 × 9.5 = 46,200

합 계 : ₩847,000

선입선출법에 의한 종합원가계산 5단계를 제조원가보고서로 나타내면 다음과 같다

[1단계] 물량의 흐름

재 공 품

차변	금액	대변	금액
기 초	1,000	완성 기초	1,000
당기착수	18,000	완성 투입	16,500
합 계	19,000	기 말	1,500
		합 계	19,000

[2단계] 완성품 환산량

전공정비	재료비	가공비
0	0	200
16,500	0	16,500
1,500	1,500	600
18,000개	16,500개	17,300개

[3단계] 총원가 요약

				합 계
기초재공품원가				₩ 64,650
당기 착수 원가	₩486,000	₩132,000	₩164,350	782,350
합 계				₩847,000

[4단계] 완성품환산량 단위당원가

완성품 환산량	÷ 18,000	÷ 16,500	÷ 17,300
완성품환산량 단위당원가	@27	@8	@9.5

[5단계] 원가 배분 합 계

완성품원가	64,650 + 16,500 × 27 + 16,500 × 8 + 16,700 × 9.5 =	₩800,800
기말재공품원가	1,500 × 27 + 0 × 8 + 600 × 9.5 =	46,200
합 계		₩847,000

(3단계 합계 ₩847,000 = 5단계 합계 ₩847,000)

요점정리

1. 종합원가계산의 의의 및 종류

(1) 종합원가계산 = 공정원가계산

동일 종류의 제품을 연속하여 반복적으로 생산하는 생산형태의 적용되는 원가계산 방법

완성품원가 = 당기총제조비용+기초재공품원가－기말재공품원가

(2) 종합원가계산의 종류

① 단순 종합원가계산 ② 공정별 종합원가계산
③ 조별 종합원가계산 ④ 등급별 종합원가계산
⑤ 연산품 종합원가계산

2. 재공품의 평가

(1) 완성도 : 재공품이 완성품에 비하여 평균 어느 정도 생산이 진척(완성)되었는지를 나타내는 개념

(2) 완성품환산량 = 물량×완성(진척)도

(3) 재공품의 평가방법

① 평균법 : 기말재공품에는 기초재공품과 당기투입량이 평균적으로 포함되어 있다고 가정하는 방법

② 선입선출법 : 기초재공품을 먼저 가공하여 완성시킨 후에 당기투입분의 제조에 착수한다고 가정하는 방법

③ 후입선출법 : 당기투입분을 먼저 완성시킨 후에 기초재공품을 완성시킨다고 가정하는 방법

3. 공정이 하나인 경우

동일 종류의 제품을 하나의 제조공정에서 연속하여 반복적으로 생산하는 기업에 적용되는 원가계산방법

(1) 개별원가계산과 종합원가계산의 비교

구 분	개별원가계산	종합원가계산
1. 적용생산형태	다종 제품의 개별생산 (주문생산)	동종 제품의 연속생산 (반복생산)
2. 제품의 종류	제품별로 종류 · 모양 · 크기 등의 상이	단일내지 동일종류의 제품
3. 생산수량	수주 수량에 따라 결정됨	생산계획에 따라 연속생산
4. 제조지시서	특정 제조지시서	계속 제조지시서
5. 원가의 집계단위	개별제품	기간의 생산량
6. 직 · 간접비의 구별	반드시 필요함	원칙적으로 불필요함
7. 기말재공품원가	자동적으로 계산됨	특별히 배분계산함

(2) 부산물과 작업폐물

- 부 산 물 : 주산물의 제조과정에서 필연적으로 생산되는 부차적인 물품
- 작업폐물 : 제품의 제조과정에서 발생하는 사용재료의 폐물

(3) 부산물과 작업폐물의 평가 및 회계처리

① 부산물의 평가 : 제9장 연산품 종합원가계산편 참조
작업폐물의 평가 : 부산물의 평가방법 준용

③ 부산물과 작업폐물의 회계처리

- 부 산 물 : 주산물의 총원가에서 차감
- 작업폐물 : 발생부문의 제조원가 또는 당해 제품의 제조원가에서 차감

4. 연속된 2개 이상의 공정이 존재하는 경우

(1) **공정별 종합원가계산** : 제조공정이 2이상의 연속되는 공정으로 구분되고, 각 공정별로 당해 공정의 제조원가를 계산하는 기업에 적용되는 원가계산방법

(2) **공정별 종합원가계산의 기본절차**

- 제1단계 : 원가요소를 공정개별비와 공정공통비로 분류하여 공정개별비는 각 공정에 직접부과하고, 공정공통비는 각 공정에 배부
- 제2단계 : 공정별로 집계된 총제조원가를 각 공정별 완성품과 기말재공품에 배분하여 각 공정별 완성품원가와 기말재공품원가 계산

5. 조별 종합원가계산

다른 종류의 제품을 조별로 연속하여 생산하는 형태에 적용하는 원가계산방법

제7장 연 습 문 제

7-1 완성품환산량 : 평균

(주)숙명은 종합원가계산제도를 채택하고 있으며, 평균법을 적용하여 재공품을 평가하고 있다. 3월 동안 50,000단위를 제조과정에 투입하여 46,000단위를 완성시켰으며, 기말재공품과 기초재공품은 각각 12,000단위와 8,000단위이다. 그리고 월초재공품의 재료비 완성도는 90%이고 가공비 완성도는 40%이다. 월말재공품의 재료비 완성도는 60%이고 가공비 완성도는 20%이다.

■ 요구사항

1. 재료비와 가공비의 완성품환산량은 각각 몇 단위인가?
2. 종합원가계산에서는 완성품환산량이라는 개념이 매우 중요하다. 완성품환산량이라는 개념을 사용하는 이유는 무엇인가?
3. 평균법에서의 완성품환산량의 의미는 무엇인가?

| 풀이 |

1. 완성품환산량

(1) 물량흐름 파악

재 공 품

기 초	8,000	완 성 품	46,000
착 수	50,000	기말재공품	12,000
	58,000	합 계	58,000

(2) 완성품환산량

재료비	가공비
46,000	46,000
7,200①	2,400②
53,200	48,400

① 12,000단위×60%=7,200

② 12,000단위×20%=2,400

2. 완성품환산량이라는 개념을 사용하는 이유

완성품 1단위와 재공품 1단위는 비록 단순한 물량으로는 동일하다 할지라도 경제적 가치, 즉 원가의 투입면에서는 동일하다 할 수 없다. 왜냐하면 완성품은 원가가 100%투입된 것인데 비해서 재공품은 완성정도 만큼만 원가가 투입된 것이기 때문이다. 그러므로 경제적 가치면에서 동일한 단위로 통일시킬 필요가 있는데, 이 때 사용되는 개념이 완성품환산량의 개념이다.

3. 평균법에서의 완성품환산량의 의미

평균법에서의 완성품환산량은 전기의 작업과 당기의 작업이 모두 포함된 지금까지의 완성품환산량을 의미한다. 여기서 전기작업이란 기초재공품의 (전기)완성품환산량을 의미한다.

| 해설 |

1. 평균법에 의한 완성품환산량을 구하기 위해서는 먼저 물량흐름을 파악하여야 한다. 물량흐름의 파악은 제조과정에 투입된 총수량과 제조과정으로부터 산출된 총수량으로 각각 구분하여 그 일치여부를 확인하여야 한다. 물량흐름이 파악되면 완성품수량과 기말재공품수량에 각각의 완성도를 곱하여 완성품환산량을 계산한다.

2. 평균법에서는 기말재공품은 기초재공품과 당기투입량이 평균적으로 구성되어 있다고 가정하는 방법이므로, 전기의 작업과 당기의 작업을 구분할 필요없이 지금까지의 완성품환산량을 구하면 된다. 따라서 기초재공품의 완성도는 고려할 필요가 없다. 상기에서는 5단계 접근법을 숙달시키기 위한 목적으로 풀이를 작성하였으나, 만약에 문제에서 완성품환산량만을 구하라고 하면 다음과 같이 간결하게 작성하면 된다.

재료비 환산량 = 46,000+12,000×60%=53,200단위

가공비 환산량 = 46,000+12,000×20%=48,400단위

7-2 완성품환산량 : 선입선출법

(주)숙명은 종합원가계산제도를 채택하고 있으며, 선입선출법을 적용하여 재공품을 평

가하고 있다. 3월 동안 50,000단위를 제조과정에 투입하여 46,000단위를 완성시켰으며, 기말재공품과 기초재공품은 각각 12,000단위와 8,000단위이다. 그리고 월초재공품의 재료비 완성도는 90%이고 가공비 완성도는 40%이다. 월말재공품의 재료비 완성도는 60%이고 가공비 완성도는 20%이다.

■ 요구사항

1. 재료비와 가공비의 완성품환산량은 각각 몇 단위인가?

2. 선입선출법에서의 완성품환산량의 의미는 평균법과 어떻게 다른가?

3. 평균법의 완성품환산량을 이용하여 선입선출법의 완성품환산량을 구하라. 단, 평균법의 재료비환산량은 53,200개이고 가공비환산량은 48,400개이다.

4. 평균법과 선입선출법의 완성품환산량이 다른 이유는 무엇인가?

| 풀이 |

1. 완성품환산량

(1) 물량흐름 파악

재 공 품

차변		대변	
기　　초	8,000	기초재고완성량	8,000
당기투입	50,000	당기투입완성량	38,000
	58,000	기 말 재 공 품	12,000
		합　　계	58,000

(2) 당기 완성품환산량

재료비	가공비
800①	4,800②
38,000	38,000
7,200	2,400
46,000	45,200

① 8,000단위×(100%−90%)=800단위

② 8,000단위×(100%−40%)=4,800단위

2. 선입선출법에서의 완성품환산량의 의미

평균법에서의 완성품환산량은 전기의 작업과 당기의 작업이 모두 포함된 지금까지의 완성품환산량을 의미한다. 그러나 선입선출법에서는 전기의 작업은 제외시킨 당기만의 완성품환산량을 의미한다.

3. 평균법의 완성품환산량을 선입선출법의 완성품환산량으로 전환

4. 평균법과 선입선출법의 완성품환산량이 다른 이유

기초재공품이 존재하기 때문이다. 평균법에서는 기초재공품의 완성품환산량이 포함되어 지금까지의 완성품환산량을 계산하나, 선입선출법에서는 기초재공품의 완성품환산량은 제외시킨 당기만의 완성품환산량을 계산하기 때문이다. 따라서 기초재공품이 존재하지 않는다면 양 방법의 완성품환산량은 차이가 발생하지 않는다.

| 해설 |

1. 선입선출법에 의한 물량흐름 파악시에는 평균법과 달리 산출량 계산시에 완성품수량을 기초재고완성량과 당기투입완성량으로 구분하여 파악한다. 물량흐름이 파악되면 물량에다 완성도를 곱하여 완성품환산량을 구한다.

2. 기초재공품은 재료비의 입장에서 보면 전기에 90%가 투입되었으므로 당기에 10%만 추가로 투입하면 완성품이 되므로, 기초재공품 8,000단위×(100%－90%)＝800단위가 당기의 재료비 환산량이 된다. 그리고 가공비는 전기에 40%가 투입되었으므로 8,000단위×(100%－40%)＝4,800단위가 당기의 가공비 환산량이 된다.

7-3 완성품환산량 : 재료의 소비시점이 다른 경우

(주)영남은 종합원가계산시스템을 채택하고 있으며, 재료A와 재료B를 제조과정에 투입하여 동일 종류의 제품을 생산하고 있다. 7월의 기초재공품은 3,000개이고 그 원가는 ₩24,000이다. 7월 동안 25,000개를 제조과정에 투입하였으며 동기간에 투입된 원가는 다음과 같다.

재료A의 원가 : ₩100,000,　재료B의 원가 : ₩70,000,　가공비 : ₩40,000

| 기타정보 |

1. 당기에 완성되어 제품계정으로 대체된 수량은 20,000개이다.

2. 재료A는 공정시점(工程始點)에서 전량투입되며, 재료B는 70% 완성시점에서 일시에 투입된다. 그리고 가공비는 공정 전반에 걸쳐 균일하게 소비된다.

3. 기초재공품의 가공비 완성도는 80%이고 기말재공품의 가공비 완성도는 50%이다.

■ 요구사항

1. 평균법에 의한 완성품환산량은 몇 단위인가?
2. 선입선출법에 의한 완성품환산량은 몇 단위인가?

| 풀이 |

1. 평균법에 의한 완성품환산량

(1) 물량흐름 파악

재공품

기 초	3,000	완 성 품	20,000
착 수	25,000	기말재공품	8,000
	28,000	합 계	28,000

(2) 완성품환산량

재료A	재료B	가공비
20,000	20,000	20,000
8,000①	0	4,000②
28,000	20,000	24,000

① 8,000단위×100%=8,000
② 8,000단위×50%=4,000

2. 선입선출법에 의한 완성품환산량

(1) 물량흐름 파악

재공품

기 초	3,000	기초재고완성량	3,000
착 수	25,000	당기투입완성량	17,000
		기 말 재 공 품	8,000
	28,000	합 계	28,000

(2) 당기 완성품환산량

재료A	재료B	가공비
0	0	600①
17,000	17,000	17,000
8,000②	0	4,000③
17,000	17,000	21,600

① 3,000단위×20%=600
② 8,000단위×100%=8,000
② 8,000단위×50%=4,000

| 해설 |

1. 재료A는 공정시점에서 전량투입되므로 기말재공품이라 할지라도 재료A는 100%

투입되었다. 그런데 재료B는 70% 완성시점에서 일시에 투입되므로 완성품은 100%투입되었다. 그러나 기말재공품은 완성도가 50%이므로 재료B의 투입시점인 70%에 도달하지 못하였으므로 재료B는 투입되지 않았다.

2. 재료A는 공정시점에서 전량 투입되고 재료B는 70% 완성시점에서 일시에 투입된다. 그런데 기초재공품의 완성도가 80%이므로 선입선출법을 적용하는 경우 기초재고완성량에는 재료A와 재료B가 전기에 100% 투입되었다. 그러므로 당기에는 재료가 투입되지 않았으므로 당기의 재료A와 재료B의 완성품환산량은 0개이다. 그리고 기말재공품의 완성도는 50%이므로 재료A는 전량 투입되었으나, 재료B는 70% 완성시점에 도달하지 못하였으므로 투입되지 않았다.

7-4 완성품환산량 : 재료의 투입이 균일하지 않은 경우

(주)울산은 단순 종합원가계산제도를 채택하고 있으며 평균법으로 재공품을 평가하고 있다. 재료는 제조착수시에 50%가 투입되며 나머지 50%는 공정 전반에 걸쳐 균일하게 투입된다. 5월 원가계산기간의 물량흐름과 가공비의 완성도는 다음과 같다.

	물 량	완 성 도
기초재공품	2,000개	25%
당기원기품	30,000개	100%
기말재공품	4,000개	75%

■ 요구사항

1. 당기에 제조과정에 착수한 수량은 몇 단위인가?

2. 평균법에 의한 완성품환산량을 계산하라.

3. 선입선출법에 의한 완성품환산량을 계산하라.

| 풀이 |

1. 당기착수량 : 30,000개+4,000개－2,000개=32,000개

2. 평균법에 의한 완성품환산량을 계산하라.

(1) 물량흐름 파악

재공품

기초재공품	2,000	완 성 품	30,000
당기착수량	32,000	기말재공품	4,000
합 계	34,000	합 계	34,000

(2) 완성품환산량

재료비	가공비
30,000	30,000
3,500①	3,000②
33,500	33,000

① 4,000개×(50%+50%×75%)=3,500

② 4,000개×75%=3,000

3. 선입선출법에 의한 완성품환산량.

(1) 물량흐름 파악

재공품

기초재공품	2,000	기초재고완성량	2,000
당기착수량	32,000	당기투입완성량	28,000
		기 말 재 공 품	4,000
합 계	34,000	합 계	34,000

(2) 당기 완성품환산량

재료비	가공비
750①	1,500
28,000	28,000
3,500②	3,000
32,250	32,500

① 2,000개×50%×75%=750

② 4,000개×(50%+50%×75%)=3,500

| 해설 |

1. 재료의 50%가 제조착수시에 투입되고 나머지 50%는 공정전반에 걸쳐 균일하게 투입되고 있다. 평균법을 적용하는 경우 기말재공품에는 공정시점에서 50%는 일시에 투입되었으므로 4,000개×50%인 2,000개와 나머지 50%는 완성도에 비례하여 투입되었으므로 4,000개×(50%×75%) = 1,500개를 합한 3,500개가 기말재공품의 재료비환산량이 된다.

2. 선입선출법을 적용하는 경우에 기초재공품의 완성도는 25%이므로 공정시점에서 일시에 투입되는 50%는 전기에 투입되었다. 그리고 공정전반에 걸쳐 균일하게 투

입되는 50% 중에서 25%는 전기에 투입되었으므로 당기에 추가로 투입되는 재료비 환산량은 50% 중에서 75%가 투입되므로 2,000개×(50%×75%) = 750개가 된다. 기말재공품의 완성도는 75%이므로 공정시점에 투입되는 50%는 전량 투입되었고 균일하게 투입되는 50% 중에서 75%가 투입되었으므로 재료비 환산량은 4,000개 ×(50%+50%×75%) = 3,500개가 된다.

7-5 제조원가보고서 : 평균

(주)포항은 동일 종류의 제품을 연속적으로 생산하고 있으며 종합원가계산시스템을 운영하고 있다. 10월의 월초재공품은 300단위인데, 완성도는 40%이고 주요재료비는 ₩72,000, 가공비는 ₩40,400이다. 회사는 당월에 1,700단위를 제조과정에 투입하였으며, 당월에 소비된 주요재료비는 ₩340,000이고 가공비는 ₩712,000이다. 그 결과 당월에 1,800단위를 완성시켜 제품계정으로 대체시켰으며, 기말재공품 200단위의 완성도는 50%이다. 주요재료는 제조착수와 동시에 전량 투입되며 재공품의 평가방법은 평균법이다.

■ 요구사항

1. 10월의 완성품원가와 기말재공품원가를 계산하라.
2. 각종 원가요소 소비시의 분개를 하라.
3. 완성품원가를 제품계정에 대체시의 분개를 하라.
4. 완성품의 단위당 원가를 계산하고 완성품환산량 단위당 원가와 비교하라.
5. 재공품계정에 수량과 원가를 기입하고 마감하라.

| 풀이 |

1. 평균법에 의한 완성품환산량을 계산하라.

(1) 물량흐름 파악

재공품

기초재공품	300	완 성 품	1,800
당기투입량	1,700	기말재공품	200
합 계	2,000	합 계	2,000

(2) 완성품환산량

주요재료비	가공비
1,800	1,800
200①	100②
2,000	1,900

① 200단위×100%=200 ② 200단위×50%=100

(3) 총제조원가의 집계

	주요재료비	가공비	합 계
기초재고완성량	₩72,000	₩40,400	₩112,400
당기투입완성량	340,000	712,000	1,052,000
합 계	₩412,000	₩752,400	₩1,164,400
완성품환산량	÷2,000	÷1,900	
(4) 환산량 단위당원가	@₩206	@₩396	@₩602

(5) 총제조원가의 배분

① 완성품원가 : 1,800단위× @₩602=₩1,083,600

② 기말재공품원가 : 200단위× @₩206+100단위× @₩396=₩80,800

검산 ₩1,083,600+₩80,800=₩1,164,400

2. 각종 원가요소 소비시의 분개

(차) 재 공 품 1,052,000 (대) { 주요재료비 340,000 / 가 공 비 712,000 }

3. 완성품을 제품계정에 대체시의 분개

(차) 제 품 1,083,600 (대) 재 공 품 1,083,600

4. 완성품의 단위당 원가 : ₩1,083,600÷1,800단위=@₩602

평균법에 의한 완성품 단위당 원가는 완성품환산량 단위당 원가와 일치한다.

5. 재공품계정의 기입면

재 공 품

	수량	원가		수량	원가
기초재공품	300개	112,400	완 성 품	1,800개	1,083,600
당기투입량	1,700개	1,052,000	기말재공품	200개	80,800
	2,000개	1,164,400		2,000개	1,164,400

| 해설 |

1. 주요재료가 제조착수시에 일시에 투입된다는 것은 제조에 착수할 때 주요재료는 100% 투입되고 그 이후에는 가공만 받는 생산형태라는 의미이다. 그러므로 주요재료의 입장에서는 완성품 1단위나 기말재공품 1단위가 부담하는 주요재료비는 동등한 입장이 된다. 따라서 비록 기말재공품이라고 할지라도 주요재료비는 100% 투입된 상태이므로, 주요재료비의 완성도는 100%가 된다.

2. 재공품의 평가방법이 평균법인 경우에는 완성품환산량 단위당 원가와 완성품의 단위당 원가가 같아진다. 왜냐하면 평균법은 기말재공품이 기초재공품과 당기투입량으로 구성되어 있다고 가정하고 있으므로, 완성품이나 기말재공품이 부담하는 환산량 단위당 원가는 같은 금액이기 때문이다.

7-6 제조원가보고서 : 선입선출법

(주)포항은 동일 종류의 제품을 연속적으로 생산하고 있으며 종합원가계산시스템을 운영하고 있다.

10월의 월초재공품은 300단위인데, 완성도는 40%이고 주요재료비는 ₩72,000, 가공비는 ₩40,400이다. 회사는 당월에 1,700단위를 제조과정에 투입하였으며, 당월에 소비된 주요재료비는 ₩340,000이고 가공비는 ₩712,000이다.

그 결과 당월에 1,800단위를 완성시켜 제품계정으로 대체시켰으며, 기말재공품 200단위의 완성도는 50%이다. 주요재료는 제조착수와 동시에 전량 투입되며 재공품의 평가방법은 선입선출법이다.

■ **요구사항**

1. 10월의 완성품원가와 기말재공품원가를 계산하라.
2. 완성품원가를 제품계정에 대체시의 분개를 하라.
3. 완성품의 단위당 원가를 계산하고 완성품환산량 단위당 원가와 비교하라.
4. 다른 조건은 모두 동일하고 재공품의 평가방법만 다르다면 완성품의 단위당 원가는 같아지는가 달라지는가? 만약 달라진다면 그 이유는 무엇인가?
5. 재공품계정에 수량과 원가를 기입하고 마감하라.

| 풀이 |

1. 완성품원가와 기말재공품원가

(1) 물량흐름 파악 / **(2) 당기 완성품환산량**

재공품 (차변)		재공품 (대변)		주요재료비	가공비
기초재공품	300	기초재고완성량	300	0	180
당기착수량	1,700	당기투입완성량	1,500	1,500	1,500
합　　계	2,000	기말재공품	200	200	100
		합　　계	2,000	1,700	1,780

* 300×60%=180

(3) 총제조원가의 집계

	주요재료비	가공비	합　계
기초재고완성량	–	–	₩112,400
당기투입완성량	₩340,000	₩712,000	1,052,000
완성품환산량	÷1,700	÷1,780	₩1,164,400
(4) 환산량 단위당 원가	@₩200	@₩400	

(5) 총제조원가의 배분

① 완성품원가

기초재공품원가	₩112,400
주요재료비(1,500단위×@₩200)	300,000
가 공 비(1,680단위×@₩400)	672,000
합 계	₩1,084,400

② 기말재공품원가

주요재료비 (200단위×@₩200)	₩40,000
가 공 비 (100단위×@₩400)	40,000
합 계	₩80,000

검산 ₩1,084,400+₩80,000=₩1,164,400

2. 완성품원가를 제품계정에 대체시의 분개

(차) 제 품 1,084,40 (대) 재 공 품 1,084,400

3. 완성품의 단위당 원가 : ₩1,084,400 ÷ 1,800단위=@₩602.44

선입선출법에 의한 완성품 단위당 원가는 @₩602.44이고 완성품환산량 단위당 원가는 @₩600이므로 양자는 일치하지 않는다.

4. 재공품의 평가방법에 따라 완성품의 단위당 원가가 달라지는 이유

전기와 당기의 환산량 단위당 원가가 다르기 때문이다. 즉 기초재공품에 포함된 주요재료비 ₩72,000은 주요재료비의 환산량 300단위를 완성시키는데 투입된 원가이므로 전기의 환산량 단위당 원가는 @₩240(=₩72,000/300단위)이다. 그러나 당기에 투입된 주요재료비 ₩340,000은 당기의 환산량 1,700단위를 완성시키는데 투입된 원가이므로 환산량 단위당 원가는 @₩200(=₩340,000 / 1,700단위)이다.

이처럼 전기와 당기의 완성품환산량 단위당 원가가 다른 경우에는 재공품의 평가방법에 따라 완성품의 단위당 원가가 달라지게 된다.

5. 재공품계정의 기입면

	재공품				
	수량	원가		수량	원가
기초재공품	300개	112,400	완 성 품	1,800개	1,084,400
당기투입량	1,700개	1,052,000	기말재공품	200개	80,000
	2,000개	1,164,400		2,000개	1,164,400

| 해설 |

주요재료가 제조착수와 동시에 일시에 투입되므로 기초재공품에는 주요재료가 전기에 이미 100% 투입된 상태이다. 그러므로 당기에 주요재료는 추가로 투입하지 않으므로 기초재공품의 (당기)완성품환산량은 0개이다.

7-7 두 번째 공정의 원가계산 : 평균법

(주)한국은 단일 종류의 제품을 제조하여 판매하고 있으며, 종합원가계산시스템을 채택하여 운영하고 있다. 회사의 제조공정은 가공공정과 완성공정으로 구성되어 있다. 가공공정에서 작업이 완료되면 반제품이 생산되며, 이 반제품은 완성공정에서 추가작업을 받아서 완제품이 생산된다. 20×1년 8월의 완성공정의 기초재공품원가는 전공정비가 ₩400,000이고 자공정비가 ₩300,000이다. 완성공정에 소비한 당기총제조비용은 재료비 ₩500,000 노무비 ₩1,120,000 경비 ₩1,140,000이다. 또한 가공공정에서 완성공정으로 대체된 수량은 500개인데, 가공공정의 공정단가는 @₩4,600이다. 당기중에 완성공정에서 완성되어 제품계정으로 대체된 수량은 450개이고, 기말재공품수량은 150개 완성도는 40%이다. (주)한국은 재공품의 평가방법으로 평균법을 적용하고 있다.

■ 요구사항

1. 완성공정의 원가계산표를 작성하라.

2. 전공정비란 무엇이며 어떠한 경우에 전공정비가 발생하는가?

3. 당기의 제조거래와 관련된 분개를 하라.

4. 완성공정 재공품계정에 기입하고 마감하라.

| 풀이 |

1. 완성공정의 원가계산표

(1) 물량흐름 파악 / **(2) 완성품환산량**

		전공정비	자공정비
완 성 품	450	450①	450
기말재공품	150	150②	60
합 계	600	600	510

① 450개×100% = 450
② 150개×100% = 150

(3) 총제조원가의 집계

	전공정비	자공정비	합 계
기초재공품원가	₩400,000	₩300,000	₩700,000
당기총제조비용	2,300,000*	2,760,000	5,060,000
합 계	₩2,700,000	₩3,060,000	₩5,760,000
완성품환산량	÷600	÷510	
(4) 환산량 단위당원가	@₩4,500	@₩6,000	

* 500개×₩4,600=₩2,300,000

(5) 총제조원가의 배분

① 완성품원가

전 공 정 비 (450단위×@4,500)	₩2,025,000
자 공 정 비 (450단위×@6,000)	2,700,000
합 계	₩4,725,000

② 기말재공품원가

전 공 정 비 (150단위×@4,500)	₩675,000
자 공 정 비 (60단위×@6,000)	360,000
합 계	₩1,035,000

검산 ₩4,725,000+₩1,035,000=₩5,760,000

2. 전공정비란 두 개 이상의 제조공정을 거쳐서 제품이 완성되는 경우 앞(前)의 공정에서 발생한 원가를 말한다. 이러한 전공정비는 제조착수와 동시에 일시에 투입되는 재료비로 취급하므로 완성도는 100%이다.

3. 거래의 분개

(1) 가공공정의 작업완료시

(차) 가공공정 반제품	2,300,000	(대) 가공공정 재공품	2,300,000

(2) 가공공정의 반제품을 완성공정에 대체시

(차) 완성공정 재공품	2,300,000	(대) 가공공정 반제품	2,300,000

(3) 완성공정의 각종 원가요소 소비시

(차) 완성공정 재공품	2,760,000	(대) 재 료 비	500,000
		노 무 비	1,120,000
		경 비	1,140,000

(4) 완성공정의 완성품을 제품계정에 대체시

(차) 제 품	4,725,000	(대) 완성공정 재공품	4,725,000

4. 완성공정 재공품계정의 기입면

완성공정 재공품

기초재공품원가	700,000	완 성 품 원 가	4,725,000
재 료 비	500,000	기말재공품원가	1,035,000
노 무 비	1,120,000		
경 비	1,140,000		
전 공 정 비	2,300,000		
	5,760,000		5,760,000

| 해설 |

1. 두 개의 제조공정을 거쳐서 제품이 완성되므로 공정별 종합원가계산에 해당된다. 이 경우에는 가공공정의 작업완료품(완성품)중 완성공정으로 대체된 수량이 완성공정의 당기착수량이 되며, 가공공정의 완성품원가는 완성공정의 전공정비가 된다. 이 때 완성공정의 전공정비는 제조착수와 동시에 일시에 투입되는 재료비로 취급되

므로 전공정비의 완성도 100%이다. 공정별 종합원가계산의 경우에는 각 공정의 작업완료품은 반제품의 형태를 띠게 되며, 최종공정의 작업완료품이 완성품이 된다.

2. 가공공정의 작업완료품원가는 완성공정으로 대체되며 이 원가는 완성공정의 입장에서 보면 앞(前)의 공정에서 발생된 원가이므로 전공정비라고 한다. 그리고 완성공정 자체(自)의 공정에서 발생된 원가를 자공정비라 한다. 즉 가공공정의 완료품원가 ₩2,300,000은 완성공정의 입장에서 보면 전공정비가 되고, 완성공정에 직접 소비된 ₩2,760,000은 자공정비가 된다.

3. 공정별 종합원가계산이라 할지라도 최초공정의 원가계산시에는 단순 종합원가계산과 동일하다. 왜냐하면 단순 종합원가계산과 공정별 종합원가계산의 차이점은 전공정비를 고려하느냐의 차이인데, 최초공정에서는 전공정비가 존재하지 않기 때문이다.

7-8 두 번째 공정의 원가계산 : 선입선출법

(주)원주는 종합원가계산제도를 채택하고 있으며, 재공품의 평가는 선입선출법을 적용하고 있다. 20×1년 8월의 제2공정의 기초재공품의 전공정비는 ₩60,000 자공정비는 ₩4,500이며 완성도는 30%이다. 당기에 투입된 원가는 전공정비 ₩612,000과 자공정비 ₩149,150으로 구성되어 있다. 자공정비는 보조재료비 ₩22,400과 노무비 ₩60,000 경비 ₩66,750이다. 제2공정의 기초재공품은 200개 당기투입량은 1,700개이다. 제2공정의 반제품 입고량은 400개이고 차공정 대체량은 1,200개이다. 기말재공품의 완성도는 50%이며, 재료는 제조착수와 동시에 투입된다.

■ 요구사항

1. 제2공정의 원가계산표를 작성하라.

2. 당기의 제조거래와 관련된 분개를 하라.

3. 제2공정 재공품계정의 기입면을 보여라.

| 풀이 |

1. 제2공정의 원가계산표

(1) **물량흐름 파악**

(2) **당기 완성품환산량**

재공품		재공품		전공정비	재료비	가공비
기초재공품	200	기초재고완성량	200	0	200	140
당기착수량	1,700	당기투입완성량	1,400	1,400	1,400	1,400
합 계	1,900	기말재공품	300	300	0	150
		합 계	1,900	1,700	1,600	1,690

(3) **총제조원가의 집계**

	전공정비	재료비	가공비	합 계
	–	–		₩64,500
	₩612,000	₩22,400	₩126,750	761,150
	÷1,700	÷1,600	÷1,690	₩825,650
(4) **환산량 단위당 원가**	@₩360	@₩14	@₩75	

(5) **총제조원가의 배분**

① 완성품원가

₩64,500+1,400개×₩360+1,600개×₩14+1,540개×₩75=₩706,400

② 기말재공품원가 : 300개×₩360+150개×₩75=₩119,250

검산 ₩706,400+₩119,250=₩825,650

2. 거래의 분개

(1) **제1공정 반제품을 제2공정에 대체시**

(차) 제2공정 재공품 612,000 (대) 제1공정 반제품 612,000

(2) **제2공정의 당기 원가요소 소비시**

(차) 제2공정 재공품 149,150 (대) ┌ 재 료 비 22,400
│ 노 무 비 60,000
└ 경 비 66,750

(3) **제2공정의 완료품원가를 차공정에 대체 및 반제품입고시**

(차) 제2공정 반제품 176,600* (대) 제2공정 재공품 706,400

제3공정 재공품 529,800

* ₩706,400×400개/(1,200개+400개) = ₩176,600

3. 제2공정 재공품계정의 기입면

제 2 공정 재공품

차변	금액	대변	금액
전기이월	64,500	제3공정재공품	529,800
제1공정재공품	612,000	제4공정재공품	176,600
노무비	22,400	차기이월	119,250
경비	60,000		
전공정비	66,750		
	825,650		825,650

| 해설 |

1. 제2공정이라는 용어를 사용하고 전공정비가 존재하므로 공정별 종합원가계산에 해당된다. 따라서 전공정비를 고려하여 완성품환산량을 구하여야 하며, 전공정비는 제조착수와 동시에 일시에 투입되는 재료비로 취급되므로 완성도는 100%이다. 그리고 2공정에서 차공정대체량이라는 용어를 사용하는 것으로 보아 제2공정이 최종공정이 아니므로, 제2공정의 작업완료품은 완성품이 아닌 반제품의 형태를 띠게 될 것이다.

2. 제2공정의 당기 작업완료품(완성품)은 반제품 입고량 400개에 차공정대체량 1,200개를 합한 1,600개라는 점에 유의하여야 한다. 즉 제2공정에서 당기에 1,600개의 반제품을 생산하여 차공정에 1,200개를 대체시키고 나머지 400개는 창고에 입고시켰다는 의미가 된다.

7-9 공정별 원가계산 : 평균법과 선입선출법

(주)부산은 제1공정과 제2공정을 거쳐서 제품을 생산하고 있다. 회사는 공정별 원가계산시스템을 채택하고 있으며, 제1공정은 선입선출법 제2공정은 평균법을 적용하여 재공품을 평가하고 있다. 20×1년 5월의 원가계산과 관련된 자료는 다음과 같다.

1. 기초재공품의 수량 및 완성도

제1공정 : 300개　　　가 공 비 완성도 : 80%

제2공정 : 300개　　　자공정비 완성도 : 60%

2. 기초재공품원가는 제1공정이 ₩9,600, 제2공정이 ₩5,736이며 제2공정의 기초재공품원가 중 ₩2,400은 전공정비이다.

3. 제1공정에는 두 종류의 재료가 투입되는데, 재료A는 공정초에 재료B는 공정말에 일시에 투입되며, 가공비는 완성정도에 비례하여 투입된다.

4. 당기에 완성된 제품은 제1공정이 1,500개, 제2공정이 1,650개이다. 제1공정의 기말재고품은 600개(완성도 70%), 제2공정의 기말재공품은 150개(완성도 50%)이다.

5. 당기에 제1공정에 투입된 원가는 A재료비 ₩28,800, B재료비 ₩21,000, 가공비 ₩16,800이며, 제2공정의 자공정비는 ₩27,810이다. 그리고 제1공정의 작업완료품은 전량 제2공정으로 대체된다.

■ 요구사항

1. 제1공정의 원가계산표를 작성하라.

2. 제2공정의 원가계산표를 작성하라.

| 풀이 |

1. 제1공정의 원가계산표 : 선입선출법

(1) 물량흐름 파악　　　　**(2) 당기 완성품환산량**

재공품				재료A	재료B	가공비
기초재공품	300	기초재고완성량	300	0	300	60
당기투입량	?	당기투입완성량	1,200	1,200	1,200	1,200
합　　계	2,100	기 말 재 공 품	600	600	0	420
		합　　계	2,000	1,800	1,500	1,680

(3) 총제조원가의 집계

	재료A	재료B	가공비	합 계
기초재고완성량	–	–	–	₩9,600
당기총제조비용	₩28,800	₩21,000	₩16,800	66,600
완성품환산량	÷1,800	÷1,500	÷1,680	₩76,200
(4) 환산량 단위당 원가	@₩16	@₩14	@₩0	

(5) 총제조원가의 배분

① 완성품원가

₩9,600+1,200개×₩16+1,500개×₩14+1,260개×₩10=₩62,400

② 기말재공품원가 : 600개×₩16+420개×₩10=₩13,800

검산 ₩62,400+₩13,800=₩76,200

2. 제2공정의 원가계산표 : 평균법

(1) 물량흐름 파악

재공품

기초재공품	300	완성품	1,650
당기투입량	1,500	기말재공품	150
합 계	1,800	합 계	2,000

(2) 완성품환산량

전공정비	당공정비
1,650	1,650
150	75
1,800	1,725

(3) 총제조원가의 집계

	전공정비	당공정비	합 계
기초재공품원가	₩2,400	₩3,336	₩5,736
당기총제조비용	62,400	27,810	90,210
합 계	₩64,800	₩31,146	₩95,946
완성품환산량	÷1,800	÷1,725	
(4) 환산량 단위원가	@₩36	@₩18.0557	@₩54.0557

(5) **총제조원가의 배분**

① 완 성 품 원 가 : 1,650개×₩54.0557=₩89,192

② 기말재공품원가 : 150개×₩36+75개×₩18.0557=₩6,754

검산 ₩89,192+₩6,754=₩95,946

| 해설 |

(주)부산은 제1공정은 선입선출법 제2공정은 평균법을 적용하여 공정별 종합원가계산을 실시하고 있다. 공정별 종합원가계산이라 하더라도 공정별로 단순 종합원가계산을 적용하여 원가계산하면 되므로 기본논리는 같다. 다만 제2공정의 원가계산시에 제1공정에서 대체된 수량이 제2공정의 당기착수량이 되며, 제1공정에서 제2공정으로 대체되어 온 원가가 제2공정의 전공정비가 된다는 차이점이 있다.

7-10 완성도 추정 : 평균법과 선입선출법

1. (주)제일은 재공품의 평가방법으로 평균법을 적용하고 있다. 6월 원가계산기간의 기초재공품의 가공비는 ₩240,000, 당기에 투입된 가공비는 ₩360,000, 기말재공품의 가공비는 ₩120,000이다. 회사는 당기에 2,000개를 완성시켰으며 기말에 미완성된 수량은 1,250개이다. 기말재공품의 가공비 완성도는 얼마인가?

2. (주)제주는 재공품의 평가방법으로 선입선출법을 적용하고 있다. 7월 원가계산기간의 기초재공품의 재료비는 ₩15,000, 당기에 투입된 재료비는 ₩34,650, 기말재공품의 재료비는 ₩4,950이다. 그리고 기초재공품수량은 500개 당기투입량은 1,200개, 완성품은 1,400개이다. 기초재공품의 재료비 완성도가 100%라면 기말재공품의 재료비 완성도는 얼마인가?

| 풀이 |

1. 기말재공품의 가공비 완성도(x) : 40%

(1) **총가공비 중 기말재공품의 가공비가 차지하는 비율**

$$\frac{₩120,000}{₩240,000+₩360,000}=20\%$$

(2) 기말재공품의 완성도(x)

$$1,250x=(2,000개+1,250x)\times 20\%=400개+250x$$

$$\therefore\ x=40\%$$

별해 ₩320,000 : ₩80,000＝2000개 : $1,250x$ ∴ $x=40\%$

2. 기말재공품의 재료비 완성도(x) : 50%

		완성품환산량	원 가
당기재료비(₩34,650)	당기착수완성	900개	₩29,700*
	기 말 재 공 품	$300x$	4,950

* 34,650－₩4,950＝₩29,700

따라서 다음의 식을 만족시키는 x가 기말재공품의 재료비완성도가 된다.

₩29,700 : ₩4,950＝900개 : $300x$ ∴ $x=50\%$

검산
1) 재료비의 완성품 환산량 : 900개＋300개×50%＝1,050개
2) 환산량 단위당 원가 : ₩34,650 ÷1,050개＝@₩33
3) 기말재공품의 재료비 : 150개×₩33＝₩4,950

| 해설 |

1. 본 문제는 기말재공품원가를 이용하여 역산으로 가공비와 재료비의 완성도를 논리적으로 추론해 보고자 하는 것이다. 즉 평균법 적용시 기말재공품의 가공비가 ₩90,000이라는 것은 기초재공품의 가공비 ₩240,000과 당기가공비 ₩360,000을 합한 ₩600,000의 15%가 되므로, 완성품환산총량의 15%가 기말재공품의 가공비 환산량이 될 것이다. 독자들의 이해를 돕기위하여 기말재공품의 가공비완성도 40%를 이용하여 검증하여 보면 다음과 같다.

① 평균법의 완성품환산량 : 2,000개＋1,250개×40%＝2,500개
② 완성품환산량 단위당원가 : (₩240,000＋₩360,000) ÷2,500개＝₩240
③ 기말재공품의 가공비 : 1,250개×40%×₩240＝₩120,000

2. 선입선출법 적용시에 당기투입재료비 ₩34,650은 당기착수완성량과 기말재공품의 재료비환산량에 비례하여 배분될 것이다. 그런데 당기착수완성량의 재료비환산량은 900개이고 기말재공품의 재료비환산량은 300x가 된다. 그리고 기말재공품의 재료비 환산량 300x에 배분된 금액이 ₩4,950이므로, 당기착수완성량의 재료비환산량 900개에 배분된 금액은 당기재료비 ₩34,650에서 ₩4,950을 차감한 ₩29,700이 된다. 따라서 이 등식을 성립시키는 x를 구하면 기말재공품의 재료비완성도는 50%가 된다.

7-11 종합원가계산 : 세 개의 연속된 공정

(주)SH는 세라믹 제품을 생산하는 회사이다. 세라믹재료를 혼합하는 혼합공정과 혼합된 세라믹재료를 압출성형기를 통과시켜 건조기로 보내는 압출성형공정과 가마에서 굽고, 자르고 연마하고, 포장하는 마무리 공정의 세 개의 연속된 생산 공정을 통하여 세라믹제품들을 생산하고 있다. 회사는 혼합공정과 마무리공정에서는 평균법, 압출성형공정은 선입선출법에 의하여 원가계산을 하고 있으며, 원재료는 혼합공정의 시작시점에서 전량 투입되며, 압출성형공정과 마무리공정에서는 공정의 완료시점에서 투입된다. 또 직접노무비와 제조간접비는 공정의 진행에 따라 균등하게 소비되고 있으며, 당기 생산 및 원가자료는 다음과 같다.

1. 생산자료

	혼합공정	압출성형공정	마무리공정
기초재공품(완성도)	3,000단위(60%)	2,000단위(30%)	1,000단위(80%)
당기착수량	27,000단위	?	?
완성품수량	29,000단위	28,000단위	?
기말재공품(완성도)	1,000단위(30%)	?(70%)	3,000단위(60%)

2. 원가자료

	혼합공정	압출성형공정	마무리공정
기초재공품원가			
전공정원가	–	₩ 7,800	₩ 23,600
직접재료비	₩ 8,000	0	0
직접노무비	4,760	1,260	980
제조간접비	7,140	2,940	1,470
당기투입원가			
직접재료비	₩82,000	₩140,000	₩156,000
직접노무비	42,120	35,400	30,650
제조간접비	63,180	141,600	50,300

■ 요구사항

1. 혼합공정의 완성품원가와 기말재공품원가를 계산하시오.

2. 압출성형공정의 완성품원가와 기말재공품원가를 계산하시오.

3. 마무리공정의 완성품원가와 기말재공품원가를 계산하시오.

4. 제조원가명세서를 작성하시오.

| 해설 |

1. 혼합공정(평균법)

[1단계] 물량의 흐름

재공품

기 초	300	완 성	29,000
당기착수	2,700	기 말	1,000
합 계	30,000	합 계	30,000

[2단계] 완성품 환산량

재료비	가공비
29,000	29,000
1,000	300
30,000개	29,300개

[3단계] 총원가 요약

			합 계
기초재공품원가	₩ 8,000	₩ 11,900	₩ 19,900
당기 착수 원가	82,000	105,300	187,300
합 계	₩90,000	₩117,200	₩207,200

[4단계] 완성품환산량 단위당원가

완성품 환산량	÷ 30,000	÷ 29,300
완성품환산량 단위당원가	@3	@4

[5단계] 원가 배분

		합 계
완성품원가	29,000 × 3 + 29,000 × 4 =	₩203,000
기말재공품원가	1,000 × 3 + 300 × 4 =	4,200
합 계		₩207,200

2. 압출성형공정(선입선출법)

[1단계] 물량의 흐름 / [2단계] 완성품 환산량

재공품				전공정비	재료비	가공비
기 초	2,000	완성 ┌ 기초	2,000	0	2,000	1,400
당기착수	29,000	완성 └ 착수	26,000	26,000	26,000	26,000
		기 말	3,000	3,000	0	2,100
합 계	31,000	합 계	31,000	29,000개	28,000개	29,500개

[3단계] 총원가 요약

				합 계
기초재공품원가				₩ 12,000
당기 착수 원가	₩203,000	₩140,000	₩177,000	520,000
합 계				₩532,000

[4단계] 완성품환산량 단위당원가

완성품 환산량	÷ 29,000	÷ 28,000	÷ 29,500
완성품환산량 단위당원가	@7	@5	@6

[5단계] 원가 배분

		합 계
완성품원가	12,000 + 26,000 × 7 + 28,000 × 5 + 27,400 × 6 =	₩498,400
기말재공품원가	3,000 × 7 + 0 × 5 + 2,100 × 6 =	33,600
합 계		₩532,000

3. 마무리공정(평균법)

[1단계] 물량의 흐름

재공품			
기 초	1,000	완 성	26,000
당기착수	28,000	기 말	3,000
합 계	29,000	합 계	29,000

[2단계] 완성품 환산량

전공정비	재료비	가공비
26,000	26,000	26,000
3,000	0	1,800
29,000개	28,000개	27,800개

[3단계] 총원가 요약

				합 계
기초재공품원가	₩ 23,600	₩ 0	₩ 2,450	₩ 26,050
당기 착수 원가	498,400	156,000	80,950	735,350
합 계	₩522,000	₩156,000	₩83,400	₩761,400

[4단계] 완성품환산량 단위당원가

완성품 환산량	÷ 29,000	÷ 26,000	÷ 27,800
완성품환산량 단위당원가	@18	@6	@3

[5단계] 원가 배분

		합 계
완성품원가	26,000 × 18 + 26,000 × 6 + 26,000 × 3 =	₩702,000
기말재공품원가	3,000 × 18 + 0 × 6 + 1,800 × 3 =	59,400
합 계		₩761,400

4. 제조원가명세서 작성

제조원가명세서

(주)SH	(단위 : 원)
Ⅰ. 직 접 재 료 비	378,000*[1]
Ⅱ. 직 접 노 무 비	108,170*[2]
Ⅲ. 제 조 간 접 비	255,080*[3]
Ⅳ. 당기총제조원가	741,250
Ⅴ. 기초재공품원가	57,950*[4]
Ⅵ. 계	799,200
Ⅶ. 기말재공품원가	97,200*[5]
Ⅷ. 당기제품제조원가	702,000

*[1] 82,000 + 140,000 + 156,000(1공정, 2공정, 3공정의 당기 투입 직접재료비 합계)

*[2] 42,120 + 35,400 + 30,650(1공정, 2공정, 3공정의 당기 투입 직접노무비 합계)

*[3] 63,180 + 141,600 + 50,300(1공정, 2공정, 3공정의 당기 투입 제조간접비 합계)

*[4] 19,900 + 12,000 + 26,050(1공정, 2공정, 3공정의 기초재공품원가의 합계)

*[5] 4,200 + 33,600 + 59,400(1공정, 2공정, 3공정의 기말재공품원가의 합계)

Idea/Su
Plan
erials Matériel/Materialien/Material/Materiales
Budget
xpenses
Budget/Budget/Budget/Presupuesto
Dépenses/Kosten/Spese/Gastos

제8장

공손과 감손의 회계처리

제1절 공손 및 감손의 의의

기업은 일반적으로 일정한 품질수준을 정하여 놓고 제품의 제조과정이나 제품의 완성시에 정해진 품질수준을 유지하고 있는지를 검사한다. 이 경우 품질검사에서 합격판정을 받은 제품을 정상품(正常品) 또는 양품(良品)이라고 하는데 비해서, 품질검사에서 합격판정을 받지 못한 제품을 공손품(工損品)이라고 한다.

공손(defective units) 또는 파손이란 재료의 불량, 작업기술의 미숙, 기계 · 설비의 정비불량 등의 원인에 의하여 가공에 실패하여 품질 및 규격이 표준에 미달하는 불합격품을 말한다. 이와 같은 공손이 발생함으로 인하여 발생하는 손실을 공손원가라고 한다.

예를 들어 어떤 기업이 A라는 제품을 생산하기 위하여 100kg의 원재료를 제조과정에 투입하였는데, 원재료의 일부가 제조과정에서 소실되었다. 그 결과 완제품인 A제품의 무게를 달아보니 90kg이었다고 해보자.

이와 같이 제품의 제조과정에서 증발(蒸發) 또는 분산(粉散)등으로 인하여 원재료가 소실되거나 제품화되지 않은 무가치한 작업폐물을 감손(waste, shrinkage)이라고 한다. 이 때 투입량 100 kg에서 산출량 90 kg을 차감한 10 kg이 감손량이 된다. 이 경우에 재료투입량과 감손량과의 비율을 감손율(waste percentage)이라고 하며, 재료투입량과 제품산출량과의 비율을 수율(yield percentage)이라고 한다. 이를 산식으로 표시해 보면 다음과 같다.

$$감손율 : \frac{감손량}{재료투입량} = \frac{10kg}{100kg} = 10\%$$

$$수\ \ 율 : \frac{재품산출량}{재료투입량} = \frac{90kg}{100kg} = 90\%$$

이 때 감손율은 감손량 10 kg을 재료투입량 100 kg으로 나누면 10%가 되며, 수율은 제품산출량 90kg을 재료투입량 100 kg으로 나누면 90%가 된다. 그러므로 제조과정에 투입된 원재료는 제조과정에서 감손되거나, 아니면 제품으로 산출될 것이므로 감손율과 수율을 합하면 100%가 된다는 것을 알 수 있다.

감손율 + 수율 = 100%
수율 = 100% − 감손율

공손 또는 감손과 관련해서는 발생된 공손 또는 감손이 정상적으로 발생한 것인지 아니면 비정상적으로 발생한 것인지를 구별하는 것이 매우 중요하다. 왜냐하면 공손 또는 감손이 정상적으로 발생하였느냐 아니면 비정상적으로 발생하였느냐에 따라 회계처리 방법이 달라지기 때문이다.

제2절 정상공손과 비정상공손

공손은 통상 정상공손과 비정상공손으로 구분하는데, 경영자가 제품의 원가를 결정하고, 제품의 품질이나 공정의 질을 향상시키고 원가 통제, 원가 절감을 위한 정보로 이용하기 위하여 정상공손과 비정상공손의 구분은 중요하다.

1. 정상공손(normal spoilage)

공정이 내재적으로 가지고 있는 어떤 결함 때문에 발생하는 것으로서, 생산공정이 아무리 효율적으로 통제되고 있다고 하더라도 필연적으로 발생하는 공손이다. 이러한 정상공손원가는 제품을 생산하는 과정에서 필연적으로 발생할 수 밖에 없는 공손으로서, 정상품을 생산하는 과정에서 반드시 희생되어야 하는 경제적 가치로 보아 원가의 정의를 만족하는 것으로 본다. 따라서 정상공손원가는 정상품 원가의 일부로 보아 정상품에 배분하는 것이 타당하다. 대개 일정한 허용된 범위까지의 공손을 정상공손으로 보며, 정상공손원가는 정상품(완성품과 기말재공품) 원가를 구성하게 된다.

2. 비정상공손(abnormal spoilage)

공정이 효율적이고 능률적으로 통제되고 있다면 발생하지 않았을 공손으로서 만약 공정이 효율적이고 능률적으로 통제되고 있는 상황이라면 발생하지 않았을 회피가능한 공손을 의미한다. 이러한 공손은 통상적으로 종업원의 실수나 부주의, 기계고장 등으로 인하여 발생하는 공손으로서 원가의 정의를 만족하지 못한다. 따라서 비정상공손원가는 당기 비용으로 처리하는 것이 타당하며 영업외비용으로 처리한다. 정상공손과 비정상공손은 통상 육안으로 구분하는 것이 쉽지 않기 때문에 정상공손의 허용 범위를 초과하는 공손을 비정상공손으로 분류하는 것이 일반적이다.

제3절 정상공손과 비정상공손 수량 파악

정상공손을 파악하는 방법은 공손수량을 파악하는 기준에 따라 다시 검사시점 통과기준과 검사시점 도달기준으로 나눌 수 있다.

① 검사시점 통과기준 : 이 방법은 당기 중에 검사를 통과한 수량[1]의 일정비율까지를 정

1 정상공손수량이 당기 중에 검사를 통과한 수량의 일정비율로 정해지기 때문에, 선입선출법이든, 평균법이든 정상공손수량은 동일하게 계산된다.

상공손으로 허용하는 방법으로서 정상공손허용량은 다음과 같이 계산한다.

정상공손허용량 = 당기 중 검사를 통과한 수량 × 정상공손허용률

여기서 한 가지 주의할 점은 회사가 평균법을 적용하든, 선입선출법을 적용하든, 당기 중 검사를 통과한 수량이 달라지지 않는다는 점이다. 즉, 회사의 원가흐름에 대한 가정에 따라서 정상공손수량과 비정상공손수량이 달라지지 않는다. 공손수량을 파악하는 경우에는 무조건 선입선출법에 의한 물량 흐름을 가정하여 정상공손수량과 비정상공손수량을 파악하고, 정상공손수량과 비정상공손수량이 확정되고 나면, 그 이후에 선입선출법이면 먼저 투입된 물량이 먼저 완성된 것으로 가정하고, 평균법이면 기초재공품도 당기에 착수된 것으로 가정하여 완성품환산량을 계산하는 것이다.

② 검사시점 도달기준 : 이 방법은 당기 중 검사를 받은 수량의 일정비율까지를 정상공손으로 허용하는 방법으로서 다음과 같이 계산된다.

정상공손허용량 = 당기 중 검사를 받은 수량 × 정상공손허용률

여기에서 당기 중 검사를 받은 수량이란 당기에 검사를 통과한 수량과 검사를 통과하지 못한 공손수량(정상공손과 비정상공손 수량 모두 포함)의 합계를 의미한다.

따라서 검사시점 도달 기준의 경우에는 정상공손과 비정상공손도 당기 중에 검사를 받았기 때문에 정상공손과 비정상공손의 일정비율도 정상공손수량이 된다. 이 경우 비정상공손에 대하여도 일정 비율의 정상공손수량이 계산되기 때문에 이론적으로 타당하지 않다고 본다.

다음의 예제를 이용하여 정상공손과 비정상공손 수량을 파악해 보기로 한다.

예제1

(주)서울의 당기 제조와 관련된 자료는 다음과 같다.

기초재공품 1,000단위(완성도 40%)

당기착수량	4,000단위
당기완성품	3,200단위
기말재공품	800단위(완성도 70%)

■ 요구사항

다음의 상호 독립적인 물음에 각각 답하시오.

1. 공손수량은 몇 개인가?

2. 회사는 당기 중 검사를 통과한 수량의 10%를 정상공손으로 허용하고 있다. 품질검사가 30%시점에서 이루어진다고 가정할 때, 정상공손수량과 비정상공손수량을 계산하라.

3. 회사는 당기 중 검사를 통과한 수량의 10%를 정상공손으로 허용하고 있다. 품질검사가 60%시점에서 이루어진다고 가정할 때, 정상공손수량과 비정상공손수량을 계산하라.

4. 회사는 당기 중 검사를 통과한 수량의 10%를 정상공손으로 허용하고 있다. 품질검사가 90%시점에서 이루어진다고 가정할 때, 정상공손수량과 비정상공손수량을 계산하라.

5. 회사는 당기 중 검사를 받은 수량의 10%를 정상공손으로 허용하고 있다. 품질검사가 50%시점에서 이루어진다고 가정할 때, 정상공손수량과 비정상공손수량을 계산하라.

| 해설 |

1. 기초재공품 1,000단위와 당기 착수한 수량 4,000단위의 합계 5,000단위 중 당기 중에 완성된 수량이 3,200단위이고, 기말재공품이 800단위 이므로 나머지 1,000단위는 모두 공손에 해당된다. 이를 수식으로 나타내보면 다음과 같다.

공손수량 : 1,000 + 4,000 − 3,200 − 800 = 1,000단위

2. 30%시점에서 검사가 이루어지는 경우(검사시점 통과기준)

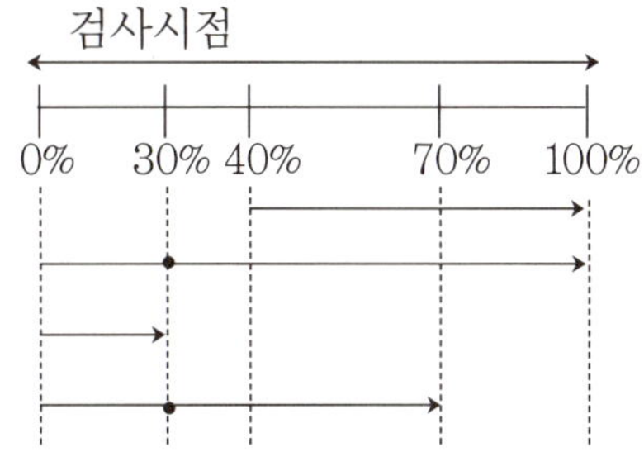

재공품

기 초	1,000	완성 ┌ 기초	1,000
착 수	4,000	완성 └ 착수	2,200
		공 손	1,000
		기말재공품	800
	5,000		5,000

(1) 당기 중에 검사를 통과 수량은 당기에 착수하여 완성된 2,200단위와 70%시점까지 도달한 기말재공품 800단위이다. 따라서 당기에 검사를 통과한 수량은 3,000단위이며, 공손 1,000단위는 검사시점(30%)에서 검사를 통과하지 못하고 탈락하였기 때문에 검사 통과수량에 포함되지 않는다.

(2) 정상공손수량은 당기에 검사를 통과한 3,000단위의 10%이므로 300단위(=3,000단위 × 10%)이다.

(3) 비정상공손수량은 당기 공손수량 중 정상공손수량을 제외한 나머지가 모두 해당된다. 따라서 비정상공손은 700단위(=1,000단위 − 300단위)이다.

3. 60%시점에서 검사가 이루어지는 경우(검사시점 통과기준)

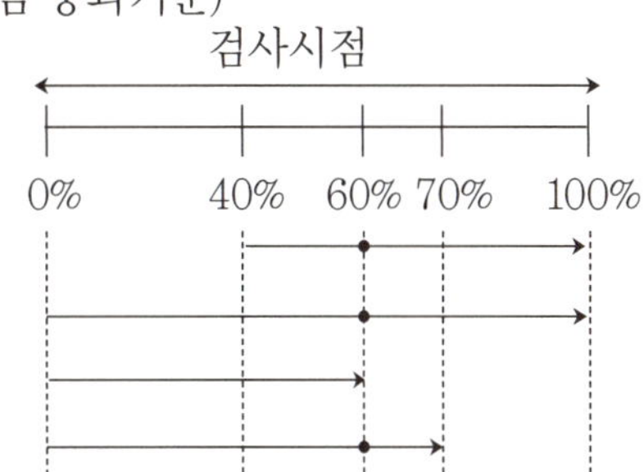

재공품

기 초	1,000	완성 ┌ 기초	1,000
착 수	4,000	완성 └ 착수	2,200
		공 손	1,000
		기말재공품	800
	5,000		5,000

(1) 당기 중에 검사를 통과 수량은 ①40%시점부터 시작하여 검사시점(60%)를 통과한 기초재공품 1,000단위와 ②당기에 착수하여 완성된 2,200단위, 그리고 ③70%시점까지 도달한 기말재공품 800단위이다. 따라서 당기에 검사를 통과한 수량은 4,000단위이며, 공손 1,000단위는 검사시점(60%)에서 검사를 통과하지 못하고 탈락하였기 때문에 검사 통과수량에 포함되지 않는다.

(2) 정상공손수량은 당기에 검사를 통과한 4,000단위의 10%이므로 400단위(=4,000

단위 × 10%)이다.

(3) 비정상공손수량은 당기 공손수량 중 정상공손수량을 제외한 나머지가 모두 해당된다. 따라서 비정상공손은 600단위(=1,000단위 − 400단위)이다.

4. 90%시점에서 검사가 이루어지는 경우(검사시점 통과기준)

재공품

차변		대변	
기 초	1,000	완성 ┌ 기 초	1,000
착 수	4,000	완성 └ 착 수	2,200
		공 손	1,000
		기말재공품	800
	5,000		5,000

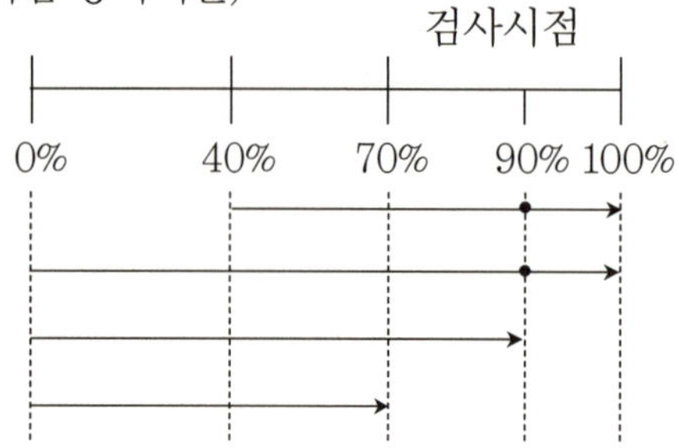

(1) 당기 중에 검사를 통과 수량은 ①40%시점부터 시작하여 검사시점(90%)를 통과한 기초재공품 1,000단위와 ②당기에 착수하여 완성된 2,200단위이다. 따라서 당기에 검사를 통과한 수량은 3,200단위이며, 기말재공품 800단위와 공손 1,000단위는 검사시점(90%)에서 검사를 통과하지 못하고 탈락하였기 때문에 검사 통과수량에 포함되지 않는다.

(2) 정상공손수량은 당기에 검사를 통과한 3,200단위의 10%이므로 320단위(=3,200단위 × 10%)이다.

(3) 비정상공손수량은 당기 공손수량 중 정상공손수량을 제외한 나머지가 모두 해당된다. 따라서 비정상공손은 680단위(=1,000단위 − 320단위)이다.

5. 50%시점에서 검사를 하는 경우(검사시점 도달기준)

재공품

차변		대변	
기 초	1,000	완성 ┌ 기 초	1,000
착 수	4,000	완성 └ 착 수	2,200
		공 손	1,000
		기말재공품	800
	5,000		5,000

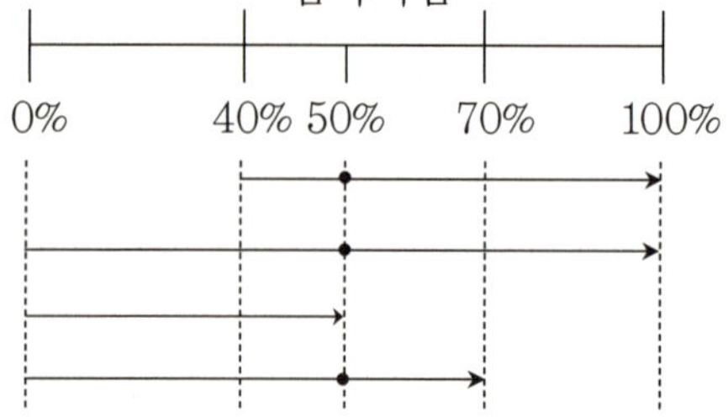

(1) 당기 중에 검사를 받은 수량(검사시점에 도달한 수량)은 ①40%시점부터 시작하여 검사시점(50%)를 통과한 기초재공품 1,000단위와 ②당기에 착수하여 완성된 2,200단위, ③당기에 착수하여 70%시점까지 도달한 기말재공품 800단위, 그리고 ④당기에 검사시점(50%)에서 탈락한 공손 1,000위이다. 여기서 주의할 점은 검사시점(50%)에 도달한 공손 1,000단위 역시 검사를 받았다는 점에 주의하여야 한다. 검사를 통과하지는 못하였지만 검사시점에 도달하였기 때문에 검사를 받은 수량에 포함되는 것이다. 따라서 당기에 검사를 받은 수량은 5,000단위이다.

(2) 정상공손수량은 당기에 검사를 받은 5,000단위의 10%이므로 500단위(=5,000단위 × 10%)이다.

(3) 비정상공손수량은 당기 공손수량 중 정상공손수량을 제외한 나머지가 모두 해당된다. 따라서 비정상공손은 500단위(=1,000단위 − 500단위)이다.

1. 정상공손원가의 처리

정상공손수량과 비정상공손수량이 파악되면, 종합원가계산 5단계 절차에 따라 동일하게 원가계산절차를 수행하며, 공손이 발생하지 않는 경우의 종합원가계산절차와 동일하다. 다만, 정상공손과 비정상공손이 존재한다는 차이만 있으며, 정상공손과 비정상공손은 가공비의 완성도를 검사시점으로 하여 완성품환산량을 계산하고 원가계산을 하여야 한다. 종합원가계산에 의하여 원가계산이 끝난 후 정상공손원가는 다시 당기 중 검사를 통과한 정상품(완성품과 기말재공품) 원가에 배분해 주는 절차를 하게 되는데, 정상공손원가를 배분할 때 기준은 검사시점에서의 물량을 기준으로 배분[2]해 주게 되는데, ①기말재공품이 검사시점을 통과하지 않았다면 당기 공손의 발생원인은 모두 완성품 때문이므로, 정상공손원가는 모두 완성품에만 배분한다. 그러나 만약 ②기말재공품이 검사시점을 통과하였다면, 당기 공손의 발생원인이 완성품과 기말재공품에 있기 때문에 정상공손원가는 완성품과 기말재공품에 배분하면 된다.

2 정상공손은 검사시점에서 탈락한 재공품들이다. 검사시점에서는 완성품과 기말재공품이 진행도가 동일한 재공품상태였기 때문에 검사시점에서는 모두 동등한 입장이었다. 따라서 정상공손원가의 배분시 완성품과 기말재공품의 완성품환산량이나 총원가 기준이 아닌 물량(수량)을 기준으로 배분한다.

(1) 기말재공품이 검사시점을 통과하지 못한 경우

기말재공품이 검사시점을 통과하지 않은 경우에는 기말재공품은 검사를 받지 않았기 때문에 모든 공손은 완성품의 검사과정에서 모두 발생하였으므로 정상공손원가는 모두 완성품에만 배부한다. 기말재공품이 검사시점을 통과하지 못한 경우 공손의 처리방법을 다음 예제를 이용하여 살펴보자.

예제2

(주)서울은 단일제품을 생산, 판매하는 회사이다. 제품을 제조하기 위해 직접재료가 공정 초기에 모두 투입되며, 가공원가는 전 공정에 걸쳐 균등하게 투입된다. 회사는 공정의 75%시점에서 검사를 하며, 검사를 통과한 수량의 10%를 정상공손으로 허용하고 있다. 20×6년 12월 한 달 동안 제품생산과 관련된 자료는 다음과 같다.

구 분	물 량(완성도)	원 가
기초재공품(12월 1일)	1,000단위(40%)	재료비 160,000, 가공원가 35,970
12월 투입	4,000단위	재료비 600,000, 가공원가 407,030
당기완성	3,200단위	
기말재공품(12월 31일)	800단위(60%)	

■ 요구사항

선입선출법에 의할 경우 다음 물음에 답하시오.

1. 정상공손수량과 비정상공손수량

2. 정상공손원가와 비정상공손원가

3. 정상공손원가 배분 전 완성품과 기말재공품 원가

4. 정상공손원가 배분 후 완성품과 기말재공품 원가

| 해설 |

1. 기초재공품 1,000단위와 당기 착수한 수량 4,000단위의 합계 5,000단위 중 당기

중에 완성된 수량이 3,200단위이고, 기말재공품이 800단위 이므로 나머지 1,000단위는 모두 공손에 해당된다. 이를 수식으로 나타내보면 다음과 같다.

공손수량 : 1,000 + 4,000 − 3,200 − 800 = 1,000단위

재 공 품

기 초	1,000	완성 ┌ 기 초	1,000
착 수	4,000	완성 └ 착 수	2,200
		공 손	1,000
		기말재공품	800
	5,000		5,000

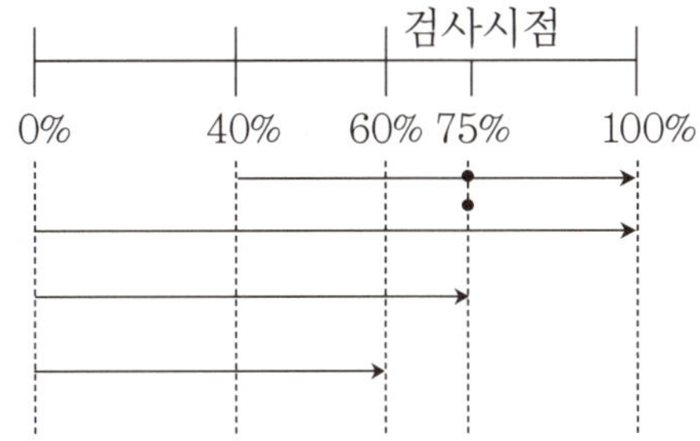

당기 중 검사 통과 수량 : 1,000단위(기초재공품) + 2,200단위(당기착수완성) = 3,200단위

정상공손수량 : 3,200단위 × 10% = 320단위

비정상공손수량 : 1,000단위 − 320단위 = 680단위

2~3

① 선입선출법에 의한 물량의 흐름

재 공 품

기 초	1,000	완성 ┌ 기 초	1,000
착 수	4,000	완성 └ 착 수	2,200
		정 상 공 손	320
		비정상공손	680
		기말재공품	800
	5,000		5,000

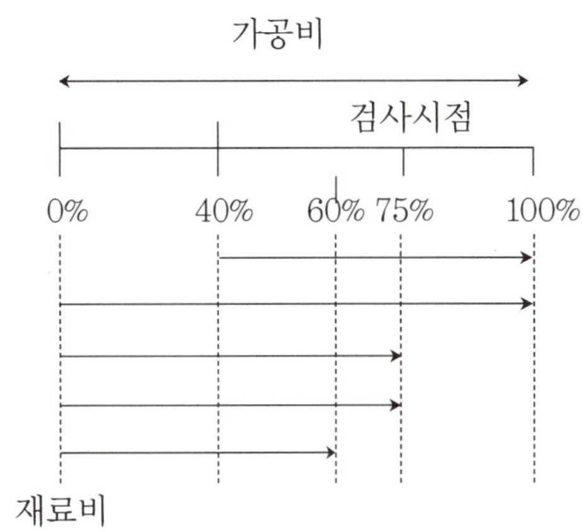

② 제조원가보고서

[1단계] 물량의 흐름 / [2단계] 완성품 환산량

재공품		재공품		재료비	가공비
기 초	1,000	완성 ─ 기 초	1,000	0	600
착 수	4,000	완성 ─ 착 수	2,200	2,200	2,200
		정 상 공 손	320	320	240
		비정상공손	680	680	510
		기말재공품	800	800	480
	5,000		5,000	4,000개	4,030개

[3단계] 총원가 요약

			합 계
기초재공품원가	₩ 195,970		
당기 착수 원가	₩600,000	₩407,030	1,007,030
합 계			₩1,203,000

[4단계] 완성품환산량 단위당원가

완성품 환산량	÷ 4,000	÷ 4,030
완성품환산량 단위당원가	@150	@101

[5단계] 원가 배분

		합 계
완성품원가	195,970 + 2,200 × 150 + 2,800 × 101 =	₩ 808,770
정상공손원가	320 × 150 + 240 × 101 =	72,240
비정상공손원가	680 × 150 + 510 × 101 =	53,510
기말재공품원가	800 × 150 + 480 × 101 =	168,480
합 계		₩1,203,000

4. 정상공손원가 배분 후 원가

당기 중 완성품만 검사시점을 통과하고, 기말재공품은 검사시점을 통과하지 못하였기 때문에 공손은 검사시점을 통과한 완성품에서만 발생하고 기말재공품에서는 공손이 발생하지 않았기 때문에 정상공손원가는 모두 완성품에만 배분한다.

	배분 전 원가	정상공손원가	배분 후 원가
완성품원가	₩ 808,770	₩72,240	₩ 881,010
정상공손원가	72,240	(72,240)	0
비정상공손원가	153,510		153,510
기말재공품	168,480		168,480
합 계	₩1,203,000	₩ 0	₩1,203,000

예제3

(주)서울은 단일제품을 생산, 판매하는 회사이다. 제품을 제조하기 위해 직접재료가 공정 초기에 모두 투입되며, 가공원가는 전 공정에 걸쳐 균등하게 투입된다. 회사는 공정의 75%시점에서 검사를 하며, 검사를 통과한 수량의 10%를 정상공손으로 허용하고 있다. 20×6년 12월 한 달 동안 제품생산과 관련된 자료는 다음과 같다.

구 분	물 량(완성도)	원 가
기초재공품(12월 1일)	1,000단위(40%)	재료비 160,000, 가공원가 35,970
12월 투입	4,000단위	재료비 600,000, 가공원가 407,030
당기완성	3,200단위	
기말재공품(12월 31일)	800단위(60%)	

평균법에 의하여 완성품과 기말재공품원가를 계산하시오.

| 해설 |

1. 공손수량 파악

정상공손수량과 비정상공손수량의 계산은 선입선출법이든 평균법이든 동일하게 계산된다. 따라서 앞의 (예제2)의 공손수량과 동일하게 계산된다.

당기 중 검사 통과 수량 : 1,000단위(기초재공품) + 2,200단위(당기착수완성) = 3,200단위 정상공손수량 : 3,200단위 × 10% = 320단위 비정상공손수량 : 1,000단위

− 320단위 = 680단위

2. 완성품과 기말재공품원가 계산

① 평균법의 경우에는 기초재공품도 당기에 착수한 것으로 가정하므로 평균법에 의한 물량의 흐름을 나타내면 다음과 같다.

재공품

기 초	1,000	완 기 초	1,000
착 수	4,000	정 상 공 손	320
		비정상공손	680
		기말재공품	800
	5,000		5,000

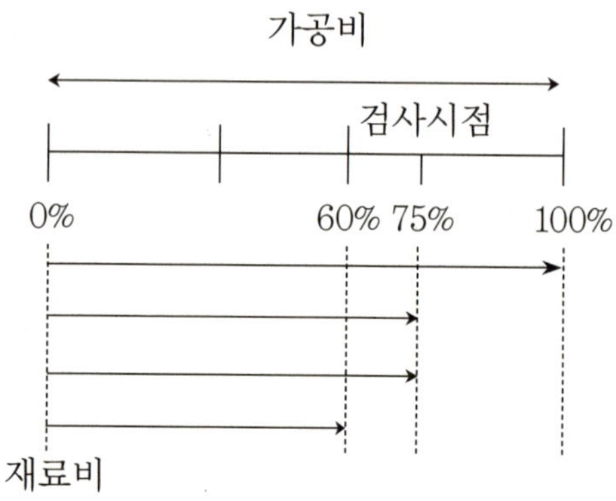

② 제조원가보고서

[1단계] 물량의 흐름　　[2단계] 완성품 환산량

재공품

				재료비	가공비
기 초	1,000	완 기 초	1,000	3,200	3,200
착 수	4,000	정 상 공 손	320	320	240
		비정상공손	680	680	510
		기말재공품	800	800	480
	5,000		5,000	5,000개	4,030개

[3단계] 총원가 요약

			합 계
기초재공품원가	₩160,000	₩ 35,970	₩ 195,970
당기 착수 원가	600,000	407,030	1,007,030
합 계	₩760,000	₩443,000	₩1,203,000

[4단계] 완성품환산량 단위당원가

완성품 환산량	÷ 5,000	÷ 4,430
완성품환산량 단위당원가	@152	@100

[5단계] 원가 배분

		합 계
완성품원가	3,200 × 152 + 3,200 × 100 =	₩ 806,400
정상공손원가	320 × 152 + 240 × 100 =	72,640
비정상공손원가	680 × 152 + 510 × 100 =	154,360
기말재공품원가	800 × 152 + 480 × 100 =	169,600
합 계		₩1,203,000

3. 정상공손원가 배분 후 원가

당기 중 완성품만 검사시점을 통과하고, 기말재공품은 검사시점을 통과하지 못하였기 때문에 공손은 검사를 통과한 완성품에서만 발생하고 기말재공품에서는 공손이 발생하지 않았기 때문에 정상공손원가는 모두 완성품에만 배분한다.

	배분 전 원가	정상공손원가	배분 후 원가
완성품원가	₩ 806,400	₩72,640	₩ 879,040
정상공손원가	72,640	(72,640)	0
비정상공손원가	154,360		154,360
기말재공품	169,600		169,600
합 계	₩1,203,000	₩ 0	₩1,203,000

2. 기말재공품이 당기에 검사시점을 통과한 경우

기말재공품이 검사시점을 통과하였다면 공손의 발생원인은 완성품과 기말재공품에 기인한다. 따라서 기말재공품이 검사시점을 통과하였다면, 정상공손원가를 완성품과 기말재공품에 배분하여야 한다. 단, 이 경우 주의할 점은 기초재공품이 검사시점을 당기에 통과하는지, 전기에 이미 검사시점을 통과하였는지 여부에 따라 정상공손원가를 완성품과 기말재공품에 배분하는 기준이 달라진다는 것이다.

1) 기초재공품이 당기에 검사시점을 통과한 경우

기초재공품이 당기에 검사시점을 통과하는 경우에는 완성품수량(기초재공품과 당기착수완성수량)이 모두 당기 중에 검사를 통과하기 때문에 정상공손원가를 배분할 때, 완성품수량과 기말재공품 물량에 비례하여 완성품과 기말재공품에 배분하면 된다.

이 경우 한 가지 주의할 점은 정상공손원가를 완성품과 기말재공품에 배분할 때, 완성품과기말재공품의 완성품환산량 기준이 아닌 완성품과 기말재공품의 물량에 비례하여 배분하여야 한다는 것이다. 이는 공손이 검사시점에서만 발생한다고 가정하기 때문에 완성품과 기말재공품이 검사시점에서는 동일한 조건으로서 동등한 입장이기 때문이다. 즉, 검사시점에서는 완성품 1단위와 기말재공품 1단위가 모두 동등한 조건이기 때문에 검사시점 이후의 가공정도와는 상관이 없기 때문에 당연히 완성품과 기말재공품의 완성품환산량 기준이 아니라 물량(수량)기준으로 정상공손원가를 배분하는 것이다.

예제4

한 가지 제품을 생산, 판매하고 있는 (주)서울의 당기 제품 생산과 관련된 자료는 다음과 같다.

재 공 품

기초재공품 수 량		1,000단위(40%)		
	재료비	146,000	당 기 완 성 품	3,200단위
	가공비	49,340		
			공 손 수 량	?단위
당기 착수 수 량		4,000단위		
	재료비	604,000	기 말 재 공 품	800단위(90%)
	가공비	427,000		

재료는 공정 시작시점에서 전량 투입되며, 가공비는 공정전반에 걸쳐 균등하게 발생하고 있다. 품질검사는 75%완성 시점에서 이루어지며, 품질검사에 합격한 수량의 10%를 정상공손으로 간주한다.

선입선출법에 의하여 다음 요구사항에 답하시오.

■ 요구사항

1. 정상공손과 비정상공손 수량을 구하시오.

2. 정상공손원가와 비정상공손원가를 구하시오.

3. 완성품과 기말재공품원가를 계산하시오.

| 해설 |

1. 공손수량 파악

재공품

기 초	1,000	완성 ┌ 기 초	1,000
착 수	4,000	완성 └ 착 수	2,200
		공 손	1,000
		기말재공품	800
	5,000		5,000

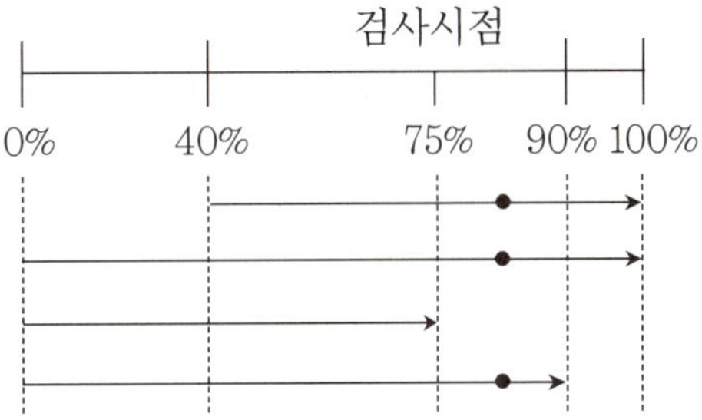

정상공손수량은 당기 중에 검사에 합격한 수량의 10%라고 되어 있음에 주의하여야 한다. 기초재공품과 기말재공품이 모두 당기에 검사시점(75%)을 통과하기 때문에 다음과 같이 계산된다.

당기 중 검사 통과 수량 : 1,000단위 + 2,200단위 + 800단위 = 4,000단위
정상공손수량 : 4,000단위 × 10% = 400단위
비정상공손수량 : 1,000단위 − 400단위 = 600단위

2~3. 원가배분

공손이 존재하는 경우 정상공손과 비정상공손의 완성도는 검사시점임을 주의하여야 하며, 정상공손원가를 배분할 때, 기초재공품과 기말재공품이 당기에 검사시짐을 통과하는지를 주의하면서 완성품과 기말재공품에 배분하여야 한다.

(1) 선입선출법에 의한 물량의 흐름

재공품

기 초	1,000	완성 ┌ 기초	1,000
착 수	4,000	완성 └ 착수	2,200
		정상공손	400
		비정상공손	600
		기말재공품	800
	5,000		5,000

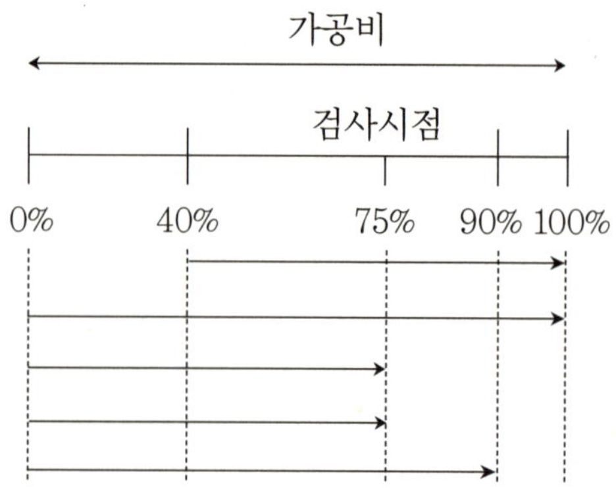

(2) 제조원가보고서

[1단계] 물량의 흐름

[2단계] 완성품 환산량

재공품

				재료비	가공비
기 초	1,000	완성 ┌ 기초	1,000	0	600
착 수	4,000	완성 └ 착수	2,200	2,200	2,200
		정상공손	400	400	300
		비정상공손	600	60	450
		기 말	800	800	720
	5,000	합 계	5,000	5,000개	4,270개

[3단계] 총원가 요약

			합 계
기초재공품원가			₩ 195,340
당기 착수 원가	₩604,000	₩427,000	1,031,000
합 계			₩1,226,340

[4단계] 완성품환산량 단위당원가

완성품 환산량	÷ 4,000	÷ 4,270
완성품환산량 단위당원가	@151	@100

[5단계] 원가 배분

		합 계
완성품원가	195,340 + 2,200 × 151 + 2,800 × 100 =	₩ 807,540
정상공손원가	400 × 151 + 300 × 100 =	90,400
비정상공손원가	600 × 151 + 450 × 100 =	135,600
기말재공품원가	800 × 151 + 720 × 100 =	192,800
합 계		₩1,226,340

[6단계] 원가 2차 배분

	배분 전 원가	정상공손원가	배분 후 원가
완성품원가	₩ 807,540	₩72,320*[1]	₩ 879,860
정상공손원가	90,400	(90,400)	0
비정상공손원가	135,600	–	135,600
기말재공품	192,800	18,080*[2]	210,880
합 계	₩1,226,340	₩ 0	₩1,226,340

*[1] $90,400 \times \frac{3,200\text{단위}}{(3,200\text{단위}+800\text{단위})} = ₩72,320$

*[2] $90,400 \times \frac{800\text{단위}}{(3,200\text{단위}+800\text{단위})} = ₩18,080$

문제에서 다른 아무런 언급이 없이, 완성품과 기말재공품원가를 계산하라고 하는 경우 완성품과 기말재공품원가는 당연히 정상공손원가 배분 후의 원가를 말하는 것이다. 따라서 완성품과 기말재공품원가는 각각 ₩879,860과 ₩210,880이다.

예제5

한 가지 제품을 생산, 판매하고 있는 (주)서울의 당기 제품 생산과 관련된 자료는 다음과 같다.

재 공 품

기초재공품 수 량	1,000단위(40%)			
재료비	146,000	당 기 완 성 품	3,200단위
가공비	49,340		
		공 손 수 량	?단위
당기 착수 수 량	4,000단위		
재료비	604,000	기 말 재 공 품	800단위(90%)
가공비	427,000		

재료는 공정 시작시점에서 전량 투입되며, 가공비는 공정전반에 걸쳐 균등하게 발생하고 있다. 품질검사는 75% 완성 시점에서 이루어지며, 품질검사에 합격한 수량의 10%를 정상공손으로 간주한다.

평균법에 의하여 아래 요구사항에 답하시오.

■ 요구사항

1. 정상공손과 비정상공손 수량을 구하시오.
2. 정상공손원가와 비정상공손원가를 구하시오.
3. 완성품과 기말재공품원가를 계산하시오.

| 해설 |

1. 공손수량 파악

공손수량의 파악은 선입선출법인 경우와 평균법인 경우 모두 동일하므로, 자세한 풀이과정은 (예제4)를 참고하길 바란다.

당기 중 검사 통과 수량 : 1,000단위 + 2,200단위 + 800단위 = 4,000단위

정상공손수량 : 4,000단위 × 10% = 400단위

비정상공손수량 : 1,000단위 − 400단위 = 600단위

2~3. 원가 배분

(1) 평균법의 경우에는 기초재공품도 당기에 착수한 것으로 가정하므로 물량의 흐름을 나타내면 다음과 같다.

재공품

기 초	1,000	완 기 초	3,200
착 수	4,000	정 상 공 손	400
		비정상공손	600
		기말재공품	800
	5,000		5,000

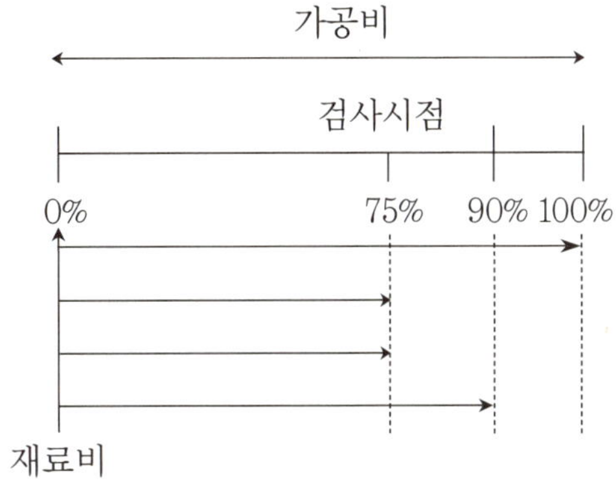

(2) 제조원가보고서

[1단계] 물량의 흐름

재공품

기 초	1,000	완 성	3,200
착 수	4,000	정 상 공 손	400
		비정상공손	600
		기 말	800
	5,000	합 계	5,000

[2단계] 완성품 환산량

재료비	가공비
3,200	3,200
400	300
600	400
800	750
5,000개	4,670개

[3단계] 총원가 요약

			합 계
기초재공품원가	₩146,000	₩ 49,340	₩ 195,340
당기 착수 원가	604,000	427,000	1,031,000
합 계	₩750,000	₩476,340	₩1,226,340

[4단계] 완성품환산량 단위당원가

완성품 환산량	÷ 5,000	÷ 4,670
완성품환산량 단위당원가	@150	@102

[5단계] 원가 배분

		합 계
완성품원가	3,200 × 150 + 3,200 × 102 =	₩ 806,400
정상공손원가	400 × 150 + 300 × 102 =	90,600
비정상공손원가	600 × 150 + 450 × 102 =	135,900
기말재공품원가	800 × 150 + 720 × 102 =	193,440
합 계		₩1,226,340

[6단계] 원가 2차 배분

	배분 전 원가	정상공손원가	배분 후 원가
완성품원가	₩ 806,400	₩72,480*[1]	₩ 878,880
정상공손원가	90,600	(90,600)	0
비정상공손원가	135,900	–	135,900
기말재공품	193,440	18,120*[2]	211,560
합 계	₩1,226,340	₩ 0	₩1,226,340

*[1] $90,600 \times \dfrac{3,200\text{단위}}{(3,200\text{단위}+800\text{단위})} = ₩72,480$

*[2] $90,600 \times \dfrac{800\text{단위}}{(3,200\text{단위}+800\text{단위})} = ₩18,120$

2) 기초재공품이 전기에 이미 검사시점을 통과한 경우

기초재공품이 전기에 이미 검사시점을 통과하였다면, 당기에는 검사시점을 통과하지 않게 된다. 또한 기초재공품이 전기에 검사시점을 통과하였다면 전기에 발생한 정상공손원가 중의 일부가 기초재공품에 포함되어 있다. 따라서 선입선출법의 경우에는 당기 중에 발생한 정상공손원가를 당기에 착수하여 완성된 수량[3)]과 기말재공품 수량을 기준으로 완성품과 기말재공품에 배분한다. 반면, 평균법의 경우에는 기초재공품에 포함되

3 완성품 총 수량 중에서 기초재공품이 완성된 수량을 뺀 수량

어 있는 정상공손원가[4]와 당기 중에 발생한 정상공손원가의 합계를 완성품[5]과 기말재공품 수량에 비례하여 배분하여야 한다.

이를 정리하면 다음과 같다.

① 선입선출법에서의 정상공손원가 배분

$$\text{완성품에 배분될 정상공손원가} = \text{정상공손원가}^{*1} \times \frac{\text{당기착수완성품수량}^{*2}}{\text{당기착수완성품수량}^{*2} + \text{기말재공품수량}}$$

$$\text{기말재공품에 배분될 정상공손원가} = \text{정상공손원가}^{*1} \times \frac{\text{당기착수완성품수량}}{\text{당기착수완성품수량}^{*2} + \text{기말재공품수량}}$$

*1 당기에 발생한 정상공손원가(기초재공품에 포함된 정상공손원가는 해당 안됨)

*2 당기에 착수해서 완성된 수량을 의미(기초재공품 완성 수량은 해당 안됨)

② 평균법에서의 정상공손원가 배분

$$\text{완성품에 배분될 정상공손원가} = \text{정상공손원가}^{*} \times \frac{\text{완성품수량}}{\text{완성품수량} + \text{기말재공품수량}}$$

$$\text{기말재공품에 배분될 정상공손원가} = \text{정상공손원가}^{*} \times \frac{\text{당기착수완성품수량}}{\text{완성품수량} + \text{기말재공품수량}}$$

* 당기에 발생한 정상공손원가와 기초재공품에 포함되어 있는 정상공손원가의 합계액

---

4 기초재공품이 전기에 검사시점을 통과한 경우, 전기에 발생한 정상공손원가 중 기초재공품(전기 기말재공품)에 배분된 금액을 말한다. 만약 기초재공품이 전기에 검사시점을 통과하지 않았다면, 당연히 기초재공품에는 정상공손원가가 포함되어 있지 않을 것이며, 기초재공품은 당기 중에 검사를 통과하기 때문에 당기에 발생한 정상공손원가를 배분하여 주면 된다.

5 기초재공품이 완성된 수량과 당기에 착수하여 완성된 수량의 합계를 의미한다.

예제6

(주)서울은 단일제품을 대량으로 생산, 판매하는 회사이다. 재료는 공정시작 시점에서 전량 투입되고, 가공비는 공정전반에 걸쳐 균등하게 발생한다. 회사는 당기 중 검사를 통과한 수량의 10%를 정상공손으로 허용하고 있으며, 검사는 50%시점에서 이루어진다. 20×6년 제품 생산과 관련된 다음의 자료를 이용하여 선입선출법에 의할 경우 다음 요구사항에 답하시오.

구 분	정상공손원가	배분 후 원가
기초재공품	1,000단위(70%)	
당기 투입	5,000단위	재료비 144,000, 가공원가 79,400, 정상공손원가 16,000
당기 완성	4,000단위	재료비 750,000, 가공원가 460,600
기말재공품	1,000단위(90%)	

■ 요구사항

1. 정상공손수량과 비정상공손수량을 구하시오.

2. 당기 발생 정상공손원가와 비정상공손원가를 구하시오.

3. 완성품과 기말재공품원가를 구하시오.

| 해설 |

1. 공손 수량

전체 공손 수량 : 1,000단위 + 5,000단위 − 4,000단위 − 1,000단위 = 1,000단위

재 공 품

기 초	1,000	완성 ┌ 기 초	1,000
착 수	5,000	└ 착 수	3,000
		공 손	1,000
			1,000
	6,000	기말재공품	6,000

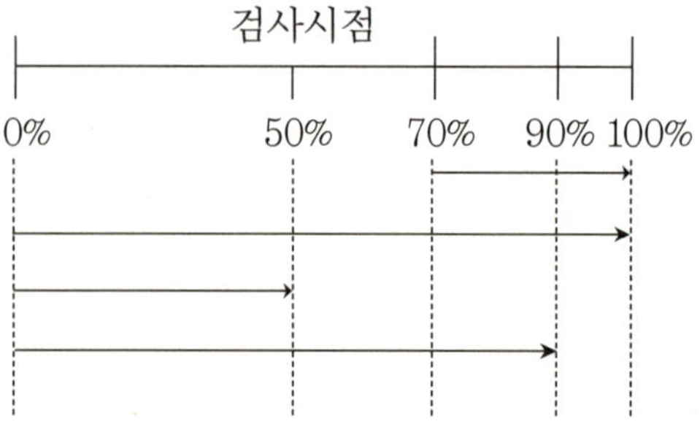

기초재공품이 이미 전년도에 검사시점을 통과하였기 때문에 당기 중에 검사시점을 통과한 수량에 기초재공품이 포함되어서는 안 된다. 따라서 정상공손수량은 다음과 같이 계산된다.

당기 중 검사 통과 수량 : 3,000단위 + 1,000단위 = 4,000단위

정상공손수량 : 4,000단위 × 10% = 400단위

비정상공손수량 : 1,000단위 − 400단위 = 600단위

2~3. 원가 배분

(1) 선입선출법에 의한 물량의 흐름

재공품

기 초	1,000	완성 ┌ 기 초	1,000
착 수	5,000	완성 └ 착 수	3,000
		정 상 공 손	400
		비정상공손	600
		기말재공품	1,000
	6,000		6,000

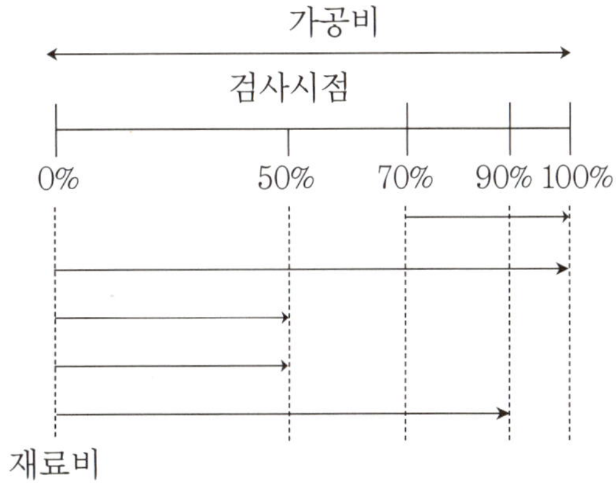

기초재공품이 이미 전년도에 검사시점을 통과하였기 때문에 기초재공품에 포함되어 있는 정상공손원가의 처리에 주의를 하여야 한다.

(2) 제조원가보고서

[1단계] 물량의 흐름

재공품

기 초	1,000	완성 ┌ 기 초	1,000
착 수	5,000	완성 └ 투 입	3,000
		정 상 공 손	400
		비정상공손	600
		기 말	1,000
합 계	6,000	합 계	6,000

[2단계] 완성품 환산량

재료비	가공비
0	300
3,000	3,000
400	200
600	300
1,000	900
5,000개	4,700개

[3단계] 총원가 요약

			합 계
기초재공품원가	₩ 239,400		
당기 착수 원가	₩750,000	₩460,600	1,210,600
합 계			₩1,450,000

[4단계] 완성품환산량 단위당원가

완성품 환산량	÷ 5,000	÷ 4,700
완성품환산량 단위당원가	@150	@98

[5단계] 원가 배분

			합 계
완성품원가	239,400 + 3,000 × 150	+ 3,300 × 98	= ₩1,012,800
정상공손원가	400 × 150	+ 200 × 98 =	79,600
비정상공손원가	600 × 150	+ 300 × 98 =	119,400
기말재공품원가	1,000 × 150	+ 900 × 98 =	238,200
합 계			₩1,450,000

[6단계] 원가 2차배분

	배분 전 원가	정상공손원가	배분 후 원가
완성품원가	₩1,012,800	₩59,700 *1	₩1,072,500
정상공손원가	79,600	(79,600)	0
비정상공손원가	119,400	–	119,400
기말재공품	238,200	19,900 *2	258,100
합 계	₩1,450,000	₩ 0	₩1,450,000

*1 $79,600 \times \frac{3,000\text{단위}}{(3,000\text{단위}+1,000\text{단위})}$ = ₩59,700

*2 $79,600 \times \frac{1,000\text{단위}}{(3,000\text{단위}+1,000\text{단위})}$ =₩19,900

선입선출법의 경우에는 당기 정상공손원가 ₩79,600을 당기에 검사를 통과한 완성품 3,000단위와 기말재공품 1,000단위에 배분한다. 즉, 기초재공품 1,000단위에는 정상공손원가를 배분하지 않는다. 따라서 선입선출법의 경우 완성품과 기말재공품원가는 각각 ₩1,072,500과 ₩258,100이다.

예제7

상기 (예제6)을 평균법에 의하여 다음 요구사항에 답하시오.

1. 정상공손수량과 비정상공손수량을 구하시오.

2. 당기 발생 정상공손원가와 비정상공손원가를 구하시오.

3. 완성품과 기말재공품원가를 구하시오.

| 해설 |

1. 공손수량 파악

당기 중 검사 통과 수량 : 3,000단위 + 1,000단위 = 4,000단위

정상공손수량 : 4,000단위 × 10% = 400단위

비정상공손수량 : 1,000단위 − 400단위 = 600단위

공손수량의 파악은 선입선출법과 평균법이 동일하므로 자세한 풀이과정은 (예제6)의 풀이를 참조하기 바란다.

2~3. 원가 배분

(1) 평균법에 의한 물량의 흐름

재공품

차변		대변	
기 초	1,000	완 성	4,000
착 수	5,000	정상공손	400
		비정상공손	600
		기 말	1,000
	6,000	합 계	6,000

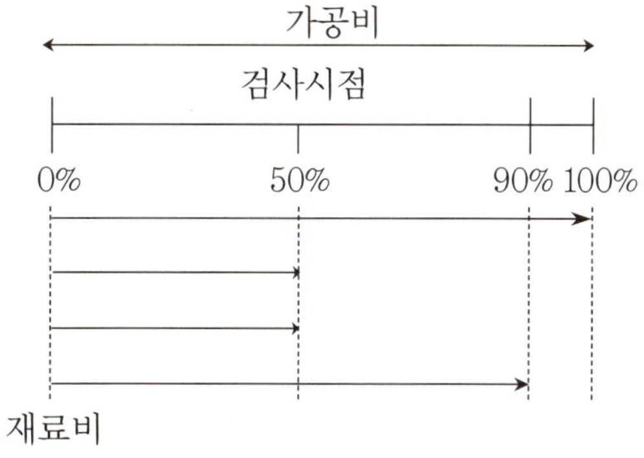

(2) 제조원가보고서

[1단계] 물량의 흐름

재공품

기 초	1,000	완 성	4,000
착 수	5,000	정상공손	400
		비정상공손	600
		기 말	1,000
	6,000	합 계	6,000

[2단계] 완성품 환산량

재료비	가공비
4,000	4,000
400	200
600	300
1,000	900
5,000개	5,400개

[3단계] 총원가 요약

	정상공손원가			합 계
기초재공품원가	₩16,000	₩144,000	₩79,400	₩239,400
당기 착수 원가		750,000	460,600	1,210,600
합 계	₩16,000	₩894,000	₩540,000	₩1,450,000

[4단계] 완성품환산량 단위당원가

완성품 환산량	÷ 6,000	÷ 5,400
완성품환산량 단위당원가	@149	@100

[5단계] 원가 배분

		합 계
완 성 품 원 가	4,000 × 149 + 4,000 × 100 =	₩ 996,000
정상공손원가	16,000 + 400 × 149 + 200 × 100 =	95,600
비정상공손원가	600 × 149 + 300 × 100 =	119,400
기말재공품원가	1,000 × 149 + 900 × 100 =	239,000
합 계		₩1,450,000

[6단계] 원가 2차 배분

	배분 전 원가	정상공손원가	배분 후 원가
완성품원가	₩ 996,000	₩76,480*[1]	₩1,072,480
정상공손원가	95,600	(95,600)	0
비정상공손원가	119,400	–	119,400
기말재공품	239,000	19,120*[2]	258,120
합 계	₩1,450,000	₩ 0	₩1,450,000

$$*^{1}\ 95,600 \times \frac{4,000단위}{(4,000단위+1,000단위)} = ₩76,480$$

$$*^{2}\ 95,600 \times \frac{1,000단위}{(4,000단위+1,000단위)} = ₩19,120$$

평균법의 경우에는 기초재공품에 포함되어 있는 정상공손원가 ₩16,000과 당기 발생 정상공손원가 ₩79,600(= 400×149 + 200×100) 의 합계액 ₩95,600을 완성품 4,000단위와 기말재공품 1,000단위에 배분한다. 따라서 요구사항 2의 당기 발생 정상공손원가는 ₩79,600이며, 비정상공손원가는 ₩119,400이다. 또한 완성품과 기말재공품의 원가는 각각 ₩1,072,480과 ₩258,120이다.

3. 처분가치가 있는 공손품의 처리

공손품이 처분가치가 있는 경우에는 공손품의 순실현가치만큼을 공손품계정으로 처리하고 동 금액을 정상공손과 비정상공손원가에서 차감하여야 한다. 즉, 정상공손원가에서 정상공손품의 순실현가치를 차감하고 남은 잔액을 정상품에 배분하며, 비정상공손원가에서도 비정상공손품의 순실현가치를 차감하고 남은 잔액을 영업외비용으로 처리한다. 여기에서 순실현가치(Net Realizable Value, NRV)란 공손품의 최종판매가치에서 공손품의 추가가공비와 판매비용 등을 차감한 잔액을 말한다. 이렇게 공손품이 처분가치가 존재하는 경우 정상공손과 비정상공손원가에서 차감한 순실현가치만큼은 공손품(재고자산)으로 처리한다.

참고

공손품이 처분가치가 있는 경우와 처분가치가 없는 경우 모두 [5단계]까지의 과정은 처분가치가 없는 경우와 동일하게 진행하며, [6단계] 원가의 2차배분에서만 달라진다.

예제8

(주)서울은 단일제품을 대량으로 생산, 판매하는 회사이다. 재료는 공정시작 시점에서 전량 투입되고, 가공비는 공정전반에 걸쳐 균등하게 발생한다. 회사는 당기 중 검사를 통과한 수량의 10%를 정상공손으로 허용하고 있으며, 검사는 50%시점에서 이루어진다. 회사는 공정에서 발생하는 공손품을 모두 단위당 ₩200에 판매하며, 단위당 판매비용이 ₩100씩 발생한다. 20×6년 제품 생산과 관련된 다음의 자료를 이용하여 요구사항에 답하시오.

구 분	물 량(완성도)	원가
기초재공품	1,000단위(70%)	
당기 투입	5,000단위	재료비 144,000, 가공원가 79,400, 정상공손원가 16,000
당기 완성	4,000단위	재료비 750,000, 가공원가 460,600
기말재공품	1,000단위(90%)	

선입선출법에 의하여 완성품과 기말재공품의 원가를 계산하시오.

| 해설 |

공손품이 처분가치가 있는 경우에도 종합원가계산 [1단계]부터 [5단계]까지는 모두 동일하다. 따라서 [5단계]까지의 결과를 보면 (예제6)과 동일함을 알수 있다. 다만, 원가 2차배분(6단계)과정에서 정상공손과 비정상공손의 순실현가치를 차감한 후의 잔액을 정상품원가에 배분하고 영업외비용으로 처리한다는 점만 차이가 있을 뿐이다. 따라서 공손품의 처분가치가 있더라도 5단계까지는 공손품처분가치 유무와 전혀 상관없이 진행하면 된다.

[1단계] 물량의 흐름 / [2단계] 완성품 환산량

재공품 (차변)		재공품 (대변)		재료비	가공비
기 초	1,000	완성 ┌기 초	1,000	0	300
착 수	5,000	완성 └투 입	3,000	3,000	3,000
		정상공손	400	400	200
		비정상공손	600	600	300
		기 말	1,000	1,000	900
합 계	6,000	합 계	6,000	5,000개	4,700개

[3단계] 총원가 요약

			합 계
기초재공품원가			₩ 239,400
당기 착수 원가	₩750,000	₩460,600	1,210,600
합　계			₩1,450,000

[4단계] 완성품환산량 단위당원가

완성품 환산량	÷ 5,000	÷ 4,700
완성품환산량 단위당원가	@150	@98

[5단계] 원가 배분

		합 계
완성품원가	239,400 + 3,000 × 150 + 3,300 × 98 =	₩1,012,800
정상공손원가	400 × 150 + 200 × 98 =	79,600
비정상공손원가	600 × 150 + 300 × 98 =	119,400
기말재공품원가	1,000 × 150 + 900 × 98 =	238,200
합　계		₩1,450,000

[6단계] 원가 2차배분

	배분 전 원가	공손품(순실현가치)	정상공손원가	배분 후 원가
완성품원가	₩1,012,800	–	₩29,700*3	₩1,042,500
정상공손원가	79,600	(40,000)*1	(39,600)	0
비정상공손원가	119,400	(60,000)*2	–	59,400
기말재공품	238,200	–	9,900*4	248,100
공 손 품	–	100,000	–	100,000
합 계	₩1,450,000	₩1,450,000	₩ 0	₩1,450,000

*1 400개 × (200 − 100) =₩40,000

*2 600개× (200 − 100) = ₩60,000

*3 $39,600 \times \dfrac{3,000\text{단위}}{(3,000\text{단위}+1,000\text{단위})} = ₩29,700$

*4 $39,600 \times \dfrac{1,000\text{단위}}{(3,000\text{단위}+1,000\text{단위})} = ₩9,900$

이와 관련된 회계처리는 다음과 같다.

(차) 제품	1,042,500	(대) 재공품	1,201,900
비정상공손손실	59,400		
공손품	100,000		

예제9

(주)서울은 단일제품을 대량으로 생산, 판매하는 회사이다. 재료는 공정시작 시점에서 전량 투입되고, 가공비는 공정전반에 걸쳐 균등하게 발생한다. 회사는 당기 중 검사를 통과한 수량의 10%를 정상공손으로 허용하고 있으며, 검사는 50%시점에서 이루어진다. 회사는 공정에서 발생하는 공손품을 모두 단위당 ₩200에 판매하며, 단위당 판매비용이 ₩100씩 발생한다. 20×6년 제품 생산과 관련된

다음의 자료를 이용하여 요구사항에 답하시오.

구 분	물 량(완성도)	원가
기초재공품	1,000단위(70%)	재료비 144,000, 가공원가 79,400, 정상공손원가 16,000
당기 투입	5,000단위	재료비 750,000, 가공원가 460,600
당기 완성	4,000단위	
기말재공품	1,000단위(90%)	

평균법에 의하여 완성품과 기말재공품원가를 계산하시오.

| 해설 |

종합원가계산 [1단계]부터 [5단계]까지는 (예제7)과 동일함을 알 수 있다. 다만, 원가 2차배분(6단계)과정에서 정상공손과 비정상공손의 순실현가치를 차감한 후의 잔액을 정

상품원가에 배분하고 영업외비용처리한다는 점만 차이가 있을 뿐이다. 따라서 공손품의 처분가치가 있더라도 5단계까지는 공손품처분가치 유무와 전혀 상관없이 진행하면 된다.

[1단계] 물량의 흐름

재공품

기 초	1,000	완 성	4,000
착 수	5,000	정상공손	400
		비정상공손	600
		기 말	1,000
	6,000	합 계	6,000

[2단계] 완성품 환산량

재료비	가공비
4,000	4,000
400	200
600	300
1,000	900
5,000개	5,400개

[3단계] 총원가 요약 정상공손원가

				합 계
기초재공품원가	₩16,000	₩144,000	₩79,400	₩ 239,400
당기 착수 원가		750,000	460,600	1,210,600
합 계	₩16,000	₩894,000	₩540,000	₩1,450,000

[4단계] 완성품환산량 단위당원가

완성품 환산량	÷ 6,000	÷ 5,400
완성품환산량 단위당원가	@149	@100

[5단계] 원가 배분

		합 계
완성품원가	4,000 × 149 + 4,000 × 100 =	₩ 996,000
정상공손원가	16,000 + 400 × 149 + 200 × 100 =	95,600
비정상공손원가	600 × 149 + 300 × 100 =	₩ 119,400
기말재공품원가	1,000 × 149 + 900 × 100 =	239,000
합 계		₩1,450,000

[6단계] 원가 2차배분

	배분 전 원가	공손품(순실현가치)	정상공손원가	배분 후 원가
완성품원가	₩ 996,000	–	₩44,480 *3	₩1,040,480
정상공손원가	95,600	(40,000)*1	(55,600)	0
비정상공손원가	119,400	(60,000)*2	–	59,400
기말재공품	239,000	–	11,120 *4	250,120
공 손 품	–	100,000	–	100,000
합 계	₩1,450,000	₩1,450,000	₩ 0	₩1,450,000

*1 400개 × (200 − 100) =₩40,000

*2 600개× (200 − 100) = ₩60,000

$$*^{3}\ 55{,}600 \times \frac{4{,}000\text{단위}}{(4{,}000\text{단위}+1{,}000\text{단위})} = ₩29{,}700$$

$$*^{4}\ 55{,}600 \times \frac{1{,}000\text{단위}}{(4{,}000\text{단위}+1{,}000\text{단위})} = ₩9{,}900$$

이와 관련된 회계처리는 다음과 같다.

(차) 제품	1,040,480	(대) 재공품	1,199,880
비정상공손손실	59,400		
공손품	100,000		

4. 감손

제조과정에서 증발되거나 가스화 등으로 인해 투입된 물량의 일부분이 사라지는 것을 감손이라 한다.

(1) 감손이 특정시점에서만 발생하는 경우

감손이 공정의 특정시점에서만 발생하는 경우는 공손이 검사시점에서만 발생하는 경우와 동일한 방법으로 처리하면 되기 때문에 여기에서는 추가적인 설명을 생략하기로 한다.

(2) 감손이 공정전반에 걸쳐서 균등하게 발생하는 경우(= 누증적 감손의 경우)

누증적 감손의 경우에는 감손의 정도가 진행정도에 따라 달라지므로 투입물량과 산출물량이 다르며, 이러한 ①감손을 분리시키지 않고 감손 발생 전 투입물량을 기준으로 처리하는 방법(비분리계산법)과 ②감손을 분리시키고 실제가공물량을 기준으로 계산하는 방법(분리계산법)이 있다.

① 비분리계산법 : 감손을 분리시키지 않고 감손 발생 전 투입물량을 기준으로 처리하는 방법으로서 완성품이나 재공품을 투입량 기준으로 환산하여 종합원가계산을 접근하여야 하는데, 공정 진행에 따라 감손으로 소실되는 비율을 감손율이라 하면, 투입량과 산출량의 관계를 다음과 같이 나타낼 수 있다.

$$\text{산출량} = \text{투입량} \times (1 - \text{감손율} \times \text{완성도})$$

② 분리계산법 : 감손을 분리시키고 실제로 가공한 물량을 기준으로 계산하는 방법으로서 일반적으로 기초투입물량과 감손 발생 후 물량의 평균물량으로 접근한다. 분리계산법에 의할 경우 완성품과 기말재공품에 대한 가공비의 완성품환산량은 다음과 같이 나타낼 수 있다.

$$\text{가공비 완성품환산량} = \frac{\text{투입량(or기초물량)} + \text{산출량(or기말물량)}}{2} \times \text{완성도}$$

예제10

(주)S-oil 휘발유를 원재료로 하여 제품을 생산하는 회사이다. 원재료를 투입하여 완제품을 생산하는 과정에서 30%의 원재료가 전공정에 걸쳐 균등하게 증발되어 사라진다. 이러한 증발은 제품의 특성상 정상적인 것으로 간주된다. 20×6년 (주)S-oil의 제조와 관련된 다음의 원가자료를 이용하여 요구사항에 답하시오.

기초재공품 : ? ℓ

당기 원재료 투입량 : 25,000 ℓ

당기완성품 : 14,700 ℓ (감손 발생 후 물량)

기말재공품 : ? ℓ (감손 발생 후 물량)

당기발생원가 : 재료비 ₩300,000, 가공비 ₩476,000

■ 요구사항

비분리계산법에 의하여 다음 물음에 답하시오.

1. 기초재공품이 없었다고 가정할 경우, 기말재공품이 감손 발생 후 물량이 3,160 ℓ 일 경우, 기말재공품의 완성도는 얼마인가?

2. 기초재공품이 없었다고 가정하고, 기말재공품의 감손 발생 후 물량이 3,160 ℓ 일 경우, 완성품과 기말재공품원가를 계산하시오.

3. 만약 기초재공품이 1,820 ℓ (진행률 : 30%)이고, 기말재공품 진행률이 80%라면 기말재공품은 몇 ℓ 이겠는가?

| 해설 |

비분리 계산법은 기본적으로 감손이 발생하기 전의 투입물량을 기준으로 종합원가계산을 하여야 한다. 따라서 기초재공품이나 기말재공품의 투입물량을 계산하는 것이 중요하다.

1. 기말재공품 완성도

재공품

차변		대변	
기초재공품	0 ℓ	당기완성	21,000 ℓ *1
당기착수	25,000 ℓ	기말재공품	4,000 ℓ *2
합계	25,000 ℓ	합계	25,000 ℓ

*1 14,700 ℓ ÷ (1 − 30%) = 21,000 ℓ

*2 차변과 대변의 합계를 일치시키는 금액

당기 완성된 물량 14,700 ℓ 는 감손이 발생한 후의 물량이다. 따라서 감손이 발생하기 전의 물량을 계산하여야 하는데, 완성된 물량은 감손 30%가 이루어진 이후의 물량이므

로 투입물량을 A라고 하면

$$A \times (1 - 30\%) = 14,700\ell \rightarrow A = 21,000\ell \text{ 이다.}$$

따라서 기말재공품의 투입물량은 4,000ℓ임을 알 수 있다.

기말재공품의 투입물량이 4,000ℓ인데, 기말 현재 기말재공품의 물량이 3,160ℓ이므로 기말재공품의 완성도를 a라고 가정하면,

$$4,000\ell \times (1 - 30\% \times a) = 3,160\ell \text{ 이어야 하므로}$$

$$a = 70\%$$

즉, 기말재공품의 완성도는 70%이다.

2. 완성품과 기말재공품원가 계산

[1단계] 물량의 흐름

재공품

기 초	0	완 성	21,000
당기착수	25,000	기 말	4,000
	25,000	합 계	25,000

[2단계] 완성품 환산량

재료비	가공비
21,000	21,000
4,000	2,800
25,000개	23,800개

[3단계] 총원가 요약

			합 계
기초재공품원가	₩ 0	₩ 0	₩ 0
당기 착수 원가	300,000	476,000	776,000
합 계	₩300,000	₩476,000	₩776,000

[4단계] 완성품환산량 단위당원가

완성품 환산량	÷ 25,000	÷ 23,800
완성품환산량 단위당원가	@12	@20

[5단계] 원가 배분

		합 계
완성품원가	21,000 × 12 + 21,000 × 20 =	₩672,000
기말재공품원가	4,000 × 12 + 2,800 × 20 =	104,000
합 계		₩776,000

3. 기말재공품의 물량

재공품			
기 초 재 공 품	2,000 ℓ *1	당 기 완 성	21,000 ℓ *2
당 기 착 수	25,000 ℓ	기 말 재 공 품	6,000 ℓ *3
합 계	27,000 ℓ	합 계	27,000 ℓ

*1 1,820 ℓ ÷ (1 − 30% × 30%) = 2,000 ℓ

*2 14,700 ℓ ÷ (1 − 30%) = 21,000 ℓ

*3 6,000 ℓ × (1 − 30% × 80%) = 4,560 ℓ

기초재공품의 물량이 감손이 일부(9% = 30% × 30%) 진행된 상태의 물량이 1,820 ℓ 이므로 감손되기 전 투입물량을 계산하면 2,000 ℓ 이다. 따라서 기말재공품의 투입물량은 6,000 ℓ 임을 알 수 있으며, 기말재공품의 완성도가 80%이므로, 감손은 24% 진행되었을 것이며, 감손 후 남은 물량은 4,560 ℓ 인 것이다.

예제11

(주)S-oil 휘발유를 원재료로 하여 제품을 생산하는 회사이다. 원재료를 투입하여 완제품을 생산하는 과정에서 30%의 원재료가 전공정에 걸쳐 균등하게 증발되어 사라진다. 이러한 증발은 제품의 특성상 정상적인 것으로 간주된다. 20×6년 (주)S-oil의 제조와 관련된 다음의 원가자료를 이용하여 요구사항에 답하시오.

기초재공품 : 0 ℓ

당기 원재료 투입량 : 25,000 ℓ

당기완성품 : 14,700 ℓ (감손 발생 후 물량)

기말재공품 : 3,160 ℓ (감손 발생 후 물량)

당기발생원가 : 재료비 ₩300,000, 가공비 ₩488,544

■ 요구사항

분리계산법에 의하여 다음 물음에 답하시오.

1. 완성품과 기말재공품의 투입물량을 계산하시오.

2. 완성품과 기말재공품원가를 계산하시오.

| 해설 |

1. 분리계산법의 경우에도 완성품과 기말재공품의 투입물량을 우선적으로 확인하는 것이 중요하다. 완성품과 기말재공품의 투입물량을 계산하는 방법은 (예제9)의 (요구사항1)에 대한 해설을 참고하기 바란다

2. 분리계산법에 의할 경우 완성품과 기말재공품의 가공비 완성품환산량을 먼저 계산하면 다음과같다.

$$\text{완성품의 가공비 완성품환산량} = \frac{21,000\text{개} + 14,700\text{개}}{2} \times 100\% = 17,850\text{개}$$

$$\text{기말재공품의 가공비 완성품환산량} = \frac{4,000\text{개} + 3,160\text{개}}{2} \times 70\% = 2,506\text{개}$$

위의 가공비에 대한 완성품환산량을 이용하여 종합원가 5단계를 진행하여 완성품과 기말재공품 원가를 계산한다.

[1단계] 물량의 흐름

재공품

기 초	0	완 성	21,000
당기착수	25,000	기 말	4,000
	25,000	합 계	25,000

[2단계] 완성품 환산량

재료비	가공비
21,000	17,850
4,000	2,506
25,000개	20,356개

[3단계] 총원가 요약

			합 계
기초재공품원가	₩ 0	₩ 0	₩ 0
당기 착수 원가	300,000	488,544	788,544
합 계	₩300,000	₩488,544	₩788,544

[4단계] 완성품환산량 단위당원가

완성품 환산량	÷ 25,000	÷ 20,356
완성품환산량 단위당원가	@12	@24

[5단계] 원가 배분		합 계
완 성 품 원 가	21,000 × 12 + 17,850 × 24 =	₩680,400
기말재공품원가	4,000 × 12 + 2,506 × 24 =	108,144
합 계		₩788,544

요점정리

1. 공손 및 감손의 의의

(1) **공 손** : 재료의 불량, 작업기술의 미숙, 기계 · 설비의 정비불량 등의 원인에 의하여 가공에 실패하여 품질 및 규격이 표준에 미달하는 불합격

(2) **감 손** : 제품의 제조과정에서 증발 또는 분산 등으로 인하여 원재료가 소실되거나 제품화되지 않은 무가치한 작업폐물

(3) **감손율과 수율**

- 감손율 : 재료투입량과 감손량과의 비율
- 수　율 : 재료투입량과 제품산출량과의 비율

2. 정상공손과 비정상공손

(1) **정상공손과 비정상공손**

- 정상공손 : 허용한도내에서 발생하는 공손
- 비정상공손 : 허용한도를 초과하여 발생하는 공손

(2) **정상공손원가와 비정상공손원가**

- 정상공손(감손)의 원가 : 제품원가에 포함
- 비정상공손(감손)의 원가 : 특별손실 및 영업외비용으로 처리

3. 공손(감손)원가의 회계처리

(1) **공손의 인식시점** : 재료의 불량, 작업기술의 미숙, 기계 · 설비의 정비불량 등의 원인에 의하여 가공에 실패하여 품질 및 규격이 표준에 미달하는 불합격

(2) **분리계산법과 비분리계산법**

- 분리계산법 : 완성품 및 기말재공품의 원가와 공손원가를 분리하여 계산하는 방법
- 비분리계산법 : 완성품 및 기말재공품의 원가와 공손원가를 분리하여 계산하지 않는 방법

4. 정상공손원가의 추가배

(1) **정상공손원가의 배부기준** : 검사시점을 통과한 정상품의 상대적 물량비율

(2) **평균법**

① 기말재공품이 검사시점을 통과하지 않은 경우

– 완성품이 전액 부담

② 기말재공품이 검사시점을 통과한 경우

– 완성품수량과 기말재공품수량을 기준으로 배분

(3) **선입선출법**

① 기말재공품이 검사시점을 통과하지 않은 경우

– 완성품이 전액 부담

② 기말재공품이 검사시점을 통과한 경우

㉠ 기초재공품이 전기에 검사시점을 통과한 경우

– 당기투입 완성품수량과 기말재공품수량을 기준으로 배분

㉡ 기초재공품이 전기에 검사시점을 통과하지 않은 경우

– 완성품수량과 기말재공품수량을 기준으로 배분

5. 공손(품)의 잔존가치가 있는 경우의 회계처

(1) **공손품계정을 설정하여 처리하는 방법**

공손품의 잔존가치를 구하여 당기총제조비용에서 차감

(2) 공손원가에서 차감하는 방법

공손품의 잔존가치를 구하여 공손원가에서 차감

6. 작업폐물의 회계처리

(1) 작업폐물 : 제품의 제조과정에서 발생하는 사용재료의 폐물로서 그 경제적 가치가 비교적 적은 물품

(2) 작업폐물의 회계처리

① 작업폐물의 가액이 작은 경우

– 작업폐물을 매각하거나 자가소비시에 영업외수익(잡이익)으로 처리

② 작업폐물의 가액이 큰 경우

– 작업폐물의 순실현가치를 정상품의 제조원가(종합원가)에서 차감

제8장 연 습 문 제

8-1 정상 · 비정상공손수량 : 검사시점 통과기

(주)소망은 종합원가계산시스템을 운영하고 있으며, 정상공손의 허용한도는 당월에 검사시점을 통과한 정상품의 5%이다. 공손의 검사는 완성도가 50%일 때 실시하고 있다. 어떤 원가계산기간의 기초재공품수량은 600개이고 당기착수량은 2,000개이다. 그리고 완성품수량은 2,200개, 기말재공품수량은 200개이다.

■ 요구사항

다음 각각의 경우 정상공손수량과 비정상공손수량을 계산하라.

1. 기초재공품의 완성도는 20%이고 기말재공품의 완성도는 60%인 경우

2. 기초재공품의 완성도는 20%이고 기말재공품의 완성도는 40%인 경우

3. 기초재공품의 완성도는 60%이고 기말재공품의 완성도는 60%인 경우

4. 기초재공품의 완성도는 60%이고 기말재공품의 완성도는 40%인 경우

| 풀이 |

1. 기초재공품의 완성도는 20%이고 기말재공품의 완성도는 60%인 경우

(1) 물량 흐름 파악

재 공 품

기 초	600	완성 ┌ 기 초	600
착 수	2,000	완성 └ 착 수	1,600
		공 손	2,000
			2,000
	2,600	기말재공품	2,600

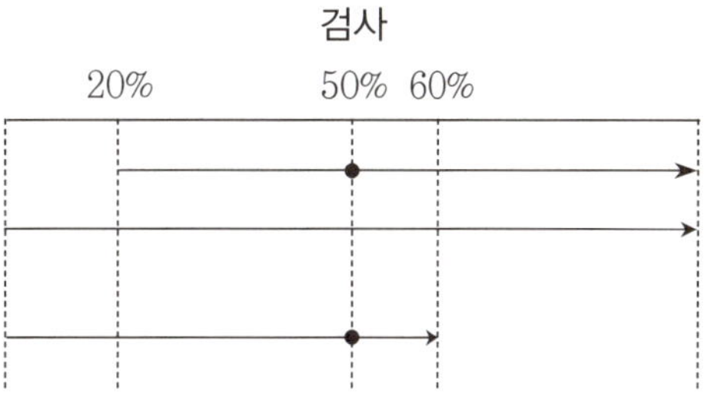

(2) **정상공손수량과 비정상공손수량**

① 정상공손수량 : (600개+1,600개)×5%=120개

② 비정상공손수량 : 200개−120개=80개

2. 기초재공품의 완성도는 20%이고 기말재공품의 완성도는 40%인 경우

재 공 품

차변	금액	대변	금액
기 초	600	완성 ┌ 기초	600
착 수	2,000	└ 착수	1,600
		공 손	2,000
			2,000
	2,600	기말재공품	2,600

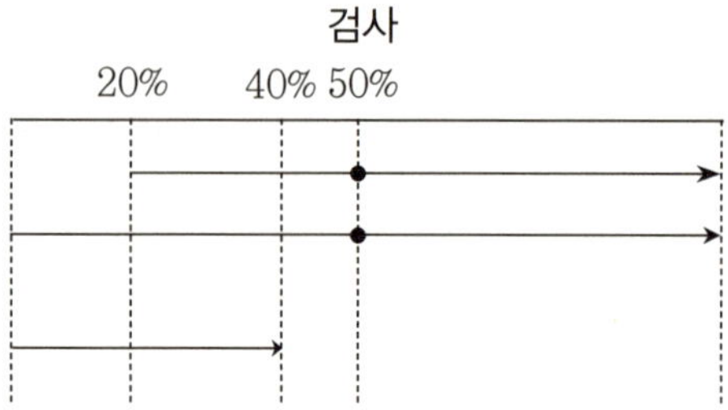

① 정상공손수량 : 2,200개×5%=110개

② 비정상공손수량 : 200개−110개=90개

3. 기초재공품의 완성도는 60%이고 기말재공품의 완성도는 60%인 경우

재 공 품

차변	금액	대변	금액
기 초	600	완성 ┌ 기초	600
착 수	2,000	└ 착수	1,600
		공 손	2,000
			2,000
	2,600	기말재공품	2,600

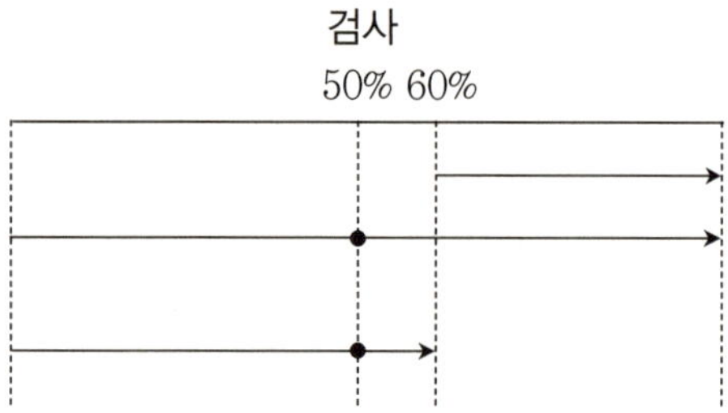

① 정상공손수량 : (2,200개−600개+200개)×5%=90개

② 비정상공손수량 : 200개−90개=110개

4. 기초재공품의 완성도는 60%이고 기말재공품의 완성도는 40%인 경우

재 공 품

차변	금액	대변	금액
기 초	600	완성 ┌ 기초	600
착 수	2,000	└ 착수	1,600
		공 손	2,000
			2,000
	2,600	기말재공품	2,600

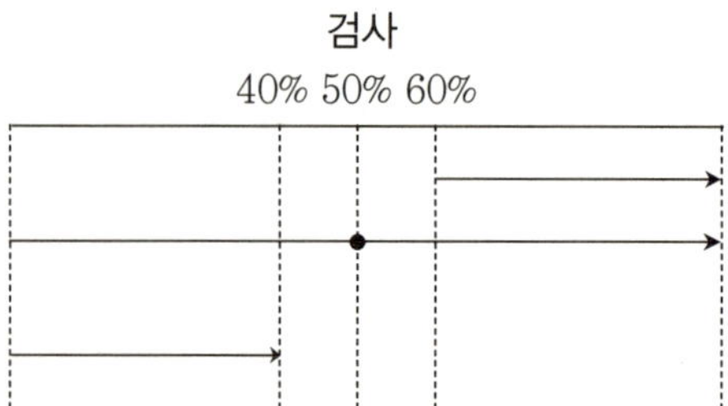

① 정상공손수량 : (2,200개 − 600개) × 5% = 80개

② 비정상공손수량 : 200개 − 80개 = 120개

| 해설 |

1. 제조과정에서 공손이 발생하는 경우에는 공손을 정상공손과 비정상공손으로 구분하여야 한다. (주)소망의 경우에는 정상공손의 허용한도가 검사시점을 통과한 정상품의 5%이므로 총 200개 중 정상공손의 허용한도를 초과한 수량은 비정상공손이 된다.

2. 검사시점을 통과한 정상품의 계산시에 한 가지 유의할 사항은 재공품의 평가방법이 무엇이냐에 관계없이 항상 선입선출법의 개념을 적용하여 당기에 검사시점을 통과하였는지를 파악하여야 한다는 점이다. 왜냐하면 품질검사는 제품이 기업이 정한 일정한 품질수준을 유지하고 있는지를 검사하는 것이므로 제품 그 자체를 검사하는 것이다. 그런데 물량흐름은 언제나 기초재공품을 먼저 완성시킨 다음 당기투입분의 제조에 착수하므로 선입선출법의 개념이 적용되기 때문이다.

3. 요구사항3의 경우에 검사시점은 50%이고 기말재공품의 완성도는 60%이므로 기말재공품이 검사시점을 통과하였다. 그리고 기초재공품의 가공비 완성도는 60%이므로 기초재공품은 전기에 이미 검사시점을 통과하였다. 따라서 당기에 검사시점을 통과한 정상품은 당기투입 완성량 1,600개와 기말재공품 200개를 합한 1,800개가 되므로 당기의 정상공손수량은 1,800개의 5%인 90개가 된다.

8-2 정상 · 비정상공손수량 : 검사시점 도달기

(주)소망은 종합원가계산시스템을 운영하고 있으며, 정상공손의 허용한도는 당월에 검사시점에 도달한 물량의 5%이다. 공손의 검사는 완성도가 50%일 때 실시하고 있다. 어떤 원가계산기간의 기초재공품수량은 600개이고 당기착수량은 2,000개이다. 그리고 완성품수량은 2,200개이고 기말재공품수량은 200개이다.

■ 요구사항

다음 각각의 경우 정상공손수량과 비정상공손수량을 계산하라.

1. 기초재공품의 완성도는 20%이고 기말재공품의 완성도는 60%인 경우

2. 기초재공품의 완성도는 20%이고 기말재공품의 완성도는 40%인 경우

3. 기초재공품의 완성도는 60%이고 기말재공품의 완성도는 60%인 경우

4. 기초재공품의 완성도는 60%이고 기말재공품의 완성도는 40%인 경우

| 풀이 |

1. 기초재공품의 완성도는 20%이고 기말재공품의 완성도는 60%인 경우

재공품

기 초	600	완성	기초	600
착 수	2,000		착수	1,600
		공 손		2,000
				2,000
	2,600	기말재공품		2,600

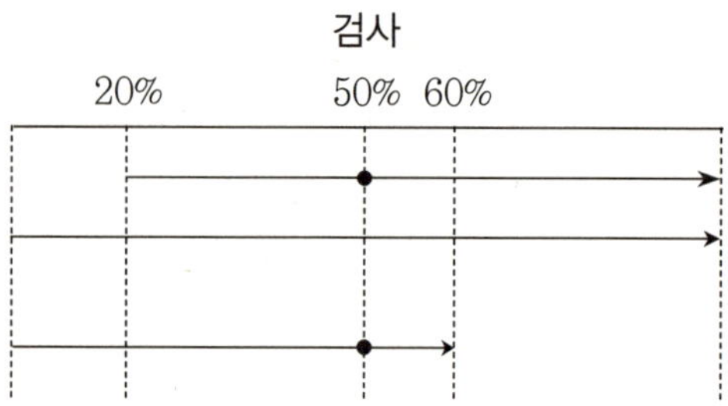

① 정상공손수량 : (2,200개+200개+200개)×5%=130개

또는 120개+200개×5%=130개

② 비정상공손수량 : 200개−130개=70개

2. 기초재공품의 완성도는 20%이고 기말재공품의 완성도는 40%인 경우

재공품

기 초	600	완성	기초	600
착 수	2,000		착수	1,600
		공 손		2,000
				2,000
	2,600	기말재공품		2,600

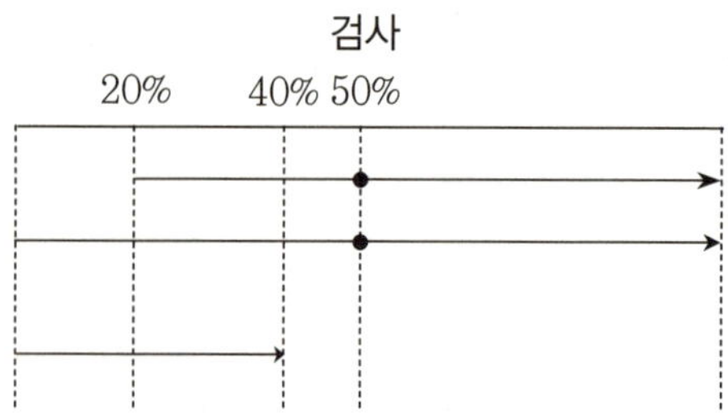

① 정상공손수량 : (2,200개+200개)×5%=120개

② 비정상공손수량 : 200개−120개=80개

3. 기초재공품의 완성도는 60%이고 기말재공품의 완성도는 60%인 경우

재공품

차변	금액	대변	금액
기 초	600	완성 ┌ 기초	600
착 수	2,000	완성 └ 착수	1,600
		공 손	2,000
			2,000
	2,600	기말재공품	2,600

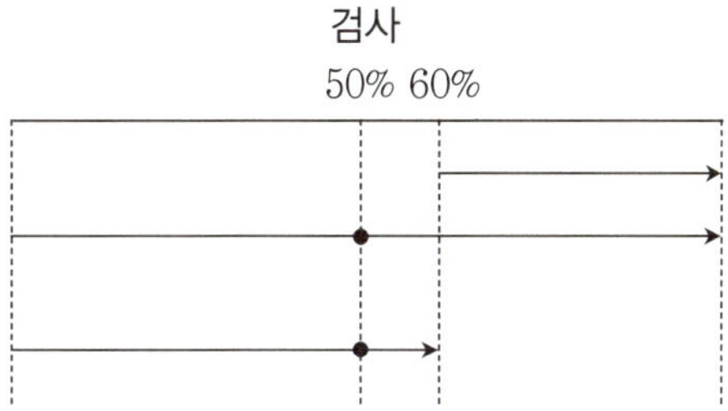

① 정상공손수량 : (2,200개−600개+200개+200개)×5%=100개

② 비정상공손수량 : 200개−100개=100개

4. 기초재공품의 완성도는 60%이고 기말재공품의 완성도는 40%인 경우

재공품

차변	금액	대변	금액
기 초	600	완성 ┌ 기초	600
착 수	2,000	완성 └ 착수	1,600
		공 손	2,000
			2,000
	2,600	기말재공품	2,600

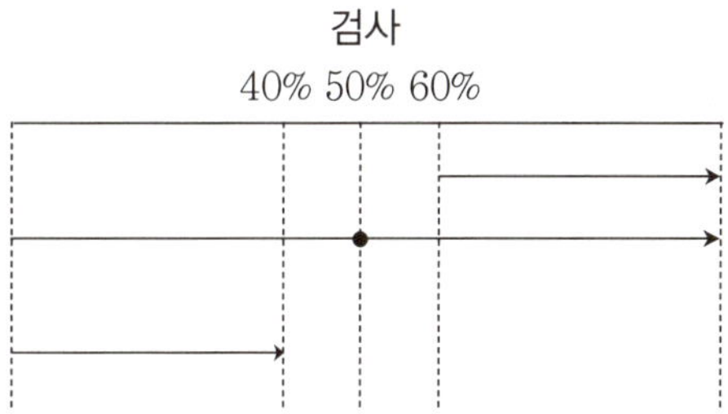

① 정상공손수량 : (2,200개−600개+200)×5%=90개

② 비정상공손수량 : 200개−90개=110개

| 해설 |

검사시점에 도달한 물량은 검사시점을 통과한 정상품에 공손수량을 가산한 수량이 된다. 공손품은 검사시점까지는 완성이 되었으나 검사결과 공손으로 판명이 되면 더 이상의 가공을 하지 않고 제조과정에서 제거하게 된다. 그러므로 검사시점에 도달한 수량에는 공손수량을 포함시켜야 하나 검사시점을 통과한 수량에는 제외시켜야 한다. 즉 검사시점 도달기준과 검사시점 통과기준의 차이점은 공손수량의 포함여부상의 가치이다.

8-3 완성품환산량 : 평균법과 선입선출법

(주)국제는 단일 종류의 재료를 투입하여 하나의 제조공정에서 제품을 생산하고 있다.

재료는 제조가 20%진척이 되었을 때 일시에 투입되고 그 이후에는 가공만 받는다. 검사는 제조가 50%진척되었을 때 실시하며 완성품의 2%까지는 정상공손으로 인정한다. 기초재공품수량은 10,000개 완성도는 30%이고, 기말재공품의 완성도는 40%이다. 10월 중에 제조에 착수한 수량은 40,000개이며 10월 중에 완성된 수량은 36,000개이다. 10월 중에 발생한 공손량은 700개이다.

■ 요구사항

1. 기초재공품의 완성도는 20%이고 기말재공품의 완성도는 60%인 경우

(1) 정상공손수량과 비정상공손수량 (2) 재료비와 가공비의 완성품환산량

2. 선입선출법을 적용하여 요구사항1에 다시 답하라.

3. 평균법의 완성품환산량을 선입선출법의 완성품환산량으로 전환하라.

| 풀이 |

1. 평균법

(1) 물량흐름 파악 **(2) 완성품환산량**

재공품				재료비	가공비
기초재공품	10,000개	완성품	36,000개	36,000	36,000
당기착수량	40,000	정상공손	700[①]	700	350[②]
		기말재공품	13,300	13,300	5,320[③]
합계	50,000개	합계	50,000개	50,000	41,670

① 36,000개×2%=720개 (∴700개 모두 정상공손임)

② 700개×50%=350 ③ 13,300개×40%=5,320

2. 선입선출법

(1) 물량흐름 파악 **(2) 당기 완성품환산량**

재공품				재료비	가공비
기초재공품	10,000개	기초재고완성량	10,000개	0	7,000
당기착수량	40,000	당기착수완성량	26,000	26,000	26,000
		정상공손	700	700	350
		기말재공품	13,300	13,300	5,320
합계	50,000개	합계	50,000개	40,000	38,670

3. 완성품환산량의 전환

	재료비	가공비
평균법의 완성품환산량	50,000개	41,670개
기초재공품의 완성환산량	(10,000)①	(3,000)②
선입선출법의 완성품환산량	40,000개	38,670개

① 10,000개×100%=10,000개
② 10,000개×30%=3,000개

| 해설 |

1. 정상공손의 허용한도는 완성품 36,000개의 2%인 720개이다. 그러나 실제로 발생한 공손은 700개이므로 허용한도 내에서 발생한 700개는 모두 정상공손이 된다. 그리고 기말재공품의 완성도는 40% 인데 재료의 투입시점은 20% 시점이므로 기말재공품의 재료비 완성도는 100%이다.

2. 선입선출법의 경우에는 기초재공품의 완성도가 30%이므로 재료는 전기에 100%투입되었다. 그러므로 기초재공품의 당기 재료비 환산량은 0개이다. 그리고 기초재공품의 가공비 완성도가 30%이므로 전기에 가공비가 30% 투입되었다. 그러므로 당기에 추가로 투입되는 가공비는 70%이므로 기초재공품의 당기 가공비 환산량은 기초재공품수량 10,000개에 70%를 곱한 7,000개가 된다.

8-4 완성품환산량

금강회사는 종합원가계산방법에 의하여 제품원가를 계산하고 있다. 원재료는 공정초에 투입되며 가공비는 제조가 진척됨에 따라 비례적으로 투입된다. 기초재공품의 완성도 70%, 기말재공품의 완성도는 40%이고 공손은 공정말에 발견된다. 20×1년 4월의 생산자료는 다음과 같다.

4월 1일 재공품	45,000개	4월의 착수량	180,000개
비정상적 공손량	9,000개	4월 30일의 재공품	67,500개
당월에 완성하여 제품계정으로 대체한 수량			148,500개

■ **요구사항**

1. 회사가 평균법을 사용하는 경우 가공비의 완성품환산량은 몇 개인가?

2. 회사가 선입선출법을 사용하는 경우 원재료비의 완성품환산량은 몇 개인가?

| 풀이 |

1. 가공비의 완성품환산량 : 평균법

148,500개+9,000개+67,500개×40% = 184,500개

2. 원재료비의 완성품환산량 : 선입선출

148,500개−45,000개+9,000개+67,500개 = 180,000개

8-5 완성품환산량

(주)동아는 두 공정을 거쳐서 제품이 완성되므로 공정별 종합원가계산을 실시하고 있다. 재료는 제1공정의 개시시점에 전량투입되며 재공품의 평가방법은 선입선출법이다. 다음은 20×1년 7월의 제1공정의 생산자료이다.

	수 량	완성도
기초재공품수량	600개	30%
당월착수량	5,000개	−
제2공정 대체수량	4,600개	−
기말재공품수량	1,000개	40%

제1공정의 재료비와 가공비의 완성품환산량은 각각 몇 개인가?

| 풀이 |

	물 량	재료비	가공비
기초재고완성량	600개	0	420*
당기착수완성량	4,000	4,000	4,000
기 말 재 공 품	10,00	1,000	400
합 계	5,600개	5,000	4,820

* 600개×(100%－30%)＝420개

8-6 기말재공품의 완성도 > 검사시점 : 평균법

(주)조선은 종합원가계산시스템을 운영하고 있으며 재공품의 평가방법은 평균법을 적용하고 있다. 20×1년 5월의 기초재공품의 완성도는 30%, 수량은 1,000개이며, 재료비는 ₩40,000, 가공비는 ₩18,000이다. 당기에 제조과정에 투입된 수량은 10,000단위이고 투입된 원가는 재료비 ₩400,000, 가공비 ₩661,000이다. 당기완성품은 8,000단위, 정상공손은 검사시점을 통과한 정상품의 5%이고 검사는 제조가 50% 진척된 상태에서 실시한다. 공손수량은 1,000개이며, 기말재공품의 완성도는 60%이다. 단, 재료는 공정 시점에서 전량 투입되며 가공비는 완성도에 비례하여 소비된다.

■ 요구사항

1. 다음의 내용이 포함되도록 원가계산표를 작성하라.

(1) **비정상공손원가** (2) **완성품원가** (3) **기말재공품원가**

2. 일반적으로 공손을 인식하는 데는 어떠한 가정을 하고 있는가?

| 풀이 |

1. 원가계산표 작성

(1) **물량흐름 파악** (2) **완성품환산량**

재공품				재료비	가공비
기초재공품	1,000개	기초재고완성량	8,000개	8,000	8,000
당기투입량	10,000	당기착수완성량	500*	500	250
합 계	11,000개	정 상 공 손	500	500	250
		기 말 재 공 품	2,000	2,000	1,200
		합 계	11,000개	11,000	9,700

* (8,000개×2,000개)×5%=500개

(3) 총제조원가의 집계

	재료비	가공비	합 계
기초재공품원가	₩40,000	₩18,000	₩58,000
당기총제조비용	400,000	661,000	1,061,000
합 계	₩440,000	₩679,000	₩1,119,000
완성품환산량	÷11,000개	÷9,700개	
(4) 환산량 단위당원가	@₩40	@₩70	@₩110

(5) 총제조원가의 배분

① 정상공손 : 500×@₩40 + 250×@₩70 = ₩37,500

② 비정상공손 : 500×@₩40 + 250×@₩70 = ₩37,500

③ 완 성 품 : 8,000×@₩110 = ₩880,000

④ 기말재공품 : 2,000×@₩40 + 1,200×@₩70 = ₩164,000

검산 ₩37,500 + ₩37,500 + ₩880,000 + ₩164,000 = ₩1,119,000

(6) 완성품원가와 기말재공품원가

① 정상공손원가의 추가배분

$$\text{완 성 품} : ₩37,500 \times \frac{8,000\text{개}}{8,000\text{개}+2,000\text{개}} = ₩30,000$$

$$\text{기말재공품} : ₩37,500 \times \frac{2,000\text{개}}{8,000\text{개}+2,000\text{개}} = ₩7,500$$

② 완성품원가와 기말재공품원가

㉠ 비정상공손원가 : ₩37,500

㉡ 완 성 품 원 가 : ₩880,000 + ₩30,000 = ₩910,000

㉢ 기말재공품원가 : ₩164,000 + ₩7,500 = ₩171,500

2. 공손인식에 대한 걱정

특별한 언급이 없는 한 공손은 검사시점에서 일시에 발생하는 것으로 가정하여 공손을 인식하는 방법을 채택하고 있다.

| 해설 |

1. 기초재공품의 완성도는 30%이고 검사시점은 50%이므로 기초재공품이 당기에 검사시점을 통과하게 될 것이다. 그러므로 당기에 검사시점을 통과한 정상품은 완성품 8,000개와 기말재공품 2,000개를 합한 10,000개가 된다. 따라서 정상공손수량은 검사시점을 통과한 정상품 10,000개에다 5%를 곱한 500개가 된다.

2. 정상공손의 완성품환산량은 정상공손수량에다 검사시점까지의 완성도를 곱하여 계산한다. 공손의 검사시점이 50%이므로 공손의 완성도는 50%이다. 재료는 공정초기에 전량 투입되므로 정상공손의 재료비 환산량은 500개이고 가공비 환산량은 공손수량 500개에 공손의 완성도 50%를 곱한 250개가 된다.

3. 공손과 관련하여서는 검사시점이 중요한 의미를 지닌다. 검사시점까지의 완성도를 공손의 완성도로 보아 공손의 완성품환산량을 계산할 뿐만 아니라, 정상공손원가의 추가배분시 기말재공품이 검사시점을 통과하였느냐를 파악하는 기준점이 되기 때문이다.

4. 정상공손원가의 추가배분시 평균법의 경우에는 기초재공품은 고려할 필요없이 기말재공품이 검사시점을 통과하였는지만 파악한 후에, 통과하였으면 완성품과 기말재공품의 상대적 물량비율로 배분하면 된다. 왜냐하면 검사가 실시되는 50% 완성시점에서 보면 완성품이나 기말재공품이나 동등한 입장이며 그것이 완성품이 될지 기말재공품이 될지는 그 이후에 결정되기 때문이다. 그리고 정상공손이 존재하는 경우에는 완성품원가와 기말재공품원가는 정상공손원가를 추가배분받은 후의 금액이 된다.

8-7 기초재공품의 완성도 < 검사시점 : 선입선출법

(주)조선은 종합원가계산시스템을 운영하고 있으며 재공품의 평가방법은 선입선출법

을 적용하고 있다. 20×1년 5월의 기초재공품의 완성도는 30% 수량은 1,000개이며, 재료비는 ₩40,000 가공비는 ₩18,000이다. 당기에 제조과정에 투입된 수량은 10,000단위이고 투입된 원가는 재료비 ₩400,000, 가공비 ₩661,000이다. 당기완성품은 8,000단위이며 정상공손은 검사시점을 통과한 정상품의 5%이고, 검사는 제조가 50% 진척된 상태에서 실시한다. 공손수량은 1,000개이며 기말재공품의 완성도는 60%이다. 단, 재료는 공정시점에서 전량 투입되며 가공비는 완성도에 비례하여 소비된다.

■ 요구사항

1. 다음의 내용이 포함되도록 원가계산표를 작성하라

(1) **비정상공손원가** (2) **완성품원가** (3) **기말재공품원가**

2. 정상공손원가의 추가배분시에 환산량을 기준으로 하지 않고 물량을 기준으로 배분하는 이유는 무엇인가?

| 풀이 |

1. 원가계산표 작성

(1) 물량흐름 파악 **(2) 당기 완성품환산량**

재공품				재료비	가공비
기초재공품	1,000개	기초재고완성량	1,000	0	700
당기투입량	10,000	당기착수완성량	7,000	7,000	7,000
		정상공손	500①	500	250②
		비정상공손	500	500	250
		기말재공품	2,000	2,000	1,200③
합계	11,000개	합계	11,000개	10,000	9,400

① (8,000개+2,000개)×5%=500개

② 500개×50%=250개 ③ 2,000개×60%=1,200개

(3) 총제조원가의 집계

	재료비	가공비	합　계
기초재공품원가	−	−	₩58,000
당기총제조비용	₩440,000	₩661,000	1,061,000
완성품환산량	÷10,000개	÷9,400	
(4) 환산량 단위당 원가	@₩40	@₩70.3191	

(5) 총제조원가의 배분

① 정상공손 : 500×@₩40+250×@₩70.3191 = ₩37,580

② 비정상공손 : 500×@₩40+250×@₩70.3191 = ₩37,580

③ 완 성 품 : ₩58,000+7,000×@₩40+7,700×@₩70.3191 = ₩879,457

④ 기말재공품 : 2,000×@₩40+1,200×@₩70.3191 = ₩164,383

검산 ₩37,580 + ₩37,580 + ₩879,457 + ₩164,383 = ₩1,119,000

(6) 완성품원가와 기말재공품원가

① 정상공손원가의 추가배분

$$\text{완 성 품} : ₩37,580 \times \frac{8,000\text{개}}{8,000\text{개}+2,000\text{개}} = ₩30,064$$

$$\text{기말재공품} : ₩37,580 \times \frac{2,000\text{개}}{8,000\text{개}+2,000\text{개}} = ₩7,516$$

② 완성품원가와 기말재공품원가

㉠ 비정상공손원가 : ₩37,580

㉡ 완 성 품 원 가 : ₩879,457 + ₩30,064 = ₩909,521

㉢ 기말재공품원가 : ₩164,383 + ₩7,516 = ₩171,899

2. 정상공손의 추가배분시에 물량을 기준으로 배분하는 이유

검사시점을 통과한 물량은 공손의 발생시점에서는 완성품이나 기말재공품이나 동등한 입장이다. 그러므로 검사시점 이후의 가공여부와 관련이 있는 환산량을 기준으로 배분하는 것 보다는 동등한 관계를 표시하는 물량을 기준으로 배분하는 것이 합리적이기 때문이다.

| 해설 |

1. 기초재공품의 완성도는 30%이고 검사시점은 50%이므로 당기에 검사시점을 통과하게 될 것이다. 그러므로 당기에 검사시점을 통과한 정상품은 완성품 8,000개와 기말재공품 2,000개를 합한 10,000개가 된다. 따라서 정상공손수량은 검사시점을 통과한 정상품 10,000개에다 5%를 곱한 500개가 된다. 정상공손수량 계산시에는 재공품의 평가방법에 관계없이 선입선출법의 개념이 적용된다는 점에 유의하여야 한다.

2. 검사시점은 50%이고 기말재공품의 완성도는 60%이므로 기말재공품이 검사시점을 통과하였다. 그러나 재공품의 평가방법이 선입선출법이므로 기초재공품이 전기에 검사시점을 통과하였는지를 추가로 파악하여야 한다. 기초재공품의 가공비 완성도는 30%이고 검사는 50%완성시점에서 이루어지므로 기초재공품이 전기에 검사시점을 통과하지 못하였으므로 당기에 통과하게 될 것이다. 따라서 정상공손원가는 완성품수량과 기말재공품수량을 기준으로 배분하면 된다.

3. 정상공손원가의 추가배분시에는 재공품의 평가방법이 평균법인지 선입선출법인지를 분명히 파악한 다음 접근하여야 한다. 평균법의 경우에는 기초재공품은 고려할 필요없이 기말재공품이 검사시점을 통과하였는지만 파악한 후에, 통과하였으면 완성품과 기말재공품이 공동부담하면 된다. 그러나 선입선출법의 경우에는 기말재공품이 검사시점을 통과하였으면 기초재공품이 전기에 검사시점을 통과하였는지를 추가로 고려해야 하기 때문이다.

8-8 기초재공품 > 검사시점 : 선입선출법

(주)인제는 종합원가계산시스템을 운영하고 있으며, 가공공정과 완성공정의 두 공정을 가지고 있다. 재료비는 가공공정의 공정시초에 투입되며 가공비는 완성도에 비례하여 두 공정에 배부된다. 당원가계산기간은 7월이며 월초재공품 수량은 1,000개이고 완성도는 40%이며, 월초재공품의 직접재료비는 ₩20,000이고 가공비는 ₩16,000이다. 월말재공품의 완성도는 30%이고, 당월착수량은 9,000개, 직접재료 소비액은 ₩540,000, 가공비는 ₩558,720이다. 당월에 완성되어 완성공정으로 대체된 총량은 7,500개이다. 정상공손은 검사받은 물량의 3%이며 공손수량은 900개이다. 검사는 완성도가 20%인

시점에서 실시한다.

■ 요구사항

1. 선입선출법을 적용하여 7월의 원가계산표를 작성하라

2. 다음의 분개를 하라

(1) **재료비와 가공비 소비시**

(2) **완성품원가를 제품계정에 대체시**

(3) **비정상공손원가를 비정상공손비계정으로 대체시**

3. 정상공손원가와 비정상공손워가는 어떻게 회계처리하는가?

| 풀이 |

1. 원가계산표 작성

(1) **물량흐름 파악** (2) **당기 완성품환산량**

재공품				재료비	가공비
기초재공품	1,000개	기초재고완성량	1,000개	0	600
당기착수량	9,000	당기착수완성량	6,500	6,500	6,500
		정상공손	270①	270	54②
		비정상공손	630	630	126③
		기말재공품	1,600	1,600	480
합계	10,000개	합계	10,000개	9,000	7,760

① (6,500+900+1,600)×3%=270

② 270×20%=54 ③ 630×20%=126

(3) **총제조원가의 집계**

	재료비	가공비	합계
기초재공품원가	–	–	₩36,000
당기총제조비용	₩540,000	₩558,720	1,098,720
완성품환산량	÷9,000	÷7,760	
(4) 환산량 단위당 원가	@₩60	@₩72	

(5) 총제조원가의 배분

① 정상공손 : 270 × @₩60 + 54 × @₩72 = ₩20,088

② 비정상공손 : 630 × @₩60 + 126 × @₩72 = ₩46,872

③ 완 성 품 : ₩36,000 + 6,500 × @₩60 + 7,100 × @₩72 = ₩937,200

④ 기말재공품 : 1,600 × @₩60 + 480 × @₩72 = ₩130,560

검산 ₩20,088 + ₩46,872 + ₩937,200 + ₩130,560 = ₩1,134,720

(6) 완성품원가와 기말재공품원가

① 정상공손원가의 추가배분

완 성 품 : $₩20,088 \times \frac{6,500\text{개}}{6,500\text{개}+1,600\text{개}} = ₩16,120$

기말재공품 : $₩20,088 \times \frac{1,600\text{개}}{6,500\text{개}+1,600\text{개}} = ₩3,968$

② 완성품원가와 기말재공품원가

㉠ 비정상공손원가 : ₩46,872

㉡ 완 성 품 원 가 : ₩937,200 + ₩16,120 = ₩953,320

㉢ 기말재공품원가 : ₩130,560 + ₩3,968 = ₩134,528

2. 거래의 분개

(1) 재료비와 가공비 소비시

(차) 재 공 품	1,098,720	(대) 재 료 비	540,000
		가 공 비	558,720

(2) 완성품원가를 제품계정에 대체시

(차) 제 품	953,320	(대) 재 공 품	953,320

(3) 비정상공손원가를 비정상공손비계정으로 대체시

(차) 비정상공손비	46,872	(대) 재 공 품	46,872

3. 정상공손원가와 비정상공손원가의 회계처리

정상공손원가는 제품원가에 포함시키고 비정상공손원가는 기간원가(특별손실이나 영업외비용)로 처리한다.

| 해설 |

1. 기말재공품의 가공비 완성도는 30%이고 검사시점은 20%이므로 기말재공품이 검사시점을 통과하였다. 그리고 기초재공품의 가공비 완성도는 40%이며 검사는 20% 시점에서 이루어지므로 기초재공품은 전기에 검사시점을 통과하였다. 그러므로 정상공손원가는 당기착수완성량 6,500개와 기말재공품 1,600개를 기준으로 배분하면 된다.

2. 독자들이 정상공손수량의 계산과 관련하여 혼동되는 것 중의 하나가 정상공손원가의 추가배분 문제이다. 정상공손수량 계산시에는 재공품의 평가방법을 고려할 필요가 없으나, 정상공손원가의 추가배분시에는 재공품의 평가방법이 평균법이나 선입선출법이냐에 따라 달라지므로 이를 고려하여야 한다.

8-9 공손원가 계산

다음의 자료를 이용하여 아상공손비를 계산하라.

자료

· 정상공손 1,700개 이상공손 150개
· 검사시점 50% 재료는 공정초에 투입
· 완성품환산량 단위당 원가 : 전공정비 ₩60 자공정비 ₩100

| 풀이 |

전공정비 (150개×₩60)	₩9,000
자공정비 (150개×50%×₩100)	7,500
이상공손비	₩16,500

8-10 완성품환산량 단위당 원가

(주)영지의 9월 동안 원가와 관련된 자료는 다음과 같다.

	수 량	완성도
기초재공품수량	1,600개	75%
당 기 완 성 품	5,000	
정 상 공 손 품	600	
비 정 상 공 손 품	400	
기 말 재 공 품	1,200개	2/3

재료비는 60% 시점에서 일시에 발생하며, 가공비는 평균적으로 발생한다. 원가계산방법은 가중평균법이며, 검사는 50% 완성시점에서 실시한다. 그리고 투입된 원가는 다음과 같다.

	기초재공품원가	당기투입원가
재 료 비	₩46,000	₩140,000
가 공 비	33,600	142,800

완성품환산량 단위당 재료비와 가공비 합계를 계산하라.

| 풀이 |

1. 완성품환산량

	물량흐름	재료비	가공비
당 기 완 성 품	2,000개	5,000	5,000
정 상 공 손	600	0	300
비 정 상 공 손	4,00	0	200
기 말 재 공 품	1,200	1,200	800
합 계	7,200개	6,200	6,300

2. 환산량 단위당 재료비와 가공비 합계 : @30 + @₩28 = @₩58

재 료 비 : (₩46,000+₩140,000) ÷ 6,200 = @₩30

가 공 비 : (₩33,600+₩142,800) ÷ 6,300 = @₩28

8-11 감손이 발생하는 경우 : 감손전 수량

다음의 자료를 이용하여 감손전 수량(투입량)을 기준으로 물량흐름을 각각 파악하라.

1. (주)대한은 직조공정과 염색공정의 두 공정을 거쳐서 동일 종류의 제품을 생산한다. 직조공정에서는 전공정을 통하여 30%의 감손이 발생하며, 원재료는 공정의 시초(始初)에 투입된다. 4월의 기초재공품은 3,400kg, 당월에 제조과정에 투입된 재료는 18,000kg, 당기완성량은 13,440kg이다. 기초재공품의 완성도는 50%이고, 기말재공품수량은 2,128kg이고 완성도는 80%이다. 재공품의 평가방법은 평균법이다.

2. (주)덕성은 하나의 제조공정을 거쳐서 동일 종류의 제품을 생산하고 있다. 제조과정의 전공정을 통하여 20%의 감손이 발생하며, 재료는 공정의 개시시점에 전량 투입된다. 기초재공품의 수량은 1,840이고 완성도는 40%이다. 당기착수량은 8,000kg, 당기의 완성량은 4,800kg이다. 기말재공품의 수량은 3,520kg이고 완성도는 60%이다. 재공품의 평가방법은 선입선출법이다.

| 풀이 |

1. 물량흐름 파악

(1) 감손전 수량

① 기초재공품 : 3,400kg ÷ (100% − 30% × 50%) = 4,000kg

② 당기완성품 : 13,440kg ÷ (100% − 30%) = 19,200kg

③ 기말재공품 : 2,128kg ÷ (100% − 30% × 80%) = 2,800kg

(2) **물량흐름 파악**

재공품			(투입량기준)
기초재공품	4,000kg	완　성　품	19,200kg
당기착수량	18,000	기말재공품	2,800
	22,000kg		22,000kg

2. 물량흐름 파악

(1) **감손전 수량**

① 기초재공품 : 1,840kg ÷ (100%－20%×40%)＝ 2,000kg

② 당기완성품 : 4,800kg ÷ (100%－20%)　＝ 6,000kg

③ 기말재공품 : 3,520kg ÷ (100%－20%×60%) ＝ 4,000kg

(2) **물량흐름 파악**

재공품			(투입량기준)
기초재공품	2,000kg	완　성　품	2,000kg
당기착수량	8,000	당기착수완성량	4,000
		기말재공품	4,000
	10,000kg		10,000kg

| 해설 |

1. 감손이 발생하는 경우에는 감손전 수량으로 환산하여 물량흐름을 파악하여야 한다. 그 이유는 완성품은 30%가 모두 감손된 상태인데 비해서 기초재공품은 완성도가 50%이므로 30%의 50%에 해당하는 15%만 감손이 발생하였다. 이처럼 완성품과 기말재공품의 감손의 발생비율이 다르기 때문에 이를 통일시키기 위하여 감손전 수량으로 환산하는 것이다.

2. (주)대한의 기초재공품 완성도는 50%이므로 15%의 감손이 발생한 후의 수량이 3,400kg이므로 기초재공품의 수율은 85%이다. 따라서 기초재공품의 감손전 수량은 3,400kg을 0.85로 나누면 4,000kg이 된다. 그리고 완성품 13,440kg은 30%의 감손이 발생한 후의 수량이므로 완성품의 수율은 70%이다. 따라서 완성품의 감손전 수량은 13,440kg을 70%로 나누면 19,200kg이 된다.

3. (주)대한의 기초재공품의 감손율은 감손량 600kg을 감손전 수량 4,000kg으로 나누면 15%가 된다. 이것은 기초재공품의 총감손율 30%에 기초재공품의 완성도 50%를 곱하여 계산할 수 있다. 기초재공품의 수율은 기초재공품 수량 3,400kg을 감손전 투입량 4,000kg으로 나누면 85%가 된다. 이것은 100%에서 감손율 15%를 차감하여 계산할 수도 있다. 따라서 감손율과 수율은 다음과 같은 산식으로 표시해 볼 수 있다.

감손율 = 총감손율×완성도

수율 = 100%−감손율

8-12 감손발생시 : 완성도 추정

진미회사의 어떤 원가계산기간의 원가계산과 관련된 자료는 다음과 같다. 기말재공품의 진척(완성)도는 얼마인가?

① 제품을 제조하는 과정에서 원재료가 비례적으로 40% 증발한다.

② 원재료는 공정시점에 전량 투입된다.

③ 증발은 정상적이며 제조가 진척됨에 따라 비례적으로 발생한다.

④ 당월의 물량자료는 다음과 같다.

기초재공품	0개	당기투입량	6,000개
완 성 량	3,000개	기말재공품	800개

| 풀이 |

1. 물량흐름의 파악(감손전 수량기준)

재공품

기 초 재 공 품	0	완 성 품	5,000①
당 기 투 입 량	6,000	기 말 재 공 품	1,000②
	6,000		6,000

① 3,000개÷0.6=5,000개

② 역산한 수치임

2. 기말재공품의 완성도(x) : 50%

기말재공품의 감손전 수량이 1,000개이므로 기말재공품이 100% 완성된다면 1,000개의 40%인 400개가 감손될 것이다. 그런데 기말재공품에서 감손된 수량은 200개(1,000개−800개)이므로 다음의 식이 성립한다.

$$400\text{개} : 200\text{개} = 100\% : x$$

$$\therefore x = \frac{200\text{개}}{400\text{개}} = 50\%$$

8-13 감손이 발생하는 경우 : 평균법

(주)국제는 종합원가계산제도를 채택하고 있다. 재료는 공정시점(工程始點)에 투입되어 제조과정에서 감손이 발생한다. 감손은 가공비 완성도 20% 시점에서 일시에 발생하고 그 이후에는 발생하지 않는다. 감손은 전부 정상적인 것으로서 그 가치는 없다. 재공품의 평가는 평균법을 적용하고 있다. 10월 1일의 재공품원가는 재료비가 ₩60,000이고 가공비가 ₩50,000이다. 10월 중에 제조과정에 투입된 원가는 재료비가 ₩240,000이고 가공비가 ₩410,000이다. 수량 및 완성도와 관련된 자료는 다음과 같다.

	수 량	완성도
기초제공품수량	500kg	500%
당 기 투 입 량	2,000	
완 성 품	2,100	
감 손	100	20%
기 말 재 공 품	300	60%

■ 요구사항

1. 분리계산법으로 완성품원가와 기말재공품원가를 계산하라.

2. 비분리계산법으로 완성품원가와 기말재공품원가를 계산하라.

| 풀이 |

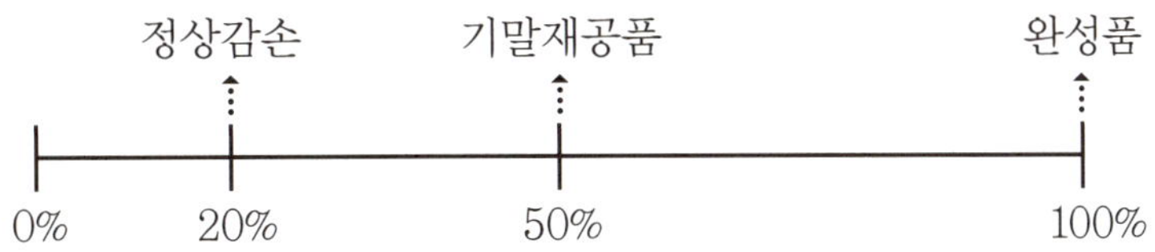

1. 물량흐름 파악

(1) **물량흐름파악** (2) **완성품환산량**

재공품				재료비	가공비
기초재공품	500kg	완 성 품	2,100kg	2,100	2,100
당기투입량	2,000	정 상 감 손	100	100	20
합 계	2,500kg	기 말 재 공 품	300	300	180
		합 계	2,500kg	2,500	2,300

(3) **총제조원가의 집계**

	재료비	가공비	합 계
기초재공품원가	₩60,000	₩60,000	₩60,000
당기총제조비용	240,000	240,000	650,000
합 계	₩300,000	₩300,000	₩760,000
완성품환산량	÷2,500	÷2,500	
(4) **환산량 단위당 원가**	@₩210	@₩200	@₩320

(5) **총제조원가의 배분**

① 완 성 품 : 2,100 × @₩320 = ₩672,000

② 정상감손 : 100 × @₩120 + 20 × @₩200 = ₩16,000

③ 기말재공품 : 300 × @₩120 + 180 × @₩200 = ₩72,000

검산 ₩672,000 + ₩16,000 + ₩72,000 = ₩760,000

(6) **완성품원가와 기말재공품원가**

① 정상감손원가의 추가배분

$$\text{완 성 품} : ₩16,000 \times \frac{2,100}{2,100+300} = ₩14,000$$

$$\text{기말재공품} : ₩16,000 \times \frac{300}{2,100+300} = ₩2,000$$

② 완성품원가와 기말재공품원가

완 성 품 원 가 : ₩672,000+₩14,000 = ₩686,000

기말재공품원가 : ₩72,000+ ₩2,000 = ₩74,000

2. 비분리계산법

(1) **물량흐름파악**

(2) **완성품환산량**

재공품				재료비	가공비
기초재공품	500kg	완 성 품	2,100kg	2,100	2,100
당기투입량	2,000	정 상 감 손	100	0	0
합 계	2,500kg	기 말 재 공 품	300	300	180
		합 계	2,500kg	2,400	2,280

(3) **총제종원가의 집계**

	재료비	가공비	합 계
기초재공품원가	₩60,000	₩50,000	₩110,000
당기총제조비용	240,000	410,000	650,000
합 계	₩300,000	₩460,000	₩760,000
완성품환산량	÷2,400	÷2,280	
(4) **환산량 단위당 원가**	@₩125	@₩201.7544	@₩326.7544

(5) **총제조원가의 배분**

① 완 성 품 원 가 : 2,100×@₩326.7544 = ₩686,184

② 기말재공품원가 : 300×@₩125 + 180×@₩201.7544 = ₩73,816

검산 ₩686,184 + ₩73,816 = ₩760,000

| 해설 |

1. 재료는 공정시점에 투입되므로 분리계산법의 경우 감손의 재료비 환산량은 100kg이 되며, 감손의 가공비 환산량은 감손량 100kg에 감손의 완성도 20%를 곱한 20kg이 된다. 그리고 감손의 완성도는 20%이고 기말재공품의 완성도는 60%이므로 기말재공품이 감손의 발생시점을 통과하였다. 그러므로 정상감손원가 ₩16,000

은 완성품과 기말재공품의 상대적 물량비율인 300kg을 기준으로 배분하면 된다.

2. 비분리계산법은 감손이 발생하지 않은 것처럼 취급하여 완성품환산량 계산시에 감손을 포함시키지 않는 방법이다. 즉 감손량 100kg은 제외시키고 완성품 2,100kg과 기말재공품 300kg에 대해서만 완성품환산량을 계산하는 방법이다.

3. 분리계산법과 비분리계산법을 비교해 보면 분리계산법의 완성품환산량 보다 비분계산법의 완성품환산량이 감소하게 되므로, 환산량 단위당 원가가 높아지게 된다. 그 결과 비분리계산법의 경우에는 정상감손원가가 자연스럽게 완성품원가와 기말재공품원가에 포함되게 된다.

8-14 감손이 발생하는 경우 : 선입선출법

(주)광주는 종합원가계산제도를 채택하고 있다. 재료는 공정시점(工程始點)에 투입되어 제조과정에서 감손이 발생한다. 감손은 가공비 완성도 70% 시점에서 일시에 발생하고 그 이후에는 발생하지 않는다. 감손품은 전부 정상적인 것으로서 그 가치는 없다. 재공품의 평가는 선입선출법을 적용하고 있다. 3월 1일의 재공품원가는 재료비가 ₩60,000이고 가공비가 ₩50,000이다. 3월 중에 제조과정에 투입된 원가는 재료비가 ₩240,000이고 가공비가 ₩420,000이다. 수량 및 완성도와 관련된 자료는 다음과 같다.

	수 량	완성도
기초재공품수량	500kg	50%
당기투입량	2,000	
완성품	2,000	
감손	100	70%
기말재공품	300	60%

■ 요구사항

분리계산법으로 완성품원가와 기말재공품원가를 계산하라.

| 풀이 |

1. 물량흐름 파악

(1) 물량흐름파악 / **(2) 완성품환산량**

재공품				재료비	가공비
기초재공품	500kg	기초제고완성량	500	0	250
당기투입량	2,000	당기착수완성량	1,600	1,600	1,600
합　　계	2,500kg	정 상 감 손	100	100	70
		기 말 재 공 품	300	300	180
		합　　계	2,500kg	2,000	2,100

(3) 총제종원가의 집계

	재료비	가공비	합　계
기초재공품원가	–	–	₩110,000
당기총제조비용	₩60,000	₩240,000	660,000
완성품환산량	240,000	÷ 2,100	₩770,000
(4) 환산량 단위당 원가	@₩210	@₩200	@₩320

(5) 총제조원가의 배분

① 완　성　품 : ₩110,000 + 1,600 × @₩120 + 1,850 × @₩200 = ₩672,000

② 정상감손 : 100 × @₩120 + 70 × @₩200 = ₩26,000

③ 기말재공품 : 300 × @₩120 + 180 × @₩200 = ₩72,000

₩672,000 + ₩26,000 + ₩72,000 = ₩770,000

(6) 완성품원가와 기말재공품원가

① 정상감손원가의 추가배분

기말재공품이 감손의 발생시점을 통과하지 않았으므로 정상감손원가는 완성품이 전액 부담한다.

② 완성품원가와 기말재공품원가

완 성 품 원 가 : ₩672,000 + ₩26,000 = ₩698,000

기말재공품원가 : ₩72,000

| 해설 |

기말재공품의 완성도는 60%이고 감손의 완성도는 70%이므로 기말재공품은 감손의 발생시점을 통과하지 않았다. 그러므로 정상감손원가는 감손의 발생시점을 통과한 완성품이 전액부담한다.

8-15 공손품의 회계처리

(주)공주는 종합원가계산제도를 채택하고 있다. 20×1년 3월의 정상공손수량은 400개이고 비정상공손수량은 250개이다.

원가계산 결과 정상공손원가는 ₩24,000이고 비정상공손원가는 ₩15,000으로 평가되었다. 공손품은 단위당 ₩20에 판매할 수 있으며, 공손품을 판매하기 위해서는 단위당 ₩5의 판매비가 발생할 것으로 예상된다. 정상공손원가 배분전 완성품원가는 ₩350,000이고 기말재공품원가는 ₩120,000이다. 기말재공품은 공손의 검사시점을 통과하지 않았다.

■ 요구사항

1. 공손품계정을 별도로 설정하여 회계처리하고 있다고 가정하고, 공손품 발생시와 판매시의 분개를 하라.

2. 공손의 순실현가치를 공손원가에서 차감하고 있다고 가정하고 다음에 답하라.

(1) 정상공손과 비정상공손의 순원가를 계산하라.

(2) 정상공손원가 배분후의 완성품원가와 기말재공품원가를 계산하라.

| 풀이 |

1. 공손품계정을 별도로 설정하여 회계처리하는 경우

(1) 공손품 발생시

(차) 공 손 품 9,750 (대) 재 공 품 9,750

*공손품의 순실현가치 : (₩20－₩5)×650단위＝₩9,750

(2) 공손품 판매시

(차) 현　금	9,750	(대) 공 손 품	9,750

2. 공손품의 순실현가치를 공손원가에서 차감하는 경우

(1) 정상공손과 비정상공손의 순원가

	정상공손	비정상공손
공 손 원 가	₩24,000	₩15,000
순 실 현 가 치	(6,000)①	(3,750)②
공손의 순원가	₩18,000	₩11,250

① 400개×(₩20−₩5)=₩6,000

② 250개×(₩20−₩5)=₩3,750

(2) 정상공손원가 배분후 완성품과 기말재공품원가

① 완성품원가 : ₩350,000 + ₩8,000 = ₩374,000

② 기말재공품 : ₩120,000

8-16 공손이 발생하는 경우 : 선입선출법

한신제작소는 종합원가계산시스템을 운영하고 있으며, 재료는 공정초기에 전량 투입된다. 기초재공품은 재료비 ₩32,000과 가공비 ₩56,000으로 구성되어 있으며 가공비 완성도는 50%이다. 기말재공품의 가공비 완성도는 70%이다.

19×6년 5월의 재공품계정은 다음과 같다.

재 공 품

기초재고(1,000개)	88,000	완　성　품	(6,000개)
재 료 비	192,000	정 상 공 손	(500개)
가 공 비	300,000	기 말 재 고	(500개)

제품이 80% 완성되었을 때 공손이 발견되며, 재고자산의 평가방법은 선입선출법이다. 공손원가를 정상적으로 배분한다면 완성된 제품의 원가는 얼마인가?

| 풀이 |

1. 물량흐름의 파악

기초재고완성량	1,000개
당기투입완성량	5,000
정 상 공 손	500
기 말 재 공 품	500
합 계	7,000개

2. 당기 완성품환산량

재료비	가공비
0	500①
5,000	5,000
500	400②
500	350③
6,000	6,250

3. 환산량 단위당 원가

재 료 비 : ₩192,000 ÷ 6,000개 = @₩32

가 공 비 : ₩300,000 ÷ 6,250개 = @₩48

4. 완성품원가

(1) 정상공손원가의 추가배분

기말재공품의 완성도는 70%이고 공손의 발견(검사)시점은 80%이므로 기말재공품이 공손의 발견시점을 통과하지 않았다. 그러므로 정상공손원가는 공손의 발견시점을 통과한 완성품이 전액부담한다.

(2) 완성품원가

₩88,000+(5,000+500)×@₩32+(500+5,000+400)×@48=₩547,200

8-17 당기제품제

(주)목원은 종합원가계산제도를 채택하고 있다. 회사는 평균법을 적용하고 있으며, 공손원가는 정상제품의 원가로 처리하고 있다.

직접재료는 공정초에 전부 투입되며, 가공비는 전공정을 통해 균등하게 발생한다. 검사는 공정완료시점에서 실시한다. 다음의 자료를 이용하여 당기제품제조원가를 계산하라.

	수 량	원 가
기 초 재 공 품	없음	
당 기 착 수 량	2,000개	
당기투입 재료비		₩100,000
당기투입 가공비		170,000
당 기 완 성 량	1,000개	
정 상 공 손 량	500개	
기 말 재 공 품	500개(40%)	

| 풀이 |

1. 완성품환산량

	재료비	가공비	합 계
완 성 품	1,000개	1,000	1,000
정 상 공 손	500	500	500
지 말 재 공 품	500	500	200
합 계	2,000개	2,000	1,700

2. 환산량 단위당 원가

재 료 비 : ₩100,000÷2,000= @₩50

가 공 비 : ₩170,000÷1,700=@₩100

3. 당기제품제조원가 (완성품원가)

검사가 공정말에 실시되므로 정상공손원가는 완성품이 전액 부담한다.

재 료 비 (1,000개×@₩50)	₩50,000
가 공 비 (1,000개×@₩100)	100,000
정상공손원가 (500개×@₩150)	75,000
당기제품제조원가	₩225,000

별해 당기제품제조원가

$$\text{재 료 비}: ₩100,000 \times \frac{1,000개+500개}{1,000개+500개+500개} = ₩75,000$$

$$\text{가 공 비}: ₩170,000 \times \frac{1,000개+500개}{1,000개+500개+500개 \times 40\%} = 150,000$$

합 계 ₩225,000

① 3,000개÷0.6=5,000개
② 역산한 수치임

8-18 검사시점이 2개인 경우(1)

(주)DY는 연속된 두 개의 공정을 통하여 제품을 생산하고 있으며, 두 번째 공정은 선입선출법에 의한 종합원가계산제도를 이용하여 원가계산을 하고 있다. (주)DY의 두 번째 공정과 관련된 물량 및 원가자료는 다음과 같다. 단, 괄호안의 숫자는 진행률을 의미한다.

재공품

차변		대변	
기 초	2,000단위(50%)	당기완성	30,000단위
전공정비	₩60,000		
재 료 비	8,600		
가 공 비	9,740		
정상공손원가	2,200		
당기착수	38,000단위	기 말	6,000단위(90%)
전공정비	₩760,000		
재 료 비	280,000		
가 공 비	218,400		

두 번째 공정의 재료는 1차 검사가 끝난 직후에 전량 투입되며, 가공비는 공정 전반에 걸쳐 균등하게 발생한다. 검사는 공정의 40%시점에서 1차 검사가 이루어지고, 공정의 80%시점에서 2차 검사가 이루어지고 있으며, 당기에는 1차 검사시점에서 3,000단위, 2차 검사시점에서 1,000단위의 공손이 발생하였다. 회사는 1차 검사시점의 경우에는 당기 중에 1차검사를 통과한 수량의 5%를 정상공손으로 간주하며, 2차 검사시점의 경우에는 당기 중에 2차검사를 통과한 수량의 2%를 정상공손으로 간주한다.

■ 요구사항

1. 검사시점별로 정상공손수량과 비정상공손수량을 계산하시오.

2. 선입선출법에 의하여 완성품과 기말재공품원가를 계산하시오.

3. 평균법에 의하여 완성품과 기말재공품원가를 계산하시오.

(단, 소수점 둘째자리에서 반올림 하시오.)

| 해설 |

1. 공손수량 계산

검사시점이 2군데이기 때문에 1차 검사시점(40%시점)을 통과한 수량 계산시 2차검사시점(80%시점)에서 탈락한 공손수량(2차 정상공손수량과 2차 비정상공손 수량의 합계)도 포함하여야 한다는 것이다. 즉, 2차검사시점(80%시점)에서 탈락한 공손수량도 모두 1차검사시점(40%시점)은 통과하여 2차검사시점까지 진행되었기 때문이다.

재공품

기 초	2,000	완성 ┌ 기초재공품	2,000
착 수	38,000	완성 └ 당기착수	28,000
		1차 정상	3,000
		2차 비정상	1,000
		기 말	6,000
합 계	40,000	합 계	4,000

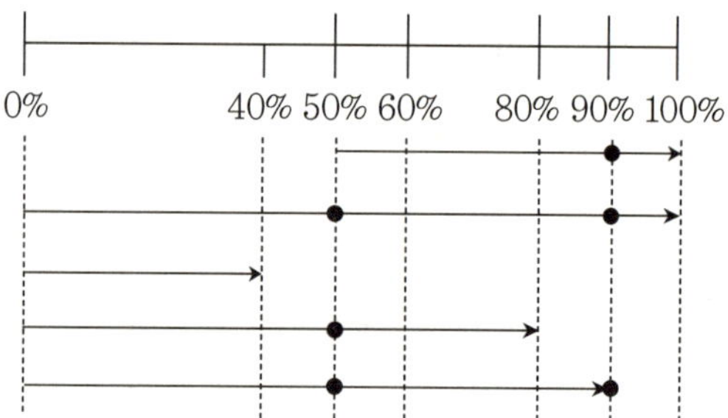

(1) 당기 중 1차 검사시점 통과수량 :

28,000(당기착수완성) + 1,000(2차공손) + 6,000(기말재공품) = 35,000단위

따라서 1차공손 중 정상공손수량 : 35,000 × 5% = 1,750단위

비정상공손수량 : 3,000단위 − 1,750단위 = 1,250단위

(2) 당기 중 2차 검사시점 통과수량 :

2,000(기초재공품) + 28,000(당기착수완성) + 6,000(기말재공품) = 36,000단위

따라서 2차공손 중 정상공손수량 : 36,000 × 2% = 720단위

비정상공손수량 : 1,000단위 − 720단위 = 280단위

2. 선입선출법

[1단계] 물량의 흐름 / [2단계] 완성품 환산량

재공품				전공정비	재료비	가공비
기 초	2,000	완성 ┌ 기 초	2,000	0	0	1,000
착 수	38,000	완성 └ 착 수	28,000	28,000	28,000	28,000
		1차정 상	1,750	1,750	0	700
		1차비정상	1,250	1,250	0	500
		2차정 상	720	720	720	576
		2차비정상	280	280	280	224
		기 말	6,000	6,000	6,000	5,400
합 계	40,000	합 계	4,000	38,000개	35,000개	36,400개

[3단계] 총원가 요약

				합 계
기초재공품원가				₩ 80,540
당기 착수 원가	₩760,000	₩280,000	₩218,400	1,258,400
합 계				₩1,338,940

[4단계] 완성품환산량 단위당원가

완성품 환산량	÷ 38,000	÷ 35,000	÷ 36,400
완성품환산량 단위당원가	@20	@8	@6

[5단계] 원가 배분

		합 계
완성품원가	80,540 + 28,000×20 + 28,000×8 + 29,000×6 =	₩1,038,540
1차정상공손	1,750 × 20 + 0 × 8 + 700 × 6 =	39,200
1차비정상공손	1,250 × 20 + 0 × 8 + 500 × 6 =	28,000
2차정상공손	720 × 20 + 720 × 8 + 576 × 6 =	23,616
2차비정상공손	280 × 20 + 280 × 8 + 224 × 6 =	9,184
기말재공품	6,000 × 20 + 6,000 × 8 + 5,400 × 6 =	200,400
합 계		₩1,338,940

[6단계] 원가의 2차배분

	배분 전 원가	정상공손원가	배분 후 원가
완성품	₩1,038,540	₩31,360*1	₩1,069,900
1차정상공손	39,200	(39,200)	0
1차비정상공손	28,000	–	28,000
2차정상공손	23,616	806.4*2	24,422.4
2차비정상공손	9,184	313.6*3	9,497.6
기말재공품	200,400	6,720*4	207,120
합 계	₩1,338,940	₩ 0	₩1,338,940

*1 $39{,}200 \times \dfrac{28{,}000\text{단위}}{(28{,}000\text{단위}+720\text{단위}+280\text{단위}+6{,}000\text{단위})}$ =₩31,360

*2 $39{,}200 \times \dfrac{720\text{단위}}{(28{,}000\text{단위}+720\text{단위}+280\text{단위}+6{,}000\text{단위})}$ = ₩806.4

*3 $39{,}200 \times \dfrac{280\text{단위}}{(28{,}000\text{단위}+720\text{단위}+280\text{단위}+6{,}000\text{단위})}$ = ₩313.6

*4 $39{,}200 \times \dfrac{6{,}000\text{단위}}{(28{,}000\text{단위}+720\text{단위}+280\text{단위}+6{,}000\text{단위})}$ = ₩6,720

1차 정상공손원가 배분시 배분대상은 당기착수완성수량 28,000단위와 2차공손 수량 1,000단위(2정상공손수량 720단위와 2차비정상공손수량 280단위의 합계), 그리고 기말재공품 6,000단위에 비례하여 배분하여야 한다. 주의할 점은 2차정상공손과 2차비정상공손도 당기에 1차검사시점 40%를 통과하였기 때문에 1차정상공손원가를 배분해 주어야 한다는 것이다.

[7단계] 원가의 3차배분

	배분 전 원가	정상공손원가	배분 후 원가
완성품	₩1,069,900	₩20,352*1	₩1,090,252
1차정상공손	0	–	0
1차비정상공손	28,000	–	28,000
2차정상공손	24,422.4	(24,422.4)	0
2차비정상공손	9,497.6	–	9,497.6
기말재공품	207,120	4,070.4*4	211,190.4
합 계	₩1,338,940	₩ 0	₩1,338,940

*1 $24,422.4 \times \dfrac{30,000\text{단위}}{(30,000+6,000\text{단위})}$ =₩20,352

*2 $24,422.4 \times \dfrac{6,000\text{단위}}{(30,000+6,000\text{단위})}$ =₩4,070.4

2차정상공손원가 배분시 배분대상은 당기에 2차 검사시점을 통과한 완성품 30,000단위와 기말재공품 6,000단위에 배분하여야 한다.

2. 평균법

[1단계] 물량의 흐름

재 공 품

차변		대변	
기 초	2,000	완 성	30,000
착 수	38,000	1차정 상	1,750
		1차비정상	1,250
		2차정 상	720
		2차비정상	280
		기 말	6,000
합 계	40,000	합 계	4,000

[2단계] 완성품 환산량

전공정비	재료비	가공비
30,000	30,000	30,000
1,750	0	700
1,250	0	500
720	720	576
280	280	224
6,000	6,000	5,400
40,000개	37,000개	37,400개

[3단계] 총원가 요약

정상

공손원가

합 계				정상 공손원가	합 계
기초재공품원가	₩ 60,000	₩ 8,600	₩ 9,740	₩2,200*	₩ 80,540
당기 착수 원가	760,000	280,000	218,400		1,258,400
합 계	₩820,000	₩288,600	₩228,140	₩2,200	₩1,338,940

[4단계] 완성품환산량 단위당원가

완성품 환산량	÷ 40,000	÷ 37,000	÷ 37,400
완성품환산량 단위당원가	@20.5	@7.8	@6.1

[5단계] 원가 배분

		합 계
완성품원가	30,000 × 20.5+30,000×7.8+30,000× 6.1 =	₩1,032,000
1차정상공손	2,200*+1,750 × 20.5+ 0×7.8+ 700× 6.1 =	42,345
1차비정상공손	1,250 × 20.5+ 0×7.8+ 500× 6.1 =	28,675
2차정상공손	720 × 20.5+ 720×7.8+ 576× 6.1 =	23,889.6
2차비정상공손	280 × 20.5+ 280×7.8+ 224× 6.1 =	9,290.4
기말재공품	6,000 × 20.5+ 6,000×7.8+ 5,400× 6.1 =	202,740
합 계		₩1,338,940

[6단계] 원가의 2차배분

	배분 전 원가	정상공손원가	배분 후 원가
완성품	₩1,032,000	₩34,333.8*[1]	₩1,066,333.8
1차정상공손	42,345	(42,345)	0
1차비정상공손	28,675	–	28,675
2차정상공손	23,889.6	824*[2]	24,713.6
2차비정상공손	9,290.4	320.4*[3]	9,610.8
기말재공품(2)	202,740	6,866.8*[4]	209,606.8
합 계	₩1,338,940	₩ 0	₩1,338,940

$$^{*1}\ 42{,}345 \times \frac{30{,}000\text{단위}}{(30{,}000\text{단위}+720\text{단위}+280\text{단위}+6{,}000\text{단위})} = ₩34{,}333.8$$

$$^{*2}\ 42{,}345 \times \frac{720\text{단위}}{(30{,}000\text{단위}+720\text{단위}+280\text{단위}+6{,}000\text{단위})} = ₩824$$

$$^{*3}\ 42{,}345 \times \frac{280\text{단위}}{(30{,}000\text{단위}+720\text{단위}+280\text{단위}+6{,}000\text{단위})} = ₩320.4$$

$$^{*4}\ 42{,}345 \times \frac{6{,}000\text{단위}}{(30{,}000\text{단위}+720\text{단위}+280\text{단위}+6{,}000\text{단위})} = ₩6{,}866.8$$

1차 정상공손원가 배분시 배분대상은 완성품 30,000단위와 2차공손 1,000단위(2 정상공손수량 720단위와 2차비정상공손수량 280단위의 합계), 그리고 기말재공품 6,000단위에 비례하여 배분하여야 한다. 주의할 점은 2차정상공손과 2차비정상공손도 당기에 1차검사시점 40%를 통과하였기 때문에 1차정상공손원가를 배분해 주어야 한다는 것이다.

[7단계] 원가의 3차배분

	배분 전 원가	정상공손원가배분	배분 후 원가
완성품	₩1,066,333.8	₩20,594.7*1	₩1,086,928.5
1차정상공손	0	–	0
1차비정상공손	28,675	–	28,675
2차정상공손	24,713.6	(24,713.6)	0
2차비정상공손	9,610.8	–	9,610.8
기말재공품	209,606.8	4,118.9*2	213,725.7
합 계	₩1,338,940	₩ 0	₩1,338,940

$$^{*1}\ 24{,}713.6 \times \frac{30{,}000\text{단위}}{(30{,}000+6{,}000\text{단위})} = ₩20{,}594.7$$

$$^{*2}\ 24{,}713.6 \times \frac{6{,}000\text{단위}}{(30{,}000+6{,}000\text{단위})} = ₩4{,}118.9$$

2차정상공손원가 배분시 배분대상은 완성품 30,000단위와 기말재공품 6,000단위에 배분하여야한다.

Plan
Budget

제9장

결합원가계산

제1절 결합원가계산

정유업에서의 휘발유 · 등유 · 중유, 제련업에서의 금 · 은 · 동 등과 같이 동일한 공정에서 동일한 재료를 사용하여 판매가치가 서로 다른 두 종류 이상의 다른 제품을 생산하는 경우에 이때 생산되는 제품을 결합계품(joint products)이라 하며, 이와 같은 연산품에 대한 원가계산을 연산품 결합제품원가계산이라고 한다.

결합계품은 분리점에 도달할 때까지는 개별제품으로 식별되지 않으므로 그때까지 소비된 재료비, 노무비 등은 공통적으로 발생하게 된다. 이와 같이 분리점에 도달하기까지 결합계품을 생산하는 과정에서 발생한 모든 제조원가를 결합원가(joint costs)라고 한다. 여기서 분리점(split-off points)이란 결합계품이 일정한 생산단계에 도달하면 개별제품으로 분리되는데 이때 분리되는 단계 또는 시점을 말한다. 따라서 결합계품별로 원가를 계산하기 위해서는 결합원가를 일정한 배분기준에 따라 개별제품에 배분하여야 한다.

그런데 분리점에서 분리된 개별제품은 그 단계에서 중간제품으로 판매되기도 하고, 추가가공을 거친 후에 완제품으로 판매되기도 한다. 결합계품이 분리점에서 개별제품으로 분리된 이후에 추가가공이 이루어지는 경우, 추가가공과 관련하여 발생하는 원가를 추가가공원가(additional processing costs) 또는 분리원가(separable costs)라고 한다. 따라서 추가가공원가는 분리점 이후에 개별제품을 추가가공하는데 발생하는 원가이므로 각 제품별로 추적이 가능하나, 결합원가는 개별제품별로 추적이 불가능하다는 차이점이 있다

동일공정으로부터 산출되는 결합계품들은 수익에 대한 상대적인 중요성에 따라 주산물과 부산물로 구분한다. 주산물(major products)이란 결합계품 중 수익에 대한 상대적인 중요성이 큰 제품을 말하며, 부산물(minor products or by-products)이란 주산물의 제조과정에서 부수적으로 생산되는 제품을 말한다. 일반적으로 기업의 기본목표

는 주산물의 생산에 있으므로 부산물을 제거함으로써 주산물의 생산을 증가시킬 수만 있다면 기업은 그러한 방향으로 생산방법을 변화시키려고 할 것이다.

제품의 상대적인 가치로 주산물과 부산물을 구분하는 데에는 주관적인 판단이 많이 작용할 뿐만 아니라 주산물과 부산물을 명확히 구분한다는 것은 매우 어려운 일이나, 이들을 분리하는 것은 원가계산에서 매우 중요한 일이다. 왜냐하면 주산물과 부산물을 어떻게 분류하느냐에 따라 배분해야 할 결합원가가 달라지고 궁극적으로 제품의 단위당 원가가 달라지기 때문이다. 특히 결합원가가 총제조원가의 대부분을 차지하는 경우에는 주산물과 부산물의 분류에 관한 기본적인 의사결정 자체가 제품의 단위당 원가에 결정적인 영향을 미치게 된다.

그림 9-1 결합원가와 추가가공원가

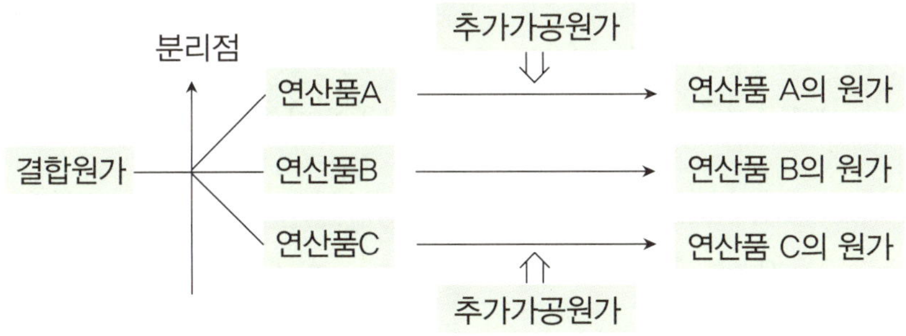

제2절 결합원가의 배분방법

결합원가는 결합계품을 생산하는 데 소요된 원가이므로 결합계품의 원가에 포함시켜야 한다. 그러나 결합원가와 결합계품 간의 명백한 인과관계를 파악하기가 어려워 합리적인 배분기준을 발견할 수가 없다. 그러므로 인위적인 배분기준에 의하여 결합원가를 개별제품에 배분하게 된다.

1. 물량기준법

물량기준법(physical quantities method)이란 분리점에서 개별제품의 수량 · 중량 · 부피 · 면적 등의 비율을 기준으로 결합원가를 각 연산품에 배분하는 방법이다. 이 방법에서는 공통된 물리적인 속성의 상대적인 비율에 따라 결합원가를 배분하게 된다. 즉 생산수량을 배분기준으로 사용하는 경우에는 개별제품의 수량에 비례하여 결합원가를 배분하는 것이다. 이 방법의 논리적 근거는 각 제품이 결합원가로부터 수혜받은 정도에 따라 결합원가를 배분해야 한다는 것이다.

(주)속리는 하나의 결합공정에 ₩160,000의 원가를 투입하여 A제품, B제품, C제품이라는 연산품을 생산하고 있다. 이 제품들은 분리점 이후에 추가가공하여 A제품은 ₩78,000, B제품은 ₩108,000, C제품은 ₩54,000의 판매가치가 있을 것으로 추정된다. 개별제품을 추가가공하는 데 드는 원가는 A제품이 ₩15,000, B제품이 ₩27,000, C제품이 ₩18,000이다. 그리고 각 제품의 단위당 무게와 생산량은 다음과 같다.

제 품	단위당 무게	생 산 량
A 제 품	4kg	100개
B 제 품	3kg	250개
C 제 품	3kg	150개

각 제품의 물량(무게)을 기준으로 결합원가를 배분하기 위해서는 먼저 개별제품의 총무게를 구해야 한다. 개별제품의 총무게는 다음과 같이 각 제품의 생산량에다 단위당 무게를 곱하여 계산한다.

A제품의 총무게 :	100개 × 4kg =	400kg
B제품의 총무게 :	250개 × 3kg =	750kg
C제품의 총무게 :	150개 × 3kg =	450kg
합 계		1,600kg

각 제품의 총무게가 계산되면 이것을 기준으로 결합원가를 각 제품에 배분한다. 결합원가 ₩160,000을 각 제품에 배분해 보면 다음과 같다.

$$\text{A제품} : ₩160{,}000 \times \frac{400}{1{,}600} = ₩40{,}000$$

$$\text{B제품} : ₩160{,}000 \times \frac{750}{1{,}600} = ₩75{,}000$$

$$\text{C제품} : ₩160{,}000 \times \frac{450}{1{,}600} = ₩45{,}000$$

결합원가가 배분되면 각 제품의 결합원가 배분액에다 추가가공원가를 가산하여 각 제품의 제조원가를 구한다. 각 제품의 제조원가를 구해 보면 다음과 같다.

제 품	결합원가 배분액	추가가공원가	제조원가
A 제 품	₩40,000	₩15,000	₩55,000
B 제 품	75,000	27,000	102,000
C 제 품	45,000	18,000	63,000
합 계	₩160,000	₩60,000	₩220,000

그러면 각 제품의 매출총이익을 계산해 보자. 각 제품의 매출총이익은 다음과 같이 각 제품의 최종판매가치에서 제조원가를 차감하여 구한다.

A제품의 매출총이익 : ₩78,000 － ₩55,000＝ ₩23,000

B제품의 매출총이익 : ₩108,000 － ₩102,000＝ ₩6,000

C제품의 매출총이익 : ₩54,000 － ₩63,000＝ ₩(9,000)

물량기준법을 사용하면 이해하기 쉽고 계산이 간편하다는 장점이 있다. 그러나 물량기준법을 사용하여 결합원가를 배분하게 되면 상황에 따라서는 제조원가가 판매가치를 초과하는 경우가 발생한다.

위에서 알 수 있듯이 C제품의 제조원가는 ₩63,000인데, C제품의 판매가치는

₩54,000에 불과하므로 제조원가가 판매가치를 초과하고 있다는 것을 알 수 있다.

2. 분지점에서의 상대적 판매가치법

분지점에서의 상대적 판매가치법(relative sales value method)이란 분리점에서 개별제품의 상대적 판매가치를 기준으로 결합원가를 각 연산품에 배분하는 방법이다. 만약 분리점에서 개별제품을 판매할 수 있는 시장이 존재한다면 결합원가의 배분기준이 되는 판매가치를 쉽게 알 수 있다. 그러나 분리점 이후에 추가가공을 하는 경우에는 분리점에서의 판매가치를 추정을 통하여 구해야 한다.

이 방법을 사용하기 위해서는 분리점에서 개별제품의 판매가치를 신뢰성 있게 측정할 수 있어야 한다. 만약 분리점에서 개별제품을 판매할 수 있는 시장이 존재한다면 결합원가의 배분기준이 되는 판매가치를 쉽게 알 수 있을 것이다. 그러나 분리점 이후에 추가가공을 하는 경우에는 분리점에서의 판매가치를 추정을 통하여 구해야 한다. 이 때 판매가치의 추정치로 일반적으로 사용되는 것이 순실현가치이다. 순실현가치(net realizable value : NRV)란 개별제품의 최종판매가치에서 추가가공원가와 추가판매비 등을 차감한 금액을 말한다. 이와 같이 분리점에서의 상대적 판매가치의 대용치로 순실현가치를 사용한다는 점에서 상대적 판매가치법을 순실현가치법이라고도 한다.

상대적 판매가치법의 논리적 근거는 개별제품의 원가부담능력에 따라 결합원가를 배분해야 한다는 것이다. 즉 판매가치가 높은 제품에는 높은 원가를 배분시키고 판매가치가 낮은 제품에는 낮은 원가를 배분시킴으로서, 수익과 비용이 적절히 대응될 수 있도록 하여야 한다는 데 있다.

(주)오성은 연산품을 생산하여 판매하고 있다. 분리점까지 연산품을 생산하기 위하여 발생한 결합원가는 분리점에서의 상대적 판매가치를 기준으로 각 연산품에 배분하고 있다. 19×6년 6월 동안에 발생한 결합원가는 재료비가 ₩60,000, 가공비가 ₩90,000이다. 제품A는 분리점에서 ₩200,000에 판매가 가능하나, 제품B는 분리점에서는 판매가 불가능하므로 추가가공을 거쳐서 ₩180,000에 판매된다. 제품B를 추가가공하는데는 노무비 ₩50,000과 경비 ₩30,000이 발생하였다. 부산물은 발생하지 않았다고 가정하고 결합원가를 제품A와 B에 배분해 보자.

(주)오성의 공정도를 표시해 보면 다음과 같다.

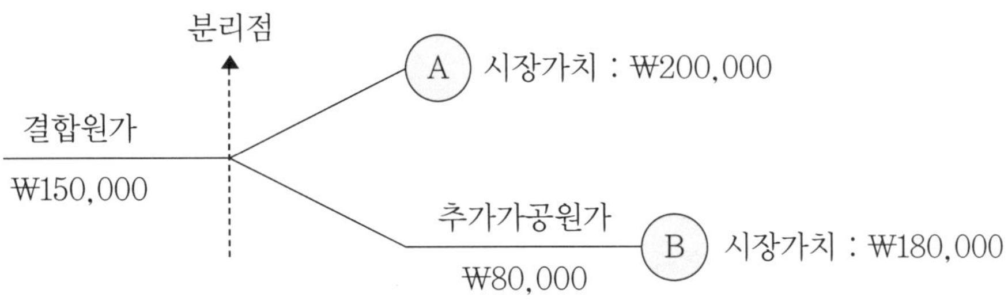

분리점에서의 상대적 판매가치를 기준으로 결합원가를 배분하기 위해서는 분리점에서의 상대적 판매가치가 존재하여야 한다. 그런데 제품A는 분리점에서의 판매가치가 ₩200,000이므로 이를 사용하면 된다. 그러나 제품B는 분리점에서는 판매가 불가능하므로 이를 추정을 통하여 구해야 한다. 이때 분리점에서의 상대적 판매가치의 대용치로 사용되는 것이 분리점에서의 순실현가치이다.

분리점에서의 순실현가치는 그 제품의 최종판매가치에서 추가가공원가를 차감하여 계산한다. 그러므로 제품B의 순실현가치는 최종판매가치 ₩180,000에서 추가가공하기 위하여 발생한 노무비 ₩50,000과 경비 ₩30,000을 차감한 ₩100,000이 된다. 따라서 재료비 ₩60,000과 가공비 ₩90,000을 합한 ₩150,000의 결합원가를 분리점에서의 상대적 판매가치 ₩200,000과 ₩100,000을 기준으로 제품A와 제품B에 배분하여야 한다. 결합원가 ₩150,000을 각 제품에 배분하여 보면 다음과 같다.

$$\text{제품 A} : ₩150,000 \times \frac{₩200,000}{₩200,000 + ₩100,000} = ₩100,000$$

$$\text{제품 B} : ₩150,000 \times \frac{₩100,000}{₩200,000 + ₩100,000} = ₩50,000$$

결합원가 ₩150,000을 각 제품에 배분해 보면 제품A에 배분될 금액은 ₩100,000이고 제품B에 배분될 금액은 ₩50,000이다. 그런데 제품A는 추가가공을 거치지 않기 때문에 제품A의 제조원가는 결합원가 ₩100,000이 된다. 그러나 제품B의 제조원가는 결합원가 배분액 ₩50,000 뿐만 아니라 제품B를 추가가공하기 위하여 발생한 원가 ₩80,000을 가산한 ₩130,000이 된다. 왜냐하면 제조원가란 제품을 제조하기 위하여 소비된 모든 원가를 말하므로 결합원가 배분액 뿐만 아니라 추가가공원가도 제조원가에 포함시켜야 하기 때문이다.

3. 순실현가치법

순실현가치법(net realizable value method : NRV법)이란 개별제품의 분리점에서의 순실현가치를 기준으로 결합원가를 배분하는 방법이다. 여기서 순실현가치란 개별제품의 최종판매가치에서 추가가공원가 및 추가판매비 등을 차감한 금액을 말한다.

(주)희망은 ₩80,000의 결합원가를 투입하여 세 종류의 연산품을 생산 · 판매하고 있다. 연산품은 분리점 이후에 추가가공되어 A제품은 ₩52,000, B제품은 ₩72,000, C제품은 ₩36,000에 판매된다. 각 제품을 추가가공하는 데 발생한 원가는 A제품이 ₩10,000, B제품이 ₩18,000, C제품이 ₩12,000이다. 각 제품의 생산량은 A제품이 200개, B제품이 300개, C제품이 100개이다. 결합원가는 순실현가치법을 사용하여 개별제품에 배분하고 있다. 결합원가를 각 제품에 배분하고 각 제품의 제조단가를 구해 보자.

(주)희망의 공정도를 표시해 보면 아래와 같다.

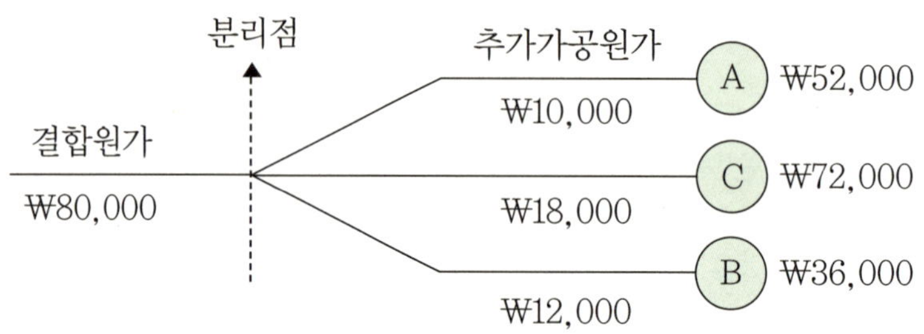

분리점에서의 순실현가치를 기준으로 결합원가를 배분하기 위해서는 먼저 각 제품의 분리점에서의 순실현가치를 구해야 한다. 각 제품의 순실현가치는 각 제품의 최종판매가치에서 추가가공원가를 차감하여 다음과 같이 구한다.

제 품	최종판매가치	−	추가가공원가	=	순실현가치
A 제 품	₩52,000		₩10,000		₩42,000
B 제 품	72,000		18,000		54,000
C 제 품	36,000		12,000		24,000
합 계	₩160,000		₩40,000		₩120,000

각 제품의 순실현가치가 계산되면 이것을 기준으로 결합원가를 각 제품에 배분한다. 결합원가 ₩80,000을 각 제품에 배분해 보면 다음과 같다.

$$\text{A제품} : ₩80,000 \times \frac{₩42,000}{₩120,000} = ₩28,000$$

$$\text{B제품} : ₩80,000 \times \frac{₩54,000}{₩120,000} = ₩36,000$$

$$\text{C제품} : ₩80,000 \times \frac{₩24,000}{₩120,000} = ₩16,000$$

결합원가를 배분하였으면 다음은 각 제품의 제조원가를 구해 보자. 연산품이 추가가공을 거쳐서 판매되는 경우 연산품의 제조원가는 결합원가 배분액에 추가가공원가를 가산한 금액이 된다. 각 제품의 제조원가는 다음과 같이 구한다.

제 품	결합원가 배분액 −	추가가공원가 =	제조원가
A 제 품	₩28,000	₩10,000	₩38,000
B 제 품	36,000	18,000	54,000
C 제 품	16,000	12,000	28,000
합 계	₩80,000	₩40,000	₩120,000

각 제품의 제조원가가 계산되면 각 제품의 제조원가를 생산량으로 나누어 제조단가를 계산한다.

A제품의 제조단가 : ₩38,000÷200개=@₩190

B제품의 제조단가 : ₩54,000÷300개=@₩180

C제품의 제조단가 : ₩28,000÷100개=@₩280

그러면 (주)희망의 분리점에서의 각 제품의 매출총이익률을 구해보기로 하자. 분리점에서의 매출총이익률은 각 제품의 매출총이익을 분리점에서의 판매가치로 나누어 계산한다. 각 제품의 분리점에서의 매출총이익률은 다음과 같이 계산한다.

$$\text{A제품} : \frac{₩52,000-₩38,000}{₩42,000} = ₩33.33\%$$

$$\text{B제품} : \frac{₩72,000-₩54,000}{₩54,000} = ₩33.33\%$$

$$\text{C제품} : \frac{₩36,000-₩28,000}{₩24,000} = ₩33.33\%$$

각 제품의 매출총이익률을 계산해 보면 세 제품 모두 매출총이익률이 33.33%로 같다. 이 경우 A제품을 추가가공함으로 인하여 증가하는 수익은 최종판매가치 ₩52,000에서 분리점에서의 판매가치 ₩42,000을 차감한 ₩10,000이 된다. 그런데 A제품을 추가가공하는데 발생하는 원가는 ₩10,000이므로 추가가공으로 인하여 증가하는 매출총이익은 ₩0이 된다.

이것은 A제품을 추가가공한다 할지라도 기업이 수익을 창출하는데 아무런 공헌을 하지 못하고 단지 원가만을 회수한다는 의미가 된다.

즉 수익창출에 기여하는 것은 결합원가뿐이며 추가가공원가는 수익창출에 아무런 기여를 하지 못한다는 의미가 된다. 이러한 문제점 때문에 등장한 것이 후술할 균등이익률법이다.

4. 균등이익률법

분리점 이후 추가가공을 하는 경우에 순실현가치법을 사용하여 결합원가를 배분하면 분리점에서 각 제품이 동일한 매출총이익률을 나타내게 된다. 그러므로 이 방법에 의하면 추가가공원가가 이익창출에 아무런 공헌을 하지 못하고 단순히 제조원가만을 회수하는 역할을 한다는 모순이 발생한다. 순실현가치법이 지니고 있는 이와 같은 문제점을 극복하기 위하여 고안된 방법이 균등이익률법이다.

균등이익률법(uniform percentage contribution method)이란 각 연산품이 최종판매가치에 대하여 동일한 매출총이익률을 나타낼 수 있도록 결합원가를 배분하는 방법이다. 균등이익률법을 적용하여 각 연산품에 결합원가를 배분하는 절차는 다음과 같다.

1단계 : 연산품 전체의 매출총이익을 구한다.

2단계 : 평균매출총이익률을 구한다.

3단계 : 각 연산품에 결합원가를 배분한다.

(주)속리는 하나의 결합공정에서 ₩120,000의 원가를 투입하여 A, B, C라는 연산품을 생산하고 있다. 이 제품들은 분리점 이후에 추가가공을 거치면 A제품은 ₩78,000, B제품은 ₩108,000, C제품은 ₩54,000의 판매가치가 있을 것으로 추정된다. 개별제품을 추가가공하는 데 드는 원가는 A제품이 ₩15,000, B제품이 ₩27,000, C제품이 ₩18,000이다. 균등이익률법으로 결합원가를 각 제품에 배분해 보자.

균등이익률법을 적용하여 결합원가를 배분하기 위해서는 먼저 연산품 전체의 매출총이익을 구해야 한다. 연산품 전체의 매출총이익을 계산해 보면 다음과 같다.

총매출액(₩78,000+₩108,000+₩54,000)	₩240,000
결합원가	(120,000)
추가가공원가 (₩15,000+₩27,000+₩18,000)	(60,000)
매출총이익	₩60,000

여기서 총매출액은 A제품, B제품, C제품의 최종판매가치를 모두 합한 금액이 되며, 총매출액에 대응될 매출원가는 결합원가 ₩120,000과 A제품, B제품, C제품의 추가가공원가를 모두 합한 ₩180,000이 된다. 따라서 총매출액 ₩240,000에서 매출원가 ₩180,000을 차감하면 전체매출총이익은 ₩60,000이 된다.

전체매출총이익이 계산되면 전체매출총이익을 최종판매가치의 합계액으로 나누어서 평균 매출총이익률을 계산한다.

$$\text{평균 매출총이익률} : \frac{₩60,000}{₩240,000} = 25\%$$

이렇게 계산된 평균매출총이익률을 개별제품의, 최종판매가치에 곱하여 개별제품의 매출총이익을 계산한다. 각 제품이 얻어야 할 매출총이익은 다음과 같다.

A제품 : ₩78,000×0.25 =₩19,500

B제품 : ₩108,000×0.25 =₩27,000

C제품 : ₩54,000×0.25 =₩13,500

각 제품이 얻어야 할 매출총이익이 계산되면 다음으로 각 개별제품의 최종판매가치에서 매출총이익과 추가가공원가를 차감하여 결합원가 배분액을 결정한다. 각 제품에 결합원가를 배분해 보면 다음과 같다.

제 품	최종판매가치 −	매출총이익 −	추가가공원가	= 결합원가 배분액
A 제 품	₩78,000	₩19,500	₩15,000	₩43,500
B 제 품	108,000	27,000	27,000	54,000
C 제 품	54,000	13,500	18,000	22,500
합 계	₩240,000	₩60,000	₩60,000	₩120,000

균등이익률법은 순실현가치법과는 달리 결합원가나 추가가공원가가 수익을 창출함에 있어서 동등한 공헌을 한다고 보는 방법이다. 그러나 이 방법을 사용하면 개별제품의 매출총이익이 먼저 결정되고 결합원가 배분액이 나중에 결정된다는 문제점이 있다.

제3절 연산품의 회계처리

연산품은 제품계정을 각 연산품별로 설정하든가 아니면 총계정원장에는 하나의 제품계정을 설정하고 보조원장으로 제품원장을 설정하여 각 연산품별로 기록한다.

(주)별나라는 어떤 원가계산기간 동안 A, B, C라는 세 종류의 연산품을 생산하여 원가계산을 하였다. 원가계산 결과 각 제품의 결합원가 배분액은 A제품이 ₩750,000, B제품이 ₩500,000, C제품이 ₩250,000이다. 그리고 각 제품의 추가가공원가는 A제품이 ₩500,000, B제품이 ₩800,000, C제품이 ₩300,000이다. 회사가 연산품별로 계정과목을 설정하여 회계처리하고 있는 경우 제품 완성시의 분개를 해보자.

연산품의 생산이 완료되어 결합원가의 배분이 이루어지면, 각 제품의 결합원가 배분액에다 추가가공원가를 가산한 제조원가를 제품계정의 차변과 재공품계정의 대변에 각각 기입한다. (주)별나라는 연산품별로 제품계정을 설정하고 있으므로 제품 완성시에 다음과 같이 분개한다.

(차)			(대)	
	A제품	1,250,000	재 공 품	3,100,000
	B제품	1,300,000		
	C제품	550,000		

제4절 등급별 종합원가계산

1. 등급별 종합원가계산의 의의

제분업에서 생산되는 밀가루, 양조업에서 제조되는 등급이 다른 술, 제화업에서 생산되는 가격이 다른 구두, 화학공업에서 생산되는 순도가 다른 약품 등과 같이 동일한 공정에서 동일한 재료를 사용하여 생산되는 동종제품으로서 그 품질, 규격, 형상 등을 달리하는 제품을 등급품이라고 한다.

앞에서 설명한 연산품은 종류가 전혀 다른 제품인데 반하여 등급품은 동일 종류의 제품이라는 점에서 차이가 있다. 이와 같이 동일한 공정에서 여러 종류의 유사품이 제조되는 경우 이러한 등급품들에 대한 원가계산을 등급별 종합원가계산이라고 한다.

그러면 이러한 등급별 종합원가계산은 어떻게 할까?

우선 단순 종합원가계산과 같이 제품을 등급별로 구분하지 않고 생산된 모든 제품 전체의 완성품제조원가를 구한다. 그리고 이 제품 전체의 완성품제조원가를 등급에 따라 각 제품에 배분하면 된다.

(주)신라는 등급품을 생산하는 회사이다. 20×1년 7월 동안의 완성품제조원가는 ₩470,000이며, 제품의 판매가격은 상급품이 ₩400, 중급품이 ₩240, 하급품이 ₩160이다. 당월 생산량은 상급품이 300개, 중급품이 800개, 하급품이 400개이다. 당사는 각 제품의 판매가격을 기준으로 등가계수를 정하고 있다.

등급품 전체에 대한 원가계산이 완료되어 완성품제조원가가 ₩470,000으로 계산되었다. 그러면 완성품제조원가를 각 등급품에 배분하기 위하여 등가계수를 정하여야 한다. 제품이 등급별로 구분되어 지는 경우에는 원가계산을 하기 위하여 모든 제품의 단위를 일치시켜야 하는데, 이때 사용되는 것이 등가계수의 개념이다.

(주)신라는 판매가격을 기준으로 등가계수를 정하고 있다. 그런데 이들의 판매가격이 상급품은 ₩400, 중급품은 ₩240, 하급품은 ₩160이므로 이들 중에서 대표치를 하나 선정하여 1로 보고 나머지를 백분비하면 된다.

제 품	생 산 량	등가계수	적 수
상 급 품	₩400	₩400	₩400÷₩400=1.0
중 급 품	₩240	₩240	₩240÷₩400=0.6
하 급 품	₩160	₩160	₩160÷₩400=0.4

상급품의 판매가격 ₩400을 1로 보면 중급품의 판매가격 ₩240은 ₩400의 0.6에 해당되므로 중급품의 등가계수는 0.6이 된다. 그리고 하급품의 판매가격 ₩160은 ₩400

의 0.4에 해당되므로 하급품의 등가계수는 0.4가 되는데 이러한 비율을 등가계수라고 한다.

등가계수가 정해지면 다음은 등가계수에 따라 완성품환산량(또는 적수)을 구한다. 이때 완성품환산량은 각 등급품의 완성품수량에다 각 등급품의 등가계수를 곱하여 계산한다.

제　　품	생 산 량	등가계수	적　수
상 급 품	300개	1.0	300
중 급 품	800	0.6	480
하 급 품	400	0.4	160
합　　계	1,500개	–	940

각 등급품의 적수가 구해지면 이것을 기준으로 완성품 제조원가 ₩470,000을 각 등급품에 배분하여 각 등급품의 제조원가를 계산한다.

$$\text{상 급 품} : ₩470,000 \times \frac{₩300}{₩940} = ₩150,000$$

$$\text{중 급 품} : ₩470,000 \times \frac{₩480}{₩940} = ₩240,000$$

$$\text{하 급 품} : ₩470,000 \times \frac{₩160}{₩940} = ₩80,000$$

이렇게 계산된 각 등급품의 제조원가를 생산량으로 나누어서 각 등급품의 제조단가를 계산한다.

상 급 품 : ₩150,000÷300개=₩500

중 급 품 : ₩240,000÷800개=₩300

하 급 품 : ₩80,000÷400개=₩200

지금까지 설명한 내용을 하나의 표로 정리해 보면 다음과 같다.

제 품	생산량	등가계수	적 수	배분원가	제조단가
상 급 품	300개	1.0	300	₩150,000	₩500
중 급 품	800	0.6	480	240,000	300
하 급 품	400	0.4	160	80,000	200
합 계	1,500개	–	940	₩470,000	–

2. 등가계수

등가계수(equivalent coefficient)란 각 등급품의 원가부담에 관한 상대적 비중을 말한다. 등가계수는 각 등급품의 진정한 원가를 나타낼 수 있는 것을 선택해야 하는데, 등가계수를 결정하는 기준으로는 다음과 같은 방법이 있다.

(1) 수량기준

각 제품의 중량, 길이, 면적, 순도, 열량, 주요재료의 표준소비량, 표준노동시간 등을 기준으로 등가계수를 정하는 방법이다.

(2) 원가기준

각 제품에 대하여 시험적으로 일정기간의 원가계산을 하여 각 제품의 원가로 등가계수를 정하는 방법이다.

(3) 시가기준

각 제품의 정상적인 판매가격을 등가계수로 정하는 방법이다.

3. 원가계산

우선 단순 종합원가계산과 같이 제품을 등급별로 구분하지 않고 생산된 모든 제품 전체의 완성품 제조원가를 구한다. 그리고 이 제품전체의 완성품 제조원가를 등급에 따라 제품별로 배분한다. 이와 같은 등급별 종합원가계산의 절차를 요약하여 보면 다음과 같다.

1단계 : 완성품 전체의 제조원가를 계산한다.

2단계 : 등가계수를 결정한다.

3단계 : 완성품환산량(또는 적수)을 계산한다.

4단계 : 각 등급품의 제조원가를 계산한다.

5단계 : 각 등급품의 단위당 제조단가를 계산한다.

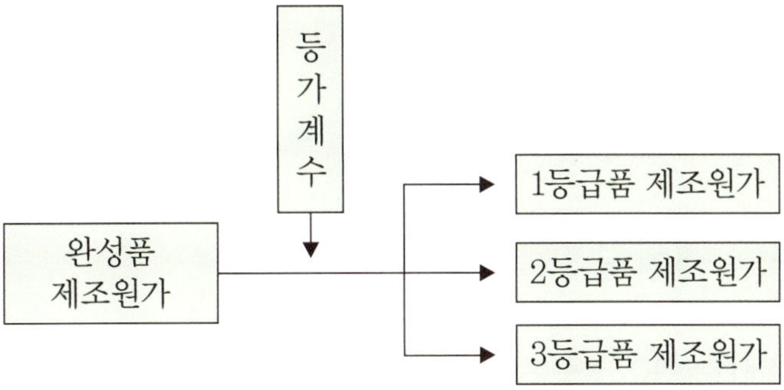

원가계산준칙 관련규정

제22조【등급별 원가계산】 ① 등급별 원가계산은 동일 종류의 제품이 동일 공정에서 연속적으로 생산되나 그 제품의 품질 등이 다른 경우에 적용한다.

② 등급품별 단위당 원가는 각 등급품에 대하여 합리적인 배부기준을 정하고, 당해 기간의 완성품총원가를 동 배부기준에 따라 안분하여 계산한다.

③ 등급품별로 직접원가를 구분하는 것이 가능할 경우 직접원가는 당해 제품에 직접 부과하고 간접원가는 제2항의 배부기준에 따라 배부할 수 있다.

제5절 부산물의 회계처리

1. 부산물의 의의

부산물(by-products)이란 주산물의 제조과정에서 필연적으로 생산되는 부차적인 물품으로서, 주산물과 비교해 볼 때 가치나 수량면에서 상대적으로 중요성이 적은 제품을 말한다.

부차적으로 생산된다는 점에서 보면 작업폐물과 유사하지만 작업폐물은 투하된 원재료와 동질적인 파생물인데 비해서, 부산물은 이질적 파생물이라는 점에서 다르다. 예를 들면 주조장의 밀찌꺼기, 비누공장의 글리세린 등이 부산물에 해당된다.

2. 부산물의 회계처리방법

부산물의 회계처리방법은 부산물의 인식시점을 생산시점으로 보느냐, 아니면 판매시점으로 보느냐에 따라 두 가지 방법이 있다.

(1) 생산기준법(원가차감법)

제조과정에서 부산물이 발생하면 부산물의 판매가 이루어지기 전이라도 생산사실을 중시하여, 분리점에서 부산물의 순실현가치를 결합원가에서 차감하여 부산물 재고로 인식할 수 있다. 이와 같이 부산물을 생산시점에서 인식하는 방법을 생산기준법이라고 한다. 이 때 부산물의 순실현가치는 부산물의 매각예상가액에서 예상판매비 등을 차감하여 계산한다.

(주)성실이 주산물을 생산하는 과정에서 C라는 부산물이 생산되었다. C의 단위당 판매가격은 ₩1,000이고 수량은 200단위이며 단위당 판매비는 ₩100으로 예상된다. 회사는 연산품을 생산하는 데 ₩1,200,000의 결합원가가 발생하였으며, 부산물의 회계처리는 생산기준법을 적용하고 있다.

생산기준법을 적용하기 위해서는 먼저 부산물의 순실현가치를 구하여야 한다. 부산물의 순실현가치는 예상총판매가격에서 예상총판매비를 차감하여 계산하므로, 부산물C의 순실현가치를 계산하면 다음과 같다.

부산물C의 순실현가치 : (₩1,000−₩100)×200단위=₩180,000

부산물의 순실현가치가 계산되면 이것을 결합원가에서 차감하여 주산물에 배분해야 할 결합원가를 구한다. 즉 제조과정에 투입된 결합원가 ₩1,200,000에서 부산물C의 순실현가치 ₩180,000을 차감하면 주산물에 배분해야 할 결합원가는 ₩1,020,000이 된다.

(주)성실이 생산기준법을 적용하는 경우에는 부산물의 생산시점과 판매시점에서 다음과 같이 분개한다.

(2) 판매기준법(잡이익법)

제조과정에서 부산물이 발생하는 경우 실제로 판매된 부산물에 대해서만 순수익을 수익으로 기록하고, 판매되지 않은 부산물에 대해서는 전혀 수익을 인식하지 않을 수도 있다. 이와 같이 부산물이 판매되는 시점에서 부산물의 순수익을 주산물의 매출원가에서 차감하거나 잡이익으로 처리하는 방법을 판매기준법이라고 한다. 즉 부산물을 생산하는 데에는 아무런 원가도 발생하지 않는다고 간주하여 결합원가를 모두 주산물에만 배분하고 부산물에는 배분하지 않는 방법이다.

다시 말하면 부산물이 판매될 때까지는 아무런 기록도 하지 않다가 판매되는 시점에서 부산물의 순수익을 잡이익으로 처리하는 방법이다. 이 때 부산물의 순수익이란 부산물의 실제매출액에서 추가가공원가와 판매비를 차감한 금액을 말한다.

(주)성실이 주산물을 생산하는 과정에서 C라는 부산물이 생산되었다. C의 단위당 판매가격은 ₩1,000이고 수량은 200단위이며 단위당 판매비는 ₩100으로 예상된다. 회사는 연산품을 생산하는 데 ₩1,200,000의 결합원가가 발생하였으며, 부산물의 회계처리방법은 판매기준법이다.

(주)성실이 판매기준법을 적용하는 경우에는 부산물의 생산시점과 판매시점에 다음과 같이 분개한다.

① 부산물 생산시의 분개

부산물이 판매될 때까지는 아무런 기록도 하지 않는다.

② 부산물 판매시의 분개

㉠ 매출원가에서 차감하는 경우

(차) 현 금	180,000	(대) 매출원가	180,000

㉡ 잡이익으로 처리하는 경우

(차) 현 금	180,000	(대) 잡 이 익	180,000

판매기준법은 부산물의 가액이 작고 불확실한 경우에 주로 적용하는 방법이다.

예제

결합주식회사는 주산품 X, Y와 부산물 Z를 생산하고 있다. 당해기간의 결합원가는 ₩1,050,000이며, 회사는 결합원가를 순실현가치를 기준으로 배분하고 있다. Y는 분리점에서 판매되고, X와 Z는 추가가공을 거친 후 판매된다. 7월의 생산 및 판매 자료는 다음과 같다.

제 품	생산량	추가가공원가	단위당 최종 판매금액
X	250단위	₩500,000	₩8,000
Y	200단위	–	5,000
Z	350단위	100,000	1,000
합 계	800단위	₩600,000	

■ 요구사항

1. 원가차감법(부산물의 순실현가치만큼 결합원가를 부산물에 배분하는 방법)에 의하여 각 제품별 단위당 원가를 계산하시오.
2. 잡이익법(부산물의 순실현가치를 판매시점에 잡이익으로 처리하는 방법)에 의하여 각 제품별 단위당 원가를 계산하시오.
3. 부산물 Z는 판매과정에서 단위당 ₩200씩 판매부대비용이 발생한다고 가정할 때, 잡이익법과 원가차감법에 의하여 각 제품별 단위당 원가를 계산하시오.

| 해설 |

1. 원가차감법

원가차감법은 결합원가 중 부산물의 순실현가치만큼을 우선적으로 부산물에 배분하고, 남는 결합원가를 주산물에 배분하는 방법이다.

한편, 부산물 Z의 순실현가치를 계산하면, ₩250,000(= 350단위 × 1,000 − 100,000)이다. 따라서 결합원가 ₩1,050,000 중 ₩250,000은 부산물 Z에 배분하고 나머지 ₩800,000만 주산물 X, Y에 배분하면 된다.

제 품	순실현가치	결합원가 배분비율	결합원가 배 분 액	개별원가	총원가	단위당 원 가
X	₩1,500,000	60%	₩480,000	₩500,000	₩ 980,000	₩3,920
Y	1,000,000	40%	320,000	–	320,000	1,600
합 계	₩2,500,000	100%	₩800,000*	₩500,000	₩1,300,000	

* 1,050,000 – 250,000 =₩800,000

원가차감법의 경우에는 부산물 Z에는 결합원가가 순실현가치만큼 배분된다. 또한 부산물 Z를 추가가공하는 과정에서 개별원가가 ₩100,000 발생하였다. 따라서 부산물 Z 350단위의 총원가는 ₩350,000(= 250,000 + 100,000)이다. 따라서 부산물 Z는 단위당 ₩1,000이다.

2. 잡이익법

잡이익법은 부산물이 판매되는 시점에서 잡이익으로 인식하기 때문에 결합원가를 부산물에 전혀 배분하지 않는다. 따라서 결합원가는 주산물에만 배분하면 된다.

제 품	순실현가치	결합원가 배분비율	결합원가 배 분 액	개별원가	총원가	단위당 원 가
X	₩1,500,000*1	60%	₩630,000	₩500,000	₩1,130,000	₩4,520
Y	1,000,000*2	40%	420,000	–	420,000	2,100
합 계	₩2,500,000	100%	₩800,000*	₩500,000	₩1,550,000	

*1 250단위 × 8,000 – 500,000 =₩1,500,000

*2 200단위× 5,000 =₩1,000,000

잡이익법의 경우에는 부산물 Z에는 결합원가가 전혀 배분되지 않는다. 따라서 개별원가가 발생하지 않으면, 부산눌의 원가는 "0"이 될 것이다. 하지만, 개별원가가 ₩100,000 발생하였기 때문에 부산물 Z 350단위의 총원가는 ₩100,000이며 단위당원가는 약 ₩286이다.

3. 부산물 처분시 판매부대비용이 발생하는 경우

부산물의 판매과정에서 판매부대비용이 발생하더라도 잡이익법을 사용하는 경우에는

(요구사항1)의 결과와 동일하다. 즉, 잡이익법의 경우에는 결합원가를 부산물에 전혀 배분하지 않기 때문에 부산물의 판매부대비용 발생여부와 상관이 없다. 따라서 (요구사항1)의 해설을 참고하면 된다. 반면에, 원가차감법의 경우에는 부산물의 순실현가치만큼 결합원가를 배분하여야 하기 때문에 부산물의 판매부대비용 때문에 부산물의 순실현가치가 달라지면, 주산물에 배분되어야 할 결합원가도 달라지게 된다.

부산물의 판매부대비용이 발생하는 경우 부산물 Z의 순실현가치를 계산하면, ₩180,000 (= 350단위 × 1,000 - 350단위 × 200 - 100,000)이다.

따라서 결합원가 ₩1,050,000 중 ₩180,000은 부산물 Z에 배분하고 나머지 ₩870,000만 주산물 X, Y에 배분하면 된다.

제 품	순실현가치	결합원가 배분비율	결합원가 배 분 액	개별원가	총원가	단위당 원 가
X	₩1,500,000	60%	₩522,000	₩500,000	₩1,022,000	₩4,088
Y	1,000,000	40%	348,000	-	348,000	1,740
합 계	₩2,500,000	100%	₩870,000	₩500,000	₩1,550,000	

쉬어갑시다

유머 한 마디

마음이 좁은 사람은 목이 가느다란 병과 비슷한 데가 있다. 알맹이가 적으면 적을수록 쏟아져 나올 때는 큰 소리를 내게 마련이다.

(J. Swift : 영국의 사회 개혁자, 풍자 작가)

요점정리

1. 연산품 종합원가계산

(1) 연산품

동일한 공정에서 동일한 재료를 사용하여 판매가치가 서로 다른 두 종류 이상의 다른 제품을 생산하는 경우에 주산물과 부산물로 분명히 구별할 수 없는 제품

(2) 결합원가와 추가가공원가

- 결합원가 : 분리점에 도달하기까지 연산품을 생산하는 과정에서 발생한 모든 제조원가
- 수 율 : 추가가공과 관련하여 발생하는 원가

2. 결합원가의 배분방법

(1) 상대적 판매가치법

분리점에서 개별제품의 상대적 판매가치를 기준으로 결합원가를 배분하는 방법

(2) 순실현가치법

개별제품의 분리점에서의 순실현가치를 기준으로 결합원가를 배분하는 방법

(3) 물량기준법

분리점에서 개별제품의 수량, 중량, 부피, 면적 등의 비율을 기준으로 결합원가를 배분하는 방법

(4) 균등이익률법

각 연산품이 최종판매가치에 대하여 동일한 매출총이익률을 나타낼 수 있도록 결합원

가를 배분하는 방법

3. 등급별 종합원가계산

(1) 등급품

동일한 공정에서 동일한 재료를 사용하여 생산되는 동종제품으로서 그 품질, 규격, 형상 등을 달리하는 제품

(2) 등가계수

각 등급품의 원가부담에 관한 상대적 비중

(3) 등급별 원가계산 절차

- 1단계 : 완성품 전체의 제조원가 계산
- 2단계 : 등가계수의 결정
- 3단계 : 완성품환산량(또는 적수) 계산
- 4단계 : 각 등급품의 제조원가 계산
- 5단계 : 각 등급품의 제조단가 계산

4. 부산물의 회계처리

(1) 부산물과 작업폐품

주산물의 제조과정에서 필연적으로 생산되는 부차적인 물품

- 부산물 : 주산물의 제조과정에서 필연적으로 생산되는 부차적인 물품
- 작업폐물 : 제품의 제조과정에서 재료를 가공할 때 생기는 사용재료의 폐물

(2) 부산물의 회계처리

- 생산기준법 : 분리점에서 부산물의 순실현가치를 결합원가에서 차감하는 방법
- 판매기준법 : 부산물이 판매되는 시점에서 부산물의 순수익을 주산물의 매출원가에서 차감하거나 잡이익으로 처리하는 방법

제9장 연 습 문 제

9-1 상대적 판매가치법

(주)조선은 ₩330,000의 결합원가로 세 종류의 연산품을 생산 · 판매하고 있으며, 연산품별로 계정과목을 설정하여 회계처리하고 있다. 연산품들은 분리점에서 판매할 수도 있고, 분리점 이후에 추가가공하여 판매할 수도 있다. 각 제품의 생산현황 및 판매관련 자료는 다음과 같다.

제 품	A 제품	B 제품	C 제품
생 산 량	100개	200개	150개
분리점의 판매가치	₩10,000	₩16,000	₩180,000
추 가 가 공 원 가	10,000	8,000	12,000
최 종 판 매 가 치	120,000	170,000	200,000

■ 요구사항

1. 결합원가를 배분하고 각 제품의 제조원가를 계산하라.
2. 제품이 완성되어 제품계정으로 대체시의 분개를 하라.
3. 각 제품별로 추가가공하여 판매시의 예상이익을 계산하라.

| 풀이 |

1. 결합원가의 배분 및 각 제품의 제조원가

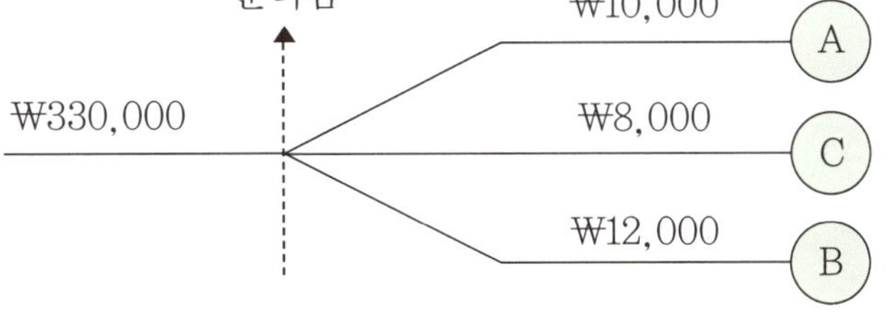

(1) 결합원가의 배분

제　　품	결합원가 배분액	− 추가가공원가	= 제조원가
A 제 품	₩75,000	₩100,000	₩85,000
B 제 품	120,000	8,000	128,000
C 제 품	135,000	12,000	147,000
합　　계	₩330,000	₩30,000	₩360,000

2. 제품이 완성되어 제품계정으로 대체시의 분개

(차)	A 제 품	85,000	(대) 재 공 품	360,000
	B 제 품	128,000		
	C 제 품	147,000		

3. 각 제품의 예상이익

A제품 : ₩120,000 − ₩85,000 = ₩35,000

B제품 : ₩170,000 −₩128,000 = ₩42,000

C제품 : ₩200,000 −₩135,000 = ₩65,000

| 해설 |

(주)조선은 분리점에서의 상대적 판매가치를 기준으로 결합원가를 배분하고 있다. 그러므로 A제품의 판매가치 ₩100,000, B제품의 판매가치 ₩160,000, C제품의 판매가치 ₩180,000을 기준으로 결합원가 ₩330,000을 각 제품에 배분하면 된다. 그리고 각 제품의 제조원가는 결합원가 배분액에 추가가공원가를 가산한 금액이 된다. 또한 각 제품을 추가가공하여 판매시의 이익은 각 제품의 최종판매가치(추가가공 후의 판매가치)에서 각 제품의 제조원가를 차감하여 계산한다.

9-2 상대적 판매가치법

명성사는 ₩180,000의 결합원가를 투입하여 두 종류의 제품을 생산한다. A제품의 판매가치는 ₩10,000인데, ₩10,000의 추가가공비를 투입하면 C제품으로 전환된다. C제품

의 판매가치는 ₩40,000이며, B제품의 판매가치는 ₩70,000이다. 결합원가는 분리점에서의 상대적 판매가치를 기준으로 A제품과 B제품에 배분한다. 그리고 A제품과 B제품의 생산량은 동일하다.

▪ 요구사항

1. 추가가공이 있는 경우와 없는 경우의 B제품에 배분될 결합원가는?
2. C제품의 경우 내부대체가격은 얼마인가? 단, 제조원가의 130%로 내부대체가 이루어진다.

| 풀이 |

1. B제품에 배분될 결합원가

(1) 추가가공이 있는 경우

$$\text{₩}180{,}000 \times \frac{\text{₩}70{,}000}{(\text{₩}40{,}000-\text{₩}10{,}000)+\text{₩}70{,}000} = \text{₩}126{,}000$$

(2) 추가가공이 없는 경우

$$\text{₩}180{,}000 \times \frac{\text{₩}70{,}000}{\text{₩}10{,}000+\text{₩}70{,}000} = \text{₩}157{,}500$$

2. C제품의 내부대체가격

(1) C제품의 제조원가

결합원가 배분액 : ₩180,000× =	₩54,000
추가가공원가	10,000
제 조 원 가	₩64,000

(2) C제품의 내부대체가격 : ₩64,000×130%=₩83,200

9-3 상대적 판매가치법

설악제과는 코코아를 가공하여 두 종류의 중간제품인 분말초코렛 원액과 밀크초코렛 원액을 생산한다. 20×1년 3월 중에 100kg의 코코아를 가공하여 분말초코렛 원액 400리터와 밀크초코렛 원액 100리터를 얻었다. 분말초코렛 원액 400리터는 추가가공되어 분말초코렛 400kg이 생산되어 판매되었고, 밀크초코렛 원액 500리터는 추가가공되어 밀크초코렛 600kg이 생산되어 판매되었다. 제품별 판매가격은 다음과 같다.

분말초코렛 원액 : ₩2,500 / 리터	분말초코렛 : ₩3,000 / kg
밀크초코렛 원액 : ₩4,000 / 리터	밀크초코렛 : ₩5,000 / kg

3월 중에 분리점까지 발생한 비용은 ₩3,600,000이다. 그리고 분말초코렛 원액을 분말초코렛으로 가공하는데 추가로 발생한 비용은 ₩400,000이고, 밀크초코렛 원액을 밀크초코렛으로 가공하는데 추가로 발생한 비용은 ₩600,000이다.

■ 요구사항

1. 분리점에서의 판매가치법을 사용할 때 분말초코렛 원액에 배분될 결합원가는 얼마인가?

2. 밀크초코렛 원액을 추가가공하여 밀크초코렛을 생산하는 경우 증분순손익은 얼마인가?

| 풀이 |

1. 분말초콜렛 원액에 배분될 결합원가 : ₩1,200,000

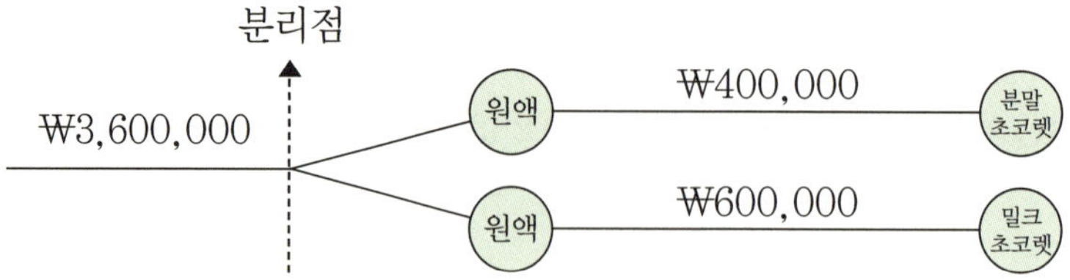

제　품	생산량	판매가격	총판매가치	배분비율	배분원가
A. 밀크초코렛 원액	400l	₩2,500	₩1,000,000	1/3	₩1,200,000
B. 밀크초코렛 원액	500l	4,000	2,000,000	2/2	2,400,000
합　계	900l	–	₩3,000,000	3/3	₩3,600,000

2. 밀크초코렛 원액의 추가가공시 증분순손익

Ⅰ. 증분수익

1. 밀크초코렛의 매출액 (600kg×₩5,000)	₩3,000,000	
2. 밀크초코렛 원액의 매출액 (500ℓ×₩4,000)	(2,000,000)	₩1,000,000
Ⅱ. 증분비용 : 추가가공원가		600,000
Ⅲ. 증분이익		₩400,000

9-4 순실현가치법

(주)조선은 ₩490,000의 결합원가로 세 종류의 연산품을 생산 · 판매하고 있으며, 연산품별로 계정과목을 설정하여 회계처리하고 있다. 연산품들은 분리점에서 판매할 수도 있고, 분리점 이후에 추가가공하여 판매할 수도 있다. 각 제품의 생산현황 및 판매관련 자료는 다음과 같다.

	A 제품	B 제품	C 제품
분리점의 판매가치	₩200,000	₩320,000	₩360,000
추 가 가 공 원 가	50,000	68,000	36,000
최 종 판 매 가 치	300,000	408,000	426,000

(주)조선은 각 제품의 순실현가치를 기준으로 결합원가를 각 제품에 배분하고 있다.

결합원가를 배분하고 각 제품의 제조단가를 계산하라. 단 각 제품의 생산량은 모두 1,000단위이다.

| 풀이 |

제품	최종판매가치	추가가공원가	순실현가치	배분원가	제조원가	제조단가
A	₩300,000	₩50,000	₩250,000	₩125,000①	₩175,000②	₩175③
B	408,000	68,000	340,000	170,000	238,000	238
C	426,000	36,000	390,000	195,000	231,000	231
합계	₩1,134,000	₩154,000	₩980,000	₩490,000	₩644,000	-

① ₩490,000×₩250,000 / ₩980,000=₩125,000
② ₩50,000+₩125,000=₩175,000
③ ₩175,000 / 1,000개=₩175

| 해설 |

순실현가치법이란 개별제품의 분리점에서의 순실현가치를 기준으로 결합원가를 배분하는 방법이다. 이 때 순실현가치는 각 제품의 최종판매가치에서 추가가공원가를 차감하여 구한다.

즉 A제품의 순실현가치는 최종판매가치 ₩300,000에서 추가가공원가 ₩50,000을 차감한 ₩250,000이 되며, B제품과 C제품의 순실현가치도 같은 방법으로 계산한다. 그리고 개별제품의 제조원가는 결합원가 배분액에 추가가공원가를 가산하여 구한다.

9-5 순실현가치법

경성사는 결합원가를 순실현가치법에 의하여 배분하며, A제품과 B제품 모두 추가가공하여 판매하기로 결정하였다. 이와 관련된 자료는 다음과 같다.

제 품	A 제 품	B 제 품	C 제 품
생 산 단 위	5,000개	4,000개	9,000개
결 합 원 가	?	?	₩140,000
분리점에서의 판매가격	-	₩120,000	
추가가공비	₩80,000	60,000	
추가가공후 판매가격	120,000	180,000	

B제품을 추가가공하여 판매하는 경우에 계상해야 할 이익은 얼마인가?

| 풀이 |

1. 결합원가의 배분

제 품	최종판매가치 −	추가가공비 =	순실현가치	결합원가 배분액
A	₩120,000	₩80,000	₩40,000	₩35,000*
B	180,000	60,000	120,000	105,000
합계	₩300,000	₩140,000	₩160,000	₩140,000

* ₩140,000×₩40,000 / ₩160,000=₩35,000

2. B제품에 대하여 계상해야 할 이익

₩180,000−₩105,000−₩60,000=₩15,000

9-6 순실현가치법

한라회사는 두 종류의 연산품 A와 B를 생산하여 판매한다. 20×1년 3월의 결합원가는 ₩80,000이고, 3월에 분리점에서 분리된 제품을 판매가능한 형태로 전환하는데 가공비가 발생하였다. 추가가공하는 데 발생한 가공비는 A제품이 ₩300,000, B제품이 ₩520,000이다.

추가가공 후 A제품은 1,500개, B제품은 1,300개를 생산 · 판매한다. 단위당 판매가는 A제품이 ₩1,000, B제품이 ₩1,400이다. 한라회사는 순실현가능가치를 이용하여 결합원가를 배분한다.

■ 요구사항

1. 20×1년 3월의 결합원가 중 A제품에 배분될 금액은 얼마인가?

2. A제품의 판매로 인하여 예상되는 이익은 얼마인가?

| 풀이 |

1. A제품에 배분될 금액

(1) 각 제품의 배분될 금액

A제품	: 1,500개×₩1,000−₩300,000=	₩1,200,000
B제품	: 1,300개×₩1,400−₩520,000=	1,300,000
합 계		₩2,500,000

(2) A제품에 배분될 금액 : ₩80,000× $\frac{₩1,200,000}{₩2,500,000}$ **=₩38,400**

2. A제품에 예상이익

1,500개×₩1,000−₩38,400−₩300,000=₩1,161,600

9-7 순실현가치법

진주회사는 10,000kg의 원료를 투입하여 하나의 분리시점에서 A, B, C의 세가지 제품으로 분리된다. 분리된 각 제품에 추가가공을 거쳐서 완제품을 생산하고 있다. A, B, C 제품의 생산을 위하여 투입된 결합원가는 총 ₩10,000,000이다. 회사는 순실현가치를 기준으로 결합원가를 배분한다. 그 외에 A, B, C제품의 생산과 관련된 자료가 다음과 같은 경우 B제품의 kg당 제조단가는 얼마인가?

제 품	분리점 후 추가가공비	kg당 판매가격	생산량
A	₩10,000,000	₩5,000	4,000kg
B	5,000,000	10,000	2,500
C	18,000,000	8,000	3,500

| 풀이 |

1. 결합원가의 배분

제품	총판매가치	추가가공비	순실현가치	배분비율	배분원가	제조원가
A	₩20,000,000①	₩10,000,000	₩10,000,000	25%	₩2,500,000②	₩125,000,000③
B	25,000,000	5,000,000	20,000,000	50%	5,000,000	10,000,000
C	28,000,000	18,000,000	18,000,000	25%	2,500,000	20,500,000
합계	₩73,000,000	₩33,000,000	₩33,000,000	100%	₩10,000,000	₩43,000,000

① ₩490,000×₩250,000 / ₩980,000=₩125,000
② ₩50,000+₩125,000=₩175,000
③ ₩175,000 / 1,000개=₩175

2. B제품의 kg당 제조단가 : ₩10,000,000÷2,500kg=₩4,000

9-8 순실현가치법

(주)경주는 원재료 A 100kg을 가공하면 제품P 20kg과 제품K 80kg을 생산한다. 제품P와 제품K는 분리점에서의 시장가치가 존재하지 않으므로 추가로 가공하여 제품P′ 20kg과 제품K′ 80kg을 생산하여 판매하고 있다. 원재료 A의 가공과 관련하여 재료비 ₩10,000과 가공비 ₩20,000이 발생하였으며, 중간제품 P와 K의 가공에는 각각 ₩50,000과 ₩60,000의 원가가 발생하였다. 최종제품P′와 K′의 단위당 판매가격은 각각 ₩5,000, ₩2,000이며, 원재료A의 가공과 관련된 총원가는 ₩30,000이다. 제품P′와 제품K′에 배분되어야 할 결합원가는 각각 얼마인가?

| 풀이 |

제품	생산량	판매가격	총판매가치	추가가공비	순실현가치	원가배분액
P'	20kg	₩5,000	₩100,000	₩50,000	₩50,000	₩10,000
K'	80	2,000	160,000	60,000	100,000	20,000
합계	10kg	–	₩260,000	₩110,000	₩150,000	₩30,000

9-9 물량기준법과 균등이익률법

(주)추풍령은 ₩140,000의 결합원가로 A, B, C라는 세 가지의 연산품을 생산하고 있다. 이 제품들을 분리 후에 추가가공하면 A제품은 ₩156,000, B제품은 ₩216,000, C제품은 ₩108,000의 판매가치가 있다. 개별제품을 추가가공하는데 드는 원가는 A제품이 ₩30,000, B제품이 ₩54,000, C제품이 ₩36,000이다. 각 제품의 단위당 무게와 생산량은 다음과 같다.

제 품	단위당 무게	생산량
A 제품	2kg	200개
B 제품	3	500
C 제품	3	300

■ 요구사항

1. 물량기준법을 사용하여 결합원가를 개별제품에 배분하고 제조단가를 계산하라.

2. 균등이익률법을 사용하여 결합원가를 개별제품에 배분하라.

| 풀이 |

1. 물량기준법

제품	총무게	배분원가	추가가공비	제조원가	제조단가
A	400kg①	₩20,000②	₩30,000	₩50,000③	₩250④
B	1,500	75,000	54,000	129,000	258
C	900	45,000	36,000	81,000	270
합계	2,800kg	₩140,000	₩120,000	₩260,000	—

① 200개×2kg=400kg

② ₩140,000×400kg / 2,800kg=₩20,000

③ ₩20,000 / 200개=₩100

2. 균등이익률법

(1) **전체매출총이익**

총 매 출 액 (₩156,000+₩216,000+₩108,000)	₩480,000
결 합 원 가	(140,000)
추가가공원가 (₩30,000+₩54,000+₩36,000)	(120,000)
전체매출총이익	₩220,000

(2) **평균매출총이익률** : ₩220,000÷₩480,000=22 / 48

(3) **결합원가 배분액**

제품	최종판매가치	− 매출총이익	− 추가가공원가	= 배분원가
A	₩156,000	₩71,500*	₩30,000	₩54,500
B	216,000	99,000	54,000	63,000
C	108,000	49,500	36,000	22,500
합계	₩480,000	₩220,000	₩120,000	₩140,000

* ₩156,000×22 / 48=₩71,500

| 해설 |

1. 물량기준법은 개별제품의 생산량에 단위당 무게를 곱한 총무게를 기준으로 결합원가를 배분하는 방법이다. 균등이익률법은 연산품을 구성하는 개별제품이 최종판매가치에 대하여 동일한 매출총이익률을 나타낼 수 있도록 결합원가를 배분하는 방법이다. 그러므로 이 방법을 사용하기 위해서는 먼저 연산품을 모두 판매했을 경우에 예상되는 전체매출총이익을 계산한다. 즉 개별제품의 최종판매가치를 모두 합계한 ₩480,000에서 결합원가 ₩140,000과 추가가공원가 ₩120,000을 차감하면 전체매출총이익은 ₩220,000이 된다.

2. 다음으로는 전체매출총이익 ₩220,000을 개별제품의 최종판매가치 합계액 ₩480,000으로 나누면 평균매출총이익률은 22 / 48(약 45.83)%가 된다. 이렇게 계산된 평균매출총이익률을 개별제품의 최종판매가치에다 곱하여 개별제품의 매출총이익을 결정한 후에, 추가가공원가를 고려하여 결합원가를 배분한다.

9-10 복수의 분리점 : 순실

(주)영남은 동일한 재료를 사용하여 동일한 제조공정에서 세 종류의 연산품 A, B, C를 생산하고 있다. 이들 제품은 각각 단위당 ₩120, ₩100, ₩150으로 판매되고 있다. 20×1년 3월에는 중간제품 Y 3,000개와 완제품 A, B, C를 각각 2,250개, 1,200개, 1,780개를 생산하였다. 제품A와 중간제품 Y를 생산하는데 ₩300,000이 소요되었으며, 중간제품Y에 ₩145,000을 추가로 투입하여 제품 B와 C를 생산하였다. 최종적으로 B와 C를 가공하는데 각각 ₩70,000, ₩67,000이 소요되었다.

■ 요구사항

1. 물량기준법을 사용하여 결합원가를 개별제품에 배분하고 제조단가를 계산하라.

2. 균등이익률법을

| 풀이 |

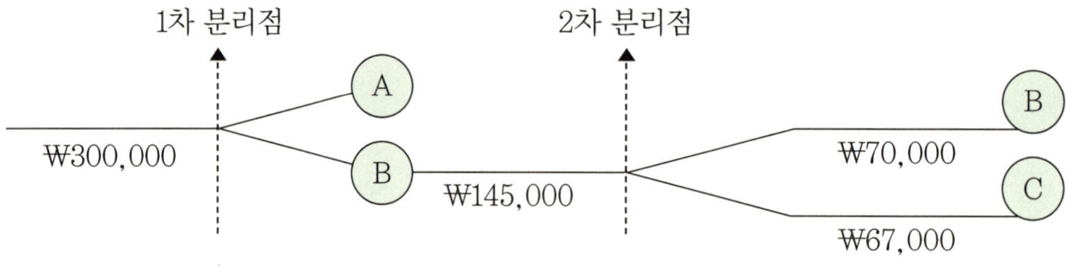

1. 결합원가의 배분

(1) 2차분리점의 순실현가치

제품	생산수량	판매가격	추정판매가치	추가가공원가	순실현가치	배분율
B	1,200개	₩100	₩120,000	₩70,000	₩50,000	25%
C	1,780	150	267,000	67,000	200,000	75%
합계	3,980개	–	₩387,000	₩137,000	₩250,000	100%

(2) 1차분리점의 순실현가치

제품	생산수량	판매가격	추정판매가치	추가가공원가	순실현가치	배분율
A	2,250개	₩120	270,000	–	270,000	72%
Y	3,000	–	250,000	145,000	105,000	28%
합계	5,250개	–	520,000	145,000	375,000	100%

(3) 결합원가의 배분

① 1차분리점의 결합원가 배분

제　　품 A : ₩300,000×72%=₩216,000

중간제품 Y : ₩300,000×28%=　₩84,000

② 2차분리점의 결합원가 배분

제 품 B : (₩84,000+₩145,000)×25%=　₩57,250

제 품 C : (₩84,000+₩145,000)×75%=₩171,750

③ 개별제품의 결합원가 배분액

제 품 A	₩216,000
제 품 B	57,250
제 품 C	171,750
합　계	₩445,000

검산 ₩300,000+₩145,000=₩445,000

2. 개별제품의 제조원가 및 제조단가

제품	배분원가	+ 추가가공원가	= 제조원가	생산량	제조단가
A	₩216,000	–	₩216,000	2,250개	₩96
B	57,250	₩70,000	127,250	1,200	106.04
C	171,750	67,000	238,750	1,780	134.13
합계	₩445,000	₩137,000	₩582,000	5,230개	–

| 해설 |

1. 분리점이 두 개 존재하고 순실현가치법을 적용하여 결합원가를 배분하는 경우에도 분리점이 하나인 경우와 기본 논리는 같으나, 다음과 같은 2단계 절차를 거치게 된다.

1단계 : 각 분리점에서의 순실현가치 계산 (2차분리점→1차분리점)
2단계 : 결합원가의 배분 (1차분리점→2차분리점)

2. 1단계에서 각 분리점의 순실현가치는 최종판매가치에서 추가가공원가를 차감하여 계산되므로, 2차분리점의 순실현가치를 먼저 구한 다음 1차분리점의 순실현가치를 구하는 순서로 접근하여야 한다. 즉 2차분리점, 1차분리점 순으로 순실현가치를 구하여 각 분리점의 결합원가 배분비율만 결정해 놓는다.

3. 이처럼 결합원가를 배분하지 않고 배분비율만 결정해 놓는 이유는 1차분리점까지 발생한 결합원가는 ₩300,000이므로 배분이 가능하다. 그러나 2차분리점에서의 결합원가는 1차분리점의 결합원가 중 중간제품인 Y가 배분받을 금액과 Y를 추가가공하는 데 투입된 원가를 합한 금액이 배분해야 할 결합원가가 되나, 1차분리점에서 Y가 배분받아야 할 금액이 확정되지 않았기 때문이다.

4. 2단계는 1단계에서 구한 배분비율을 기준으로 1차분리점의 결합원가를 먼저 배분하고, 다음으로 2차분리점의 결합원가를 배분한다. 즉 1차분리점의 결합원가 ₩300,000을 먼저 제품A와 중간제품Y에 72%와 28%를 배분한다. 그리고 중간제품Y에 배분된 ₩84,000과 Y를 추가가공하는 데 투입된 ₩145,000을 제품B와 제품C에 1 / 3과 2 / 3를 배분한다.

9-11 부산물 회계처리

(주)설악은 주산물A, B와 부산물C를 생산하고 있으며, 결합원가는 순실현가치법을 사용하여 주산물에 배분하고 있다. 20×1년 5월의 결합원가는 ₩154,000이고 기초제품은 없다. 20×1년 5월 중의 생산 및 판매활동에 관한 자료는 다음과 같다.

제 품	생산수량	추가가공비	판매단가
A	1,000개	₩25,000	₩350
B	500	15,000	380
C	1,00	1,000	5

■ 요구사항

1. 부산물의 회계처리방법이 생산기준법인 경우

(1) **배분해야 할 결합원가는 얼마인가?**

(2) **결합원가를 주산물에 배분하고 제조단가를 계산하라.**

2. 부산물의 회계처리방법이 판매기준법인 경우

(1) **배분해야 할 결합원가는 얼마인가?**

(2) **결합원가를 주산물에 배분하고 제조단가를 계산하라.**

| 풀이 |

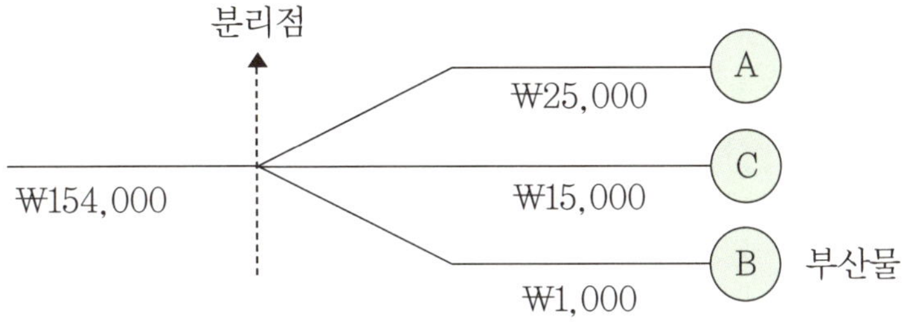

1. 부산물의 회계처리방법이 생산기준법인 경우

(1) **배분해야 할 결합원가**

① 부산물의 순실현가치 : 1,000개×₩5－₩1,000＝₩4,000

② 배분해야 할 결합원가 : ₩154,000－₩4,000＝₩150,000

(2) **결합원가의 배분 및 제조단가**

제품	최종판매가치	추가가공비	순실현가치	원가배분액	제조원가	제조단가
A	₩350,000	₩25,000	₩325,000	₩97,500①	₩122,500②	₩122.5③
B	190,000	15,000	175,000	52,500	67,500	135.0
합계	₩540,000	₩40,000	₩500,000	₩150,000	₩190,000	–

① ₩150,000×₩325,000 / ₩500,000=₩97,500
② ₩25,000+₩97,500=₩122,500
③ ₩122,500 / 1,000단위=₩122.5

2. 부산물의 회계처리방법이 판매기준법인 경우

(1) **배분해야 할 결합원가** : ₩154,000

(2) **결합원가의 배분 및 제조단가**

제품	최종판매가치	추가가공비	순실현가치	원가배분액	제조원가	제조단가
A	₩350,000	₩25,000	₩325,000	₩100,100①	₩125,100②	₩125.1③
B	190,000	15,000	175,000	53,900	68,900	137.8
합계	₩540,000	₩40,000	₩500,000	₩154,000	₩194,000	–

① ₩154,000×₩325,000 / ₩500,000=₩100,100
② ₩25,000+₩100,100=₩125,100
③ ₩125,100 / 1,000개=₩125.1

| 해설 |

1. 생산기준법이란 부산물의 순실현가치를 구하여 배분해야 할 결합원가에서 차감한 후의 원가를 주산물에 배분하는 방법이다. 즉 부산물C의 순실현가치 ₩4,000을 결합원가 ₩154,000에서 차감한 ₩150,000을 주산물인 A제품과 B제품에 배분한다.

2. 판매기준법이란 부산물이 생산되는 시점에서는 부산물이 발생하지 않은 것처럼 취급하여 결합원가 ₩154,000을 주산물인 A제품과 B제품에 배분하고, 부산물이 판매되는 시점에서 부산물의 판매로 인한 순수익을 잡이익으로 처리하는 방법이다. 그러므로 부산물의 회계처리방법이 생산기준법이냐 판매기준법이냐에 따라 배분해야 할 결합원가가 달라지므로, 그 결과 주산물의 제조원가와 제조단가가 달라지게 된다.

9-12 주산품과 부산물

(주)울진은 연산품 X, Y, Z를 생산하여 판매하고 있다. 모든 제품은 제1공정말에 분리된다. 제품X와 제품Z는 분리점에서 판매가 가능하지만, 제품Y는 제2공정에서 추가가공을 받은 후에 판매된다. 회사는 결합원가의 배분방법으로 순실현가치법을 사용하고 있다. 20×1년 10월에 생산에 투입된 원가는 제1공정이 ₩420,000이고, 제2공정이 ₩30,000이다. 각 제품의 생산량과 단위당 판매가격은 다음과 같다.

	제품X	제품Y	제품Z
생산량	500개	1,000개	400개
단위당 판매가격	₩300	₩400	₩200

■ 요구사항

다음 각각의 경우에 각 제품의 제조원가와 제조단가를 계산하라.

1. 생산된 모든 제품이 주산물인 경우
2. 제품X와 Y는 주산물이고 Z는 부산물이며, 부산물의 회계처리는 생산기준법을 적용한다. 당사는 부산물이 생산되면 외부에 매각하고 있으며, 추정매각가격에서 판매비와 일반관리비 및 정상이윤을 차감하여 부산물의 가액을 평가하고 있다. 부산물Z의 판매비 및 일반관리비는 단위당 ₩20이며, 정상이윤은 매출액의 20%이다.
3. 부산물의 회계처리는 판매기준법을 적용한다고 가정하고 요구사항2에 다시 답하라.
4. 요구사항2와 3의 차이점을 설명하라.

| 풀이 |

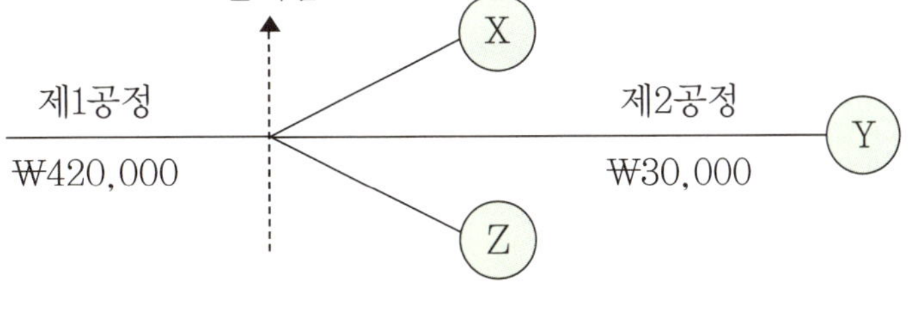

1. 생산된 모든 제품이 주산물인 경우

(1) 배분해야 할 결합원가 : ₩420,000

(2) 결합원가의 배분

제품	생산량	판매가격	추정판매가치	추가가공원가	순실현가치	배분원가
X	500개	₩300	₩150,000①	–	₩150,000	₩105,000②
Y	1,000	400	400,000	₩30,000	370,000③	259,000
Z	400	200	80,000	–	80,000	56,000
합계	1,900개	–	₩630,000	₩30,000	₩600,000	₩420,000

① 500개×₩300=₩150,000

② ₩420,000×₩150,000 / ₩600,000=₩105,000

③ ₩400,000−₩30,000=₩370,000

(3) 각 제품의 제조단가

제품	배분원가	추가가공원가	제조원가	생산량	제조단가
X	₩105,000	–	₩105,000	500개	₩210①
Y	259,000	₩30,000	289,000②	1,000	289
Z	56,000	–	56,000	400	140
합계	₩420,000	₩30,000	₩450,000	1,900개	–

① ₩105,000 / 500개=₩210

② ₩259,000+₩30,000=₩289,000

2. 제품Z가 부산물이고 부산물의 회계처리방법이 생산기준법인 경우

(1) 배분해야 할 결합원가

① 부산품Z의 순실현가치 : 400개×(₩200−₩20−₩200×0.2)=₩56,000

② 배분해야 할 결합원가 : ₩420,000−₩56,000=₩364,000

(2) 각 제품의 제조단가

제품	생산량	판매가격	추정판매가치	추가가공원가	순실현가치	배분원가
X	500개	₩300	₩150,000	–	150,000	₩105,000①
Y	1,000	400	400,000	₩30,000	370,000	259,000②
합계	1,500개	–	₩550,000	₩30,000	₩520,000	₩364,000

① ₩364,000×₩150,000 / ₩520,000=₩105,000

② ₩364,000×₩370,000 / ₩520,000=₩259,000

(3) 각 제품의 제조단가

제품	배분원가	추가가공원가	제조원가	생산량	제조단가
X	₩105,000	–	₩105,000	500개	₩210①
Y	259,000	₩30,000	289,000②	1,000	289
합계	₩364,000	₩30,000	₩394,000	1,500개	1,500개

① ₩105,000 / 500개=₩210

② ₩259,000+₩30,000=₩289,000

3. 제품Z가 부산물이고 부산물의 회계처리방법이 생산기준법인 경우

(1) 배분해야 할 결합원가 : ₩420,000

(2) 결합원가 배분액

제품	생산량	판매가격	총판매가치	추가가공원가	순실현가치	배분원가
X	500개	₩300	₩150,000	–	₩150,000	₩121,154①
Y	1,000	400	400,000	₩30,000	370,000	298,846②
합계	1,500개	–	₩550,000	₩30,000	₩520,000	₩420,000

① ₩420,000×₩150,000 / ₩520,000=₩121,154

② ₩420,000×₩370,000 / ₩520,000=₩298,846

(3) 각 제품의 제조단가

제품	배분원가	추가가공원가	제조원가	생산량	제조단가
X	₩121,154	–	₩121,154	500개	₩242,308①
Y	298,846	₩30,000	328,846②	1,000	328,846
합계	₩420,000	₩30,000	₩450,000	1,500개	–

① ₩121,154 / 500개=₩242.308

② ₩298,846+₩30,000=₩328,846

4. 요구사항2, 3의 차이점

부산물의 회계처리방법이 생산기준법인 경우에는 부산물Z의 순실현가치를 배분해야 할 결합원가에서 차감한다. 그러나 부산물의 회계처리방법이 판매기준법인 경우에는 결합원가 전액을 주산물인 제품X와 제품Y에 배분한다.

| 해설 |

1. 생산된 모든 제품이 주산물이라는 의미는 결합원가 ₩420,000을 주산물인 제품X, 제품Y 및 제품Z에 배분한다는 의미이다. 이 때 결합원가의 배분방법이 순실현가치법이므로 각 제품의 순실현가치를 기준으로 결합원가를 배분하면 된다.

2. 제품Z가 부산물이고 생산기준법을 사용한다는 것은 부산물Z의 순실현가치를 평가하여 배분해야 할 결합원가에서 차감한 후의 금액을 주산물인 제품X와 제품Y에 배분한다는 의미가 된다. 그러므로 주산물에 배분해야 할 결합원가는 ₩420,000에서 부산물Z의 순실현가치 ₩56,000을 차감한 ₩364,000이 되며, 이 금액을 주산물인 제품X와 제품Y에 순실현가치를 기준으로 배분한다.

3. 부산물Z를 판매기준법으로 회계처리한다는 것은 연산품의 생산시점에서는 부산물이 발생하지 않은 것처럼 취급하여 결합원가 ₩420,000 전액을 주산물인 제품X와 제품Y에 배분한다는 의미이다. 그리고 부산물의 판매시점에서 판매로 인한 순수익을 잡이익으로 처리한다.

9-13 결합공정의 종합원가계산

(주)정선은 결합공정에서 주산품X, Y와 부산물B를 생산하고 있다. 재료는 공정초에 투입되고 가공비는 전공정을 통하여 평균적으로 투입된다. 공손의 검사는 가공비 완성도 60%시점에서 실시하며, 결합원가는 분리점에서의 순실현가치를 기준으로 배분한다. 5월 동안의 생산 및 원가관련 자료는 다음과 같다.

① 당월에 10,000kg의 재료가 제조과정에 투입되었다.

② 기초재공품은 없으며 기말재공품의 수량은 1,000개 완성도는 70%이다.

③ 완성품의 수량 및 단위당 판매가격

	제품X	제품Y	제품B
완성품 수량	2,000개	3,000개	1,000개
단위당 판매가격	₩40	₩100	₩5

④ 당월에 500개의 공손이 발생하였으며 그 중에서 300개는 정상공손이다.

⑤ 당월에 제품제조에 투입된 재료비는 ₩70,000, 가공비는 ₩120,000이다.

⑥ 재공품의 평가는 선입선출법에 의한다.

⑦ 부산물B의 순실현가치는 당월에 투입된 재료비에서 차감한다.

■ 요구사항

1. 완성품원가와 기말재공품원가를 계산하라.

2. 주산물의 제조원가를 각각 계산하라.

3. 원가요소 소비시와 제품 완성시의 분개를 하라.

| 풀이 |

1. 완성품원가와 기말재공품원

(1) 물량흐름 파악 / **(2) 완성품환산량**

	물량	재료비	가공비
완 성 품	5,000개*	5,000	5,000
정 산 공 손	300	300	180
비 정 산 공 손	200	200	120
기 말 재 공 품	1,000	1,000	700
합 계	6,500개	6,500	6,000

* 2,000개+3,000개=5,000개

(3) 환산량 단위당 원가

재 료 비 : (₩70,000 − ₩5,000) ÷ 6,500개 = @₩10

가 공 비 : ₩120,000 ÷ 6,000개 = @₩20

* 1,000개 × ₩5 = ₩5,000

(4) 총제조원가의 배분

① 완 성 품 : 5,000 × @₩30 = ₩150,000

② 정상공손 : 300×@₩10+180×@₩20=₩6,600

③ 비정상공손 : 200×@₩10+120×@₩20=₩4,400

④ 기말재공품 : 1,000×@₩10+700×@₩20=₩24,000

검산 ₩65,000+₩120,000=₩150,000+₩6,600+₩4,400+₩24,000

(5) 완성품원가와 기말재공품원가

① 정상공손원가의 추가배분

$$\text{완 성 품} : ₩6,600 \times \frac{5,000\text{개}}{5,000\text{개}+1,000\text{개}} = ₩5,500$$

$$\text{기말재공품} : ₩6,600 \times \frac{1,000\text{개}}{5,000\text{개}+1,000\text{개}} = ₩1,100$$

② 완성품원가와 기말재공품원가

㉠ 완 성 품 원 가 : ₩150,000+₩5,500=₩155,500

㉡ 기말재공품원가 : ₩24,000+₩1,100=₩25,100

㉢ 비정상공손원가 : ₩4,400

2. 주산물의 제조원가(결합원가 배분액)

제품	완성량	판매가격	판매가치	제조(배분)원가
X	2,000개	₩40	₩80,000	₩32,737
Y	298,846	100	300,000	122,763
합계	₩420,000		₩380,000	₩155,500*

3. 분개

(1) 원가요소 소비시

(차)	재 공 품	190,000	(대)	재 료 비	70,000
				가 공 비	120,000

(2) **제품 완성시**

(차)			(대)	
	제 품 X	32,737	재 공 품	164,900
	제 품 Y	122,763		
	부 산 품	5,000		
	비정상공손비	4,400		

| 해설 |

1. 결합공정의 종합원가계산도 단순 종합원가계산의 논리가 그대로 적용된다. 다만 한 가지 유의할 사항은 당월의 완성품 수량은 제품X 2,000개, 제품Y 3,000개를 합한 5,000개가 된다는 점이다. 그러므로 완성품 5,000개, 기말재공품 1,000개로 물량흐름을 파악하고 단순 종합원가계산의 논리를 그대로 적용하면 된다.

2. 부산물의 순실현가치 ₩5,000은 당월의 재료비에서 차감하므로 부산물의 순실현가치를 차감한 후의 재료비는 ₩65,000이 된다. 그리고 원가계산을 통하여 완성품원가가 계산되면 완성품원가 ₩155,500을 주산물인 제품X와 제품Y에 배분하면 된다.

9-14 등급별 원가계산 : 등가계수

(주)백두산은 등급품을 제조하고 있다. 20×1년 6월의 제품제조원가는 ₩451,200이며, 제품의 판매가격은 1급품이 ₩400, 2급품이 ₩240, 3급품이 ₩160이다. 당기생산량은 1급품이 600개, 2급품 1,600개, 3급품이 800개이다.

■ 요구사항

다음 각각의 방법으로 각 제품의 제조단가를 계산하라.

1. 등급품의 총판매가치를 기준으로 배분하는 경우
2. 판매가격을 등하계수로 하여 배분하는 경우

| 풀이 |

1. 판매가치를 기준으로 배분하는 경우

제품	생산량	판매가격	추정판매가치	배분원가	제조단가
1급품	600개	₩400	₩240,000①	₩144,000②	240③
2급품	1,600	240	384,000	230,400	144
3급품	800	160	128,000	76,800	96
합 계	3,000개	-	₩752,000	₩451,200	-

① 600개×400=₩240,000
② ₩451,200×240,000 / ₩752,000=₩144,000
③ ₩144,000 / 600개=₩240

2. 등가계수를 이용하여 배분하는 경우

(1) 각 제품의 등가계수

제 품	판매가격	등가계수
1급품	₩400	1
2급품	240	0.6*
3급품	160	0.4

* ₩240 / ₩400=0.6

(2) 각 제품의 제조단가

제품	생산량	등가계수	적 수	배분원가	제조단가
1급품	600개	1	600①	₩144,000②	₩240③
2급품	1,600	0.6	960	230,400	144
3급품	800	0.4	320	76,800	96
합 계	3,000개	-	1,880	₩451,200	-

① 600개×1=600
② ₩451,200×600 / 1,880=₩144,000
③ ₩144,000 / 600개=₩240

| 해설 |

1. 등급품이란 동일한 재료를 사용하여 동일한 제조공정을 거쳐서 생산되는 동종제품

으로서 품질, 규격, 형상 등이 서로 다른 제품을 말한다. 제품이 등급별로 나누어지는 경우 원가계산을 하기 위해서는 모든 제품의 단위를 일치시켜야 하는데 이 때 기준이 되는 것이 등가계수이다. 등가계수로 가장 널리 사용되고 있는 것은 각 등급품의 정상시가이다.

2. 각 등급품의 등가계수를 구하기 위해서는 각 등급품의 판매가격 중에서 대표치를 하나 선정하여 1로 보고 나머지를 백분비하면 된다. 즉 1급품의 판매가격 ₩400을 1로 보면 2급품의 판매가격 ₩240은 ₩400의 0.6(=₩240 / ₩400)에 해당되므로 2급품의 등가계수는 0.6이 되며, 3급품은 0.4(=₩160 / ₩400)가 된다. 이 때 2급품의 등가계수가 0.6이라는 것은 2급품 1단위를 판매하는 것은 1급품 0.6단위를 판매하는 것과 가치가 동일하다는 의미이다.

9-15 등급별 원가계산

(주)신라는 등급품을 생산하는 회사이다. 어떤 원가계산기간의 기말재공품 수량은 400개, 완성도는 주요재료비가 100% 가공비는 60%이며, 기말재공품의 평가는 평균법에 의한다. 당기 생산량은 상급품 400개, 중급품 800개, 하급품 1,200개이다. 기초재공품의 주요재료비는 ₩100,000, 가공비는 ₩64,000이다. 당기제조비용은 주요재료비가 ₩600,000 가공비가 ₩332,000이다. 주요재료비와 가공비의 등가계수는 다음과 같다.

제 품	주요재료비	가공비
상급품	6	8
중급품	4	5.5
하급품	8	2

■ 요구사항

1. 등급품의 전체의 완성품원가와 기말재공품원가를 계산하라.

2. 등급품별로 제조원가 및 제조단가를 계산하라.

| 풀이 |

1. 등급품 전체의 원가계산

(1) 물량흐름 파악

완 성 품	2,400개*
기말재공품	400
합 계	2,800개

(2) 완성품환산량

	B 제품	C 제품
	2,400	2,400
	400	240
	2,800	2,640

* 400개+800개+1,200개=2,400개

(3) 총제조원가의 집계

	재료비	가공비	합 계
기초재공품원가	₩100,000	₩64,000	₩164,000
당기총제조비용	600,000	332,000	932,000
합 계	₩700,000	₩396,000	₩1,096,000
완성품환산량	÷2,800개	÷2,640개	
(4) 환산량 단위당 원가	@₩250	@₩150	

(5) 총제조원가의 배분

① 완성품원가

주요재료비 (2,400 × @₩250)	₩600,000
가 공 비 (2,400 × @₩150)	360,000
합 계	₩960,000

② 기말재공품원가

주요재료비 (400 × @₩250)	₩100,000
가 공 비 (240 × @₩150)	36,000
합 계	₩136,000

검산 ₩960,000 + ₩136,000 = ₩1,096,000

2. 등급품별 제조원가 및 제조단가

(1) **주요재료비의 배분**

제　　품	생 산 량	등가계수	적　　수	배분원가
상 급 품	400개	6	2,400①	₩180,000②
중 급 품	800	4	3,200	240,000
하 급 품	1,200	2	2,400	180,000
합　　계	2,400개	–	8,000	₩600,000

① 400개×6=2,400

② ₩600,000×2,400 / 8,000=₩180,000

(2) **가공비의 배분**

제　　품	생 산 량	등가계수	적　　수	배분원가
상 급 품	400개	8	3,200①	₩115,200②
중 급 품	800	5.5	4,400	158,400
하 급 품	1,200	2	2,400	86,400
합　　계	2,400개	–	10,000	₩360,000

① 400개×8=3,200

② ₩360,000×3,200 / 10,000=₩115,200

(3) **각 등급품의 제조원가**

제　　품	주요재료비	가공비	제조원가	생산량	제조단가
상 급 품	₩180,000	₩115,200	₩295,200	400개	₩738*
중 급 품	240,000	158,400	398,400	800	498
하 급 품	180,000	86,400	266,400	1,200	222
합　　계	₩600,000	₩360,000	₩960,000	2,400개	–

* ₩295,200 / 400개=₩738

| 해설 |

1. 등급품별로 원가계산을 하기 위해서는 먼저 등급품 전체에 대하여 완성품원가와 기말재공품원가를 계산한다. 그리고 완성품원가를 등가계수를 이용하여 각 등급품에 배분한다.

2. 평균법에 의한 완성품원가와 기말재공품원가를 구하면 ₩960,000과 ₩136,000이 계산되는데, 이렇게 계산된 완성품원가 ₩960,000을 각 등급품에 배분하면 된다. 그런데 주요재료비와 가공비의 등가계수가 각각 다르므로 주요재료비 ₩600,000은 주요재료비의 등가계수를 이용하여 배분하고, 가공비 ₩360,000은 가공비의 등가계수를 기준으로 배분한다. 그리고 각 등급품의 제조원가는 등급품별로 배분된 주요재료비와 가공비를 합한 금액이 되며, 이 제조원가를 생산량으로 나누면 제조단가가 계산된다.

••• 쉬어갑시다

작문(作文)에 머리를 쓰지 말라

설비 투자의 신청서에는 많든 적든 작문적 요소가 포함되어 있다고 해도 과언이 아니다.
무엇보다 우선 이러이러한 기계가 있어야겠다고 장황스럽게 그 필요성을 늘어놓고 나면 그 다음에는 그것이 어떤 식으로 채산성이 있다는 것을 강조해야 하기 때문에 터무니없는 숫자를 나열하여 앞뒤만을 맞추려는 내용이 되고 만다. 그러다 보니 설비 도입 후의 성과 보고도 작문 보고가 된다.
뿐만 아니라 조업도나 작업량을 부풀리거나 삭감 재료 단가를 올려 잡기도 한다. 무슨 일에서나 처음부터 거짓말을 하면 끝까지 거짓말을 하게 마련이다. 그 때문에 그런 거짓말로 엮는 문서란 얼마나 번거로운 일이겠는가.
이런 식의 작문에 머리를 쓰기보다는 사전에 확실한 코스트 삭감 가능액을 시산해서 경제 계산을 하고, 채산성이 있는 구매 가액을 계산하여 설비 메이커와 가격 상담을 하든가, 쓸데없는 기능을 깎아 코스트를 내리든가 하는 쪽으로 머리를 쓰는 편이 현명하다.

••• MEMO

Plan
Budget

제10장

원가추정

제1절 원가추정의 의의

과거와 미래와 현재는 일직선상에 있으므로 우리는 과거와 현재를 분석함으로써 미래를 예측할 수 있다. 기업이 중요한 의사결정을 수행하기 위해서는 미래를 예측할 수 있어야 하는데, 이 때 미래에 대한 정보를 얻기 위해서 가장 많이 이용되는 방법은 과거를 분석하고 이를 근거로 미래를 예측하는 것이다.

이와 마찬가지로 기업이 미래에 대한 중요한 의사결정을 내리기 위해서는 미래에 대한 원가를 추정하여야 하는데, 이때도 같은 논리로 과거의 원가, 즉 역사적 원가의 행태를 분석함으로써 미래의 원가를 예측하는 방법이 널리 이용되고 있다.

따라서 본장에서는 미래의 원가를 역사적 원가로부터 어떻게 예측 또는 추정할 것인가에 대해 알아보기로 한다.

제2절 원가행태와 조업도

1. 원가행태의 의의

원가행태(cost behavior)란 조업도수준의 변화에 따른 원가의 반응양상을 말한다.

즉 조업도수준이 증감함에 따라 원가발생액이 일정한 양상으로 변화할 때 그 변화양상을 원가행태라 한다. 원가행태를 종종 원가함수라고도 한다. 이때 조업도(rate of activity)란 기업의 생산설비의 이용정도, 즉 경영설비를 이용하여 생산활동을 전개하는 정도를 뜻한다. 이러한 조업도는 제품의 생산량, 노동작업시간 및 기계작업시간 등으로 측정된다.

경제학에서는 기업의 원가함수가 산출량이 증가 또는 감소하게 되면 생산기술까지도 변화시킬 수 있다는 가정을 하고 있다. 그러므로 장기적으로 모든 원가는 조업도에 따라 변동한다고 할 수 있다. 그러나 기술수준이나 생산자원 등이 고정되어 있다고 보는 단기에는 일정한 범위 내에서 조업도에 관계없이 일정하게 발생하는 고정비가 존재한다고 보는 것이 타당할 것이다.

여기서 일정한 범위를 관련범위라고 한다. 관련범위(relevant range)란 현실적으로 달성가능한 최저조업도와 최대조업도 사이의 범위를 말하며, 이러한 관련범위 내에서는 특정원가의 행태가 변화하지 않는다고 가정한다. 일반적으로 고정비와 변동비는 일정범위의 조업도 및 특정기간이 주어졌다는 전제하에서 정의된다.

예를 들어 연간 고정비가 ₩100,000 이라고 하는 것은 특정조업도의 범위를 가정하고 있는 것이다. 즉 기계시간으로 5,000~10,000 시간이라든지 또는 제품생산량으로 2,500~5,000단위와 같은 특정조업도의 범위를 가정한 것이다.

이러한 관련범위 내에서는 원가함수가 수평이거나 아니면 생산량의 변화에 따라 증가하는 형태를 갖는다. 이와같이 일반적인 형태를 갖는 원가함수는 무한히 많이 존재한다. 다행히 관련범위 내에서 대부분의 원가함수는 직선에 의해서도 상당히 정확하게 나타낼 수 있다는 사실이 증명되었으므로, 본장에서는 관련범위 내의 원가함수를 직선으로 나타낼 것이다.

2. 원가함수와 조업도

일반적인 원가함수는 다음과 같은 형태로 나타낼 수 있는데 이를 원가방정식(cost eguation)이라 한다.

$$y = a + bx$$

(여기서 y : 총원가 　　a : 고정비
　　b : 단위당 변동비 　x : 조업도)

이 식에서 y는 종속변수이고 x는 y를 설명해 주는 독립변수이다. 또한 y는 추정치이므로 실제값이 항상 추정치와 같지는 않다는 사실을 염두에 두어야 한다.

앞의 식을 보면 같은 자료를 이용하더라도 원가의 발생을 설명하는 조업도기준을 무엇으로 선택하느냐에 따라 원가함수도 달라지게 된다. 따라서 적절한 조업도기준을 선택하는 것은 원가추정에 있어서 매우 중요한 일이다. 일반적으로 조업도기준은 원가의 발생과 논리적인 인과관계를 갖고 있어야 하며 측정이 용이하여야 한다.

이러한 관점에서 볼 때 제조간접비를 추정하는 경우에는 생산방법이 노동집약적인 생산형태인가 아니면 자본집약적인 생산형태인가에 따라 조업도기준이 달라질 것이다. 즉 노동집약적인 생산형태인 경우에는 노동량에 따라 제조간접비가 증감할 것이므로 노동자의 수, 직접노동시간, 직접노무비 등이 적절한 조업도기준이 될 것이다. 그러나 자본집약적인 생산형태인 경우에는 기계에 의하여 작업이 수행되므로 기계작업시간이 적절한 조업도기준이 될 것이다. 또한 제조원가를 발생시키는 직접적인 원인은 생산량이므로 제조원가를 추정하고자 하는 경우에는 생산량이 적절한 조업도기준이 될 것이다. 그리고 판매비를 발생시키는 직접적인 원인은 판매량이므로 판매비를 추정하고자 하는 경우에는 판매량이 더 적절한 조업도기준이 될 것이다.

제3절 원가방정식의 추정

어떤 원가요소에 대한 원가함수를 추정하는 것은 곧 원가방정식에서의 a와 b를 추정하는 것이라 할 수 있다. 원가방정식을 추정하는 방법에는 ① 계정분석법 혹은 계정분류법 ② 산포도법 ③ 최소자승법 ④ 고저점법 ⑤ 회귀분석법과 ⑥ 학습곡선 등이 있다. 그런데 본절에서는 위의 처음 다섯 가지 방법에 대하여 설명하고, 학습곡선은 제4절에서 설명하기로 한다.

1. 계정분석법

계정분석법(accounts analysis method)이란 회계담당자의 전문가적 판단에 따라 각 계정과목을 분석하여 원가를 변동비, 고정비 및 혼합원가로 분류하고, 혼합원가를 다시 변동비부분과 고정비부분으로 분류하는 방법이다. 이렇게 하여 모든 원가요소를 고정비와 변동비로 분류한 다음 이들의 관계를 적절히 고려하여 원가방정식을 추정하는 방법이다.

(주)경포는 제품을 제조하여 판매하는 회사이다. 회사의 경리과장 김성실 씨는 제조간접비를 추정하기 위하여 과거자료를 이용하기로 하고 장부에 기록된 원가자료를 분석하였다. 김성실 씨가 변동비와 고정비로 분류한 19×6년 7월의 직접노동시간은 240시간이었으며, 7월의 제조간접비와 관련된 자료는 다음과 같다.

제 품	최종판매가치	추가가공비	순실현가치
간접재료비	₩1,200	₩2,250	₩3,450
간접노무비	550	600	1,150
소 모 품 비	220	350	570
수도광열비	1,100	750	1,850
수선유지비	330	450	780
전 화 요 금	200	600	800
합 계	₩3,600	₩5,000	₩8,600

상기의 (주)경포의 원가자료를 이용하여 계정분석법으로 제조간접비에 대한 원가방정식을 추정해 보자.

계정분석법으로 제조간접비에 대한 원가방정식을 추정하기 위해서는 먼저 원가를 분석하여 모든 원가요소를 변동비와 고정비로 분류하여야 한다. 그런데 경리과장 김성실 씨가 이미 모든 원가요소를 변동비와 고정비로 분류하였으므로 그 자료를 그대로 이용하면 된다.

이 경우에 총변동비 ₩3,600은 직접노동시간 240시간에 비례하여 발생하였을 것이다. 그러므로 총변동비 ₩3,600을 240시간으로 나누면 직접노동시간당 변동비는 ₩15

이 된다. 그리고 고정비는 조업도(직접노동시간)와 관계없이 일정하게 ₩5,000이 발생할 것이다. 이때 고정비 ₩5,000이 a가 되고, 단위당 변동비 ₩15이 b가 되며, 직접노동시간이 x가 된다. 따라서 이 자료를 이용하여 원가방정식을 추정해 보면 다음과 같다.

$$y = ₩5,000 + 15x \qquad (\text{여기서 } x : \text{직접노동시간})$$

상기의 원가방정식을 이용하여 다음의 직접노동시간에 대한 제조간접비를 추정해 보자.

(1) 100시간 (2) 200시간 (3) 350시간 (4) 500시간

원가방정식이 추정되었으므로 원가방정식의 x에 각 직접노동시간을 대입하여 y값을 구하면 그것이 각 직접노동시간에 대한 추정제조간접비가 된다. 이와 같은 방법으로 각 직접노동시간하의 추정제조간접비를 계산해 보면 다음과 같다.

직접노동시간	원가방정식	추정제조간접비
100시간	₩5,000+₩15×100시간	₩6,500
200시간	₩5,000+₩15×200시간	₩8,000
350시간	₩5,000+₩15×350시간	₩10,250
500시간	₩5,000+₩15×500시간	₩12,500

고저점법을 사용하면 한정된 자료로서 원가추정이 가능하는 장점이 있다. 그러나 회계담당자들에 따라 원가의 분류가 서로 다를 수 있기 때문에 회계담당자의 주관적 판단이 개입될 수 있으므로, 객관성이 결여되어 있다는 단점도 있다.

2. 고저점법

고저점법(high-low method)은 원가자료 중에서 가장 높은 조업도의 원가자료와 가장 낮은 조업도의 원가자료를 직선으로 연결하여 원가방정식을 추정하는 방법이다. 이 방법에서는 고정비를 순수고정비라고 보고 가장 낮은 조업도에서의 원가와 가장 높은 조업도에서의 원가와의 차이를 전부 변동비의 차이라고 간주한다.

(주)충주는 제조기업이다. 당사는 내년도에 발생할 제조간접비를 추정하기 위하여 고저점법을 사용하기로 하였다. 19×6년 7월~12월 동안의 생산량과 제조간접비에 대한 자료는 다음과 같다.

월별	생 산 량	제조간접비
7월	9,000	₩129,920
8월	15,500	196,400
9월	16,000	184,800
10월	14,600	169,720
11월	8,000	104,800
12월	10,000	139,280

고저점법으로 제조간접비에 대한 원가방정식을 추정하기 위해서는 먼저 최고조업도와 최저조업도를 선택하여야 한다. 이 경우에는 조업도의 측정치가 생산량이므로 최고조업도는 9월의 생산량 16,000단위가 되며, 최저조업도는 11월의 생산량 8,000단위가 된다. 최고조업도와 최저조업도가 선택되면 최고조업도와 최저조업도에서의 원가(제조간접비)를 결정한다. 최고조업도 16,000단위의 원가는 ₩184,800이고 최저조업도 8,000단위의 원가는 ₩104,800이다. 이를 그래프에 표시해 보면 다음과 같다.

그림 10-1 고저점법

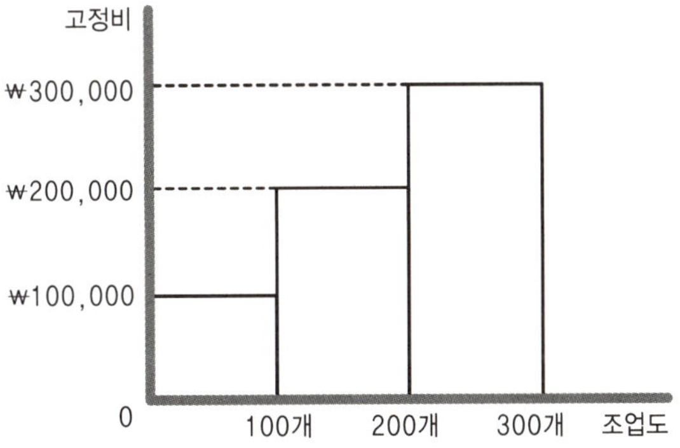

이 방법에서는 가장 높은 조업도에서의 원가와 가장 낮은 조업도에서의 원가 차이를

전부 변동비차이라고 간주한다. 즉 최고조업도에서의 원가 ₩184,800과 최저조업도에서의 원가 ₩104,800의 차이 ₩80,000은 전부 최고조업도 16,000단위와 최저조업도 8,000단위의 차이 8,000단위에 비례하여 발생한 것으로 간주하는 것이다. 그러므로 조업도 단위당 변동비(b)는 다음과 같이 계산한다.

$$\text{단위당 변동비(b)} : \frac{₩184,800 - ₩104,800}{16,000\text{단위} - 8,000\text{단위}} = ₩10 \ / \ \text{단위당}$$

단위당 변동비가 계산되면 이것을 이용하여 고정비를 구한다. 고정비(a)는 최고(또는 최저)조업도에서의 총원가 (y)에서 총변동비 추정액을 차감하여 구한다. 이때 총변동비 추정액은 단위당 변동비(b)에다 최고(또는 최저조업도)를 곱하여 구한다. 그런데 최고조업도에서의 총변동비는 단위당 변동비 ₩10에다 최고조업도 16,000단위를 곱한 ₩160,000이 된다. 그러므로 고정비는 최고조업도에서의 원가 ₩184,800에서 총변동비 ₩160,000을 차감한 ₩24,800이 된다.

이 금액은 최저조업도에서의 총원가에서 최저조업도에서의 총변동비를 차감하여 구할 수도 있다.

즉 최저조업도에서의 총변동비는 단위당 변동비 ₩10에다 최저조업도 8,000단위를 곱한 ₩80,000이 된다. 그러므로 고정비 추정액은 최저조업도에서의 원가 ₩104,800에서 총변동비 ₩80,000을 차감한 ₩24,800이 된다.

따라서 최고조업도에서의 고정비와 최저조업도에서의 고정비가 동일하다고 가정하면 이들 조업도에서의 원가차이는 모두 변동비차이가 된다. 따라서 이를 일반화시켜 보면 단위당 변동비는 다음과 같이 계산된다는 것을 알 수 있다.

$$\text{단위당 변동비(b)} = \frac{\text{최고조업도에서의 원가} - \text{최저조업도에서의 원가}}{\text{최고조업도} - \text{최저조업도}}$$

단위당 변동비, 즉 원가함수의 기울기가 결정되면 최고조업도(또는 최저조업도)에서의 원가를 원가방정식에 대입하여 고정비를 구한다.

고정비(a) = 최고조업도에서의 원가 − 단위당 변동비(b) × 최고조업도
또는 = 최저조업도에서의 원가 − 단위당 변동비(b) × 최저조업도

이와 같이하여 a값이 ₩24,800, b값이 ₩10으로 결정되면 이를 이용하여 원가방정식을 추정해 보면 다음과 같다.

$$y = ₩24{,}800 + 10x$$

(여기서 x : 조업도)

원가방정식이 추정되면 원가방정식의 x에 각 생산량을 대입하면 각 생산량수준에서의 제조간접비 추정액을 구할 수 있다.

고저점법을 적용시에 한 가지 유의할 사항은 최고원가와 최저원가에서의 관찰값이 아니라 최고조업도와 최저조업도에서의 관찰값을 이용한다는 점이다. 즉 상기 예에서 생산량 15,500단위일 경우의 제조간접비 ₩196,400이 최고조업도에서의 제조간접비 ₩184,800보다 더 크다 할지라도, 이 원가에서의 조업도 15,500단위가 고점으로 선택되지 않는다는 점에 유의하여야 한다.

이 방법은 두 점에서의 관찰값만을 이용하여 원가를 추정하므로 이용하기 쉽고 간편하다. 또한 계정분석법이 회계담당자의 주관적인 판단이 많이 개입되는데 비해서, 이 방법은 여러 자료 중에서 두 점을 선택하는 방법이므로 계정분석법에 비해서 매우 객관적이며, 자료를 이용하기 쉽다는 장점이 있다.

그러나 최고점 또는 최저점으로 선택된 점이 이상점(異狀點)에 기초한 것일 수 있으며, 최고점과 최저점만 이용하므로 다른 원가자료에 포함된 정보를 전혀 고려하지 않는다는 단점이 있다.

고저점법에 의해 추정된 원가방정식에서 계산된 고정비는 총원가를 나타내는 직선이 원가축(y축)과 만나는 절편이 된다. 그런데 고저점법을 이용하여 원가방정식을 추정하는 경우에는 원가축의 절편이 음수가 될 수도 있다. 그 이유는 본래의 원가함수는 비선형인데도 불구하고 원가방정식을 선형으로 추정한 경우와 조업도가 영(零)인 점이 관련범위 밖에 있는 경우에는 원가축의 절편이 음이 될 수 있기 때문이다.

따라서 음(陰)의 절편, 즉 음의 고정비는 실제원가의 추정치가 아니라 관련범위내의 원가자료를 이용하여 원가방정식을 추정한 결과로서 도출된 수치에 불과하다. 즉 음의 고정비 그 자체는 아무런 의미를 가지지 못한다. 또한 고저점법을 이용하여 구한 원가방정식은 관련범위내에서만 그 유용성을 가질뿐이며, 관련범위 밖에서는 적용되지 않는 경우가 많다는 점도 유의하여야 한다.

3. 산포도법

산포도법(scatter diagram method)이란 조업도와 원가를 두 축으로 하는 좌표 위에 각 조업도에서 발생한 원가들을 점으로 나타낸 산포도(scatter diagram)를 나타내고, 분석가의 전문적인 판단에 의하여 산포도의 특성을 대표할 수 있는 회귀선(rgression line)을 찾아내어 이를 바탕으로 미래의 원가를 추정하는 방법을 말한다.

(주)충주는 제조기업이다. 당사는 내년도에 발생할 제조간접비를 추정하기 위하여 산포도법을 사용하기로 하였다. 19×6년 7월~12월 동안의 생산량과 제조간접비에 대한 자료는 다음과 같다.

월 별	생 산 량	제조간접비
7월	9,000	₩129,920
8월	15,500	196,400
9월	16,000	184,800
10월	14,600	169,720
11월	8,000	104,800
12월	10,000	139,280

6개의 관찰값을 산포도에 나타내 보기로 하자.

산포도에 관찰값을 표시하기 위해서 생산량을 x축에 제조간접비를 y축에 나타내 보면 <그림 10-2>와 같다.

그림 10-2 산포도

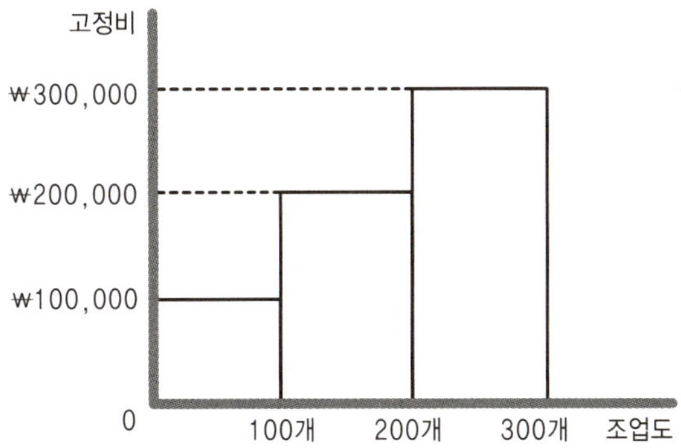

이 방법은 보다 정교한 다른 원가추정방법을 이용하기 전에 예비적으로 많이 사용한다. 왜냐하면 원가함수가 선형에 근사한지를 알아볼 수 있고, 비정상적 상황에서 발생한 이상치(異狀値)를 쉽게 발견할 수 있으며, 통계적 문제가 존재하는가를 알아볼 수 있기 때문이다.

이 방법은 이해하기 쉽고 시간이 절약되므로 비용이 적게 발생한다. 또한 비정상적 상황에서 발생한 이상치를 쉽게 발견할 수 있다는 장점이 있다. 그러나 통계적 방법에 의해 원가추정이 이루어지지 않고 가장 그럴 듯한 원가함수를 눈으로 추정하므로, 분석자에 따라 원가함수와 추정결과가 달라질 수 있다는 단점이 있다.

4. 최소자승법

최소자승법(least-sguares method)이란 모든 관찰값을 이용하여 통계적 방법에 의해 원가방정식을 추정하는 방법이다. 이 때 통계적 방법이란 관찰값과 원가함수에 의한 추정값과의 차이를 제곱한 값의 합계액을 최소화하는 것을 뜻한다. 이를 수식으로 표현해 보면 다음과 같다.

$$\text{최소화 } (y-y')^2$$

(단, y : 실제 관찰값
y : 원가함수에 의한 추정값)

그런데 $y' = a + bx$이므로,

$$\text{최소화} \quad (y - a - bx)^2$$

위의 식을 a와 b로 편미분하고 편미분한 값을 0으로 놓으면 다음의 두 가지 식이 유도된다.

$$xy = ax + bx^2$$
$$y = na + bx$$

여기에서 a값과 b값을 구하면 다음과 같다.

$$b = nxy - xy$$
$$a = nx^2 - x^2$$

(여기서
x : x의 평균
y : y의 평균
n : 관측수, 표본수
a : 고 정 비
b : 회귀선의 기울기)

이 방법은 모든 관찰값을 이용하여 원가함수를 추정하는 가장 객관적인 방법이라는 장점이 있다. 그러나 이 방법을 적용하기 위해서는 독립변수와 종속변수와의 관계를 설명할 수 있는 이론적 근거가 있어야 한다는 단점이 있다.

5. 회귀분석법(regression analysis method)

회귀분석법(regression analysis method)이란 관찰값들을 이용하여 통계적 방법에 의해 하나 또는 둘 이상의 독립변수와 종속변수와의 관계를 나타내는 원가함수를 추정하는 방법이다. 여기에서 보통 독립변수는 조업도가 되며, 종속변수가 총원가가 된다.

회귀분석에는 단순회귀분석과 다중회귀분석이 있다. 단순회귀분석(simple regression analysis)은 하나의 독립변수 X와 하나의 종속변수 Y사이의 관계를 분석하는 회귀분석 방법으로서 최소자승법[1](least square method)를 이용하여 원가함수를 결정한다.

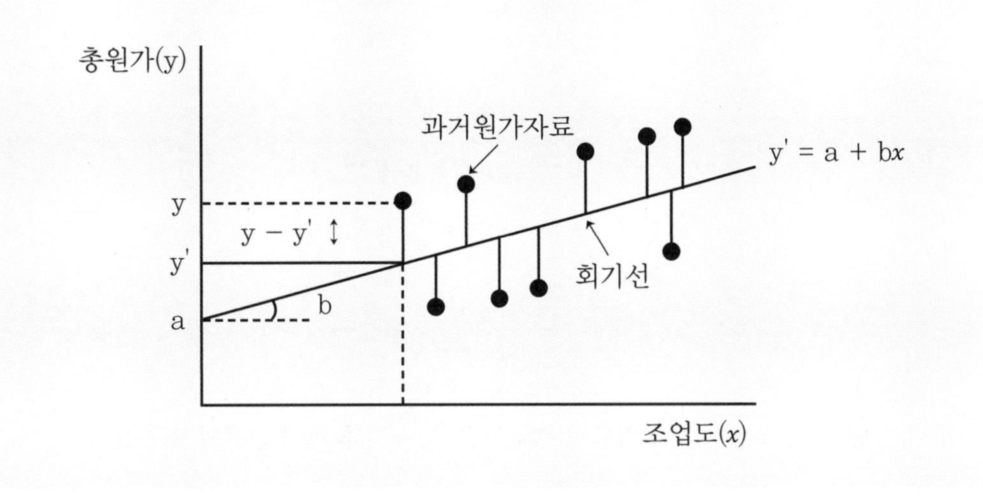

최소자승법은 Σ(Y − Yi)2 이 가장 작을 때 달성되는데, 값이 가장 작을 때 가장 높은 적합도(goodness of fit)를 갖는 회귀선이 도출되는 것이다.

표본자료의 분포를 가장 잘 나타내는 직선식을 Y = a + bX라고 하면, 각 점에서 직선까지의 거리의 제곱이 최소가 되는 a값과 b값을 찾아야 하므로, 다음을 최소화 하여야 한다.

$$\Sigma\{y - (a + bx)\}^2$$

단, y는 관찰된 실제원가로 표본자료 중 한 값

상기 식을 최소화 하는 a값과 b값을 구하기 위해서는 a와 b에 대하여 편미분을 하여, 그 값이 0이 되는 a와 b를 계산하면 된다.

$$-2\Sigma(y - a - bx) = 0$$

$$-2\Sigma(y - a - bx)x = 0$$

1 최소자승법이란 y = a + bx라는 원가함수를 이용하여 추정된 원가와 실제원가와의 차이의 제곱의 합이 최소가 되도록 a값과 b값을 추정하여 원가함수를 결정하는 방법이다.

따라서,

$$\Sigma y = na + b\Sigma x \cdots ①$$
$$\Sigma xy = a\Sigma x + b\Sigma x^2 \cdots ②$$

단, n 은 총 표본 수

위의 두 연립방정식을 풀면,

$$a = y' - bx'$$

$$b = \frac{\Sigma (x - x')(y - y')}{\Sigma (x - x')^2}$$

단, x'는 표본들의 조업도의 평균값, y'는 표본들의 총원가의 평균값

위와 같이 계산된 원가함수가 정확성을 띠고 있는 것으로 보이기는 하나, 위에서 다룬 다른 방법들로 혼합원가를 고정비 부분과 변동비 부분으로 구별하는 데에는 상당부분 추정치가 개입한다는 것을 인식해야 한다. 이런 구별이 변동비 부분과 고정비 부분에 대한 근사치를 제공해 주기는 하지만, 정확한 값으로 간주되어서는 안 된다. 관리자들은 원가를 분석함에 있어 혼합원가를 제대로 이해하기 위해서 필히 고려되어야 할 요소가 있다고 판단되면 계산상으로 도출된 원가함수에 이런 요소들을 가미할 자세를 갖추고 있어야 한다. 이렇게 계산적인 결과와 관리자의 경험에서 우러나오는 판단이 잘 결합되어 이루어진 원가분석이라야 이를 통한 의사결정이 의미있고 유용한 의사결정이 될 것이다.

반면에 다중회귀분석은 종속변수 Y에 영향을 미치는 여러 개의 독립변수 X와 하나의 종속변수 Y와의 관계를 분석하는 회귀분석방법으로서 독립변수가 둘 이상이기 때문에 계산이 복잡하여 컴퓨터 프로그램을 이용한다.

예제2

다음 과거 조업도와 총원가의 자료로부터 최소자승법(least squares method)을 이용해서 원가추정식을 구하고 10월의 조업도가 800으로 예상될 경우 총원가를 추정하시오.

월	1	2	3	4	5
조업도	675	950	795	530	635
총원가	₩8,900	₩12,200	₩10,340	₩7,160	₩8,420

| 해설 |

1. 단순회귀분석에 의한 원가함수 결정

월(n)	x(조업도)	y(총원가)	x2	xy
1	675	₩ 8,900	455,625	6,007,500
2	950	12,200	902,500	11,590,000
3	795	10,340	632,025	8,220,300
4	530	7,160	280,900	3,794,800
5	635	8,420	403,225	5,346,700
합계	3,585	₩47,020	2,674,335	34,959,300

자료를 요약하면 다음과 같다.

n = 5, Σx = 3,585, Σy = 47,020, Σx^2 = 2,674,335, Σxy = 34,959,300

상기 자료를 이용하여 아래의 연립방정식을 풀면 a와 b의 값이 나오게 되는데, 이 때 나오는 a와 b의 값을 이용하면, x = a + bx의 방정식이 나오게 된다

$\Sigma y = a \cdot n + b \cdot \Sigma x$ …… ①

$\Sigma xy = a \cdot \Sigma x + b \cdot \Sigma x^2$ …… ②

따라서 $47{,}020 = a \cdot 5 + b \cdot 3{,}585$ …… ①

$34{,}959{,}300 = a \cdot 3{,}585 + b \cdot 2{,}674{,}335$ …… ②

①과 ②를 연립해서 풀면 a =₩800, b =₩12 가 나오므로 원가함수는 다음과 같다.

$$y = a + bx \rightarrow y = 800 + 12x$$

따라서 10월의 총원가는 다음과 같다.

$$800 + 12 \times 800 = ₩10,400$$

제4절 학습곡선

1. 학습곡선의 의의

제품제조에 종사하는 종업원들이 같은 작업을 반복하여 수행하다 보면 경험이 쌓이게 되고, 점차로 생산성이 향상됨에 따라 제품단위당 작업시간이 감소하는 현상을 종종 볼 수 있다. 제품 단위당 작업시간이 감소하게 되면 특정제품을 생산하는 데 소비되는 직접노무비에 영향을 미치게 되며, 직접노동시간이나 직접노무비를 배부기준으로 하는 변동제조간접비 등과 같이 직접노동과 관계된 원가에도 영향을 미치게 된다. 경우에 따라서는 공손의 감소를 통하여 재료비에도 영향을 미치게 되므로, 그 결과 제품의 단위당 원가가 감소하게 된다. 그러므로 학습효과가 장기적으로 나타나게 되면 원가를 감소시키게 되는데, 그것은 경험이 쌓이게 되고 그 결과 노동생산성이 향상되고 제조기술이 증진되기 때문이다.

일반적으로 누적생산량이 증가함에 따라 누적평균시간이 체계적으로 감소할 때 학습효과(learning effect)가 있다고 한다. 이러한 효과는 복잡한 작업의 경우에 크게 나타나게 되는데, 이러한 학습효과는 생산과정에서 많은 직접노동시간을 필요로 하는 항공기 산업에서 처음으로 관찰되었다.

따라서 이와 같은 학습효과가 존재하는 경우의 의사결정시에는 학습효과로 인한 원가절감액을 반드시 고려하여 의사결정하여야 한다.

학습효과를 고려하여 추정한 원가함수를 학습곡선이라 하는데, 이는 산출량이 증감함에 따라 단위당 노동시간(노무비)이 어떻게 감소하는가를 보여 주는 함수이다. 학습곡선을 추정하기 위해서는 먼저 학습률(learning curve percentage)을 이해하여야 한다. 누적생산량이 두 배가 될 때마다 제품 단위당 평균시간이 x% 만큼 감소할 때 학습률은 $(100-x)$%라 한다.

학습모형에는 누적평균시간 학습모형과 증분단위시간 학습모형의 두 종류가 있다.

2. 누적평균시간 학습모형

누적평균시간 학습모형(cumulative average-time learning model)이란 누적생산량이 두 배가 될 때마다 단위당 누적평균시간이 일정한 비율로 감소하는 것을 나타내는 모형을 말한다.

> 예를 들어 누적생산량이 1단위일 때 누적평균시간이 100시간이고, 누적생산량이 2단위, 4단위일 때는 누적평균시간이 각각 80시간, 64시간이라고 해보자.

누적생산량이 두 배가 될 때마다 누적평균시간이 전단계 누적평균시간의 20%씩 감소하고 있음을 알 수 있다. 이 때 학습률이 80%(100%−20%)라고 한다. 만약 학습률이 100%라면 누적평균시간이 전혀 감소하지 않기 때문에 학습효과가 나타나지 않음을 뜻한다.

$$y = ax^{-b}$$

(y : 단위당 누적평균시간
a : 첫번째 단위를 생산하는 데 소요된 시간
x : 누적생산량
b : 학 습 지 수)

그림 10-3 누적평균시간 학습모형

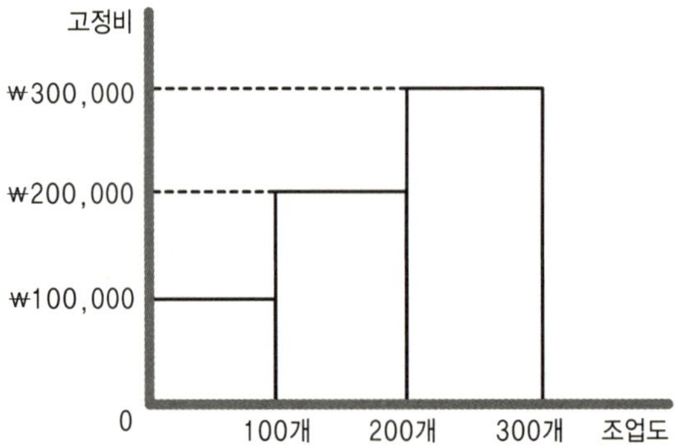

그러면 학습률 및 학습지수(b)의 값을 유도해 보자.

학습곡선의 일반식은 다음과 같다.

$$y = ax^{-b} \qquad \cdots\cdots\cdots ①$$

위의 식에서 생산량이 $2x$가 되었을 때 누적평균시간을 y 昗 하면,

$$y \quad = a\,(\,2x\,)^{-b} \qquad \cdots\cdots\cdots ②$$

여기에서 ② 식을 ① 식으로 나누어 보면,

$$\frac{y'}{y} = \frac{a(2x)^{-b}}{ax^{-b}} = \frac{2^{-b} \cdot ax^{-b}}{ax^{-b}} = 2^{-b} \qquad \cdots\cdots\cdots ③$$

이 때 y / y는 x단위를 생산했을 때의 평균시간과 $2x$단위를 생산했을 때의 평균시간의 비율인 학습률을 나타낸다.

위의 ③ 식의 양변에 log를 취해 보면,

$$\log(\, y'/\, y\,) = \log 2^{-b} \qquad \cdots\cdots\cdots ④$$

이 때 log 2−b = −b log 2이므로, 이를 대입하면 log(y / y) = −b log 2가 되므로,

$$-b = \frac{\log(y'/y)}{\log 2}$$

$$-b = \frac{\log(y'/y)}{\log 2} = -\ \frac{\log(\text{학습률})}{\log 2}$$

여기서 상용 log를 취하였으나 자연 log를 취하여도 결과는 동일하다.

상기 식을 이용하여 학습률(y′/y)이 80%인 경우의 b값을 구해 보면 다음과 같다.

$$b = -\frac{\log 0.8}{\log 2} = \frac{-0.0969}{0.301} - = 0.3219$$

또는 $$= -\frac{\ln 0.8}{\ln 2} = 0.3219$$

80%의 누적평균시간 학습모형이 적용되고 처음 한 단위의 생산에 100시간이 소요되는 경우, 기초가 되는 관찰치와 계산내역은 다음과 같다.

누적생산량(x)	단위당 누적평균시간(y)	누적총시간	증분단위시간
1	100.00	100.00	100.00
2	80.00①	160.00②	60.00
3	70.21	210.63	50.63
4	64.00	256.00	45.37
5	59.57	297.85	41.85
6	56.17	337.02	39.17
7	53.45	374.15	37.13
8	51.20	409.60	35.45
9	49.30	443.70	34.10
.	.	.	.
.	.	.	.
.	.	.	.
.	.	.	.
16	40.96	655.36	28.06

① $100 \times 0.8 = 80$시간

또는 ㉠ $b = -\frac{\log 0.8}{\log 2} = 0.3219$

㉡ $y = 100 \times 2^{-0.3219} = 80$시간

② 80시간×2단위 = 160시간

3. 증분단위시간 학습모형

증분단위시간 학습모형(incremental unit-time learning model)이란 누적생산량이 두 배가 될 때마다 증분단위시간(최종단위를 생산하는데 소요된 시간)이 일정한 비율로 감소하는 것을 나타내는 모형을 말한다.

예를 들어 누적생산량이 1단위일 때 증분단위시간이 100시간이고, 누적생산량이 2단위, 4단위일 때 증분단위시간이 각각 80시간, 64시간이라고 해보자.

누적생산량이 두 배가 될 때마다 증분단위시간이 전단계 증분단위시간의 20%씩 감소하고 있음을 알 수 있다. 이 때 학습률이 80%(100%−20%)라고 한다.

증분단위시간 학습모형의 일반식은 다음과 같다.

$$m = ax^{-b}$$

m : 마지막 한 단위를 생산하는 데 걸린 시간
a : 첫번째 단위를 생산하는 데 소요된 시간
x : 누적생산량
b : 학 습 지 수

그림 10-4 증분단위시간 학습모형

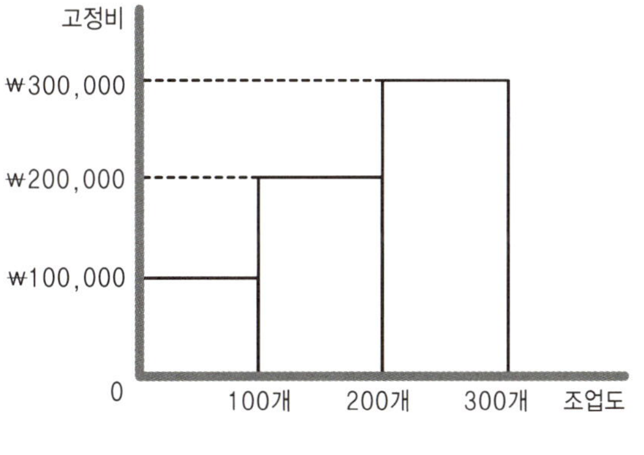

80%의 증분단위시간 학습모형이 적용되고 처음 한 단위의 생산에 100시간이 소요되는 경우, 기초가 되는 관찰치와 계산내역은 다음과 같다.

누적생산량(x)	단위당 누적평균시간(y)	누적총시간	증분단위시간(m)
1	100.00	100.00	100.00
2	90.00	180.00②	80.00①
3	83.40	250.21	70.21
4	78.55	314.21	64.00
5	74.76	373.78	59.57
6	71.66	429.95	56.17
7	69.06	483.40	53.45
8	66.83	534.60	51.20
9	64.88	583.90	49.30
.	.	.	.
.	.	.	.
.	.	.	.
.	.	.	.
16	55.75	892.03	40.96

① 100시간×0.8 = 80시간

또는 ㉠ $b = -\dfrac{\log 0.8}{\log 2} = 0.3219$

㉡ $m = 100 \times 2^{-0.3219} = 80$시간

② 100시간+80시간 = 180시간

요점정리

1. 원가추정

과거의 원가자료를 분석하여 이를 근거로 미래의 원가를 예측하는 것

2. 원가형태와 조업도

(1) **원 가 행 태** : 조업도수준의 변화에 따른 원가의 반응양상

(2) **조 업 도** : 생산설비의 이용정도 (예 : 생산량, 노동작업시간, 기계작업시간)

(3) **원가방정식** : $y = a + bx$

3. 원가방정식의 추정

(1) **원 가 행 태** : 조업

(2) **원가방정식의 추정방법**

① 계정분석법 : 회계담당자의 전문가적 판단에 따라 원가방정식을 추정하는 방법

② 고 저 점 법 : 원가자료 중에서 가장 높은 조업도의 원가자료와 가장 낮은 조업도의 원가자료를 직선으로 연결하여 원가방정식을 추정하는 방법

③ 산 포 도 법 : 좌표 위에 각 조업도에서 발생한 원가들을 점으로 나타낸 산포도를 나타내고 전문적인 판단에 의하여 미래의 원가를 추정하는 방법

④ 최소자승법 : 모든 관찰값을 이용하여 통계적 방법에 의해 원가방정식을 추정하는 방법

4. 학습곡선 : 비선형방정식

(1) **학습곡선** : 학습효과를 고려하여 추정한 원가함수

(2) **학습모형**

① 누적평균시간 학습모형 : $y = ax^{-b}$

누적생산량이 두 배가 될 때마다 단위당 누적평균시간이 일정한 비율로 감소하는 것을 나타내는 모형

② 증분단위시간 학습모형 : $m = ax^{-b}$

누적생산량이 두 배가 될 때마다 증분단위시간(최종단위를 생산하는 데 소요된 시간)이 일정한 비율로 감소하는 것을 나타내는 모형

제10장 연습문제

10-1 고저점법

(주)성균관은 제조기업으로서 제조간접비를 추정하기 위하여 고저점법을 사용하기로 하였다. 19×6년 1월~6월 동안의 기계작업시간과 제조간접비에 대한 자료는 다음과 같다.

월별	기계작업시간	제조간접비
1월	4,500시간	₩259,840
2월	7,750	392,800
3월	8,000	369,600
4월	7,300	339,440
5월	4,000	209,600
6월	5,000	278,560

■ 요구사항

1. 제조간접비에 대한 원가방정식을 추정하라.
2. 다음 각각의 기계작업시간에 대한 제조간접비를 추정하라.
   (1) 5,000시간　(2) 6,000시간　(3) 8,000시간　(4) 10,000시간
3. 고저점법의 장단점을 설명하라.

| 풀이 |

1. 원가방정식의 추정

(1) **단위당 변동제조간접비(b) :** $\dfrac{₩369,600-₩209,600}{8,000시간-4,000시간}$ = ₩40

(2) **고정제조간접비(a) :** ₩209,600 − ₩40×4,000시간 = ₩49,600

(3) **원가방정식의 추정 :** y = ₩49,600 + 40x (단, x : 기계작업시간)

2. 제조간접비 추정액

기계작업시간	원가방정식	제조간접비
5,000시간	₩49,600 + ₩40× 5,000시간	₩249,600
6,000시간	₩49,600 + ₩40× 6,000시간	₩289,600
8,000시간	₩49,600 + ₩40× 8,000시간	₩369,600
10,000시간	₩49,600 + ₩40×10,000시간	₩449,600

3. 고저점법의 장단점

고저점법은 적용방법이 간편하여 이용하기 쉬우며, 계정분류법과 비교해 볼 때 매우 객관적이고, 자료를 이용하기 쉽다는 장점이 있다. 그러나 최고점 또는 최저점으로 선택된 점이 이상점(異狀點)에 기초한 것일 수 있으며, 최고점과 최저점만 이용하므로 다른 원가자료에 포함된 정보를 전혀 고려하지 않는다는 단점이 있다.

| 해설 |

1. 고저점법이란 원가자료 중에서 가장 높은 조업도의 원가자료와 가장 2. 낮은 조업도의 원가자료를 직선으로 연결하여 원가방정식을 추정하는 방법이다. 즉 자료에서 가장 높은 조업도는 8,000시간이고 가장 낮은 조업도는 4,000시간이 되며, 가장 높은 조업도의 원가는 16,000단위의 원가 ₩369,600이고 가장 낮은 조업도의 원가는 8,000단위의 원가인 ₩209,600이다.

2. 원가방정식을 추정한다 함은 결과적으로 원가방정식에서 a값과 b값을 추정하는 것이다. 그런데 고저점법에서는 고점과 저점의 원가차이는 모두 변동비차이라고 가정하고 있다. 즉 고점과 저점의 원가차이 ₩160,000(=₩369,600−₩209,600)은 고점과 저점의 기계작업시간의 차이 4,000시간에 비례하여 발생한 것이므로 ₩160,000을 4,000시간으로 나누면 단위당 변동제조간접비는 ₩40이 된다. 그러므로 저점의 총제조간접비 ₩209,600에서 총변동비 ₩160,000(=₩40×4,000시간)을 차감하면 고정비는 ₩49,600이 된다

3. 따라서 원가방정식에서 a값은 ₩49,600이고 b값은 ₩40이므로 이를 이용하여 원가방정식을 추정하면 된다. 그리고 원가방정식이 추정되면 x에 각 기계작업시간을 대입하면 각 조업도수준에서의 제조간접비 추정액을 구할 수 있다.

10-2 고저점법

(주)제주는 제품을 제조하여 판매하고 있다. 회사에서는 제조간접비를 변동비와 고정비로 나누기 위하여 원가를 분석한 결과 제조간접비가 간접재료비, 감가상각비 및 수선유지비로 구성되어 있다는 것을 파악하였다. 그런데 이들을 완전히 고정비와 변동비로 구분하지는 못하였으나, 간접재료비는 변동비이고 감가상각비는 고정비이며, 수선유지비는 혼합원가라는 사실을 알게 되었다.

| 추가자료 |

1. 각 조업도 수준에 따른 제조간접비 발생액은 다음과 같다.

월별	기계작업시간	총제조간접비
4월	2,500시간	₩101,240
5월	4,000	120,080
6월	3,000	108,160
7월	4,500	126,200

2. 4월에 실제로 발생된 제조간접비는 ₩101,240이었으며 그 구성내역은 다음과 같다.

간접재료비	₩21,000
감가상각비	48,000
수선유지비	32,240
합 계	₩101,240

■ 요구사항

1. 7월의 총제조간접비 ₩126,200에 포함되어 있는 수선유지비 추정액은 얼마인가?

2. 고저점법을 이용하여 수선유지비에 대한 원가방정식을 추정하라.

3. 고저점법을 이용하여 총제조간접비의 원가방정식을 추정하라.

4. 기계작업시간이 다음과 같다고 가정하고 제조간접비 추정액을 계산하라.

(1) 2,000시간 (2) 3,000시간 (3) 3,500시간 (4) 4,000시간

| 풀이 |

1. 7월의 수선유지비 추정액

(1) **기계작업시간당 간접재료비** : ₩21,000 ÷ 2,500시간 = ₩8.4

(2) **7월의 수선유지비 추정액**

간접재료비 (4,500시간×₩8.4)	₩37,800
감가상각비	48,000
수선유지비(x)	?
총제조간접비	₩126,200

∴ x = ₩126,200 − (₩37,800 + ₩48,000) = ₩40,400

2. 수선유지비에 대한 원가방정식 추정

(1) **기계작업시간당 변동비(b)**

$$b = \frac{₩40,400-₩32,240}{4,500\text{시간}-2,500\text{시간}} = ₩4.08$$

(2) 고정비(a) : ₩32,240 − ₩4.08×2,500시간 = ₩22,040

3. 총제조간접비의 원가방정식 추정

(1) 기계작업시간당 변동제조간접비(b)

$$b = \frac{₩126,200-₩101,240}{4,500-2,500\text{시간}} = ₩12.48$$

(2) 고정비(a) : ₩101,240 − ₩12.48×2,500시간 = ₩70,040

(3) 원가방정식 추정 : y = ₩70,040 − 12.48x (단, x : 기계작업시간)

4. 제조간접비 추정액

기계작업시간	추정제조간접비
2,000시간	₩95,000*
3,000	107,480
3,500	113,720
4,000	119,960

* ₩70,040 + ₩12.48×2,000시간=₩95,000

| 해설 |

1. 7월의 제조간접비에 포함되어 있는 수선유지비를 추정하기 위해서는 2. 4월의 자료를 이용하여 변동비와 고정비를 구분하여야 한다. 그리고 산출된 단위당 변동비에 4,500 기계작업시간을 곱한 금액이 총변동비가 되며, 여기에 고정비를 합한 금액이 7월의 수선유지비가 된다.

1. 고저점법을 적용하기 위한 최고조업도는 7월의 4,500 기계작업시간이 되며, 최저조업도는 4월의 2,500 기계작업시간이 된다. 그러므로 최고조업도의 수선비총액에

서 최저조업도의 수선비총액을 차감한 금액을 분자로 하고, 최고조업도에서 최저조업도를 차감한 수치를 분모로 하여 나누면 단위당 변동비가 산출된다.

10-3 고저점법

홍익사의 19×6년 생산자료는 다음과 같다.

월 별	생 산 량	노 무 비
1월	20개	₩160,000
2월	30	200,000
3월	40	310,000
4월	100	720,000
5월	60	460,000

■ 요구사항

6월의 예상생산량이 140개인 경우 고저점법을 사용하여 노무비 추정액을 계산하라.

| 풀이 |

1. 원가방정식 추정

(1) **단위당 변동비(b)** : $\dfrac{₩720,000-₩160,000}{100개-20개}$ = ₩7,000

(2) **고정비(a)** : 160,000−₩7,000×20개 = ₩20,000

(3) **원가방정식 추정** : y = ₩20,000+₩7,000x

(4) **원가방정식 추정** : y = ₩20,00

2. 노무비 추정액 : ₩20,000+₩7,000×140개 = ₩1,000,000

10-4 수선유지비 추정액

(주)경성은 과거 36개월간의 수선유지비에 대한 원가를 추정한 결과 다음과 같은 원가방정식을 추정하였다.

$$y = ₩3,000,000 + 2,625x$$

(x : 기계작업시간, y : 수선유지비 결정계수 = 0.8)

어느 달의 기계작업시간이 1,500시간일 때 수선유지비의 변동예산액은 얼마인가?

| 풀이 |

수선유지비의 변동예산액 : ₩3,000,000 + ₩2,625×1,500시간 = ₩6,937,500

| 해설 |

수선유지비에 대한 원가방정식이 추정되어 있으므로, 조업도(x)에 1,500 2. 기계작업시간을 대입하면 수선유지비의 변동예산액(y)을 간단히 구할 수 있다. 자료에 결정계수가 제시되어 있으나, 이미 원가방정식이 추정되어 있으므로 고려할 필요가 없다.

10-5 최소자승법

(주)고려는 내년의 이익계획수립에 이용할 자료를 수집하고 있다. 따라서 수선유지비의 원가행태를 결정하여야 한다. 회계부문은 수선유지비에 대하여 y = a + bx 형태의 방정식을 도출하기 위해서는 선형회귀분석이 적용되어야 한다는 제안을 하였다. 당기의 수선유지시간 및 수선유지비에 대한 자료는 다음과 같다.

월 별	수선유지시간	수선유지비
1월	240시간	₩210,000

2월	160	150,000
3월	200	180,000
4월	150	141,000
5월	250	217,000
6월	155	148,000
7월	160	151,000
8월	260	223,500
9월	245	213,000
10월	235	192,000
11월	175	164,500
12월	170	158,000

■ 요구사항

1. 최소자승법을 이용하여 다음에 답하라.

(1) 월간 수선유지비의 원가방정식을 추정하라.

(2) 수선유지시간이 250시간일 경우 수선유지비의 추정치는 얼마인가?

2. 최소자승법의 장단점을 설명하라.

| 풀이 |

1. 최소자승법

(1) 원가방정식 추정

월별	x	y	xy	x^2
1	240시간	210,000	50,400,000	57,600
2	160	150,000	24,000,000	25,600
3	200	180,000	36,000,000	40,000

4	150	141,000	21,150,000	22,500
5	250	217,000	54,250,000	62,500
6	155	148,000	22,940,000	24,025
7	160	151,000	24,160,000	25,600
8	260	223,500	58,110,000	67,600
9	245	213,000	52,185,000	60,025
10	235	192,000	45,120,000	55,225
11	175	164,500	28,787,500	30,625
12	170	158,000	26,860,000	28,900
합계	2,400	2,148,000	443,962,500	500,200

x = 2,400시간 ÷ 12 = 200시간

y = 2,148,000 ÷ 12 = ₩179,000

$$b = \frac{n\Sigma xy - \Sigma x \Sigma y}{n\Sigma x^2 - (\Sigma x)^2} = \frac{12 \times 443,962,500 - 2,400 \times 2,148,000}{12 \times 500,200 - 2,400^2} \fallingdotseq ₩711$$

a = y。 bx = ₩179,000 − ₩711 × 200시간 = ₩36,800

∴ y = ₩36,800 + ₩711x (단, x : 수선유지시간)

(2) 수선유지비의 추정치 : ₩36,800 + ₩711 × 250시간 = ₩214,550

2. 최소자승법의 장단점

최소자승법은 원가함수를 결정하는 데 모든 표본점이 고려되어 분석자의 주관적 오류를 제거할 수 있으므로 가장 객관적인 방법이고, 변수들 사이의 움직임의 방향과 관계의 정도, 통계적 유의성, 오차나 분산의 크기를 결정할 수 있다는 장점이 있다. 그러나 계산과정이 복잡하고, 독립변수와 종속변수와의 관계를 설명할 수 있는 이론적 근거가 있어야 한다는 단점이 있다.

| 해설 |

최소자승법이란 모든 관찰값을 이용하여 통계적 방법에 의해 원가함수 2. 를 추정하는 방법이다. 이 때 통계적 방법이란 관찰값과 원가함수에 의한 추정 값과의 차이를 제곱한 값의 합계액을 최소화하는 것을 뜻한다. 고저점법이 관찰값 중에서 두 점만을 이용하여 원가함수를 추정하는데 비해서, 최소자승법은 모든 관찰값을 고려하여 원가함수를 추정한다는 차이점이 있다.

10-6 누적평균시간 학습모형

(주)별나라는 최근에 신제품 개발을 완료하고 시험적으로 500단위를 생산하였다. 신제품에 대한 소비자들의 반응이 매우 좋으므로 회사에서는 한 달에 500단위씩 생산하려고 한다. 처음 500단위를 생산하는 데 소요된 총직접노동시간은 1,000시간이고 직접노동시간당 임률은 ₩300이므로 총노무비는 ₩300,000이었다. 당사는 과거의 경험에 의하면 이 제품에 대해 80%의 학습곡선이 적용될 것으로 추정하고 있으며 당분간 임률의 변동은 없을 것으로 예상하고 있다.

■ 요구사항

1. 회사는 과거의 경험에 의하면 이 제품에 대해 80%의 누적평균시간 학습모형이 적용될 것으로 추정하고 있다.

(1) 처음 500단위에 대한 누적평균시간과 누적총노무비를 계산하라.

(2) 추가로 1,500단위를 더 생산하려고 할 때 발생하는 총노무비는 얼마인가?

(3) 추가로 2,000단위를 더 생산하려고 할 때 발생하는 총노무비는 얼마인가?

2. 장기적인 학습효과가 원가를 감소시키는 이유는 무엇인가?

| 풀이 |

1. 누적평균시간 학습모형

(1) 처음 500단위 생산

① 단위당 누적평균시간 : 1,000시간 ÷ 500단위 = 2시간

② 누적총노무비 : 500단위×2시간×₩300 = ₩300,000

(2) 추가로 1,500단위 생산시

① 누적총시간

누적생산량	누적평균시간	누적총시간
500단위	2시간①	1,000시간
1,000	1.6②	1,600③
2,000	1.28	2,560
4,000	1.024	4,096

① 1,000시간 / 500단위=2시간
② 2시간×0.8=1.6시간
③ 1,000단위×1.6시간=1,600시간

② 추가로 발생하는 노무비 : (2,560시간−1,000시간)×₩300=₩468,000

(3) 추가로 2,000단위 생산시의 노무비

(4,096시간−2,560시간)×₩300=₩460,800

2. 장기적인 학습효과가 원가를 감소시키는 이유

같은 작업을 반복실행하다 보면 경험이 쌓이게 되고 그 결과 노동생산성이 향상되며, 제조기술이 증진되기 때문이다.

| 해설 |

1. 누적평균시간 학습모형이란 누적생산량이 두 배가 될 때마다 단위당 2. 누적평균시간이 일정한 비율로 감소하는 것을 나타내는 모형을 말한다. 80%의 학습률이란 누적생산량이 2배로 될 때마다 단위당 누적평균시간이 20%(=1−80%)만큼 감소하는 것을 말한다. 즉 처음 500단위 생산시의 단위당 누적평균시간이 2시간이면 누적생산량이 2배가 되는 1,000단위 생산시의 단위당 누적평균시간은 전단계 누적평균시간의 20%가 감소한 1.6시간(2시간−0.4시간, 또는 2시간×0.8)이 된다. 그리고 이미 500단위는 생산을 완료하여 소비자들에게 제공하였으므로 추가로 1,500단위를 더 생산하려면 처음 생산과 합하여 2,000단위를 생산하여야 한다.

2. 2,000단위 생산시의 누적평균시간은 1.28시간(=1.6×0.8)이므로, 누적총시간은 누적생산량 2,000단위에다 단위당 1.28시간을 곱한 2,560시간이 된다. 그러면 추가로 1,500단위를 생산하는데 증가된 총시간은 2,560시간에서 처음 500단위 생산에 소요된 1,000시간을 차감한 1,560시간이 된다. 이를 요약해 보면 학습효과가 존재하는 경우에는 먼저 누적평균시간을 계산한 다음 누적총시간을 구하는 순서로 접근하여야 한다. 즉 누적평균시간 → 누적총시간 순으로 계산하여야 한다.

3. 지금까지는 누적평균시간을 사용하였으나 시간당 임률이 같다면 누적평균노무비를 사용하여도 결과는 마찬가지이다. 왜냐하면 시간에다 시간당 임률을 곱한 금액이 누적평균노무비가 되기 때문이다.

10-7 누적평균시간 학습모형

(주)희망은 항공기와 미사일 제작회사로서 미사일 부품 600단위에 대한 입찰계약에 참여할 것을 고려하고 있다. 회사는 얼마전에 이 부품 200단위를 생산한 바가 있다. 특수처리기계는 처음 생산량 200단위에 그 원가를 전부 배분하였지만 다시 사용될 수 있으며, 변동제조간접비는 직접노무비에 비례하여 발생한다.

기타제조간접비는 계약입찰목적으로 직접노무비의 30%를 일정하게 설정하고 있다. (주)희망은 미래의 원가를 예측하는 기초로서 70%의 누적평균 학습모형을 사용하고 있다. 얼마전에 부품 200단위를 생산하는 데 발생한 원가는 다음과 같다.

직접재료비	₩16,000
직접노무비(6,000시간×₩30)	180,000
특수처리기계원가	6,000
변동제조간접비	22,500
기타제조간접비	54,000
합 계	₩278,500

■ 요구사항

1. 추가로 600단위를 생산하기 위한 직접노무비를 추정하라.

2. 600단위의 계약에 입찰하기 위한 예상원가 총액을 추정하라.

3. 예상원가 총액에 20%의 이익을 가산하여 입찰가격이 결정된다면 입찰가격은 얼마인가?

4. 학습효과가 존재하지 않는다면 계약에 입찰하기 위한 예상원가 총액은 얼마가 되겠는가?

| 풀이 |

1. 직접노무비의 추정

(1) 누적평균노무비와 누적총노무비

누적생산량	누적평균노무비	누적총노무비
200단위	₩900	₩180,000
400	630	252,000
800	441	352,800

(2) 직접노무비 추정액 : ₩352,800 − ₩180,000 = ₩172,800

2. 입찰을 위한 예상원가 총액

직접재료비(6,000시간×₩30)	₩48,000
직접노무비	172,800
변동제조간접비	21,600*
기타제조간접비(₩172,800×₩30%)	51,840
합 계	₩294,240

* ① 배부율 : ₩22,500/₩180,000=직접노무비의 12.5%

② 변동제조간접비 : ₩172,800×0.125 = ₩21,600

3. 입찰가격 : ₩294,240×(1+0.2) = ₩353,088

4. 학습효과가 존재하지 않는 경우의 예상원가 총액

직 접 재 료 비 (₩16,000×3)	₩48,000
직 접 노 무 비 (₩180,000×3)	540,000
변동제조간접비 (₩540,000×0.125)	67,500
기타제조간접비 (₩540,000×0.3)	162,000
합 계	₩817,500

| 해설 |

1. 예상원가 총액을 계산하기 위하여는 먼저 학습곡선의 직접적인 영향을 받는 직접노무비를 계산한다. 그리고 변동제조간접비가 직접노무비를 기준으로 배부되므로 변동제조간접비도 학습곡선의 영향을 받게 된다. 왜냐하면 변동제조간접비 배부율이 직접노무비의 12.5%(=₩22,500 / ₩180,000)이므로 직접노무비가 감소하게 되면 변동제조간접비 배부액도 감소하기 때문이다.

2. 예상원가 총액은 직접재료비와 추가적으로 발생하는 직접노무비, 추가적으로 발생하는 변동제조간접비 및 기타제조간접비의 합인 ₩294,240이 된다. 특수처리기계의 원가 ₩6,000을 제외시킨 이유는 이 기계는 처음 200단위 생산시에 그 원가를 전부 배분하였으므로 추가적으로 제품을 생산한다 할지라도 원가가 발생하지 않기 때문이다.

3. 학습효과가 존재하지 않는다는 것은 직접노무비도 직접재료비와 마찬가지로 생산량에 비례하여 발생한다는 의미가 된다. 그러므로 특수처리기계의 원가 ₩6,000을 제외한 나머지 원가요소는 200단위 생산시 원가의 3배가 발생하게 된다.

10-8 누적평균시간 학습모형

(주)별나라는 최근어떤 기업에서 선박 100척을 건조하는 데 발생한 원가자료는 다음과 같다.

직 접 재 료 비	₩1,000,000
직 접 노 무 비	2,000,000 (200시간)
변동제조간접비	1,000,000 (직접노무비에 비례)
고정제조간접비	1,500,000
학 습 률	80%

상기의 자료를 이용하여 추가로 300척의 선박을 생산하는 경우에 선박의 단위당 원가를 구하라.

| 풀이 |

1. 추가로 발생하는 노무비 : ₩5,120,000 − ₩2,000,000 = ₩3,120,000

누적생산량	누적평균노무비	누적총노무비
100척	₩20,000①	₩2,000,000
200	16,000②	3,200,000
400	12,800	5,120,000

① ₩2,000,000 / 100척=₩20,000
② ₩20,000×0.8=₩16,000
③ 200척×₩16,000=₩3,200,000

2. 선박의 단위당 원가

직접재료비(₩1,000,000×3)	₩3,000,000
직접노무비	3,120,000
변동제조간접비(₩3,120,000×50%)	1,560,000
제 조 원 가	₩7,680,000
생 산 량	÷ 300척
단위당 원가	₩25,600

10-9 누적평균시간 학습모형

학용품을 전문적으로 생산하고 있는 (주)코스모스는 19×6년 초에 자사에서 개발한 신제품 10,000개를 최초로 생산할 계획이다. 이 신제품을 생산하는 데는 다음과 같은 비용이 발생할 것으로 추정된다.

직접재료비	₩900,000
직접노무비 (시간당 ₩10)	400,000
변동제조간접비 (직접노동시간에 비례하여 발생)	80,000
고정제조간접비 배부액	150,000

(주)코스모스는 이 제품을 생산하는 데는 80%의 학습곡선이 따른다고 믿고 있다. 그런데 (주)해바라기로부터 누적생산량 80,000개에 대한 주문을 받았다.

이 주문에 대해 (주)코스모스가 제시하여야 할 최소한의 판매가격은 얼마인가?

| 풀이 |

누적생산량	누적평균노무비	누적총노무비
10,000개	₩40①	₩400,000
20,000	32②	
40,000	25.6	
80,000	20.48	1,638,400③

① ₩400,000 / 10,000개 = ₩40

② ₩40 × 0.8 = ₩32

③ 80,000개 × ₩20.48 = ₩1,638,400

2. 최소한의 판매가격 : ₩9,166,080

직 접 재 료 비 (₩900,000×8)	₩7,200,000
직 접 노 무 비	1,638,400
변동제조간접비 (₩1,638,400×0.2)	327,680
합 계	₩9,166,080

별해

1) **추가노무비 및 변동제조간접비** : 80,000개×₩24.576 = ₩1,966,080

누적생산량	누적평균노무비+변동제조간접비
10,000개	₩48①
20,000	38.4②
40,000	30.72
80,000	24.576

① ₩480,000 / 10,000개=₩48

② ₩48×0.8=₩38.4

2) **최소한의 판매가격** : ₩900,000×8 + ₩1,966,080 = ₩9,166,080

10-10 누적평균시간과 증분단위시간 학습모형

(주)우주는 19×6년초에 선박을 제작·판매하기 위하여 설립되었다. 그리고 준비과정을 거쳐서 19×6년 8월에 처음으로 1대의 유조선 제작을 완료하여 판매하였다. 그런데 (주)우주가 8월에 생산한 것과 같은 종류의 유조선 5대를 제작해 달라는 주문을 (주)태평양으로부터 받았다. 처음 1대를 제작하는 데 소요된 직접노동시간은 1,000시간이며, 시간당 임률은 ₩1,000이다.

■ 요구사항

다음 각각의 경우에 유조선 5대를 추가로 생산하는 데 소요되는 직접노무비를 계산하라.

1. 직접노무비가 생산량에 비례하여 발생하는 경우

2. 직접노무비와 생산량 사이에 90%의 누적평균시간 학습모형이 적용되는 경우

3. 직접노무비와 생산량 사이에 90%의 증분단위시간 학습모형이 적용되는 경우

4. 90%의 누적평균시간 학습모형이 적용된다고 가정하라.

(1) **3번째 단위를 생산하는 데 소요되는 직접노동시간은 몇 시간인가?**

(3) **5번째 단위를 생산하는 데 소요되는 직접노동시간은 몇 시간인가?**

5. 90%의 증분단위시간 학습모형이 적용된다고 가정하고 요구사항4에 다시 답하라.

| 풀이 |

1. 직접노무비가 생산량에 비례하는 경우 : 5대×1,000시간×₩1,000 = ₩5,000,000

2. 90%의 누적평균시간 학습모형이 적용되는 경우

(1) **학습지수(b)** $= -\dfrac{\log 0.9}{\log 2} = 0.152$

(2) **추가로 소요되는 노동시간**

누적생산량(x)	누적평균시간(y)	누적총시간
1대	1,000.00시간	1,000시간
2	900.00	1,800
3	846.21①	2,539②
4	810.00	3,240
5	783.00	3,915
6	761.59③	4,570

① 1,000×3−0.152=846.21시간

② 846.21×3대=2,539시간

③ 반올림 오차임

(3) **추가 직접노무비** : (4,570시간−1,000시간)×₩1,000 = ₩3,570,000

3. 90%의 증분단위시간 학습모형이 적용되는 경우

(1) **추가로 소요되는 노동시간**

누적생산량(x)	누적총시간	증분단위시간(m)
1대	1,000시간	1,000시간
2	1,900	900
3	2,746	846*
4	3,556	810
5	4,339	783
6	5,101	762

* 반올림 오차임

(2) **추가 직접노무비** : (5,101시간−1,000시간)×₩1,000 = ₩4,101,000

4. 90%의 누적평균시간 학습모형이 적용되는 경우

(1) **3번째 단위 생산** : 2,539시간 − 1,800시간 = 739시간

(2) **5번째 단위 생산** : 3,915시간 − 3,240시간 = 675시간

5. 90%의 증분단위시간 학습모형이 적용되는 경우

(1) **3번째 단위 생산** : 739시간

(2) **5번째 단위 생산** : 675시간

| 해설 |

1. 직접노무비가 생산량에 비례하여 발생한다는 것은 직접노무비의 원가2. 함수가 선형이라는 의미이다. 유조선 1대를 생산하는 데 소요된 직접노동시간은 1,000시간이고 시간당 임률이 ₩1,000이므로 1대 생산시 발생되는 직접노무비는 ₩1,000,000이 된다. 그러므로 유조선 5대 생산시의 직접노무비는 ₩5,000,000이 될 것이다.

2. 90%의 누적평균시간 학습모형이 적용되는 경우, 추가로 5단위 생산시의 추가되는

직접노무비는 누적생산량이 6단위인 경우의 누적총시간에서 처음 1단위 생산시에 소요된 1,000시간을 차감한 시간에 시간당 임률을 곱한 금액이 된다.

3. 90%의 증분단위시간 학습모형이 적용되는 경우, 추가로 5단위 생산시에 추가로 소요되는 직접노무비는 누적생산량이 6단위인 경우의 증분단위시간을 이용하여 구한 누적총시간에서 처음 1단위 생산에 소요된 1,000시간을 차감한 시간에 시간당 임률을 곱한 금액이 된다.

4. 90% 누적평균시간 학습모형 적용시 3번째 단위를 생산하는 데 소요되는 직접노동시간은 누적생산량이 3단위일 때의 누적총시간 2 ,539시간에서 누적생산량이 2단위일 때의 누적총시간 1,800시간을 차감한 739시간이 된다. 5번째 단위 생산에 소요되는 시간도 같은 논리로 구하면 된다.

5. 90% 증분단위시간 학습모형 적용시 3번째 단위를 생산하는 데 소요되는 직접노동시간은, 누적생산량이 3단위일 때의 증분단위시간 846시간 되며, 5번째 단위 생산시의 소요시간은 5번째 단위의 증분단위시간 783시간 그 자체가 된다.

6. 증분단위시간 학습모형이 적용되는 경우의 접근순서는 먼저 누적생산량이 2배가 될 때 최초단위의 소요시간에 학습률을 곱하여 증분단위시간을 구한다. 그리고 그 전단계의 누적총시간에 증분단위시간을 더하여 누적총시간을 구한 후에 누적평균시간을 구한다.

10-11 학습률 추정

청산전자는 7월에 성능 좋은 개인 컴퓨터를 새로 개발하였다. 본격적으로 시장에 출시하기 전에 대리점을 통해 이 컴퓨터가 시장성이 있는지를 시험하기로 하였다. 대리점에서는 본격적인 광고를 하기 이전에 최소한 16대를 시험적으로 판매하고자 한다. 회사는 개인 컴퓨터 16대의 평균원가에 30%의 이익을 가산하여 납품하기로 결정하였다. 회사의 경영자는 현재까지 4대를 생산하였으므로 학습효과를 잘 알고 있으며, 16대의 총제조원가 및 누적평균원가를 정확히 예측할 수 있다고 확신하고 있다. 이미 생산을 완료한 4대의 원가자료는 다음과 같으며, 전 원가요소에 학습효과가 존재한다고 가정한다.

생 산 량	단위당 증분제조원가
1	₩2,000,000
2	1,400,000
3	1,235,000
4	1,145,000

■ 요구사항

1. 학습효과가 계속 나타난다고 가정할 경우 학습률을 구하라.

2. 컴퓨터 16대의 총제조원가를 추정하라.

3. 청산전자에서 대리점에 납품하는 16대의 총판매가격은 얼마인가?

4. 일반적으로 학습효과를 감소시키는 요인을 나열하라.

| 풀이 |

1. 학습률 : 85%

누적생산량	누적평균원가	학습률	총제조원가	증분제조원가
1	₩2,000,000		₩2,000,000	₩2,000,000
2	1,700,000②	85%③	3,400,000①	1,400,000
3	1,545,000		4,635,000	1,235,000
4	1,445,000	85%	5,780,000	1,145,000
8	1,228,250		9,826,000	
16	1,044,012.5	85%	16,704,200	

① ₩2,000,000+₩1,400,000=₩3,400,000

② ₩3,400,000 / 2=₩1,700,000

③ ₩1,700,000 / ₩2,000,000=85%

2. 컴퓨터 16대의 총제조원가 :₩16,704,200

3. 컴퓨터 16대의 총판매가격 : ₩16,704,200×130% = ₩21,715,460

4. 학습효과를 감소시키는 요인

① 기계작업시간에 비하여 직접노동시간 비율이 낮을 경우

② 작업의 복잡성이 낮고, 노동의 이직률이 높은 경우

③ 작업이 지루하고, 작업여건이 열악한 경우 등이 있다.

| 해설 |

본 문제는 자료에 단위당 증분 제조원가가 제시되고 학습률을 구하라는 2. 문제이므로 학습모형의 논리를 정확히 이해하고 있어야 접근이 가능한 문제이다. 첫번째 단위 생산시의 제조원가가 ₩2,000,000이고 두 번째 단위 생산시의 증분제조원가가 ₩1,400,000이므로 2단위 생산시의 총제조원가는 ₩3,400,000이 된다. 그러므로 단위당 누적평균원가는 총제조원가 ₩3,400,000을 누적생산량 2단위로 나누면 ₩1,700,000이 되므로, 학습률은 85%(=₩1,700,000 / ₩2,000,000)가 된다.

• • • 쉬어갑시다

거울 앞에서 자신을 응시해 보자

출근 전에 집에서나 역에서나 또는 회사에 도착한 뒤에라도 좋다. 거울 앞에 ㅓ서 물끄러미 자기를 응시해 보자.

신입 사원에게 필요한 것은 호감을 살 수 있는 인간이어야 한다는 것이다.

인간은 외모를 따질 것이 아니라고 할지도 모르나, 첫인상은 외모에 중점이 주어진다. 외관상으로 불쾌감을 주지 않도록, 나쁜 인상을 주지 않도록 언제나 청결하고 스마트해야 되겠다.

Plan
Budget

제11장

표준원가계산

제1절 표준원가

1. 표준원가의 의의

어떤 제품을 제조하는데 발생한 실제원가가 전월보다 적게 발생하였을 때 그것으로 작업이 효율적으로 이루어 졌다고 말할 수 있을까?

제품을 제조하는데 실제로 발생한 원가를 이용하여 원가차이 분석을 한다면 전월과 당월을 비교하여 분석하여야 한다. 그러나 전월과 비교해서 당월에 원가가 적게 발생한 경우라도 쉽게 원가관리의 효율성을 낙관할 수는 없다. 그 이유는 실제원가는 어디까지나 실제 생산현장에서 발생한 원가로서 그 원가에는 생산현장에서의 비능률을 포함하고 있기 때문이다. 다시 말해서 전월이나 당월의 실제원가에는 비능률이 포함되어 있으므로, 원가관리의 효율성을 나타내는 기준이 될 수 없다는 것이다.

따라서 생산현장에서의 능률적인 관리를 위해서는 실제발생한 원가가 너무 많이 발생하지 않았는지를 평가할 수 있는 기준이 되는 원가가 필요하다. 이때 기준이 되는 원가가 바로 표준원가이다.

여기서 표준원가(standard costs)란 단순한 예정원가가 아니라, 사전에 객관적이고 합리적인 방법에 의하여 산정한 원가를 말한다. 이러한 표준원가는 생산현장에서 실제원가가 발생하는 경우에 원가통제나 성과평가의 기준으로서 작업능률의 기준이 되는 원가를 말한다.

표준원가란 과학적으로 면밀하게 예정된 원가로서 작업이 합리적이고 효율적으로 수행된다면 당연히 달성하여야 할 원가이다.

이러한 표준원가는 가격표준과 수량표준을 사용하여 작업전에 미리 결정되는 것으로서 원가요소별로 설정되는 것이 보통이다. 즉 제품의 표준원가는 직접재료비, 직접노무비, 제조간접비 각각에 대해 수량표준과 가격표준을 곱하여 계산한 금액을 모두 합한 것이다.

표준원가 = 수량표준×가격표준

표준원가 설정의 예를 들어 보면 다음과 같다.

표 11-1 표준원가 설정의 예

	표준투입수량	요소별 표준가격	금 액
직 접 재 료 비	10kg	₩1,000	₩10,000
직 접 노 무 비	직접노동시간 : 1시간	4,000	4,000
변동제조간접비	직접노동시간 : 2시간	4,000	8,000
고정제조간접비	직접노동시간 : 4시간	2,000	8,000
제품단위당 표준원가			₩30,000

한편 표준원가를 사용하여 기업을 관리하는 것을 표준원가관리라고 하는데, 표준원가관리는 실제원가가 표준원가에 접근되도록 관리 · 통제 · 유지하는 것을 의미한다. 이러한 표준원가관리의 목표는 표준원가와 실제원가의 차이를 분석하여 실제로 발생한 비능률적인 요소를 감소시켜 손실을 감소시키고 궁극적으로는 회사의 이익을 증대시키고자 하는 것이다.

잘못된 작업으로 인한 불량품의 발생은 단순히 재료비의 손실뿐만 아니라 노무비나 제조간접비의 손실도 수반하게 된다. 실제로 발생하는 손실을 감소시키기 위해서는 '누가 손실을 감소시킬 수 있는가' 하는 관점이 중요한 요소가 된다. 다시 말하면 '누가 실제로 발생한 손실에 대하여 책임을 지는가' 하는 것이다.

따라서 표준원가관리는 부문별 · 계층별로 실제로 발생하는 손실을 파악한다는 점에서 큰 특색이 있으므로 책임별 표준원가관리라고도 할 수 있다. 이것은 원가의식을 높여서 원가절감을 이룩하려는 목표를 가지고 있다. 즉 표준원가를 사용하여 제품원가를 계산하는 것으로만 만족하는 제도가 아니라, 표준원가 자체의 계산을 통하여 경영계획, 경영통제 및 합리적 제품원가계산 등과 같은 관리능률을 향상시키는데 그 목적이 있는 것이다.

2. 표준원가의 유용성

표준원가를 설정하여 사용하게 되면 다음과 같은 유용성이 있다.

(1) 계획목적

표준원가가 설정되어 있으면 계획과 예산설정이 용이하다. 즉 현금조달계획, 원재료 구입계획 등의 계획과 이러한 계획을 금액으로 표시하는 예산 등을 수립하기가 용이하다.

(2) 통제목적

표준원가가 설정되어 있으면 작업이 진행되고 있는 동안 실제투입량 및 실제원가가 표준으로 설정된 범위 내에서 발생되고 있는지를 즉시 파악할 수 있다. 그러므로 원가통제가 용이하며 현재 상태에 맞추어 표준을 수정하기도 용이하다.

(3) 제품원가계산목적

표준원가를 사용하면 기장업무가 단축되므로 제품원가계산 목적으로도 사용된다. 즉 제품의 표준원가는 제품수량에 단위당 표준원가를 곱해서 계산되므로, 매출원가나 기말재고자산의 금액계산이 용이해진다.

제2절 표준원가관리의 절차

표준원가관리는 원가책임의 명확화가 전제조건이 되는데 그 절차는 다음 표 11-2와 같다.

표 11-2 표준원가관리의 절차

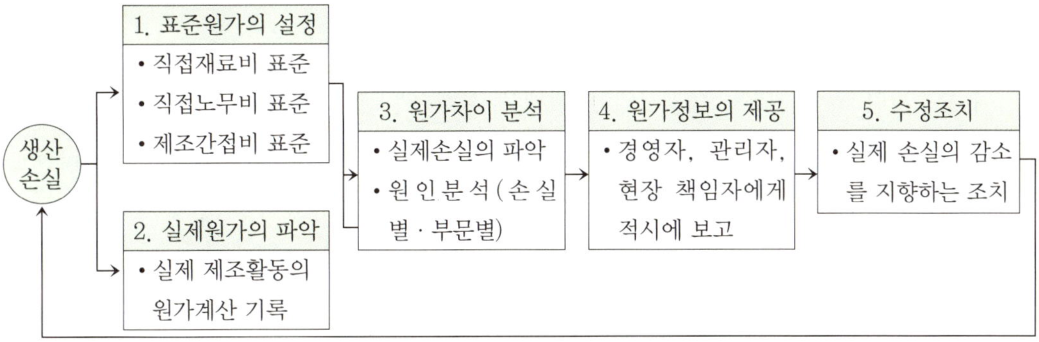

(1) 표준원가의 설정

표준원가는 수량표준과 가격표준을 과학적 · 통계적 조사에 의거하여 설정한다. 관리자는 사전에 표준원가의 내용을 부문의 구성원에게 철저히 주지시킴으로써 원가의식을 높일 필요가 있다.

(2) 실제원가의 파악

실제의 제조활동을 대상으로 실제원가계산을 한다.

(3) 원가차이분석

표준원가와 실제원가의 차이에 대하여 그 발생원인을 분석한다. 분석은 원가요소별로 하는 것뿐만 아니라, 차이의 내용별로 할 필요가 있다. 또한 원가차이는 어느 부문이 책임지고 감소시킬 수 있는지를 파악하기 위하여 부문별(공정별)로 원가차이를 분석하여야 한다.

(4) 원가정보의 제공

원가보고서의 형태로 현장책임자, 각 관리자 및 경영자에게 보고한다. 이를 보고제도(reporting system)로서 확립시킨다.

이상의 (1)~(4)를 일반적으로 원가관리시스템이라고 하며, 원가계산 스태프(staff)가 담당하는 형식일 때가 많다. 그러나 원가계산 스태프만으로 추진하는 것이 아니라 설계 · 생산관리 등의 스태프, 제조라인 등과 협력해야 비로소 큰 효과를 거둘 수 있다.

(5) 수정조치

수정조치란 원가차이를 감소시키는 대책을 시행하는 것을 말하며, 원가절감과 유지를 위한 원가관리 활동으로서 생산현장의 일선관리자가 중심이 된다. 이러한 원가관리 활동은 일상적인 물적관리시스템을 토대로 추진하는 것이 유효하므로, 원가계산 스태프는 원가정보의 제공으로만 만족할 것이 아니라 현장 실무자와의 정보교환을 통하여 생산현장에서의 물적관리시스템에 대해서도 관심을 갖지 않으면 안된다.

제3절 예산

특정생산활동을 수행하는데 소비될 것으로 예상되는 자원의 투입량을 화폐액으로 표시한 것을 예산(budget)이라 한다. 이러한 예산은 고정예산과 변동예산으로 분류할 수 있다.

1. 고정예산

고정예산(static budget)이란 특정기간 동안의 생산수량이나 기타조건의 변화여부를 고려하지 않고 하나의 조업도수준을 기준으로 편성한 예산을 말한다.

다음은 (주)금강산의 19×6년 5월의 제조원가에 대한 예산이다.

예 산

예 산 생 산 량	11,000개
직 접 재 료 비	₩352,000
직 접 노 무 비	220,000
변동제조간접비	198,000
고정제조간접비	330,000
합 계	₩1,100,000

한편, 5월의 실제생산량은 10,000개이며, 실제로 발생한 원가는 다음과 같다.

직 접 재 료 비	₩326,000	직 접 노 무 비	₩198,000
변동제조간접비	217,000	고정제조간접비	290,000

생산부문의 경영자는 생산량과 제조원가에 대해 책임을 진다. 실제성과와 고정예산을 대비하는 기업전체의 성과보고서를 작성하고, 성과보고서에서 원가차이가 올바르게 분석되었는지를 알아보기로 하자.

먼저 (주) 금강산의 5월 동안의 성과보고서를 작성해 보면 다음과 같다.

성과보고서

	실제성과	고정예산	차 이
생 산 량	10,000개	11,000개	1,000(불리)
직 접 재 료 비	₩326,000	₩352,000	₩26,000(유리)
직 접 노 무 비	198,000	220,000	22,000(유리)
변동제조간접비	217,000	198,000	19,000(불리)
고정제조간접비	290,000	330,000	40,000(유리)
합 계	₩1,031,000	₩1,100,000	₩69,000(유리)

(주)금강산의 경우 예산생산량 11,000개를 기준으로 편성한 예산을 고정예산이라 한다. 고정예산제도하에서는 예산생산량 11,000개와 실제생산량 10,000개를 비교하여

예산보다 1,000개가 적게 생산되었으므로 불리하다고 평가할 수 있다. 그러므로 목표 생산량을 달성하였는지를 나타내는 생산통제는 가능하다.

그러나 11,000개 생산시의 예산원가와 10,000개 생산시의 실제원가를 비교하여 원가차이가 유리 또는 불리하다고 판단할 수는 없다. 그러므로 고정예산으로는 일정한 품질수준을 유지하면서 최소의 원가로 제품을 생산하였는지를 나타내는 원가통제는 가능하지 않다. 왜냐하면 원가 중에는 변동비적인 성격을 갖는 원가와 고정비적인 성격을 갖는 원가가 있으므로 11,000개 생산시의 예산원가와 10,000개 생산시의 실제원가를 비교하여 유리하다 불리하다고 판단할 수 없기 때문이다.

이러한 고정예산은 하나의 조업도수준에 대한 예산만을 나타내므로, 이를 이용하여서는 원가통제를 할 수 없다는 단점이 있다. 그렇다면 10,000개 생산시의 실제원가와 무엇을 비교하여 원가차이를 비교하는 것이 원가통제를 가능하게 할 것인가? 원가통제를 가능하게 하기 위해서는 실제생산량 10,000개에 대한 예산원가와 실제원가를 비교하여야 할 것이다.

2. 변동예산

변동예산(flexible budget)이란 단일 조업도수준에 근거하는 고정예산과는 달리 일정범위의 조업도수준에 대한 예산을 말한다.

예를 들어 예산생산량이 11,000개인 경우에도 실제생산량이 10,000개 또는 8,000개인 경우에는 실제생산량 10,000개 또는 8,000개에 대한 예산을 변동예산이라 한다. 다시 말하면 변동예산이란 실제조업도수준인 10,000개 또는 8,000개에 대한 예산원가를 말한다.

변동예산제도하에서는 비교목적과 성과평가목적을 위해서 실제원가를 실제조업도수준에 있어서의 예산원가와 비교하게 된다. 이러한 변동예산의 기본적인 사고는 예산조업도와 실제조업도가 동일하다면 예산과 실적 간에 좀더 의미있는 비교를 할 수 있기 때문에, 통제목적을 위한 예산은 실제조업도수준에 근거해서 설정되어야 한다는 것이다. 이러한 변동예산은 관련범위내의 모든 조업도수준에 대한 예산이며, 동태적 예산이라는 특징이 있다.

특정기간 동안의 실제조업도에 대한 예산원가는 다음과 같은 변동원가 방정식으로 계산된다.

$$y = a + bx$$

(여기서 y : 특정기간 동안의 총예산원가
a : 특정기간 동안의 고정비
b : 단위당 변동비
x : 실제조업도)

앞에서 예로든 (주)금강산의 자료를 이용하여 생산량이 8,000개, 10,000개일때의 변동예산을 편성해 보자.

변동예산을 편성하기 위해서는 먼저 원가행태를 분석하여 원가방정식을 추정하여야 한다. 원가방정식을 추정하기 위해서는 항목별로 원가행태를 분석하여 변동비와 고정비로 구분하여야 한다.

항 목	단위당 변동비(b)	고정비(a)
직접재료비	₩32*	–
직접노무비	20	–
변동제조간접비	18	–
고정제조간접비	–	₩330,000
합계	₩70	₩330,000

* ₩352,000 / 11,000개 = ₩32

고정예산에서 11,000개 생산시의 직접재료비가 ₩352,000이므로 ₩352,000을 11,000개로 나누면 제품 단위당 직접재료비는 ₩32이 된다. 그리고 11,000개 생산시의 직접노무비는 ₩220,000이므로 ₩220,000을 11,000개로 나누면 제품 단위당 직접노무비는 ₩20이 된다. 변동제조간접비도 같은 방법으로 구하면 된다. 그러나 고정제조간접비는 관련범위내에서는 일정하게 발생하므로 조업도에 관계없이 ₩330,000이 된다.

이와 같이 모든 원가요소를 변동비와 고정비로 분류해 보면 단위당 변동비(b)는 ₩70이고 고정비(a)는 ₩330,000이므로 다음과 같은 원가방정식이 추정된다.

y = ₩330,000 + 70x (여기서 x : 실제조업도)

원가방정식을 이용하여 생산량이 8,000개와 10,000개인 경우의 변동예산을 편성해 보면 다음과 같다.

변 동 예 산

생산량	8,000개	10,000개
직접재료비(@₩32)	₩256,000	₩320,000
직접노무비(@₩20)	160,000	200,000
변동제조간접비(@₩18)	144,000	180,000
고정제조간접비	330,000	330,000
함계	₩890,000	₩1,030,000

(주)금강산의 예를 이용하여 생산량이 10,000개일 때의 실제원가와 변동예산을 비교하는 성과보고서를 작성하고 변동예산제도하에서 원가통제가 가능한지를 알아보자.

(주)금강산의 생산량 10,000개에서의 실제원가와 예산원가를 비교하여 성과보고서를 작성해 보면 다음과 같다.

성 과 보 고 서

	실제성과	변동예산	차 이
생 산 량	10,000개	10,000개	–
직 접 재 료 비	₩326,000	₩320,000	₩6,000(불리)
직 접 노 무 비	198,000	200,000	2,000(유리)
변동제조간접비	217,000	180,000	37,000(불리)
고정제조간접비	290,000	330,000	40,000(유리)
합 계	₩1,031,000	₩1,030,000	₩1,000(불리)

실제생산량은 예산생산량 11,000개 아닌 10,000개이므로 변동예산 개념에 따라 고정예산을 실제조업도수준에 있어서의 예산원가로 수정하여야 한다. 그러므로 통제 및 성과평가목적을 위해 수정된 예산원가는 ₩1,030,000이 되는데, 이 금액이 실제조업도에 근거한 변동예산이 된다. 따라서 원가방정식만 추정되면 실제조업도수준에 있어서의 예

산원가는 용이하게 구할 수 있다.

변동예산을 적용하면 실제조업도수준인 10,000개의 실제원가 ₩1,031,000과 실제조업도수준인 10,000개의 예산원가인 ₩1,030,000을 비교함으로써 원가통제가 가능해 진다.

제4절 원가차이분석

표준원가계산은 원래 생산현장의 원가능률을 측정할 목적으로 생긴 것으로서, 재료의 소비량을 관리하기 위한 원가계산으로 출발하여 제조간접비까지도 원가 차이분석의 대상으로 하게 된다. 여기서 원가차이분석이란 실제원가와 표준원가를 비교하여 그 차이를 분석하는 기법으로서, 원가통제와 성과평가 등을 위해서 유용한 개념이다.

즉 기업에서 일정기간 동안에 그러한 제품을 생산하기 위해서 규범적으로 발생하였어야 할 원가(즉, 생산에 대해 허용된 표준원가)를 실제원가와 비교하여 실제원가와 차이를 분석하는 기법을 차이분석이라 한다. 다시 말하면 특정기간 동안에 발생한 실제투입원가와 실제산출(생산)량에 허용된 표준원가를 비교하여 총차이를 계산한다. 그리고 총차이를 가격요인에 의하여 발생하는 가격차이와 생산능률에 의하여 발생하는 능률차이로 구분한다.

이처럼 원가차이를 가격차이와 능률차이로 구분하는 이유는 ① 차이의 발생시점에서 차이를 보고하기 위함이다. 즉 재료의 경우 구입가격에 대한 통제는 구입시점에서 행해지는 데 비해서 재료사용에 따른 통제는 생산시점에서 행해지기 때문이다. ② 차이를 책임지는 부서가 다르기 때문이다. 일반적으로 구입가격에 대한 차이는 구매부서의 책임인 데 비해서 사용수량에 대한 차이는 생산부서의 책임이기 때문이다.

가격차이(price variance)란 실제투입량으로 고정시킨 상태에서 실제가격과 표준가격과의 차이를 말한다. 즉 가격차이는 실제원가와 실제산출량(생산량)에 대한 표준원가와의 차이이다.

$$가격차이 = 실제수량 \times (실제가격 - 표준가격)$$

능률차이(efficiency variance)란 표준가격으로 고정시킨 상태에서 실제투입량과 실제산출량에 허용된 표준투입량과의 차이를 말한다. 즉 능률차이는 실제소비량에 대한 표준원가와 표준소비량에 대한 표준가격과의 차이이다. 여기서 표준소비량이라 함은 실제산출량의 생산에 허용된 표준투입량을 의미한다.

$$능률차이 = 표준가격 \times (실제소비량 - 표준소비량)$$

이러한 차이분석의 모형을 보면 다음과 같다.

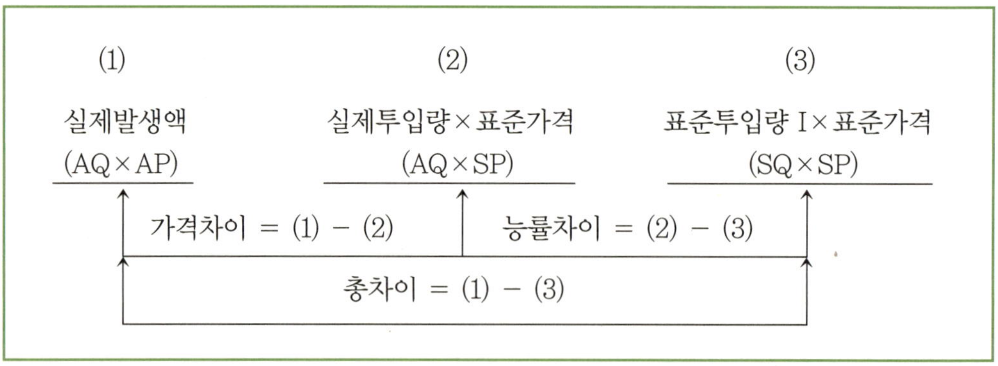

여기서 AQ : 실제투입수량 AP : 실제가격
SQ : 실제산출량에 허용된 표준투입수량 SP : 표준가격

원가차이분석의 큰 틀은 위의 표와 같으나 각 원가요소마다 원가차이의 명칭은 다소 다르다. 그러나 편의상 앞으로는 이들 차이를 단순히 가격차이나 능률차이로 부르기로

하는데, 각각의 구체적인 명칭을 요약해 보면 다음과 같다.

원가요소	가격차이	능률차이
직 접 재 료 비	가격차이	수량차이(능률차이)
직 접 노 무 비	임률차이	능률차이
변동제조간접비	소비차이	능률차이

한편 차이분석 모형에서는 유리한 차이와 불리한 차이라는 용어를 자주 사용하게 되는데 그 의미를 알아보기로 하자.

'유리' 또는 '불리'한 차이라는 용어는 실제원가와 표준원가와의 차이가 이익에 미치는 영향을 말한다. 유리한 차이(favorable variance : F)란 이익을 증가시키는 차이이고, 불리한 차이(unfavorable variance : U)란 이익을 감소시키는 차이 이다. 그러나 유리한 차이가 항상 좋고 불리한 차이가 항상 나쁘다고 말할 수 없다는 점에 해석의 주의를 요한다.

1. 직접재료비차이

직접재료비 총차이(direct material total variance)란 실제발생된 직접재료비와 실제산출량에 허용된 표준직접재료비와의 차이를 말하며, 이는 직접재료비 가격차이와 수량(능률)차이로 구분한다. 직접재료비 차이분석의 경우에는 차이를 분리하는 시점이 중요한 문제가 된다. 왜냐하면 재료의 구입시점 뿐만 아니라 사용시점에서도 가격차이를 분리할 수 있기 때문이다. 그러므로 가격차이를 사용시점에 분리하는 경우와 구입시점에 분리하는 경우로 구분하여 살펴보기로 한다.

(1) 사용시점에서 분리하는 경우

직접재료비 가격차이를 사용시점에서 분리하는 경우에는 직접재료비 가격차이와 직접재료비 수량차이는 생산에 실제사용된 재료수량을 근거로 계산된다. 이 경우에 가격차이는 실제투입수량으로 고정된 상태에서 실제가격과 표준가격과의 차이를 나타낸다. 즉 가격차이는 직접재료의 수량이 일정한 상태에서 직접재료의 가격변화가 원가에 미치는 영향을 나타내는 것이다.

이에 비해서 수량차이는 표준가격으로 고정시킨 상태에서 실제투입량과 실제산출량에 허용된 표준투입량과의 차이를 말한다.

즉 직접재료의 가격을 표준가격으로 고정시킨 상태에서 직접재료의 실제투입량과의 실제산출량에 허용된 표준투입량과의 차이가 원가에 미치는 영향을 나타내는 것이다.

직접재료비 가격차이와 능률차이의 차이분석 모형을 보면 다음과 같다.

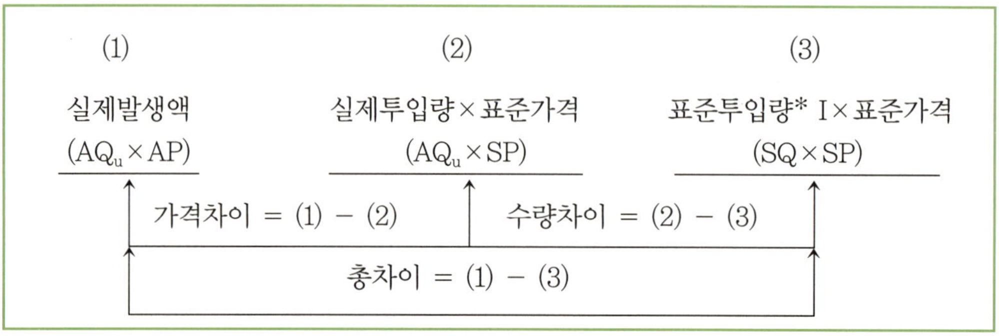

여기서 AQu : 실제사용수량 AP : 단위당 실제구입가격
SQ : 실제산출량에 허용된 표준수량 SP : 단위당 표준가격

(주)함흥은 개별표준원가계산제도를 채택하고 있으며, 19×6년의 예산생산량은 1,200개이나 실제생산량은 1,000개이다. 직접재료의 기초재고는 없으며, 당기 중에 직접재료 5,000kg을 ₩82,000에 외상으로 구입하였다. 그중에서 당기에 2,850kg을 제품제조에 사용하였다. 제품 단위당 재료의 표준수량은 3kg이고 kg당 표준가격은 ₩16이다. 직접재료비 가격차이를 사용시점에 분리한다고 가정하고 직접재료비 가격차이와 수량차이를 계산해 보자.

직접재료비 가격차이를 사용시점에 분리하는 경우에는 가격차이와 수량차이 모두 실제사용수량을 기준으로 분석한다.

(1)	(2)	(3)
실제발생액 $(AQ_u \times AP)$	실제투입량×표준가격 $(AQ_u \times SP)$	표준투입량*×표준가격 (SQ×SP)
2,850kg×₩16.4* =₩46,740	2,850kg×₩16 =₩45,600	(1,000개×3kg) =₩48,000
가격차이 ₩1,140(불리)		수량차이 ₩2,400(유리)
총차이 = ₩1,260(유리)		

* ₩82,000 / 5,000kg=₩16.4

그러면 (주)함흥의 예를 이용하여 직접재료비를 사용시점에 분리하는 경우에 직접재료와 관련된 분개를 해보기로 하자.

① 직접재료의 구입시

(차)	직접재료(AQP×AP)	82,000	(대) 매입채무(AQP×AP)	82,000

② 직접재료의 사용시

(차)	재 공 품(SQ×SP)	48,000	(대) 직 접 재 료(AQu×AP)	46,740
	직접재료비 가격차이	1,140	직접재료비 수량차이	2,400

(2) 구입시점에서 분리하는 경우

직접재료비 가격차이를 구입시점에서 분리하는 경우에는 직접재료비 가격차이는 구입수량을 기초로 계산하고, 직접재료비 능률차이는 사용수량을 기초로 계산한다.

이와 같이 능률차이의 계산시에 사용수량을 사용하는 이유는 능률차이는 재료를 제품제조에 사용하여야 그 차이를 분석할 수 있는데, 구입시점에서는 재료의 실제사용량을 알 수 없기 때문이다. 이 경우 직접재료비 가격차이와 능률차이의 차이분석 모형을 보면 다음과 같다.

(1)	(2)	(3)	(4)
실제구입원가	실제구입량×표준가격	실제사용량×표준가격	표준투입량*×표준가격
(AQp×AP)	(AQp×SP)	(AQu×SP)	(SQ×SP)

가격차이 = (1) − (2)　　　수량차이 = (3) − (4)

* 실제산출량에 대해 허용된 표준투입량을 의미함

앞에서 예로 든 (주)함흥이 직접재료비 가격차이를 구입시점에 분리한다고 가정하고 직접재료비 가격차이와 수량차이를 계산해 보자.

직접재료비 가격차이를 구입시점에 분리하는 경우에는 가격차이는 실제구입수량을 기준으로 분석하고, 수량차이는 실제사용수량을 기준으로 다음과 같이 분석한다.

(1)	(2)	(3)	(4)
실제구입원가 (AQp×AP)	실제구입량×표준가격 (AQp×SP)	실제사용량×표준가격 (AQu×SP)	표준투입량×표준가격 (SQ×SP)
₩82,000	5,000kg×₩16 = ₩80,000	2,850kg×₩16 = ₩45,600	(1,000개×3kg)×₩16 = ₩48,000

가격차이 = (1) − (2)　　　수량차이 = (3) − (4)

그러면 (주)함흥의 예를 이용하여 직접재료비를 구입시점에 분리하는 경우에 직접재료와 관련된 분개를 해보기로 하자.

① 직접재료의 구입시

(차)	직접재료(AQp×SP)	80,000	(대) 매입채무(AQp×AP)	82,000
	직접재료비 가격차이	2,000		

② 직접재료의 사용시

(차) 재 공 품(SQ×SP) 48,000 (대) { 직접재료(AQu×SP) 45,600
직접재료비 수량차이 2,400 }

이상에서 직접재료비 가격차이와 수량차이를 분석해 보았다. 그렇다면 이와 같은 차이가 발생하는 원인이 무엇인지를 살펴보기로 하자.

직접재료비 가격차이의 발생원인으로는 다음과 같은 점을 생각해 볼 수 있다.

① 가격차이는 원재료 공급시장의 수요와 공급의 상황에 따라 발생할 수 있다. 즉 수요가 공급을 초과하게 되면 가격이 상승하여 불리한 가격차이가 발생할 수 있으며, 수요가 공급보다 부족하게 되면 가격이 하락하여 유리한 가격차이가 발생할 수 있다.

② 구매담당자가 재료를 보다 저렴한 가격으로 구입하지 못함으로써 발생할 수 있다. 이 경우에 발생하는 가격차이는 구매담당자가 충분히 통제할 수 있는 요소이므로 성과평가시에 반영되어야 한다.

③ 표준설정시 고려한 품질수준과 상이한 품질의 재료를 구입한 경우에 가격차이가 발생할 수 있다.

④ 가격차이는 표준이 설정될 당시에 비해 전반적으로 경기흐름이 변화하였을 경우에도 발생할 수 있다. 즉 모든 재료에 대하여 일반물가수준이 상승했을 경우에는 불리한 가격차이가 나타나게 된다. 이때 새로운 가격이 계속 지속된다면 재료의 가격표준을 수정하여야 한다.

⑤ 갑작스러운 재료의 수요증가로 인하여 갑자기 구입처를 변경하여 재료를 구입하는 경우에도 발생할 수 있다. 이와 같은 경우에는 구매담당자가 공급업자를 신중히 선택할만한 시간적 여유를 갖지 못하므로 재료를 높은 가격에 구입함으로써 가격차이가 발생할 수 있다. 예를 들어서 선거 열풍이 불어 닥쳐 종이(제지)가 품귀현상을 빚는 경우에는, 사전에 설정한 표준가격으로 구입하지 못하고 비싼 가격으로 구입하게 됨에 따라 불리한 가격차이가 발생하게 된다.

한편 직접재료비 수량차이의 발생원인으로는 다음과 같은 점을 생각해 볼 수 있다.

① 정상적인 상황하에서도 어느 정도의 수량차이는 발생하게 된다. 즉 수량표준은 일종의 평균사용량이므로 관리범위 내에서의 변동은 크게 중요하지 않다.

② 재료를 효율적으로 사용했느냐의 여부에 따라 수량차이가 발생할 수 있다.

③ 표준설정시에 가정한 재료의 질과 상이한 질의 재료를 사용하는 경우에도 수량차이가 발생할 수 있다.

④ 기술혁신에 의해서도 수량차이가 발생할 수 있다. 이 경우에는 점진적으로 새로운 표준을 설정하여 생산기술의 변화에 대응시켜야 한다.

일반적으로 직접재료비 가격차이는 구매부서가, 직접재료비 수량차이는 생산부서가 책임을 진다. 그러나 가격차이와 수량차이 사이에는 상호작용이 존재하므로 차이분석의 내용을 해석하는 경우에는 주의를 요한다.

2. 직접노무비차이

직접노무비 총차이(direct labor total variance)란 실제발생된 직접노무비와 실제산출량에 허용된 표준직접노무비와의 차이를 말하며, 이는 직접노무비 임률차이와 직접노무비 능률차이로 구분한다.

임률차이(rate variance)는 직접노동시간이 실제시간으로 고정시킨 상태에서 실제임률과 표준임률과의 차이를 나타낸다. 즉 가격차이는 직접노동시간이 일정한 상태에서 임률변화가 원가에 미치는 영향을 나타내는 것이다.

이에 비해서 능률차이(efficiency variance)는 표준임률로 고정시킨 상태에서 실제시간과 실제산출량에 허용된 표준시간과의 차이를 말한다. 즉 능률차이는 표준임률로 고정시킨 상태에서 실제시간과 실제산출량에 허용된 표준시간과의 차이가 원가에 미치는 영향을 나타내는 것이다.

직접노무비 임률차이와 능률차이의 차이분석 모형을 보면 다음과 같다.

(1)	(2)	(3)
실제발생액 (AH×AR)	실제투입시간×표준임률 (AH×SR)	표준투입시간×표준임률 (SH×SR)

임률차이 = (1) − (2)　　능률차이 = (2) − (3)

총차이 = (1) − (3)

여기서 AH : 실제 직접노동시간　　　　　　　　　AR : 직접노동시간당 실제임률

SH : 실제산출량에 허용된 표준직접노동시간　SR : 직접노동시간당 표준임률

(주)속리는 19×6년 10월 동안 특정제품을 1,000단위 생산하였다. 제품 한 단위를 생산하는 데는 4시간의 직접노동시간이 소요되며, 시간당 표준임률은 ₩35이다. 그러나 실제로 제품 1,000단위를 생산하는데 4,200시간이 소요되었으며, 실제 발생한 직접노무비는 ₩142,800이다. 직접노무비 임률차이와 능률차이를 계산해 보자.

(주)속리의 직접노무비차이를 분석해 보면 다음과 같다.

실제발생액 (AH×AR)	실제투입시간×표준임률 (AH×SR)	표준투입시간×표준임률 (SH×SR)
4,200시간×AR =₩142,800	4,200시간×₩35 =₩147,000	(1,000개×4시간)×₩35 =₩140,000

가격차이 ₩4,200 (유리)　　능률차이 ₩7,000 (불리)

총차이 ₩2,800 (불리)

그러면 임금지급액과 임금소비액이 같다고 가정하고 (주)속리의 예를 이용하여 직접노무비와 관련된 분개를 해보기로 하자.

① 종업원에게 임금지급시

(차) 임 금(AH×AR)	142,800	(대) 현금(AH×AR)	142,800

② 직접노무비의 소비시

(차) 재 공 품(SH×SR)	140,000	(대) 임금(AH×AR)	142,800
직접노무비 능률차이	7,000	직접노무비 가격차이	4,200

이상에서 직접노무비 임률차이와 능률차이를 분석해 보았다. 그렇다면 이와 같은 차이

가 발생하는 원인이 무엇인지를 살펴보기로 하자.

직접노무비 임률차이의 발생원인으로는 다음과 같은 점을 생각해 볼 수 있다.

① 생산작업을 위하여 사용된 노동력의 등급에 따라서 임률차이가 발생할 수 있다. 즉, 저임률의 비숙련 노동자를 사용해야 하는 곳에 고임률의 숙련 노동자를 투입하면 가격차이가 발생하게 된다.

② 초과근무수당을 지급하게 됨에 따라 임률차이가 발생하게 된다.

직접노무비 능률차이의 발생원인으로는 다음과 같은 점을 생각할 수 있다.

① 노동 인력의 등급에 따라서 능률차이가 발생한다. 즉 기술수준이 낮은 근로자는 기술수준이 높은 근로자에 비해서 생산성이 낮아 작업수행시간이 많이 소요되므로 능률차이가 발생한다.

② 투입되는 재료나 사용되는 설비의 정도에 따라서 작업수행시간이 많이 투입되거나 조업중단이 발생하는 경우에 능률차이가 발생한다.

③ 생산부문관리자의 감독소홀, 일정계획의 차질로 인하여 능률차이가 발생한다.

일반적으로 직접노무비 임률차이는 인사부서가 직접노무비 능률차이는 생산부서가 책임을 진다. 그러나 임률차이가 노동의 비효율적인 사용에 의해 발생하는 경우에는 생산부문관리자의 통제가능영역에 해당되므로 생산부문관리자가 책임을 져야 한다.

한편, 직접노무비 임률차이가 시장에서의 노동수요증대에 따른 임금상승 때문에 발생한 것이라면, 이는 생산부문관리자가 통제할 수 없는 요소이므로 그에게 책임을 물을 수 없다. 이에 비해 능률차이는 전형적으로 생산부서 담당자가 책임을 져 왔다.

그러나 특정부문에서 작업이 늦어져 일정계획에 차질이 있었다면 그 부분에서 책임을 져야 하고, 저질의 노동력 공급으로 인하여 능률차이가 발생하였다면 인사부서도 책임을 분담해야 한다.

3. 변동제조간접비차이

변동제조간접비 총차이(variable overhead total variance)란 실제발생된 변동제조간접비와 실제산출량에 허용된 표준변동제조간접비와의 차이를 말하며, 이는 변동제조간접비 소비차이와 변동제조간접비 능률차이로 구분한다.

소비차이(spending variance)는 변동제조간접비 실제발생액과 실제조업도(실제투입시간)에 허용된 표준변동제조간접비와의 차이를 나타내며, 능률차이(efficiency variance)는 실제조업도(실제투입시간)에 허용된 표준변동제조간접비와 실제산출량에 허용된 표준변동제조간접비와의 차이를 나타낸다.

(1)	(2)	(3)
실제발생액	실제조업도×표준배부율	표준조업도×표준배부율
(AH×AP)	(AH×)	(SH×SP)

소비차이 = (1) − (2)　　능률차이 = (2) − (3)

총차이 = (1) − (3)

여기서　AH : 실제조업도　　AP : 조업도 단위당 실제배부율

SH : 실제산출량에 허용된 표준조업도　　SP : 조업도 단위당 표준배부율

(주)대성은 개별표준원가계산제도를 채택하고 있다. 19×6년의 예산생산량은 600개이나 실제생산량은 500개이다. 변동제조간접비가 연초에는 ₩13,200으로 추정되었으나 실제로 발생한 금액은 ₩12,320이다. 당기 중에 제품제조에 투입된 직접노동시간은 1,100시간이고, 변동제조간접비는 표준직접노동시간에 비례하여 배부한다. 제품 단위당 표준투입시간은 2시간이다. 변동제조간접비 소비차이와 능률차이를 계산해 보자.

변동제조간접비차이를 분석하기 위해서는 먼저 변동제조간접비 표준(예정)배부율을 구해야 한다. 변동제조간접비 표준배부율은 변동제조간접비 예산을 표준직접노동시간으로 나누어서 구한다. 즉 변동제조간접비 예산 ₩13,200을 표준직접노동시간 1,200시간(600개×2시간)으로 나누면 변동제조간접비 표준배부율은 시간당 ₩11이 된다. 이와 같이 계산된 변동제조간접비 표준배부율을 사용하여 변동제조간접비차이를 분석해 보면 다음과 같다.

실제발생액 (AH×AP)	실제조업도×표준배부율 (AH×SP)	표준조업도×표준배부율 (SH×SP)
1,100시간×AP =₩12,320	1,100시간×₩11 =₩12,100	(500개×2시간)×₩11 =₩11,000
소비차이 ₩220 (불리)	능률차이 ₩1,100 (불리)	
총차이 ₩1,320 (불리)		

그림 11-1 변동제조 간접비차이

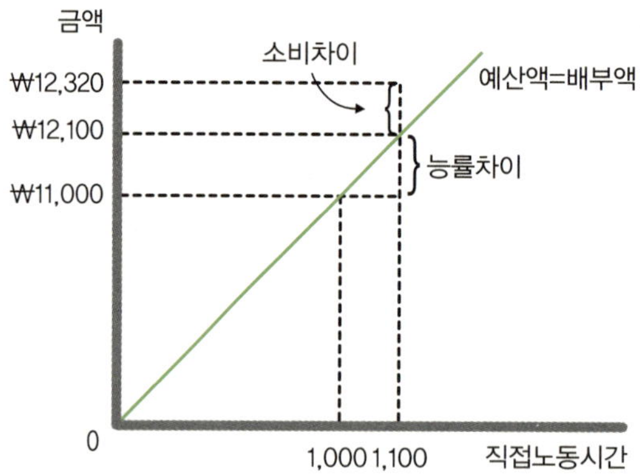

변동제조간접비 예산액, 제품에의 배부액, 원가차이 등을 그래프에 표시해 보면 〈그림 11-1〉과 같다.

그러면 (주)대성의 예를 이용하여 변동제조간접비와 관련된 분개를 해 보기로 하자.

① 예정배부시

(차) 재 공 품(SH×SP)	11,000	(대) 변동제조간접비	11,000

② 실제발생액 집계시

(차) 변동제조간접비	12,320	(대) 각 비용항목	12,320

③ 차이발생시(원가계산기말)

(차) 변동제조간접비 소비차이	220	(대) 변동제조간접비	1,320
변동제조간접비 능률차이	1,100		

이상에서 변동제조간접비 소비차이와 능률차이를 분석해 보았다. 그렇다면 이와 같은

차이가 발생하는 원인이 무엇인지를 살펴보기로 하자.

① 변동제조간접비 항목의 실제배부율이 표준배부율과 다른 경우에 발생한다.

② 변동제조간접비와 조업도 간의 인과관계를 완전하게 파악하지 못하여 변동제조간접비 표준배부율을 잘못 설정한 경우에 발생한다.

③ 변동제조간접비에 해당하는 항목들이 능률 또는 비능률적으로 사용된 경우에 발생한다.

4. 고정제조간접비

고정제조간접비는 성격상 관련범위 내에서 산출량과 관계없이 일정하게 발생하는 원가이다. 그러므로 변동제조간접비에 대한 변동예산과는 달리 고정제조간접비는 변동예산 조업도수준에 관한 함수가 아니므로 실제조업도에서나 표준조업도에서 모두 동일하다. 그 결과 고정제조간접비에 대해서는 능률차이가 인식되지 않는다.

고정제조간접비차이를 분석하기 위해서는 먼저 기준조업도가 무엇인지를 이해하여야 한다. 기준조업도(denominator volume or denominator level)란 정상원가계산이나 표준원가계산에서 사용되는 제조간접비 표준(예정)배부율을 계산하기 위하여 미리 설정해 놓은 조업도를 말한다. 이러한 기준조업도가 어느 수준에서 결정되느냐에 따라 고정제조간접비 표준배부율이 달라지게 되며 그 결과 각 제품의 제조원가가 달라지게 된다. 그러므로 기준조업도의 선택문제는 매우 중요하다 할 수 있으며, 기준조업도로 많이 사용되는 조업도로는 다음과 같은 것들이 있다.

(1) 이상적 조업도

이상적 조업도(ideal capacity)란 기계고장이나 수선 등에 의해 발생하는 생산중단을 전혀 허용하지 않는 생산조건하에서 달성할 수 있는 연간 최대생산량을 말한다. 즉 이상적 조업도는 작업중단 등으로 인한 유휴설비의 발생이 전혀 없는 경우에 생산할 수 있는 최대의 생산량이다. 이상적 조업도를 이론적 조업도라고도 한다.

(2) 실제적 최대조업도

실제적 최대조업도(practical capacity)란 기계수선 등을 위한 정상적인 대기시간을 허용하면서 달성할 수 있는 연간 최대생산량을 말한다. 즉 실제적 최대조업도는 특정공장이나 특정부문이 실제적으로 달성할 수 있는 최대수준의 조업도를 말한다. 실제적 최대조업도를 기준조업도로 선택하면 제품의 단위당 원가가 정상조업도나 종합예산조업도를 사용하는 경우보다 낮아지게 된다.

(3) 정상조업도

정상조업도(normal capacity)란 수요의 계절적 · 주기적 변동 및 추세에 따른 변동을 평준화시키기에 충분히 긴 기간(보통 3년 내지 5년)에 걸쳐 소비자의 수요를 충족시킬 수 있는 평균 연간생산량을 말한다. 정상조업도를 사용하는 근본 이유는 재고자산의 원가가 1년 이상에 걸친 총원가와 생산량의 전형적인 관계를 잘 표현해 주기 때문이다.

(4) 종합예산조업도

종합예산조업도란 경영자가 예상한 당해년도의 조업도를 말한다. 일반적으로 기준조업도를 정상조업도보다 종합예산조업도를 선택하게 되는데, 그 이유는 정상조업도의 예측시에는 많은 불확실성이 개입되기 때문이다.

상기에서 기준조업도에 대하여 알아보았다. 그러면 고정제조간접비차이를 분석해 보기로 하자.

고정제조간접비 총차이(fixed overhead total variance)란 고정제조간접비 실제발생액과 고정제조간접비 제품에의 배부액과의 차이를 말하며, 이는 고정제조간접비 소비(예산)차이와 고정제조간접비 조업도차이로 구분한다.

소비차이(spending variance)는 실제발생액과 고정제조간접비 예산과의 차이를 말하며, 조업도차이(production volume variance)는 고정제조간접 예산과 고정제조간접비 배부액과의 차이를 말한다.

이러한 조업도차이를 생산량차이, 생산능력차이 또는 유휴설비차이라고도 한다. 고정제조간접비 조업도차이는 기준조업도와 실제산출량에 허용된 표준조업도의 차이로 인하여 발생하는 것이므로 단기적으로는 통제불가능한 경우가 대부분이다.

변동제조간접비 소비차이와 능률차이의 차이분석 모형을 보면 다음과 같다.

(1)	(2)	(3)
실제발생액	고정제조간접비 예산	고정제조간접비 배부액
(실제조업도×실제배부율)	(기준조업도×표준배부율)	(표준조업도*×표준배부율)

소비차이 = (1) − (2)　　조업도차이 = (2) − (3)

총차이 = (1) − (3)

* 실제산출량에 허용된 표준조업도를 의미함

상기에서 고정제조간접비 표준(예정)배부율(predetermined fixed overhead rate)이란 정상원가계산이나 표준원가계산제도를 채택하고 있는 경우에 제품에 고정제조간접비를 배부하기 위해 사용되는 것으로서 이를 식으로 표시해 보면 다음과 같다.

$$\text{고정제조간접비 표준배부율} = \frac{\text{고정제조간접비 예산}}{\text{기준조업도}}$$

이때 분모로 사용되는 기준조업도로는 여러 가지가 사용될 수 있는데, 실무에서는 직접노무비, 직접노동시간, 기계작업시간 등이 주로 이용된다. 만약에 두 종류 이상의 제품을 생산하는 경우에는, 모든 제품에 공통적으로 적용될 수 있고, 설비의 이용정도를 정확히 나타낼 수 있는 요소를 기준조업도로 사용하여 표준배부율을 계산해야 한다.

(주)오성은 표준개별원가계산제도를 채택하고 있다. 19×6년의 고정제조간접비 예산은 ₩43,200이고 기준조업도는 1,600시간이다. 제품을 한 단위 생산하는데 소요되는 표준직접노동시간은 3시간이며, 고정제조간접비 실제발생액은 ₩38,700이다. 그리고 19×6년 동안 생산된 제품은 500단위이다. 고정제조간접비 소비차이와 조업도차이를 계산해 보자.

고정제조간접비차이를 분석하기 위해서는 먼저 고정제조간접비 표준배부율을 구해야 한다. 고정제조간접비 표준배부율은 고정제조간접비 예산을 기준조업도로 나누어서 구한다. 즉 고정제조간접비 예산 ₩43,200을 기준조업도 1,600시간으로 나누면 고정제조간접비 표준배부율은 시간당 ₩27이 된다. 이와 같이 계산된 변동제조간접비 표준배부율을 사용하여 고정제조간접비차이를 분석해 보면 다음과 같다.

실제발생액	고정제조간접비 예산	고정제조간접비 배부액
(실제조업도×실제배부율)	(기준조업도×표준배부율)	(표준조업도×표준배부율)
	1,600시간×₩27	(500개×3시간)×₩27
₩38,700	=₩43,200	=₩40,500

소비차이 ₩4,500 (유리) 조업도차이 ₩2,700 (불리)

총차이 ₩1,800 (유리)

고정제조간접비차이는 변동제조간접비 차이분석과는 다른 방법으로 분석하였다. 그 이유는 원가통제목적과 제품원가계산목적에 따라 고정제조간접비의 취급방법이 서로 다르기 때문이다.

즉 고정제조간접비는 조업도에 따라서 증감하는 원가가 아니기 때문에 원가통제목적을 위해서는 고정제조간접비를 총액으로 파악하는 것이 보다 유용하다. 그러므로 고정제조간접비 예산을 설정한 다음 이를 실제발생액과 비교하여 소비(예산)차이를 계산할 필요가 있다.

그러나 고정제조간접비도 제품제조를 위하여 소비된 것이므로 각 제품에 부담시켜야 하므로, 제품원가계산목적을 위해서는 제품의 단위당 고정제조간접비를 파악하는 것이 유용하다. 그러므로 고정제조간접비를 마치 변동비처럼 취급하여 각 제품에 배부하는 과정에서 조업도차이가 발생하는 것이다.

상기 예를 이용하여 고정제조간접비 예산액, 제품에의 배부액, 원가차이 등을 그래프에 표시해 보면 <그림 11-2>와 같다.

그림 11-2 고정제조 간접비차이

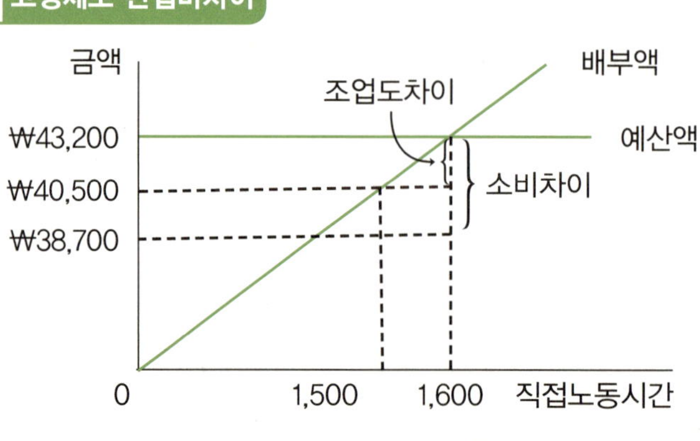

그러면 (주)오성의 예를 이용하여 고정제조간접비와 관련된 분개를 해보기로 하자.

① 예정배부시

(차) 재 공 품 (배부액)	40,500	(대) 고정제조간접비	40,500

② 실제발생액 집계시

(차) 고정제조간접비	38,700	(대) 각 비 용 항 목	38,700

③ 차이발생시(원가계산기말)

(차) 고정제조간접비 조업도차이	2,700	(대)고정제조간접비 소비차이	4,500
고정제조간접비	1,800		

제5절 제조간접비차이의 분석방법

1. 4분법

제조간접비 차이의 4분법(four-way analysis)이란 제조간접비를 변동제조간접비와 고정제조간접비로 구분하여 분석하는 방법을 말한다. 즉 변동제조간접비 차이를 소비차이와 능률차이로, 고정제조간접비차이를 소비(예산)차이와 조업도차이로 분리하는 방법이다.

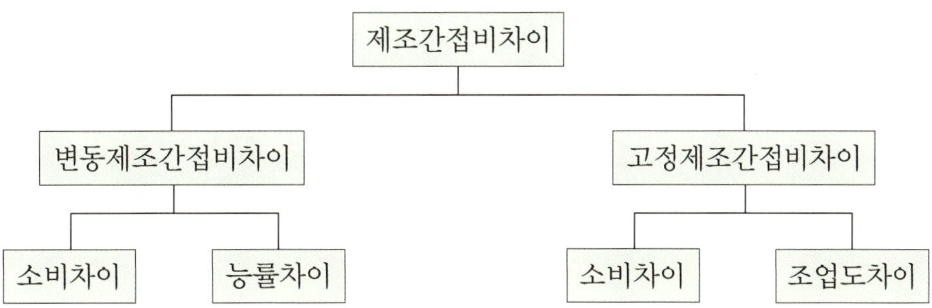

제조간접비를 4분법으로 분석하기 위해서는 변동제조간접비와 고정제조간접비의 실제발생액을 구분하여 파악할 수 있어야 한다.

제조간접비 차이분석 모형을 보면 다음과 같다.

변동제조간접비 차이

실제발생액 (AH×AP)		실제조업도×표준배부율 (AH×SP)		표준조업도×표준배부율 (SH×SP)
	소비차이 (1)		능률차이 (2)	

고정제조간접비 차이

실제발생액 (실제조업도×실제배부율)		제조간접비 예산 (기준조업도×표준배부율)		고정제조간접비 배부액 (표준조업도×표준배부율)
	소비(예산)차이 (3)		조업도차이 (4)	

2. 3분법

3분법(three-way analysis)이란 실제제조간접비를 변동비부분과 고정비부분으로 구분하지 않고, 실제 발생한 총제조간접비를 그대로 이용하여 제조간접비차이를 예산차이, 능률차이, 조업도차이의 세 가지로 분리하는 방법을 말한다. 이와 같이 하는 이유는 전력료나 수선유지비와 같은 준변동비는 임의적으로 변동비부분과 고정비부분으로 나누어서 4분법을 사용하여 자세히 분석을 하더라도 별로 실익이 없기 때문이다.

제조간접비차이

예산차이 — 4분법의 (1)+(3)

능률차이 — 4분법의 (2)

조업도차이 — 4분법의 (4)

3분법과 4분법의 차이점은 변동제조간접비 소비차이와 고정제조간접비 소비(예산)차이를 하나로 묶어서 제조간접비 예산차이로 인식한다는 점이다. 왜냐하면 제조간접비 실제발생액을 변동비부분과 고정비부분으로 구분하지 않으므로 변동제조간접비 소비차이와 고정제조간접비 소비(예산)차이를 별도로 인식할 수 없기 때문이다.

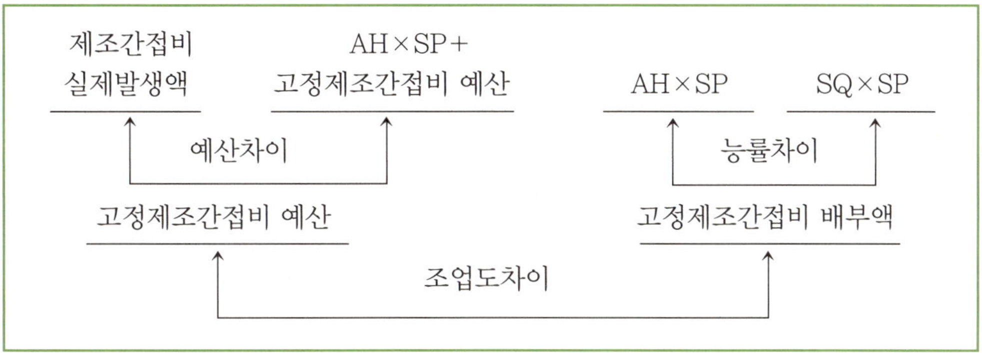

3. 2분법

2분법(two-way analysis)이란 3분법과 마찬가지로 실제제조간접비를 변동비부분과 고정비부분으로 구분하지 않고, 제조간접비차이를 제조간접비 예산차이와 제조간접비 조업도차이의 두 가지로 분리하는 방법을 말한다. 이때 제조간접비 예산차이를 통제가능차이라고도 한다.

2분법과 4분법의 차이점은 4분법의 고정제조간접비 조업도차이를 제외한 나머지 차이를 묶어서 제조간접비 예산차이로 인식한다는 점이다.

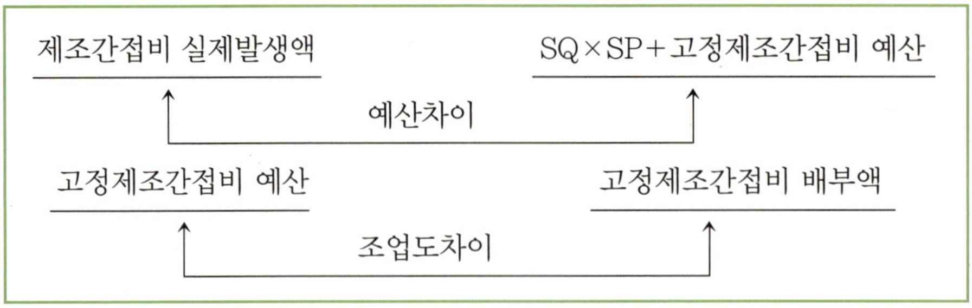

지금까지는 제조간접비를 세분하여 분석하였으나, 이를 세분하지 않고 하나로 묶어서 분석하는 경우에는 제조간접비 실제발생액과 제조간접비 배부액과의 차이를 제조간접비 과대(또는 과소)배부액이라고 한다. 이때 제조간접비 실제발생액이 제조간접비 배부액보다 작은 경우를 과대배부액이라고 하며, 제조간접비 실제발생액이 제조간접비 배부액보다 큰 경우를 과소배부액이라고 한다.

이 방법은 제조간접비 차이를 하나로 묶어서 분석하므로 분석절차가 매우 간편하다는 장점이 있다. 그러나 제조간접비 차이에 관한 상세한 정보를 얻을 수 없다는 단점도 있다.

제조간접비 과대(과소)배부액 : 4분법의 (1) + (2) + (3) + (4)
제조간접비 과대배부액 : 제조간접비 실제발생액 < 제조간접비 배부액
제조간접비 과소배부액 : 제조간접비 실제발생액 > 제조간접비 배부액

제6절 배합차이와 수율차이

여러 종류의 생산요소를 투입하여 한 종류의 제품을 생산하는 경우에는 수량(능률)차이를 배합차이와 수율차이로 세분할 수 있다. 이것을 이해하기 위해서는 먼저 생산요소

의 배합과 수율에 대하여 살펴보아야 한다.

생산요소의 배합(mix of production factor)이란 여러 종류의 생산요소를 투입하여 한 종류의 제품을 생산하는 경우, 그 제품의 생산에 투입된 전체 생산요소의 양 가운데 특정 생산요소의 양이 차지하는 상대적인 비율을 말한다.

$$\text{배합비율} = \frac{\text{특정 생산요소의 양}}{\text{전체 생산요소의 양}} \times 100(\%)$$

예를 들어 설탕 20g과 밀가루 80g을 투입하여 생과자 1개를 생산한다면, 이때 설탕의 배합비율은 20%가 되고 밀가루의 배합비율은 80%가 된다.

수율(yield)이란 생산요소의 투입량과 제품 산출량과의 비율을 말한다.

$$\text{수율} = \frac{\text{제품 산출량}}{\text{생산요소의 투입량}} \times 100(\%)$$

예를 들어 설탕 20g과 밀가루 80g을 투입한 결과 90g의 생과자가 생산된다면 수율은 90%(=90g / 100g)가 된다.

생산요소에 대해서는 가격차이와 능률차이가 발생하는데, 이 양자 사이에는 서로 상반관계(trade-off)가 존재하게 된다. 예를 들어 질이 낮은 값싼 원재료를 사용하면 직접재료비 가격차이가 유리하게 나타나지만 그로 인해 직접재료비 수량(능률)차이가 불리하게 나타난다. 그리고 경험이 적은 비숙련공을 고용하면 직접노무비 가격차이가 유리하게 나타나지만, 그로 인해 직접노무비 능률차이가 불리하게 나타난다. 이와 마찬가지로 여러 종류의 원재료를 투입하여 한 종류의 제품을 생산하는 경우에 나타나는 상반관계는 배합차이와 수율차이로 설명할 수 있다.

실제 생산과정에서는 그때 그때의 사정에 따라 예산배합과는 다른 배합을 사용할 수 있는데, 이러한 배합의 변화로 인한 수량(능률)차이를 배합차이(mix variance)라고 한다.

예를 들어 가죽 2단위와 안감(천) 3단위를 투입하여 가방 1개를 생산하는 경우를 생각해 보자.

이때 가죽 2단위와 안감 3단위라는 배합은 기업이 가방의 실제 생산에 돌입하기에 앞서 설정해 놓은 예산배합에 해당된다. 그러나 실제 생산에 착수했을 때 일시적으로 안감의 공급이 부족해져서 안감을 1단위만 투입하고 나머지 2단위는 가죽 1단위로 대체했다고 하자. 이 경우 실제배합은 가죽 3단위와 안감 1단위가 된다.

수율차이(yield variance)란 수율의 차이로 인한 수량(능률)차이를 말한다.

위의 예에서 예산배합에 따라 가죽 2단위와 안감 3단위를 투입하여 가방 1개를 생산하는 경우, 완성된 가방 1개는 1.5단위의 가죽과 2.5단위의 안감으로 구성된다고 하자. 즉 재단과정에서 0.5단위의 가죽과 0.5단위의 안감은 조각조각으로 부서져 없어진다고 해보자

이 경우 수율은 4 / 5가 되는데 이것이 예산수율이다. 그런데 가죽 3단위와 안감 1단위를 투입하여 실제생산을 한 결과 완성된 가방 1개는 2.2단위의 가죽과 0.8단위의 안감으로 구성되어 있다고 해보자. 이 경우 실제수율은 3 / 4이 된다.

배합차이와 수율차이의 계산식은 다음과 같다.

(1)	(2)	(3)
실제투입량×표준가격	실제총투입량×예산배합×표준가격	표준투입량×표준가격
(AQ×SP)	(Total AQ×BM×SP)	(SQ×SP)

배합차이=(1) − (2)　　수율차이=(2)−(3)

수량(능률)차이

여기서　Total AQ : 실제의 전체사용수량
BM : 예산배합비율

상기 식은 여러 종류의 원재료 중에서 어느 하나의 원재료에 대한 배합차이와 수율차이를 계산하는 식이다. 그러므로 여러 종류의 원재료(직접노동)을 투입하여 한 종류의

제품을 생산하는 경우의 총배합차이나 총수율차이를 구하려면 위의 식에 따라 먼저 개별 원재료(직접노동)의 배합 및 수율차이를 계산한 다음 이들을 모두 합계하면 된다.

제7절 표준원가계산제도하의 원가흐름

기업에서 표준원가계산제도를 채택하면 실제원가흐름을 추적할 필요가 없게 된다. 왜냐하면 개별원가계산의 경우에는 제품의 각 구성부분에 대하여 사전에 설정되어 있는 표준원가를 이용하여 개별제품의 원가를 구성하면 되고, 종합원가계산의 경우에도 다른 공정으로 대체되는 생산량에 대해서 표준원가로 평가하므로 역시 실제원가흐름을 추적할 필요가 없기 때문이다.

따라서 본절에서는 표준원가계산제도의 실시에 따른 구체적인 회계처리방법 및 재무제표 작성과정에 대하여 살펴보기로 한다.

표준원가계산제도를 채택하게 되면 원가차이가 발생하는 것이 보통인데, 원가차이(cost variance)란 특정제품이나 특정부문에서 실제로 발생한 실제원가와 표준원가와의 차이를 말한다.

이러한 원가차이가 발생하는 이유는 표준을 설정하는 단계에서 고려하지 못했던 많은 외부요인이 제조활동이 수행되는 과정에 개입되어 나타나기 때문이다. 원가차이는 실제원가가 표준원가보다 크면 그 차이는 불리한 것이므로 비용과 같이 차변에 기록하며, 실제원가가 표준원가 보다 작으면 그 차이는 유리한 것이므로 수익과 같이 대변에 기록한다. 그러므로 원가차이계정은 수익과 비용을 나타내는 계정, 즉 손익계정이라 할 수 있다.

불리한 차이 : 비용의 성격으로 보아 차변에 기록
유리한 차이 : 수익의 성격으로 보아 대변에 기록

그러면 원가요소별로 원가차이에 대한 회계처리를 살펴보기로 하자.

1. 직접재료비

직접재료의 경우에는 차이의 분리시점이 중요한 문제가 된다. 즉 직접재료의 가격차이를 구입시점에서 분리하느냐 아니면 사용시점에서 분리하느냐에 따라 회계처리방법이 달라지므로 이를 구분하여 살펴보기로 한다.

(1) 구입시점에서 분리하는 경우

① 직접재료의 구입시

표준원가계산제도하에서 직접재료비 가격차이를 구입시점에서 분리하는 경우에는 단위당 표준가격에 실제구입수량을 곱한 금액을 직접재료계정의 차변에 기록한다. 즉 직접재료계정에 기록되는 금액은 실제원가가 아니라 표준원가로 기록된다. 이렇게 기록하는 경우에는 실제가격과 표준가격과의 차이로 인하여 구입시점에서 직접재료비 가격차이가 발생하게 된다.

표준가격보다 더 많은 금액을 지불하고 직접재료를 구입한 경우 구입시점에서 다음과 같이 분개한다.

(차)	직접재료(AQp×SP)	×××	(대) 매입채무(AQp×AP)	×××
	직접재료비 가격차이	×××		

② 직접재료의 사용시

직접재료를 생산에 투입한 시점에서는 산출량에 허용된 표준투입량에 단위당 표준가격을 곱한 금액을 재공품계정의 차변에 기록한다.

이때 실제투입량이 산출량에 허용된 표준투입량을 초과하는 경우에는 직접재료비 수량차이계정의 차변에 기록한다. 그러나 때때로 감손이나 공손이 표준허용량보다 적게 발생하여 직접재료를 절약한 경우에는 직접재료비 수량차이계정의 대변에 기록한다.

실제투입량이 산출량에 허용된 표준투입량을 초과하는 경우에는 직접재료를 생산에 투입하는 시점에서 다음과 같이 분개한다.

(차)	재 공 품(SQ×SP)	×××	(대) 직접재료(AQu×SP)	×××
	직접재료비 수량차이	×××		

이 경우 계정 간의 연락관계를 보면 다음과 같다.

표 11-3 구입시점에서 분리하는 경우의 계정연락도

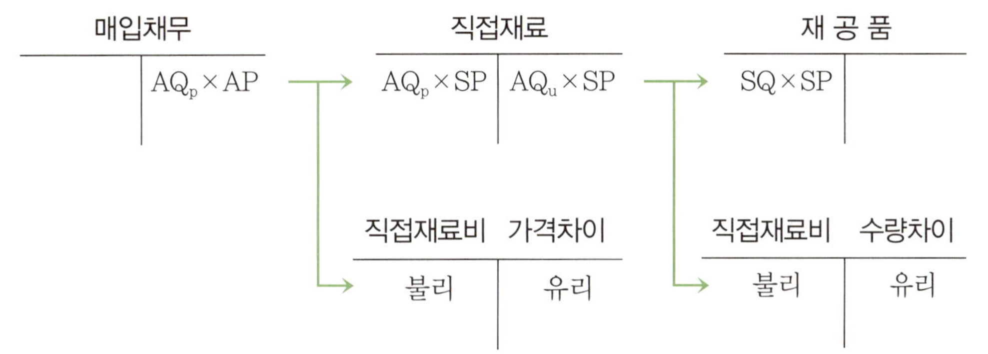

③ 회계기말

직접재료의 구입시점에서 표준가격으로 기록하면 구입시점에서의 분개를 통해 자동적으로 가격차이가 기록되고, 재료를 생산에 투입하는 시점에서의 분개를 통해 수량차이가 자동적으로 기록되는 것이다. 그러나 대차대조표와 같은 외부보고용 재무제표를 작성하기 위해서는 표준원가를 실제원가로 전환하는 작업을 해야 하는데, 그 과정은 기말의 정리분개를 통하여 수행된다.

직접재료비 가격차이의 일부는 직접재료비 수정계정으로 처리되어 직접재료계정을 증감시키는 역할을 하게 된다. 이때 수정되는 금액은 기말재료 수량에 단위당 표준가격과 단위당 실제가격과의 차이를 곱한 금액이 된다.

처음에 기록된 직접재료비 가격차이가 불리한 차이인 경우의 수정분개는 다음과 같다.

(차)	직접재료비 수정	×××	(대) 직접재료비 가격차이	×××

이처럼 처음에 기록된 직접재료비 가격차이가 불리한 차이인 경우에는 원래의 표준원가에 직접재료비 수정금액을 가산해서 재료의 기말재고액을 계산한다. 그러나 처음에 기록된 직접재료비 가격차이가 유리한 차이인 경우에는 원래의 표준원가에서 직접재료비 수정금액을 차감하여 기말재고액을 계산한다.

(2) 사용시점에서 분리하는 경우

① 직접재료의 구입시

직접재료비 가격차이를 사용시점에서 분리하는 경우에는 재료구입시에는 직접재료계정 차변과 대변에 모두 실제구입가격으로 기록한다. 이 방법의 주장근거는 실제로 지불한 가격이 재료의 진정한 원가를 표시하는 것이므로 재료재고액은 실제구입가격으로 표시되어야 하며, 재료가 제조과정에 투입되기 전까지는 직접재료비 가격차이를 인식하지 않아야 한다는 것이다.

직접재료의 구입시점에서 다음과 같이 분개한다.

(차) 직접재료(AQp×AP)	×××	(대) 매입채무(AQp×AP)	×××

② 직접재료의 사용시

재료가 생산에 투입되는 시점에서 산출량에 허용된 표준투입량에 표준가격을 곱한 금액을 재공품계정의 차변에 기록하고, 실제투입량에 실제가격을 곱한 금액을 직접재료계정의 대변에 기록한다. 그러므로 직접재료 사용시점의 분개로 인하여 직접재료비 가격차이와 수량차이가 자동적으로 기록된다.

실제투입량과 실제가격이 표준투입량과 표준가격보다 큰 경우에는 직접재료의 사용시점에서 다음과 같이 분개한다.

(차)	재 공 품(SQ×SP)	×××	(대) 직접재료(AQu×AP)	×××
	직접재료비 가격차이	×××		
	직접재료비 수량차이	×××		

이 경우 계정 간의 연락관계를 보면 다음과 같다.

표 11-4 사용시점에서 분리하는 경우의 계정연락도

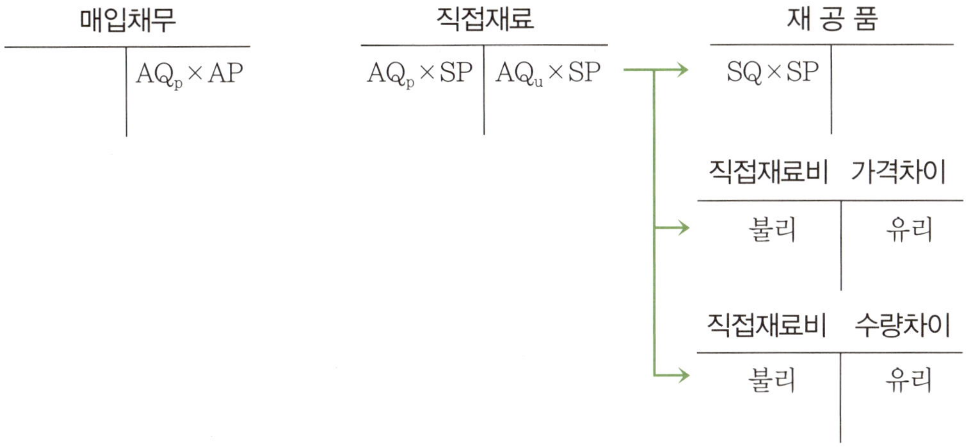

③ 회계기말

직접재료비 가격차이를 사용시점에서 분리하는 경우에는 직접재료계정은 실제원가로 표시되어 있으므로 수정할 필요가 없다.

2. 직접노무비

직접노무비가 발생하는 경우 표준원가계산제도하에서는 표준노동시간에서 표준임률을 곱한 금액을 재공품계정의 차변에 기록하고, 실제로 발생한 임금은 임금계정의 대변에 기록한다.

직접노무비 임률차이가 유리한 차이이고, 직접노무비 임률차이가 불리한 차이인 경우에는 다음과 같이 분개한다.

(차)			(대)		
	재 공 품(SH×SR)	×××		임 금(AH×AR)	×××
	직접노무비 능률차이	×××		직접노무비 임률차이	×××

3. 변동제조간접비

표준변동제조간접비는 산출량에 허용된 표준조업도(예:표준직접노동시간)에 변동제조간접비 표준배부율을 곱한 금액을 변동제조간접비 예정배부시에 재공품계정의 차변에 기록한다. 그리고 변동제조간접비 소비차이와 능률차이는 실제 발생한 변동제조간접비를 파악할 수 있는 기말에 가서 변동제조간접비계정을 마감하면서 기록한다. 따라서 변동제조간접비의 차이분석은 직접재료비나 직접노무비의 차이분석과는 달리 제조간접비의 집계가 끝나는 기말에 가서야 수행된다는 사실에 유의하여야 한다.

변동제조간접비와 관련하여서는 다음과 같이 분개한다.

① 예정배부시

(차) 재 공 품(SH×SP) ××× (대) 변동제조간접비 ×××

② 실제발생액 집계시

(차) 변동제조간접비(실제액) ××× (대) 각 비 용 항 목 ×××

③ 원가계산기말

(차) { 변동제조간접비 소비차이* ××× (대) 변동제조간접비 ×××
변동제조간접비 능률차이* ××× }

* 불리한 차이라고 가정함

4. 고정제조간접비

표준고정제조간접비는 산출량에 허용된 표준조업도에 고정제조간접비 표준배부율을 곱한 금액을 재공품계정의 차변에 기록한다. 그리고 고정제조간접비 소비(예산)차이와 조업도차이는 변동제조간접비와 마찬가지로 원가계산기말에 고정제조간접비계정을 마감하면서 기록한다.

고정제조간접비와 관련하여 다음과 같이 분개한다.

① 예정배부시

(차) 재 공 품(배부액) ××× (대) 고정제조간접비 ×××

② 실제발생액 집계시

(차) 고정제조간접비(실제액) ×××　　(대) 각비용항목 ×××

③ 원가계산기말

(차) ┌ 고정제조간접비 소 비 차 이 *×××　　(대) 고정제조간접비 ×××
　　 └ 고정제조간접비 조업도차이 *×××

* 불리한 차이라고 가정함

5. 제품 및 매출원가계정으로의 대체

한 부문(공정)에서의 생산이 완료되면 각 재공품계정들은 다음 생산부문(공정)으로 대체되는데, 이때는 다음 부문(공정)의 재공품계정에 표준원가로 대체된다. 이러한 과정을 거쳐 모든 생산작업이 완료되면 각 완성품들은 제품계정에 표준원가로 대체되고, 판매가 이루어 졌을 경우에는 매출원가계정에 표준원가로 대체된다. 제품 완성시와 판매시에 다음과 같이 분개한다.

① 당기 완성품을 제품계정에 대체시

(차) 제　품(표준원가) ×××　　(대) 재 공 품(표준원가) ×××

② 매출원가계정에 대체시

(차) 매출원가(표준원가) ×××　　(대) 제　품(표준원가) ×××

제8절 원가차이에 대한 회계처리

지금까지는 원가요소별로 원가차이를 회계처리하는 방법을 살펴보았는데, 외부보고용 재무제표를 작성할 때에는 이러한 원가차이와 관련된 각 계정들을 적절히 수정해 주어야 한다. 원가차이를 배분하는 방법에는 다음의 세 가지가있다.

1. 매출원가기준법

매출원가기준법이란 모든 원가요소의 유리한 차이와 불리한 차이를 상계한 순원가차이를 매출원가에 가감하는 방법을 말한다. 즉 순원가차이가 유리한 차이일 경우에는 매출원가에서 차감하고, 불리한 차이일 경우에는 매출원가에 가산하는 방법을 말한다. 이 방법은 제조원가에 비해서 원가차이가 그다지 중요하지 않은 경우에는 타당한 방법이나, 그렇지 않은 경우에는 매출총이익이 왜곡된다는 단점이 있다.

2. 제조원가기준법

제조원가기준법은 표준원가로 기록되어 있는 재공품과 제품의 기말잔액과 매출원가를 기준으로 순원가차이를 배분하는 방법을 말한다. 즉 순원가차이가 유리한 차이일 경우에는 재공품, 제품, 매출원가계정에서 차감하는 반면, 불리한 차이일 경우에는 재공품, 제품, 매출원가계정에 가산하는 방법을 말한다.

본서에서 제조원가기준법이라는 용어를 사용하는 이유는 재공품과 제품의 기말잔액 및 매출원가는 직접재료비, 직접노무비 및 제조간접비를 합한 제조원가로 구성되어 있기 때문에 붙여진 명칭이다.

3. 원가요소기준법

원가요소기준법은 표준원가로 기록되어 있는 각 원가요소 금액을 기준으로 해당 원가차이를 배분하는 방법을 말한다. 예를 들어 직접재료비 가격차이와 수량차이는 재공품과 제품의 기말잔액 및 매출원가에 포함되어 있는 직접재료비를 기준으로 배분하는 방법이다.

제조원가기준법과 원가요소기준법을 기준으로 원가차이를 배분하는 경우에 직접재료비 가격차이를 배분할 때에는 주의를 기울여야 한다. 왜냐하면 직접재료비차이의 분리시점이 언제이냐에 따라서 배분기준이 달라지기 때문이다.

직접재료비 가격차이를 구입시점에서 분리하는 경우에는 직접재료계정이 표준원가로 기록되어 있다. 그러므로 직접재료비 가격차이는 직접재료의 기말잔액, 직접재료비 수량차이, 재공품과 제품의 기말잔액 및 매출원가를 기준으로 배분한다. 그리고 직접재료비 수량차이와 직접노무비 가격차이 등은 재공품과 제품의 기말잔액 및 매출원가를 기준으로 배분한다. 이처럼 직접재료 가격차이를 직접재료계정과 직접재료비 수량차이 계정에 배분하는 이유는 직접재료의 실제원가와 표준원가와의 차이를 유발시키는 유일한 원인이 직접재료비 가격차이기 때문이다.

그러나 직접재료비 가격차이를 사용시점에서 분리하는 경우에는 직접재료계정은 실제원가로 기록되어 있기 때문에 모든 원가차이를 재공품과 제품의 기말잔액 및 매출원가를 기준으로 배분하면 된다.

••• 쉬어갑시다

낭 비!

오래 된 이야기인데, 메모 모션 연구 및 객관적 레이팅의 제창자로 유명한 M.E.먼데일이 어느 공장을 시찰하고 나서 이렇게 말했다.
"나는 당신 회사의 제품을 사고 싶지 않소. 왜냐 하면 공장을 둘러보니 많은 낭비가 발생하고 있소. 그 '낭비'를 사기가 싫기 때문이오."
이 말은 명언이 아닐 수 없다. 그런데 낭비란 무엇인가? 사전을 보면 낭비란 '재물이나 시간 · 정력 따위를 헛되이 씀'이라고 되어 있다.
하지 않아도 되는 것을 하는 것이 낭비이며, 해서는 안 되는 것을 하는 것은 죄악이다. 물론 해서는 안 되는 것을 해서는 안되겠지만, 우리는 하지 않아도 되는 것을 하고 있는 것은 아닐까? 생각해 보면 우리는 하지 않아도 되는 것은 결코 하지 않는다. 역시 할 필요가 있기 때문에 하고 있는 것이 아닌가.
어쩌면 그것은 필요악(必要惡)일지 모른다. 그 필요악을 배제하는 것이 개선이며, 개선됨으로써 비로소 옛날(이전)에는 이런 일(낭비)을 하고 있었구나 하고 웃을 수도 있는 것이다.

요점정리

1. 표준원가

(1) **표준원가** : 과학적으로 면밀하게 예정된 원가로서 작업이 합리적이고 효율적으로 수행된다면 당연히 달성하여야 할 원가

(2) **표준원가 = 수량표준 × 가격표준**

(3) **표준원가관리** : 표준원가를 사용하여 기업을 관리하는 것

(4) **표준원가의 유용성** : 계획목적, 통제목적, 제품원가계산목적

2. 예산

(1) **예산** : 특정생산활동을 수행하는데 소비될 것으로 예상되는 자원의 투입량을 화폐액으로 표시한 것

(2) **고정예산과 변동예산**

• 고정예산 : 특정기간 동안의 생산수량이나 기타조건의 변화여부를 고려하지 않고 하나의 조업도 수준을 기준으로 편성한 예산

• 변동예산 : 단일조업도 수준에 근거한 고정예산과는 달리 일정범위의 조업도수준에 대한 예산

3. 원가차이 분석

(1) **원가차이분석** : 실제원가와 표준원가를 비교하여 그 차이를 분석하는 기법

(2) **총차이 = 가격차이 + 능률차이**

(3) **가격차이와 능률차이**

• 가격차이 : 실제투입량으로 고정시킨 상태에서 실제가격과 표준가격과의 차이

• 능률차이 : 표준가격으로 고정시킨 상태에서 실제투입량과 실제산출량에 허용된 표준투입량과의 차이

(4) **직접재료비차이**

① 사용시점에 분리하는 경우 : 직접재료비 가격차이와 수량차이는 생산에 실제사용된 재료수량을 근거로 계산

② 구입시점에 분리하는 경우 : 직접재료비 가격차이는 구입수량을 기초로 계산하고, 직접재료비 수량차이는 사용수량을 기초로 계산

(5) **직접노무비차이**

• 임률차이 : 직접노동시간이 실제시간으로 고정시킨 상태에서 실제임률과 표준임률과의 차이

• 능률차이 : 표준임률로 고정시킨 상태에서 실제시간과 실제산출량에 허용된 표준시간과의 차이

(6) **변동제조간접비차이**

• 소비차이 : 변동제조간접비 실제발생액과 실제조업도(실제투입시간)에 허용된 표준변동제조간접비와의 차이

• 능률차이 : 실제조업도(실제투입시간)에 허용된 표준변동제조간접비와 실제산출량에 허용된 표준변동제조간접비와의 차이

(7) **고정제조간접비차이**

① 기준조업도 : 정상원가계산이나 표준원가계산에서 사용되는 제조간접비 표준

(예정)배부율을 계산하기 위하여 미리 설정해 놓은 조업도

② 소비차이와 조업도차이

- 소비(예산)차이 : 고정제조간접비 실제발생액과 고정제조간접비 예산과의 차이
- 조업도차이 : 고정제조간접비 예산과 고정제조간접비 배부액과의 차이

4. 제조간접비차이의 분석방법

(1) **4분법** : 변동제조간접비차이를 소비차이와 능률차이로, 고정제조간접비차이를 소비차이와 조업도차이로 분리하는 방법

(2) **3분법** : 제조간접비차이를 예산차이, 능률차이, 조업도차이의 세 가지로 분리하는 방법

(3) **2분법** : 제조간접비차이를 예산차이와 조업도차이의 두 가지로 분리하는 방법

5. 배합차이와 수율차이

(1) **생산요소의 배합비율** : 전체생산요소의 양 가운데 특정생산요소의 양이 차지하는 상대적인 비율

(2) **수 율** : 생산요소의 투입량과 제품산출량과의 비율

(3) **배합차이와 수율차이**

- 배합차이 : 배합의 변화로 인한 수량차이
- 수율차이 : 수율의 차이로 인한 수량차이

6. 원가차이에 대한 회계처리

(1) **원가차이**

- 불리한 차이 : 비용으로 보아 차변에 기록
- 유리한 차이 : 수익으로 보아 대변에 기록

(2) **원가차이의 배분방법**

① 매출원가기준법 : 순원가차이를 매출원가에 가감하는 방법

② 제조원가기준법 : 순원가차이를 재공품과 제품의 기말잔액 및 매출원가를 기준으로 배분하는 방법

③ 원가요소기준법 : 순원가차이를 각 계정에 포함되어 있는 각 원가요소금액을 기준으로 배분하는 방법

직접재료비 가격차이를 구입시점에 분리한 경우에는 직접재료비 가격차이는 직접재료의 기말잔액, 직접재료비 수량차이, 재공품과 제품의 기말잔액 및 매출원가를 기준으로 배분한다. 그리고 나머지 차이는 재공품과 제품의 기말잔액 및 매출원가를 기준으로 배분한다.

제11장 연습문제

11-1 고정예산 성과보고

(주)포항은 목각인형을 제조하여 판매하고 있다. 19×6년 5월의 가공부문의 제조간접비에 대한 고정예산은 다음과 같으며, 감가상각비를 제외한 모든 제조간접비는 변동비이다.

(주)포항 가공부문	(19×6년 5월)
예 산 생 산 량	10,000개
예산제조간접비	
간 접 재 료 비	₩40,000
간 접 노 무 비	50,000
수 도 광 열 비	20,000
감 가 상 각 비	45,000
합 계	₩155,000

그러나 (주)포항이 19×6년 5월 동안 실제로 생산한 수량은 8,000개이며, 가공부문에서 실제로 발생한 원가는 다음과 같다.

간접재료비	₩36,500
간접노무비	44,000
수도광열비	15,500
감가상각비	43,000
합 계	₩139,000

■ 요구사항

1. 고정예산과 실제발생원가를 비교하는 성과보고서를 작성하라.
2. 생산부문관리자의 주요한 책임인 생산통제와 원가통제란 무엇인가?
3. 고정예산제도하에서 생산통제와 원가통제가 모두 가능한가? 설명하라.

| 풀이 |

1. 성과보고서

성과보고서

	실 제	예 산	차 이
생 산 량	8,000개	10,000개	2,000개(U)
간접재료비	₩36,500	₩40,000	₩3,500(F)
간접노무비	44,000	50,000	6,000(F)
수도광열비	15,500	20,000	4,500(F)
감가상각비	43,000	45,000	2,000(F)
합 계	₩139,000	₩155,000	₩16,000(F)

2. 생산통제와 원가통제

생산부문관리자의 주요한 책임은 생산통제와 원가통제에 있다. 생산통제란 완성품수량으로 표시되는 목표생산량을 달성해야 할 책임을 말하며, 원가통제란 완성품이 일정한 품질수준을 만족시키면서 가능한 최소의 원가로 제품을 생산하여야 할 책임을 말한다.

3. 고정예산으로 생산통제와 원가통제가 가능한가?

고정예산제도하에서는 생산통제는 가능하나 원가통제는 가능하지 않다. 따라서 원가통제를 목적으로 등장한 것이 변동예산이다.

| 해설 |

1. 고정예산이란 특정기간 동안의 생산수량이나 기타조건의 변화여부를 고려하지 않고 하나의 조업도수준을 기준으로 편성한 예산이다. 즉 (주)포항의 가공부문의 경우에는 예산생산량 10,000개를 기준으로 편성한 예산을 고정예산이라 한다.

2. 고정예산제도하에서는 생산통제는 가능하다. 왜냐하면 예산생산량 10,000개와 실제생산량 8,000개를 비교하여 2,000개가 예산보다 적게 생산되었으므로 불리하다고 평가할 수 있기 때문이다. 그러나 원가통제는 가능하지 않다. 왜냐하면 원가 중에는 변동비와 고정비적인 성격을 갖는 원가가 있으므로 10,000개 생산시의 예산원가와 8,000개 생산시의 실제원가를 비교하여 유리하다 불리하다고 판단할 수 없기 때문이다.

11-2 변동예산 성과보고서

(주)포항은 목각인형을 제조하여 판매하고 있다. 19×6년 5월의 가공부문의 제조간접비에 대한 고정예산은 다음과 같으며, 감가상각비를 제외한 모든 제조간접비는 변동비이다.

(주)포항	가공부문	(19×6년 5월)
	예 산 생 산 량	10,000개
	예산제조간접비	
	간 접 재 료 비	₩40,000
	간 접 노 무 비	50,000
	수 도 광 열 비	20,000
	감 가 상 각 비	45,000
	합 계	₩155,000

그러나 (주)포항이 19×6년 5월 동안 실제로 생산한 수량은 8,000개이며, 가공부문에서 실제로 발생한 원가는 다음과 같다.

간접재료비	₩36,500
간접노무비	44,000
수도광열비	15,500
감가상각비	43,000
합 계	₩139,000

■ 요구사항

1. 고정예산 자료를 이용하여 원가방정식을 추정하라.
2. 그래프에 예산원가와 실제원가를 표시해 보라.
3. 변동예산과 실제발생원가를 비교하는 성과보고서를 작성하라.
4. 변동예산제도하에서는 원가통제가 가능한가? 설명하라.
5. 요구사항1의 원가방정식을 이용하여 다음 각 조업도수준에서의 예산원가를구하라.

   (1) 5,000**단위**　(2) 7,500**단위**　(3) 8,000**단위**　(4) 12,000**단위**

| 풀이 |

1. 원가방정식의 이해

   (1) **원가형태의 분석**

항 목	단위당 변동비	고정비
간접재료비	₩4*	−
간접노무비	5	−
수도광열비	2	−
감가상각비	−	₩45,000
합 계	₩11	₩45,000

* ₩40,000 / 10,000개 = ₩4

(2) 원원가방정식 : y = ₩45,000 + 11x (여기서 y : 예산원가, x : 실제조업도)

2. 그래프 도시

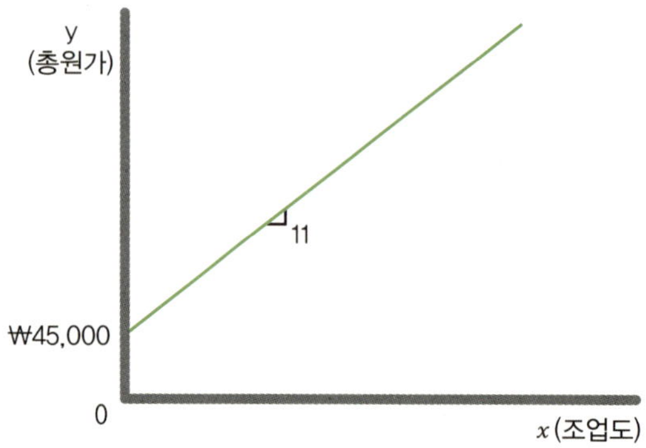

3. 성과보고서

성과보고서

	실 제	예 산	차 이
생 산 량	8,000개	8,000개	–
간접재료비	₩36,500	₩32,000*	₩4,500(U)
간접노무비	44,000	40,000	4,000(U)
수도광열비	15,500	16,000	500(F)
감가상각비	43,000	45,000	2,000(F)
합 계	₩139,000	₩133,000	₩6,000(U)

* 8,000개×₩4=₩32,000

4. 변동예산제도하의 원가통제

변동예산제도하에서는 실제조업도에 근거한 실제원가와 예산원가를 비교하게 되므로 원가통제가 가능하다.

5. 실제조업도수준에서의 예산원가 (변동예산)

실제조업도	원가방정식		변동예산
5,000단위	₩45,000 + ₩11×5,000	=	₩100,000
7,500단위	₩45,000 + ₩11×7,500	=	₩127,500
8,000단위	₩45,000 + ₩11×8,000	=	₩133,000
12,000단위	₩45,000 + ₩11×12,000	=	₩177,000

| 해설 |

1. 변동예산이란 하나의 조업도수준에 근거하는 고정예산과는 달리 일정범위의 조업도수준에 대한 예산을 말한다. 변동원가계산제도하에서는 원가통제와 성과평가목적을 위하여 실제원가를 실제조업도수준에 있어서의 예산원가와 비교하게 된다.

2. 실제생산량은 8,000개이므로 변동예산 개념에 따라 고정예산을 실제조업도수준에 있어서의 예산원가로 수정하여야 한다. 그러므로 통제 및 성과평가목적을 위해 수정된 예산원가는 ₩133,000(=₩45,000+₩11×8,000개)이 되는데, 이 금액이 실제조업도에 근거한 변동예산이 된다. 따라서 원가방정식만 추정되면 실제조업도수준에 있어서의 예산원가는 용이하게 구할 수 있다. 변동예산을 적용하면 실제조업도수준인 8,000개의 예산원가 ₩133,000과 8,000개 생산에 소비된 실제원가 ₩139,000을 비교함으로써 원가통제가 가능하게 된다.

11-3 직접재료비차이 : 사용시점에 분리

(주)계명은 개별표준원가계산제도를 채택하고 있다. 19×6년의 예산생산량은 600개이나 실제생산량은 500개이다. 당사는 직접재료비차이를 사용시점에 분리하고 있으며, 직접재료와 관련된 자료는 다음과 같다.

① 직접재료의 기초재고는 없다.

② 당기 중에 직접재료 2,500kg을 ₩41,000에 외상으로 구입하였다.

③ 당기 중에 직접재료 1,425kg을 제조과정에 사용하였다.

④ 제품 한 단위당 직접재료의 표준원가는 아래와 같다.

직접재료비 : 3kg × ₩16 = ₩48

■ 요구사항

1. 직접재료비 가격차이와 수량차이를 계산하라.

2. 직접재료의 구입시점과 사용시점의 분개를 하라.

3. 직접재료의 장부상 기말잔액은 얼마인가?

| 풀이 |

1. 직접재료비 가격차이와 수령차이

AQ × AP	AQ × SP	SQ × SP
1,425 × ₩16.4*	1,425 × ₩16	(500 × 3) × ₩16
= ₩23,370	= ₩22,800	= ₩24,000

가격차이 ₩570 (불리) 　 수량차이 ₩1,200 (유리)

차이 ₩630 (유리)

* ₩41,000 / 2,500kg=₩16.4

2. 분개

(1) 구입시점

(차) 직접재료(AQ × AP) 41,000 　 (대) 매입채무(AQ × AP) 41,000

(2) 사용시점

(차) 직접재료(AQ × AP) 41,000 　 (대) 매입채무(AQ × AP) 41,000

3. 직접재료의 장부상 기말잔액 : ₩41,000 − ₩23,370 = ₩17,630

| 해설 |

1. 직접재료 가격차이를 사용시점에 분리하는 경우에는 직접재료 구입시점에서는 실제구입가격으로 재료계정에 기입하고, 재료가 사용되는 시점에서 표준원가로 재공품계정에 기록한다. 즉 재료구입시점에서는 실제구입가격 ₩41,000을 직접재료계정 차변에 외상매입금계정 대변에 기록한다.

2. 그리고 재료의 사용시점에서 표준원가(SQ×SP) ₩24,000을 재공품계정 차변에 기록하고 직접재료계정 대변에는 실제투입량의 실제원가(AQ×AP) ₩23,370을 기록한다. 그러면 그 차이는 직접재료비 가격차이와 수량차이가 되는데, 불리한 차이는 차변에 유리한 차이는 대변에 기록하면 대차가 일치하게 된다. 그리고 직접재료 가격차이를 사용시점에 분리하는 경우에는 직접재료계정은 실제원가로 기록되어 있다. 따라서 회계년도말에 직접재료계정을 수정할 필요없이 장부상 기말재료재고액 ₩17,630을 대차대조표에 표시하여 보고하면 된다.

11-4 직접재료비차이 : 구입시점에 분리

(주)계명은 개별표준원가계산제도를 채택하고 있다. 19×6년의 예산생산량은 600개이나 실제생산량은 500개이다. 당사는 직접재료비차이를 구입시점에 분리하고 있으며, 직접재료와 관련된 자료는 다음과 같다.

① 직접재료의 기초재고는 없다.
② 당기 중에 직접재료 2,500kg을 ₩41,000에 외상으로 구입하였다.
③ 당기 중에 직접재료 1,425kg을 제조과정에 사용하였다.
④ 제품 한 단위당 직접재료비의 표준원가는 아래와 같다.
직접재료비 : 3kg×₩16 = ₩48

■ 요구사항

1. 직접재료비 가격차이와 수량차이를 계산하라.
2. 직접재료의 구입시점과 사용시점의 분개를 하라.
3. 직접재료의 장부상 기말잔액(표준원가)은 얼마인가?

4. 표준원가계산제도를 운영하는 경우에도 외부보고용 재무제표를 작성시에는 실제원가로 보고하도록 하고 있다. 19×6년 12월 31일에 외부보고용 대차대조표에 표시될 직접재료(실제원가)재고액은 얼마인가?

5. 직접재료비 가격차이를 사용시점이 아닌 구입시점에서 분리하면 회계처리가 간편해지고 보다 신속해진다. 그 이유를 설명하라.

| 풀이 |

1. 직접재

AQp×AP	AQp×SP	AQu×SP	SQ×SP
	2,500×₩16	1,425×₩16	(500×3)×₩16
₩41,000	=₩40,000	=₩22,800	=₩24,000

가격차이 ₩1,000 (불리) (AQp×AP – AQp×SP)

수량차이 ₩1,200 (유리) (AQu×SP – SQ×SP)

2. 분개

(1) 구입시점

(차)	직접재료(AQp×SP)	40,000	(대) 매입채무(AQp×AP)	41,000
	직접재료비 가격차이	1,000		

(2) 사용시점

(차)	재 공 품(SQu×SP)	24,000	(대) 직접재료(AQu×SP)	22,800
			직접재료비 수량차이	1,200

3. 직접재료의 장부상 기말잔액 (표준원가) : ₩40,000 − ₩22,800 = ₩17,200

4. 대차대조표에 표시될 직접재료 재고액 (실제원가)

직접재료재고액 (표준원가)	₩17,200
직접재료 가격차이 (₩1,000불리×1,075kg / 2,500kg)	430
직접재료재고액 (실제원가)	₩17,630

검산 ₩41,000×1,075kg / 2,500kg = ₩17,630

5. 직접재료비 가격차이를 구입시점에 분리하면 회계처리가 간편해지는 이유

직접재료비 가격차이를 사용시점에서 분리하면 직접재료계정이 모두 실제원가로 기록되므로, 이에 따라 제조과정에 투입시에 원가흐름에 대한 가정이 필요하다. 그러나 직접재료비 가격차이를 구입시점에서 분리하면 직접재료계정이 모두 표준원가로 기록되므로, 재료를 제조과정에 투입시에 원가흐름에 대한 가정이 필요없기 때문이다.

| 해설 |

1. 직접재료비 차이분석시에는 직접재료비 가격차이의 분리시점이 구입시점인지 사용시점인지를 먼저 파악하여야 한다. 가격차이를 구입시점에 분리하는 경우에는 실제구입수량을 기준으로 사용시점에 분리하는 경우에는 실제사용수량을 기준으로 가격차이를 분리하여야 한다.

2. 직접재료 가격차이를 구입시점에 분리하는 경우에는 직접재료비 가격차이는 구입수량인 2,500kg을 기준으로 분리하고, 수량차이는 사용수량인 1,425kg을 기준으로 분리하여야 한다. 왜냐하면 구입시점에서는 재료가 제조과정에 투입되지 않았기 때문에 투입수량을 알 수 없으므로 수량차이를 분리할 수 없기 때문이다.

3. 그리고 직접재료 구입시점에서는 실제구입량의 표준원가인 ₩40,000(=2,500kg ×₩16)을 직접재료계정 차변에 기록하고 실제구입원가 ₩41,000을 외상매입금계정 대변에 기록하며, 그 차이는 직접재료 가격차이가 된다. 직접재료의 사용시점에서는 표준원가인 ₩24,000을 재공품계정 차변에 기록하고 실제투입량의 표준원가인 ₩22,800(=1,425kg×₩16)을 직접재료계정 대변에 기록하면, 그 차이는 직접재료비 수량차이가 된다.

4. 직접재료비 가격차이를 구입시점에 분리하면 직접재료계정은 표준원가로 기록되므로 회계년도말에 외부보고용 재무제표를 작성하기 위해서는 실제원가로 수정하여야 한다. 왜냐하면 직접재료의 장부상 잔액은 표준원가이므로 이 금액을 그대로 재무제표에 표시할 수 없기 때문이다. 그러므로 회계년도말에 표준원가로 표시된 직

접재료재고액에 직접재료비 가격차이를 가감하여 실제원가로 표시된 직접재료재고액으로 수정하여야 한다. 이때 표준원가에다 불리한 가격차이는 가산하고 유리한 가격차이는 차감하면 실제원가로 수정된다. 이렇게 수정된 금액은 직접재료계정을 실제원가로 기록하였을 경우의 직접재료 실제재고액과 일치하게 된다.

5. 요약해 보면 직접재료비 가격차이를 사용시점에 분리하는 경우에는 가격차이와 능률차이 분리시에 모두 실제사용수량을 기준으로 한다. 그리고 직접재료계정은 실제원가로 표시되어 있기 때문에 회계년도말에 별도로 수정할 필요가 없다. 그러나 직접재료 구입시점에 가격차이를 분리하는 경우에는 가격차이는 구입수량을 기준으로 분리하고, 수량차이는 사용수량을 기준으로 분리하여야 한다. 그리고 회계년도말에 표준원가로 표시되어 있는 직접재료계정잔액을 재무제표 작성을 위하여 실제원가로 수정하여야 한다는 점을 반드시 기억하여야 한다.

11-5 직접노무비차이

(주)고려는 19×6년 동안 특정제품을 1,000단위 생산하였다. 한 단위의 제품을 생산하는데 4시간의 직접노동시간이 소요되며 시간당 표준임률은 ₩35이다. 그러나 실제로 제품 1,000단위를 생산하는데 4,200시간이 소요되었으며, 실제 발생한 직접노무비는 ₩142,800이다.

■ 요구사항

1. 직접노무비 임률차이와 능률차이를 계산하라.

2. 직접노무비 소비시의 분개를 하라.

| 풀이 |

1. 직접노무비 임률차이와 능률차이

AH×AR	AH×SR	SH×SR
	4,200×₩35	(1000×4)×₩35
₩142,800	=₩147,000	=₩140,000

임률차이 ₩4,200 (유리) | 능률차이 ₩7,000 (불리)

총차이 ₩2,800 (불리)

2. 직접노무비 소비시의 분개

(1) 구입시점

(차)	재 공 품(SH×SR)	140,000	(대)	임　　금(AH×AR)	142,800
	직접노무비 능률차이	7,000		직접노무비 임률차이	4,200

| 해설 |

1. 직접노무비 임률차이와 능률차이도 직접재료비 차이분석시와 같은 논리로 접근하면 된다. 다만 직접재료비 차이분석시와 차이가 있다면 직접노무비는 직접노동시간에다 시간당 임률을 곱하여 계산되므로, 임률차이 계산시에 실제투입량 대신에 실제투입시간을 실제와 표준가격 대신 실제와 표준임률을 적용하여 분석한다는 점이 다를뿐이다.

2. 직접노무비 임률차이는 실제투입시간이 4,200시간으로 일정한 상태에서 실제임률 ₩34(=₩142,800÷4,200시간)이 표준임률 ₩35과의 차이를 말한다. 그리고 직접노무비 능률(시간)차이는 시간당 표준임률을 ₩35으로 고정시킨 상태에서 실제투입시간 4,200시간과 표준투입시간 4,000시간(=1,000단위×4시간)과의 차이를 말한다.

3. 직접노무비 소비시에는 산출량에 허용된 표준원가 ₩140,000(=4,000시간×35)을 재공품계정 차변에, 실제직접노무비 ₩142,800을 임금계정 대변에 기록한다. 그리고 그 차이는 직접노무비 임률차이와 능률차이가 되므로, 불리한 차이는 차변에 유리한 차이는 대변에 기록하면 된다.

11-6 고정제조간접비차이의 성격

(주)조선의 경영진은 회사의 영업활동을 면밀히 검토한 후에 표준원가계산제도를 채택하여 사용하기로 하였다. 그리고는 먼저 19×6년도에 대한 표준을 설정하려고 한다. 연간 총고정제조간접비는 ₩2,400,000로 예측되며, 완성된 제품의 단위당 표준직접노동시간은 2시간이다.

■ 요구사항

1. 표준직접노동시간이 20,000시간에서 40,000시간으로 변할 때 고정제조간접비의 예산을 그래프에 표시하라. 단, 이 범위의 조업도에서는 총예산이 변동하지 않는다. 만일 기준조업도가 30,000시간이라면 제품원가를 계산할 목적으로 배부할 표준직접노동시간당 고정제조간접비 배부율은 얼마인가? 고정제조간접비의 배부선을 그래프에 표시하라.
2. 15,000단위의 제품이 생산되었다면 제품에 배부될 고정제조간접비는 얼마인가? 조업도차이가 발생하는가? 그 이유는 무엇인가? 20,000단위의 제품을 생산할 경우 조업도차이를 그래프에 표시하라. 조업도차이는 왜 발생하는가? 조업도차이는 변동제조간접비에 대하여도 존재하는가?
3. 18,000단위의 제품이 생산되었을 때 실제고정제조간접비가 ₩2,200,000이라고 가정하면 고정제조간접비 총차이는 얼마인가? 이것을 소비(예산)차이와 조업도차이로 구분하라.

| 풀이 |

1. 고정제조간접비 예산과 배부액을 그래프에 표시

   (1) **고정제조간접비 표준배부율 : ₩2,400,000 ÷ 30,000시간 = ₩80 / 시간**

   (2) **그래프에 표시**

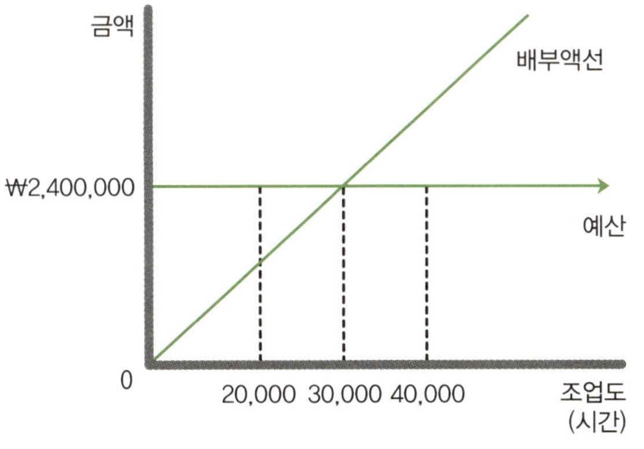

2. (1) 고정제조간접비 배부액

산출량에 허용된 표준시간 (15,000단위×2시간)	30,000시간
고정제조간접비 표준배부율	×₩80
고정제조간접비 배부액	₩2,400,000

(2) 제품 15,000단위 생산시의 조업도차이

고정제조간접비 예　　산	₩2,400,000
고정제조간접비 배　부　액	(2,400,000)
고정제조간접비 조업도차이	₩0

(3) 고정제조간접비 조업도차이

15,000단위 생산시에는 기준조업도 30,000시간과 산출량에 허용된 표준시간 30,000시간이 일치하므로 조업도차이는 발생하지 않는다.

(4) 제품 20,000단위 생산시의 조업도차이

① 그래프에 도시

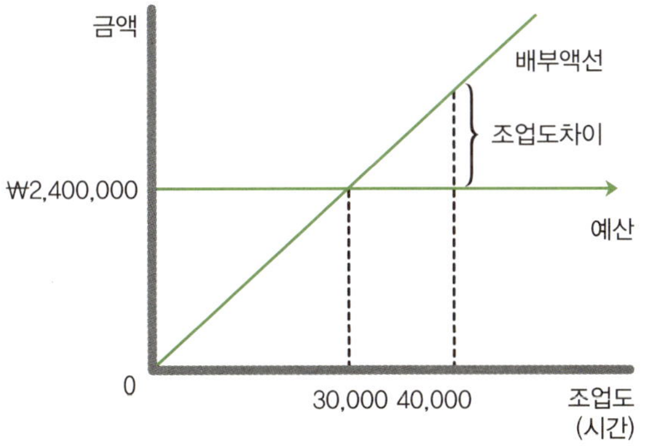

② 조업도차이가 발생하는 이유

조업도차이는 실제조업도가 기준조업도와 일치하지 않기 때문에 발생한다.

③ 변동제조간접비 조업도차이의 존재여부

조업도차이의 개념은 고정제조간접비에만 적용되는 개념이므로, 변동제조간접비에는 조업도차이가 존재하지 않는다.

3. 18,000단위 생산시의 고정제조간접비차이

실제발생액	고정제조간접비 예산	고정제조간접비 배부액
	30,000시간×₩80	(18,000단위×2시간)×₩80
₩2,200,000	= ₩2,400,000	= ₩2,880,000
소비(예산)차이 ₩200,000 (유리)	조업도차이₩480,000 (유리)	
총차이 ₩680,000 (유리)		

| 해설 |

1. 기준조업도란 제품에 원가를 배분하기 위하여 고정제조간접비 표준배부율을 산정하는 데 사용되는 사전에 정해진 조업도를 말한다. 이러한 기준조업도는 높게 설정될수록 제품의 단위당 원가는 낮아지게 된다.

2. 능률차이는 변동제조간접비에 대하여는 계산되지만 고정제조간접비에 대하여는 계산되지 않는다. 왜냐하면 직접재료나 직접노동, 변동제조간접비의 효율적인 사용은 실제원가에 영향을 미칠 수 있지만, 고정제조간접비는 단기적으로는 능률에 영향을 받지 않기 때문이다.

11-7 변동제조간접비차이

다음은 (주)신한에서 20×1년 10월 동안 실제로 발생한 변동제조간접비와 관련된 자료이다.

변동제조간접비 실제발생액	₩51,900
제품생산량	500단위
직접노동시간	1,520시간

(주)신한이 설정한 예산에 의하면 직접노동시간은 1,600시간이고 변동제조간접비는 ₩57,600이다. 제품 1단위 생산에 소요되는 표준직접노동시간은 3시간이다.

■ 요구사항

1. 변동제조간접비의 표준배부율을 구하라.

2. 변동제조간접비 소비차이와 능률차이를 계산하라.

3. 변동제조간접비와 관련된 분개를 하라.

| 풀이 |

1. 변동제조간접비 표준배부율

변동제조간접비 : ₩57,600 ÷ 1,600시간 = ₩36 / 직접노동시간

2. 변동제조간접비 소비차이와 능률차이

AH × AP	AH × SP	SH × SP
	1,520 × ₩36	(500 × 3) × ₩36
₩51,900	= ₩54,720	= ₩54,000

소비차이 ₩2,820 (유리) | 능률차이 ₩720 (불리)

총차이 ₩2,100 (유리)

3. 변동제조간접비와 관련된 분개

(1) 예정배부시

(차) 재 공 품(SH × SP)	54,000	(대) 변동제조간접비	54,000

(2) 실제발생액 집계시

(차) 변동제조간접비	51,900	(대) 각비용항목	51,900

(3) 차이발생시(원가계산기말)

(차) 변동제조간접비	2,100	(대)변동제조간접비 소비차이	2,820
변동제조간접비 능률차이	720		

| 해설 |

1. 변동제조간접비 표준배부율은 변동제조간접비 예산 ₩57,600을 예정직접노동시간인 1,600시간으로 나눈 ₩36이 된다. 그리고 표준개별원가계산제도하에서 변동제조간접비 배부액은 실제산출량에 허용된 표준시간에다 변동제조간접비 표준배부율을 곱한 금액이 된다. 즉 실제산출량 500개에 허용된 표준직접노동시간 1,500시간(=500개×3시간)에다 변동제조간접비 표준배부율 ₩36을 곱한 ₩54,000이 변동제조간접비 배부액이 된다.

2. 변동제조간접비 소비차이란 변동제조간접비 실제발생액 ₩51,900과 실제투입시간에 허용된 표준변동제조간접비 ₩54,720(=1,520시간×36)과의 차이를 말한다. 그리고 변동제조간접비 능률차이란 표준배부율로 고정된 상태에서 실제투입시간 1,520시간과 실제산출량 500개에 허용된 표준투입시간 1,500시간(=500개×3시간)과의 차이를 말한다. 즉 소비차이는 실제배부율이 표준배부율보다 낮기 때문에 ₩2,820의 유리한 차이가 발생한 반면에, 능률차이는 실제투입시간이 표준투입시간보다 많이 투입되었기 때문에 ₩720의 불리한 차이가 발생한 것이다.

11-8 고정제조간접비차이

다음은 (주)신한에서 20×1년 10월 동안 실제로 발생한 고정제조간접비와 관련된 자료이다.

고정제조간접비 실제발생액	₩38,700
제품생산량	500단위
직접노동시간	1,520시간

(주)신한이 설정한 예산에 의하면 기준조업도는 1,600시간이며 고정제조간접비는 ₩43,200이다. 제품 1단위 생산에 소요되는 표준직접노동시간은 3시간이다.

■ 요구사항

1. 고정제조간접비 표준배부율을 구하라.
2. 고정제조간접비 소비(예산)차이와 조업도차이를 구하라.
3. 고정제조간접비와 관련된 분개를 하라.
4. 고정제조간접비 조업도차이는 경영자가 단기적으로 통제가능한 차이인가?

| 풀이 |

1. 고정제조간접비 표준배부율 : ₩43,200 ÷ 1,600시간 = ₩27 / 직접노동시간

2. 고정제조간접비 소비(예산)차이와 조업도차이

실제발생액	고정제조간접비 예산 (기준조업도×예정배부율)	고정제조간접비 배부액 (표준조업도×예정배부율)
		(500×3)×₩27
₩38,700	₩43,200	=₩40,500

소비차이 ₩4,500 (유리) | 조업도차이 ₩2,700 (불리)

총차이 ₩1,800 (유리)

3. 관련된 분개

(1) 예정배부시

(차) 재 공 품(표준원가) 40,500 (대) 고정제조간접비 40,500

(2) 실제발생액 집계시

(차) 고정제조간접비 38,700 (대) 각비용항목 38,700

(3) 차이발생시(원가계산기말)

(차) { 고정제조간접비 조업도차이 2,700 (대)고정제조간접비 소비차이 4,500
고정제조간접비 1,800 }

4. 고정제조간접비 조업도차이의 통제가능성

고정제조간접비 조업도차이는 기준조업도와 실제산출량에 허용된 표준조업도와의 차이로 인하여 발생하는 것이므로, 단기적으로는 통제불가능한 경우가 대부분이다.

| 해설 |

1. 고정제조간접비 표준배부율은 고정제조간접비 예산 ₩43,200을 기준조업도인 1,600시간으로 나누면 시간당 ₩27이 되며, 고정제조간접비 배부액은 실제산출량 500개에 허용된 표준직접노동시간 1,500시간(=500개×3시간)에다 고정제조간접비 표준배부율 ₩27을 곱한 ₩40,500이 된다.

2. 고정제조간접비 소비차이란 고정제조간접비 실제발생액 ₩38,700이 고정제조간접비 예산 ₩43,200보다 적게 소비되었으므로 ₩4,500의 유리한 차이가 발생한 것이며, 고정제조간접비 조업도차이는 기준조업도인 1,600직접노동시간보다 실제산출량 500개에 허용된 표준투입시간 1,500시간(=500개×3시간)이 많기 때문에 ₩2,700의 불리한 차이가 발생한 것이다. 따라서 고정제조간접비 조업도차이는 예산설정시의 조업도수준과 실제조업도수준과의 차이로 인하여 발생하는 것이며, 기준조업도보다 실제조업을 많이 하면 유리한 차이가 발생하는 반면, 기준조업도보다 실제조업을 적게 하면 불리한 차이가 발생한다.

11-9 직접노무비차이

(주)매화의 1개월간의 직접노무비와 관련된 자료가 다음과 같은 경우, 직접노무비 능

률차이는 얼마인가?

실제직접노동시간	40,000시간
표준직접노동시간	42,000시간
직접노무비 임률차이	₩12,000 (불리)
노무비 총액	252,000

| 풀이 |

AH×AR	AH×SR	SH×SR
40,000×AR = ₩252,000	40,000×SR = ₩240,000	42,000×₩6* = ₩252,000

임률차이 ₩12,000(불리) | 능률차이 ₩12,000(유리)

* ₩240,000 / 40,000시간=₩6 / 시간당

11-10 직접노무비차이

(주)진도는 표준원가계산제도를 도입하여 사용하고 있다. 다음은 10월 중의 직접노무비와 관련된 자료이다. 10월 중에 실제로 발생한 노동작업시간은 얼마인가?

실 제 생 산 량	4,000단위
직접노무비 실제발생액	₩8,000,000
제품단위당 허용된 표준시간	12시간
유리한 임률차이	₩600,000
불리한 시간차이	344,000

| 풀이 |

AH×AR	AH×SR	SH×SR
AH×AR =₩8,000,000	AH×₩172* =₩8,600,000	(4,000×12)×172* =₩8,256,000

임률차이 ₩600,000 (유리) | 시간차이 ₩344,000 (불리)

* ₩8,256,000 / (4000단위×12시간)=₩172

∴ 실제직접노동시간 : ₩8,600,000 ÷ ₩172 = 50,000시간

11-11 고정제조간접비차이

(주)포항은 표준원가계산제도를 사용하여 제품원가를 계산하고 있다. 단위당 고정제조간접비 계산시에 사용되는 평준화조업도는 200단위이다. 19×6년 3월의 예산생산량은 220단위였으나 실제생산량은 250단위이다. 기초와 기말재공품은 없다. 제품 단위당 고정제조간접비 배부율은 ₩60이며, 실제발생된 고정제조간접비는 ₩14,400이다. 고정제조간접비 소비(예산)차이와 조업도차이는?

| 풀이 |

실제발생액	예 산	배 부 액
₩14,400	200×₩60=₩12,000	250×₩60=₩15,000

소비차이 ₩2,400 (불리) | 조업도차이 ₩3,000 (유리)

11-12 제조간접비차이 : 4분법

(주)연세는 제조기업이다. 19×5년도에는 기준조업도의 80%하에서 운영되었으나, 19×6년도에는 기준조업도의 90%하에 운영되었다. 각 조업도수준하의 실제시간과 제조간접비 예정배부액은 다음과 같다.

	조업도 80%	조업도 90%
직 접 노 동 시 간	24,000시간	27,000시간
변동제조간접비	₩48,000	₩54,000
고정제조간접비	108,000	108,000
시간당 제조간접비	6.50	6.00

■ 요구사항

1. (주)연세의 기준조업도는 몇 단위인가?

2. 실제로 발생한 제조간접비가 달성가능한 정상조업도하의 예산과 같을 경우 19×6년의 제조간접비 조업도차이는 얼마인가?

| 풀이 |

1. 기준조업도

24,000시간 ÷ 0.8 = 30,000시간 또는 27,000시간 ÷ 0.9 = 30,000시간

2. 제조간접비 조업도차이

(1) 제조간접비 표준배부율

① 변동제조간접비 표준배부율 : ₩54,000 ÷ 27,000시간 = ₩2 /시간당

② 고정제조간접비 표준배부율 : ₩6 − ₩2 = ₩4

(2) 19×6년 제조간접비 조업도차이

(30,000시간 − 27,000시간)×₩4 = ₩12,000 (불리)

11-13 고정제조간접비차이

다음 자료를 이용하여 고정제조간접비 소비(예산)차이와 조업도 차이를 구하라.

고정제조간접비 예　산　액	₩1,600,000
고정제조간접비 실제발생액	2,000,000
실제산출량에 허용된 표준직접노동시간	14,000시간
기 준 조 업 도	16,000시간

| 풀이 |

1. 고정제조간접비 표준배부율 : ₩1,600,000 ÷ 16,000시간 = ₩100 / 시간당

2. 고정제조간접비차이

소 비 차 이 : ₩2,000,000 − ₩1,600,000 = ₩400,000 (불리)

조업도차이 : ₩1,600,000 − 14,000시간×₩100 = ₩200,000 (불리)

11-14 제조간접비차이 : 2분법과 3분법

(주)영남의 19×6년 동안의 연간 생산능력은 600,000단위이다. 19×6년 10월 동안의 제조간접비와 관련된 자료는 다음과 같다.

① 제품 단위당 표준배부율 :	
변동제조간접비 (0.5직접노동시간, @₩4)	₩2
고정제조간접비	1.4
② 제품생산량	45,000단위
③ 실제직접노동시간	25,000시간
④ 제조간접비 실제발생액	₩180,000

■ **요구사항**

1. 3분법을 사용하여 제조간접비차이를 분석하라.

2. 4분법과 3분법의 차이점을 설명하라.

3. 2분법을 사용하여 제조간접비차이를 분석하라.

4. 4분법과 2분법의 차이점을 설명하라.

| 풀이 |

1. 3분법에 의한 제조간접비차이

실제발생액	실제조업도×SP + 고정비 예산
₩180,000	25,000시간×₩4+₩70,000 =₩170,000

예산차이 ₩10,000 (불리)

* 600,000단위 / 12개월×₩1.4=₩70,000

실제조업도×SP	SQ×SP
25,000시간×₩4 = ₩100,000	(45,000단위×0.5)×₩4 = ₩90,000

능률차이 ₩10,000 (불리)

고정비 예산	고정비 배부액
50,000단위×₩1.4 = ₩70,000	45,000단위×₩1.4 = ₩63,000

조업도차이 ₩7,000 (불리)

2. 4분법과 3분법의 차이점

3분법에서는 4분법의 변동제조간접비 소비차이와 고정제조간접비 소비차이를 묶어서 제조간접비 예산차이로 인식한다는 차이점이 있다.

3. 2분법에 의한 제조간접비차이

실제발생액	SQ×SP+고정비 예산	고정비 예산	고정비 배부액
₩180,000	45,000단위×2+₩70,000 = ₩160,000	50,000시간×₩1.4 = ₩70,000	45,000시간×₩1.4 =₩63,000

예산차이 ₩20,000 (불리)   조업도차이 ₩7,000 (불리)

	실제액	실제시간의 허용예산	표준시간의 허용예산	배부액
변동비	−	25,000×₩4	45,000×0.5시간×₩4	45,000×0.5시간×₩4
고정비	−	70,000	70,000	45,000×1.4
	₩180,000	₩170,000	₩160,000	₩153,000

3분법: 예산차이 ₩10,000(U) | 능률차이 ₩10,000(U) | 조업도차이 ₩7,000(U)

2분법: 예산차이 ₩20,000(U) | 조업도차이 ₩7,000(U)

4. 4분법과 2분법의 차이점

2분법에서는 4분법의 변동제조간접비 소비차이, 변동제조간접비 능률차이, 고정제조간접비 소비차이를 하나로 묶어서 제조간접비 예산(통제가능)차이로 인식한다는 차이점이 있다.

| 해설 |

1. 제조간접비차이의 3분법이란 제조간접비를 임의로 변동비부분과 고정비부분으로 구분하지 않고 제조간접비 발생 총액을 그대로 이용하는 방법으로서, 제조간접비차이를 예산차이, 능률차이, 조업도차이의 세 가지로 구분하는 방법이다.

2. 3분법에서의 제조간접비 예산차이는 총제조간접비 실제발생액과 실제조업도에 허용된 변동예산에다 고정제조간접비 예산을 합한 금액과의 차이가 된다. 그리고 제조간접비 능률차이는 4분법의 변동제조간접비 능률차이가 3분법에서도 능률차이로 인식되며, 제조간접비 조업도차이는 4분법의 고정제조간접비 조업도차이가 3분법에서도 조업도차이로 인식된다.

3. 제조간접비차이의 2분법이란 3분법과 마찬가지로 회계기록상 실제제조간접비를 변동제조간접비와 고정제조간접비로 분리하지 않고, 제조간접비차이를 제조간접비 예산차이와 조업도차이의 두 가지로 구분하는 방법이다. 그러므로 4분법의 고정제조간접비 조업도차이를 제외한 나머지를 하나로 묶어서 2분법에서의 제조간접비 예산차이로 인식하고, 4분법의 고정제조간접비 조업도차이를 2분법의 조업도차이로 인식한다. 따라서 제조간접비차이를 몇 분법을 사용하여 분석하든 제조간접비 조업도차이는 고정제조간접비의 조업도차이를 그대로 조업도차이로 인식한다는 점에 유의하여야 한다.

4. 제품 단위당 고정제조간접비 표준배부율이 ₩1.4이므로 10월의 고정제조간접비 예산은 ₩50,000단위(=600,000단위 / 12개월)에다 ₩1.4를 곱한 ₩70,000이다. 이 경우에 유의해야 할 사항은 연간 생산능력 600,000단위를 월간 생산능력으로 바꾸어서 계산하여야 한다는 점이다.

11-15 제조간접비차이 : 2분법

계명사의 기준조업도는 월간 20,000단위이며, 제품 단위당 제조간접비 예정배부율은 ₩2이다. 19×6년 1월 중에 24,000단위를 생산하였는데 다음과 같은 제조간접비차이가 발생하였다.

제조간접비 예 산 차 이 : ₩2,000 (유리)
제조간접비 조업도차이 : ₩4,000 (유리)

2월 중에 16,000단위를 생산하였는데 실제발생한 제조간접비는 1월보다 ₩4,000이 적다. 19×6년 2월 중의 제조간접비 예산차이와 조업도차이는 각각 얼마인가?

| 풀이 |

1. 1월 중의 제조간접비차이 분석

(1) 고정제조간접비 예정배부율(x)

(20,000단위 − 24,000단위)x = ₩(4,000)　　∴ x = ₩1

(2) 제조간접비 실제발생액 : ₩42,000

실제발생액	SQ×SP+고정비 예산	고정비 예산	고정비 배부액
₩42,000	24,000×₩1+20,000×₩1 =₩44,000	20,000×₩1 =₩20,000	24,000×₩1 =₩24,000
예산차이 ₩2,000 (유리)		조업도차이 ₩4,000 (유리)	

2. 2월 중의 제조간접비차이 분석

실제발생액	SQ×SP+고정비 예산	고정비 예산	고정비 배부액
₩38,000	16,000×₩1+20,000×₩1 =₩36,000	20,000×₩1 =₩20,000	16,000×₩1 =₩16,000
예산차이 ₩2,000 (불리)		조업도차이 ₩4,000 (불리)	

11-16 제조간접비차이 : 2분법

(주)수유의 19×6년 7월의 제조간접비와 관련된 자료는 다음과 같다.

① 고정제조간접비 표준	₩100 /시간
② 변동제조간접비 표준	400 /시간
③ 월간노동시간 (예산)	40,000시간
④ 실제노동시간	39,500시간
⑤ 실제생산량에 허용된 표준시간	39,000시간
⑥ 제조간접비 과대배부액	₩200,000

■ 요구사항

1. 7월 동안의 제조간접비 실제발생액은 얼마인가?

2. 7월 동안의 제조간접비 조업도차이는 얼마인가?

| 풀이 |

1. 제조간접비 실제발생액

39,000시간×₩500－₩200,000＝₩19,300,000

2. 제조간접비 조업도차이 : ₩100,000(불리)

실제발생액	SH×SP＋고정비 예산	고정비 예산	고정비 배부액
	39,000×₩400＋40,000×₩100	40,000×₩100	39,000×₩100
₩19,300,000	=₩19,600,000	=₩4,000,000	=₩3,900,000

예산차이 ₩300,000 (유리)

조업도차이 ₩100,000 (불리)

제조간접비 과대배부액 ₩200,000 (유리)

11-17 변동제조간접비차이

(주)청산은 제조간접비원가를 직접노동시간을 기준으로 배부한다. 19×7년도의 예산과 실제발생액에 관한 자료는 아래와 같은 경우, 총제조간접비 능률차이는 얼마인가?

	실제원가	고정예산
변동제조간접비	₩4,000,000	₩5,000,000
고정제조간접비	800,000	700,000

예상생산량 : 10,000개	단위당 표준노동시간	5시간/개당
실제생산량 : 8,000개	실제직접노동시간	30,000시간

| 풀이 |

제조간접비 능률차이는 변동제조간접비에서만 발생하므로 변동제조간접비 능률차이를 구하면 된다.

(1) 시간당 표준변동제조간접비 : ₩5,000,000÷(10,000개×5시간)=@₩100

(2) 변동제조간접비 능률차이

(30,000시간−8,000개×5시간)×₩100=₩1,000,000(유리)

11-18 고정제조간접비 조업도차이

(주)백두는 내부관리목적으로 표준원가계산시스템을 채택하고 있다. 조업도는 직접노동시간을 기준으로 측정하며 기준조업도는 50,000시간이다. 다음은 당기의 예산자료이다.

변동제조간접비	₩250,000,000
고정제조간접비	400,000,000
계	₩650,000,000

당기에 실제 투입된 직접노동시간은 40,000시간이다. 변동제조간접비 능률차이는 ₩10,000,000(불리)으로 계산되었다. 고정제조간접비 조업도차이는 얼마인가?

| 풀이 |

(1) 시간당 표준제조간접비

변동제조간접비 : ₩250,000,000÷50,000시간=₩5,000

고정제조간접비 : ₩400,000,000÷50,000시간=₩8,000

(2) 산출량에 허용된 표준시간(SQ)

(40,000시간−SQ)×₩5,000=₩10,000,000(불리) ∴SQ=38,000시간

(3) 고정제조간접비 조업도차이

₩400,000,000−38,000시간×₩8,000=₩96,000,000(불리)

11-19 제조간접비차이 : 3분법

다음은 제조간접비에 대한 표준원가 및 실제원가에 대한 자료이다.

1. 표준원가자료

	시간	배부율	단위당 배부율
단위당 변동제조간접비	3	@₩200	₩600
단위당 고정제조간접비	3	@100	300

2. 실제원가자료

당기총제조간접비	₩6,000,000
가공비에 대한 완성품환산량	6,000개
실제작업시간	17,000시간
정상조업도	18,000시간

위의 자료를 이용하여 제조간접비차이(3분법)를 분석하라.

| 풀이 |

	실제액	실제시간의 허용예산	표준시간의 허용예산	배부액
변동비	–	17,000×₩200	6,000개×3시간×₩200	6,000개×3시간×₩200
고정비	–	1,800,000*	1,800,000	6,000개×3시간×₩100
	₩6,000,000	₩5,200,000	₩5,400,000	₩5,400,000

예산차이 ₩800,000(U) | 능률차이 ₩200,000(F) | 조업도차이 0

* 18,000시간×₩100=₩1,800,000

11-20 제조간접비차이 : 미지수찾기

(주)안동은 개별표준원가계산제도를 사용하고 있으며, 회사의 변동예산은 표준직접노동시간을 기준으로 하여 작성된다. 다음은 (주)안동의 회계담당자가 분석한 제조간접비 차이와 관련된 자료의 일부이다.

1. 실제산출량에 허용된 표준직접노동시간은 28,000시간이고, 실제직접노동시간은 30,000시간이다.
2. 변동제조간접비는 유리한 소비차이가 ₩4,750이고 불리한 능률차이가 ₩3,000이다.
3. 고정제조간접비는 불리한 소비차이가 ₩6,500이고 불리한 조업도차이는 ₩13,000이다.
4. 실제발생한 고정제조간접비는 ₩201,500이다.

■ 요구사항

1. 기준조업도는 몇 시간인가?
2. 고정제조간접비 예산은 얼마인가?
3. 실제발생한 변동제조간접비는 얼마인가?
4. 변동제조간접비 배부액은 얼마인가?
5. 고정제조간접비 배부액은 얼마인가?
6. 변동제조간접비 배부율은 얼마인가?
7. 고정제조간접비 배부율은 얼마인가?
8. 총제조간접비 배부차이는 얼마인가?
9. 제품 단위당 표준직접노동시간이 2시간이라면 제품 생산량은 몇 단위인가?

| 풀이 |

1. 기준조업도

① 고정제조간접비 표준배부율 : ₩182,000÷28,000시간=₩6.5 / 시간당

② 기준조업도 : ₩195,000÷₩6.5=30,000시간

2. 고정제조간접비 예산 : ₩195,000

3. 실제발생한 변동제조간접비 : ₩40,250

4. 변동제조간접비 배부액 : ₩42,000

5. 고정제조간접비 배부액 : ₩182,000

6. 변동제조간접비 표준배부율(SP)

(30,000시간−28,000시간) ×SP = ₩3,000　　∴ SP = ₩1.5 / 시간당

7. 고정제조간접비 표준배부율 : ₩195,000 ÷ 30,000시간 = ₩6.5 / 시간당

8. 총제조간접비 배부차이

제조간접비 배　부　액 (₩42,000+₩182,000)	₩224,000
제조간접비 실제발생액 (₩40,250+₩201,500)	241,750
제조간접비 과소배부액	₩17,750

9. 제품 생산량 : 28,000시간 ÷ 2시간 = 14,000단위

계산근거 제조간접비차이 (4분법)

(1) 변동제조간접비차이

AH×AP	AH×SP	SH×SP
	30,000×₩1.5*	28,000×SP
₩40,250	= ₩45,000	= ₩42,000

소비차이 ₩4,750 (유리) | 능률차이 ₩3,000 (불리)

* (30,000시간−28,000시간)×SP = ₩3,000 (불리)

(2) **고정제조간접비 차이**

실제발생액	예 산	배 부 액
	기준조업도×표준배부율	28,000×표준배부율
₩201,500	= ₩195,000	= ₩182,000

소비차이 ₩6,500 (불리) | 조업도차이 ₩13,000 (불리)

| 해설 |

제조간접비차이를 변동제조간접비 소비차이와 능률차이, 고정제조간접비 소비차이와 조업도차이로 분리하여 인식한 결자료가 제시되어 있기 때문에, 제조간접비를 4분법으로 분석하고 있다는 것을 알 수 있다. 그러므로 4분법에 의한 제조간접비차이의 기본모형을 그린 다음 제시된 자료를 기입한 후 요구사항에 답하는 방법으로 문제에 접근하여야 한다.

11-21 재료 배합차이와 수율차이

(주)명지는 A, B, C 세 종류의 원재료를 투입하여 향수를 생산하고 있다. 향수 1단위를 생산하는 데 소요되는 각 원재료의 사용량과 표준원가는 다음과 같다.

원 재 료 A	5g×₩10	=	₩50
원 재 료 B	3g×₩15	=	45

원 재 료 C	2g×₩12.5 =	25
합 계		₩120

향수의 지난달 실제생산량은 8,000단위이며, 실제사용한 원재료에 대한 자료는 다음과 같다.

원 재 료 A	34,400g×₩11 =	₩378,400
원 재 료 B	28,000g×₩14 =	392,000
원 재 료 C	18,400g×₩12 =	220,800
합 계		₩991,200

■ 요구사항

1. 직접재료비 가격차이와 수량차이를 구하라.

2. 직접재료비 수량차이를 배합차이와 수율차이로 분석하라.

| 풀이 |

1. 직접재료비 가격차이와 수량차이

(1) **원재료A**

AQ×AP	AQ×SP	SQ×SP
34,400×₩11 =₩378,400	34,400×₩10 =₩344,000	(8,000×5)×₩10 =₩400,000

가격차이 ₩34,400 (불리) 수량차이 ₩56,000 (유리)

(2) 원재료B

28,000×₩14	28,000×₩15	(8,000×3)×₩15
=₩392,000	=₩420,000	=₩360,000

가격차이 ₩28,000 (유리)　수량차이 ₩60,000 (불리)

(3)원재료C

18,400×₩12	18,400×₩12.5	(8,000×2)×₩12.5
=₩220,800	=₩230,000	=₩200,000

가격차이 ₩9,200 (유리)　수량차이 ₩30,000 (불리)

(4)합　계 가격차이 ₩9,200 (유리)　수량차이 ₩30,000 (불리)

2. 배합차이와 수율차이

(1) 원재료A

변동예산(실제배합) AQ×SP	변동예산(예산배합) Total AQ×BM×SP	변동예산(실제산출량) SQ×SP
34,400×₩10	80,800×0.5×₩10	(8,000×5)×₩10
=₩344,000	=₩404,000	=₩400,000

배합차이 ₩60,000 (유리)　수율차이 ₩4,000 (불리)

(2) 원재료B

28,000×₩15	80,800×0.3×₩15	(8,000×3)×₩15
=₩420,000	=₩363,600	=₩360,000

배합차이 ₩56,400 (불리)　수율차이 ₩3,600 (불리)

(3) 원재료C

18,400×₩12.5 =₩230,000	80,800×0.2×₩12.5 =₩202,000	(8,000×2)×₩12.5 =₩200,000
배합차이 ₩28,000 (불리)	수율차이 ₩2,000 (불리)	

(4)합 계 배합차이 ₩24,400 (불리) 수율차이 ₩9,600 (불리)

요약

	원재료 A	원재료B	원재료C	합 계
배합차이	₩60,000(유리)	₩56,400(불리)	₩28,000(불리)	₩24,400(불리)
수율차이	4,000(불리)	₩3,600(불리)	₩2,000(불리)	₩9,600(불리)
수량차이	₩56,000(유리)	₩60,000(불리)	₩30,000(불리)	₩34,000(불리)

| 해설 |

1. 제조간접비차이의 3분법이란 제조간접비를 임의로 변동비부분과 고정비부분으로 구분하지 않고 제조간접비 발생 총액을 그대로 이용하는 방법으로서, 제조간접비차이를 예산차이, 능률차이, 조업도차이의 세 가지로 구분하는 방법이다.

2. 원재료A의 실제산출량에 허용된 예산배합에 의한 투입량(SQ)은 실제산출량에 허용된 총투입량 80,000g(=8,000단위×10g)에 단위당 표준투입량 10g 중에서 원재료 A의 표준투입량 5g의 비율인 예산배합비율 50%를 곱하면 원재료A의 표준투입량은 40,000g이 된다. 따라서 표준원가가 제품 단위당으로 제시되면 실제산출량에 단위당 각 원재료의 표준투입량을 직접 곱하면 실제산출량에 허용된 예산배합에 의한 투입량(SQ)이 계산된다

3. 예산배합에 의한 각 원재료의 투입량은 실제투입된 원재료총량에 각 원재료의 예산배합비율을 곱하여 계산한다. 즉 예산배합에 의한 원재료A의 투입량은 실제투입된 원재료 80,800g에 원재료A의 예산배합비율 50%를 곱한 40,400g이 된다.

11-22 직접노무비 배합차이와 수율차이

(주)진주는 제품A를 생산하는 과정에 숙련공과 비숙련공을 모두 투입하고 있는데, 제품 1단위 제조에 필요한 표준노무비에 대한 자료는 다음과 같다.

	제품단위당 투입시간	시간당임률
숙 련 공	5시간	₩100
비숙련공	10시간	60

지난 달의 실제생산량은 300단위였으며, 실제발생한 노무비에 대한 자료는 다음과 같다.

	제품단위당 투입시간	시간당임률
숙 련 공	1,200시간	₩100
비숙련공	3,600시간	50

■ 요구사항

1. 직접노무비 임률차이와 능률차이를 계산하라.
2. 직접노무비 배합차이와 수율차이를 계산하라.
3. 유리(또는 불리)차이의 발생원인을 설명하라.

1. 직접노무비 임률차이와 능률차이

(1) 숙련공

AH×AR	AH×SR	SH × SR
1,200×₩120	1,200×₩100	(300×5)×₩100
=₩144,000	=₩120,000	=₩150,000

임률차이 ₩24,000 (불리) 능률차이 ₩30,000 (유리)

(2) 비숙련공

3,600×₩50 =₩180,000	3,600×₩60 =₩216,000	(300×10)×₩60 =₩180,000

임률차이 ₩36,000 (유리) | 능률차이 ₩36,000 (불리)

(3) 합　　계

임률차이 ₩36,000 (유리) | 능률차이 ₩36,000 (불리)

2. 배합차이와 수율차이

(1) 숙련공

변동예산(실제배합)	변동예산(예산배합)	변동예산(실제생산량)
AH×SR	Total AH×BM×SR	SH×SR
1,200×₩100	4,800×1 / 3×₩100	(300×5)×₩100
=₩120,000	=₩160,000	=₩150,000

배합차이 ₩40,000 (유리) | 수율차이 ₩10,000 (불리)

(2) 비숙련공

3,600×₩60 =₩216,000	4,800×2 / 3×₩60 =₩192,000	(300×10)×₩60 =₩180,000

배합차이 ₩24,000 (불리) | 수율차이 ₩12,000 (불리)

(3) 합　　계

배합차이 ₩24,000 (불리) | 수율차이 ₩12,000 (불리)

요약

	숙 련 공	비숙련공	합　계
배 합 차 이	₩40,000 (유리)	₩24,000 (불리)	₩16,000 (유리)
수 율 차 이	10,000 (불리)	12,000 (불리)	22,000 (불리)
능 률 차 이	₩30,000 (유리)	₩36,000 (불리)	₩6,000 (불리)

3. 유리(또는 불리)한 차이의 발생원인

유리한 임률차이가 발생한 것은 숙련공의 실제임률이 표준임률보다 높아서 불리한 차이가 발생하긴 하였으나, 상대적으로 비숙련공의 실제임률이 표준임률보다 싸서 유리한 임률차이가 발생한 것이다.

불리한 능률차이는 비숙련공의 경우에 실제배합비율 75%(3,600시간 / 4,800시간)가 표준배합비율 2/3(10시간 / 15시간)보다 높아서 불리한 차이가 발생하였으나, 상대적으로 숙련공의 경우에 실제배합비율 25%(1,200시간 / 4,800시간)보다 표준배합비율 1/3(5시간 / 15시간)이 더 낮아서 유리한 배합차이가 발생하였다. 그러나, 숙련공과 비숙련공 모두 실제투입량이 산출량에 허용된 표준투입량보다 많아서 불리한 수율차이가 크게 나타남으로 인하여 능률차이가 불리하게 나타난 것이다.

| 해설 |

직접노무비 총차이는 임률차이와 능률차이로 분리되며, 능률차이는 다시 배합차이와 수율차이로 세분된다. 숙련공의 경우 배합차이가 유리하게 나타난 것은 실제배합비율 25%(=1,200 / 4,800)가 예산배합비율 33%(=5 / 15)보다 낮아졌기 때문이며, 비숙련공의 경우 배합차이가 불리하게 나타난 것은 실제배합비율이 예산배합비율보다 높아졌기 때문이다.

11-23 원가차이의 배분

(주)명지는 19×6년초에 신제품을 개발하여 생산에 착수하였으며, 표준원가계산제도를 채택하고 있다. 19×6년 동안 제품 50,000개를 생산하여 30,000개를 단위당 ₩300의 가격으로 판매하였다. 기말재료와 기말재공품은 없으며, 19×6년 동안의 표준원가 및 원가차이는 다음과 같다.

	표준원가	원가차이
직접재료비	₩3,750,000	₩40,000 (불리)
직접노무비	3,000,000	30,000 (유리)
제조간접비	4,500,000	10,000 (불리)

■ 요구사항

1. 원가차이를 매출원가에서 조정할 경우.

(1) 원가차이 조정후의 기말제품재고액은 얼마인가?

(2) 19×6년의 손익계산서를 작성하라.

2. 원가차이를 재고자산 및 매출원가에 배분한다고 가정하고 요구사항1에 다시 답하라.

1. 매출원가기준법

(1) 원가차이 조정후의 기말제품재고액

① 제품 단위당 표준제조원가

(₩3,750,000 + ₩3,000,000 + ₩4,500,000) ÷ 50,000개 = @₩225

② 기말제품재고액

(50,000개 − 30,000개) × @₩225 = ₩4,500,000

(2) 손익계산서 작성

손익계산서

Ⅰ. 매 출 액 (30,000개 × @₩300)		₩9,000,000
Ⅱ. 매 출 원 가		
1. 기초제품재고액	₩0	
2. 당기제품제조원가	11,250,000	
3. 기말제품재고액	4,500,000	
4. 표준매출원가	6,750,000	
5. 순원가차이(U)	20,000*	6,770,000
Ⅲ. 매 출 총 이 익		₩2,230,000

* ₩40,000U − ₩30,000F + ₩10,000U = ₩20,000U

2. 제조원가기준법

(1) 순원가차이의 배분

	제 품	매출원가	합 계
배 분 전 잔 액	₩4,500,000(0.4)	₩6,750,000(0.6)	₩11,250,000
직접재료비차이(U)	16,000	24,000	40,000
직접노무비차이(F)	(12,000)	(18,000)	(30,000)
제조간접비차이(U)	4,000	6,000	10,000
배 분 후 잔 액	₩4,508,000	₩6,762,000	₩11,270,000

(2) 원가차이 배분후의 기말제품재고액 : ₩4,508,000

(3) 손익계산서 작성

손익계산서

Ⅰ. 매 출 액 (30,000개 × @₩300)		₩9,000,000
Ⅱ. 매출원가		
1. 기초제품재고액	₩0	
2. 당기제품제조원가	11,250,000	
3. 기말제품재고액	4,500,000	
4. 표준매출원가	6,750,000	
5. 순원가차이(U)	20,000*	6,762,000
Ⅲ. 매 출 총 이 익		₩2,238,000

* ₩24,000U－₩18,000F＋₩6,000U＝₩12,000U

3. 양 방법하의 당기순이익의 크기

매출원가기준법하에서는 매출원가에 가산되는 원가차이가 ₩20,000인데 비해서 제조원가기준법하에서는 매출원가에 가산되는 원가차이가 ₩12,000이므로 후자의 당기순이익이 ₩8,000만큼 크게 나타난다.

| 해설 |

1. 19×6년 초에 신제품을 개발하여 생산에 착수하였으므로 기초재고자산은 존재하지

않으며, 기말재공품이 없으므로 당기투입원가가 곧 당기제품제조원가가 된다. 그러므로 생산된 제품 50,000개의 제조원가는 직접재료비 ₩3,750,000, 직접노무비 ₩3,000,000, 제조간접비 ₩4,500,000을 모두 합한 ₩11,250,000이 되며, 제품의 제조단가는 ₩11,250,000을 50,000개로 나누면 @₩225이 된다.

2. 원가차이를 매출원가에서 조정할 경우 원가차이 조정후의 기말제품재고액은 차이조정전 기말제품재고액, 즉 표준원가에 의한 기말제품재고액이 된다. 왜냐하면 원가차이를 매출원가에서 조정하는 경우에는 순원가차이 전액을 매출원가에만 가감하고 재고자산계정에는 배분하지 않기 때문이다. 따라서 기말제품 20,000개에 단위당 표준원가 @₩225을 곱한 ₩4,500,000이 기말제품재고액이 된다. 그리고 손익계산서에는 불리한 순원가차이 ₩20,000 전액을 매출원가에 가산하여 수정후 매출원가를 표시한다.

3. 원가차이를 재고자산 및 매출원가에 배분한다는 것은 제조원가기준법을 적용하여 원가차이를 배분한다는 의미가 된다. 이때 (주)명지의 경우에는 재고자산이 제품뿐이므로 기말제품에 40% 매출원가에 60%를 배분하면 된다. 그리고 손익계산서에는 매출원가에 배분된 불리한 차이 ₩12,000을 매출원가에 가산하여 수정후 매출원가를 표시한다.

쉬어갑시다

재품채산분석은 했으나...

대주주인 N사에서 2년 전에 파견되어 온 S전무는 평소부터 P사업부의 경영상황이 마음에 걸렸다. P사업부는 6개 사업부 중 매출액이나 인원이 모두 둘째인데도 불구하고 업적이 부진하기 때문이다.

P사업부의 주력제품은 기능부품으로 주력 메이커와 거래가 있고 셰어도 업계에서 넘버 원이다. 그러나 업적은 동업종의 타사에 비해 뒤떨어져 있다.

그래서 3명의 스태프에게 명하여 제품 채산성을 분석시킨 결과는 다음과 같다.

① 매출에서 30%를 차지하는 A사 수주품은 거의가 공장이익이 없거나 약간의 적자다.

② 매출에서 20%를 차지하는 B사 수주품은 약간의 공장이익이 있는 정도이다.

③ 매출에서 50%를 차지하는 C사 이하 5개사의 것은 이익률이 25~30%이다.

이것은 전부터 대체로 알고 있는 일이었으나 이번 분석에서 보다 명확하게 확인된 셈이다.

S전무는 이 자료를 가지고 P사업부장과 협의하여 얻은 결론은 이러했다.

업계의 톱인 A사로부터의 수주품이 업적을 올리지 못하게 발목을 잡아끌고 있는 것은 확실하다. 그러나 매출의 30%를 차지하고 있으며, 공장 고정비를 상당히 회수하고 있으므로 지금 이것을 거절할 수도 없다. 또한 A사 제품을 수주함으로써 다음 시장에의 발판을 얻을 수 있다. 이대로 계속할 수밖에 없다.

이것은 채산성 분석의 결과를 수주가부(受注可否)라는 각도에서만 생각함으로써 빚어진 잘못이라고 하겠다.

••• MEMO

Plan
Budget

찾아보기

찾아보기

(ㅅ)

(ㅇ)

(ㅈ)

(ㅊ)

(ㅌ)

(ㅍ)

(ㅎ)

약력

구순서
고려대학교 대학원(경영학박사)
대한상공회의소 회계학 전임교수
한국증권금융연구소 CFA 회계학 전임교수
(주)국제금융회계아카데미 대표이사(CEO)
(주)아이파경영아카데미 대표이사(CEO)
(주)우리경영아카데미 대표이사(CEO)
재단법인 보은장학회 이사

〈주요저서〉
혁신원가회계, 원가관리회계, 객관식 원가관리회계,
원가관리회계연습

이남재
성균관대학교 회계학 석사
현, 안세회계법인 이사
현, 아이파경영아카데미 교수
현, 한국생산성본부 전문위원
현, 대한상공회의소 회계, 세무 실무 강사

〈주요저서〉
원가관리회계, 객관식 원가관리회계, 원가관리회계연습

송동섭(감수)
단국대학교의 재무처장, 교무처장, 야간학부학장, 상경대학장,
국제대학장, 경영대학원장
한국학교회계학회장, 글로벌경영학회장, 한국상업교육학회장
현, 단국대학교 상경대학 경영학부 회계학전공 교수

〈주요저서〉
회계원리, 원가관리회계, 세무회계 이론과 실무,
중급재무회계의 이해 외

원가회계

초판 1쇄 인쇄 / 2018년 3월 9일
초판 1쇄 발행 / 2018년 3월 16일

감수 송동섭
공저 구순서 · 이남재
발행처 형설출판사
경기도 파주시 회동길 37-23 · 전화 (031) 955-2361～4 · 팩시밀리 (031) 955-2341
발행인 장진혁
등록 라-제9호 · 1962년 5월 1일
홈페이지 http://www.hyungseul.co.kr
e-mail hs@hyungseul.co.kr

정가 35,000원

ISBN 978-89-472-8237-6 93320

이 도서의 국립중앙도서관 출판시도서목록(CIP)은 서지정보유통지원시스템 홈페이지(http://seoji.nl.go.kr)와 국가자료공동목록시스템(http://www.nl.go.kr/kolisnet)에서 이용하실 수 있습니다.(CIP제어번호 : CIP2018004758)

NCS
National Competency Standards

원가 회계

MEMO

MEMO